建筑企业管理学

第三版

主　编　阮连法

副主编　张　凌　傅　群

ZHEJIANG UNIVERSITY PRESS
浙江大学出版社

图书在版编目(CIP)数据

建筑企业管理学 / 阮连法主编. —3 版. —杭州：浙江大学出版社，2012.7（2019.12 重印）
ISBN 978-7-308-10134-9

Ⅰ. ①建… Ⅱ. ①阮… Ⅲ. ①建筑企业—工业企业管理 Ⅳ. ①F407.96

中国版本图书馆 CIP 数据核字(2012)第 137171 号

建筑企业管理学

主编 阮连法 **副主编** 张 凌 傅 群

责任编辑 傅百荣
封面设计 俞亚彤
出版发行 浙江大学出版社
（杭州市天目山路 148 号 邮政编码 310007）
（网址：http://www.zjupress.com）
排　　版 浙江时代出版服务有限公司
印　　刷 杭州良诸印刷有限公司
开　　本 787mm×1092mm 1/16
印　　张 20
字　　数 500 千
版 印 次 2012 年 7 月第 3 版 2019 年 12 月第 21 次印刷
书　　号 ISBN 978-7-308-10134-9
定　　价 39.00 元

第三版前言

“十一五”期间，我国固定资产投资的加速增长为建筑业发展提供了良好的市场环境，行业盈利能力逐步增强。“十二五”时期，随着城市化进程的高速起飞，建筑业更广阔的市场即将到来。据预测，2011 年至 2020 年，中国建筑业将增长 130%。其中，2018 年中国将超过美国成为全球最大的建筑市场，占全球建筑业总产值的 19.1%。与此同时，建筑业单纯依靠规模扩张的发展模式必将改变，建筑业的科技、管理、标准化水平将进一步提升，实现行业科技进步与产业规模的同步发展。建筑企业将进一步建立健全现代企业制度，加强技术进步，强化企业管理，迎接更激烈的竞争与挑战。《建筑企业管理学》旨在为建筑企业的战略、经营和组织管理提供理论指导，为建筑企业的质量、安全、成本和信息管理提供体系和流程，为建筑企业决策和评价提供技术方法。本书第一版曾获 2002 年全国高等学校优秀教材奖二等奖，2004 年出版的第二版对第一版进行了较大幅度的修订与完善，充实了预测、决策和建筑企业评价等章节的内容。本版在第二版的基础上进行了相关知识的更新和补充，主要体现在：

1. 随着建筑业从粗放型向集约型发展的转型，产业结构逐渐优化调整。大型企业需要进一步提高核心竞争力，中小建筑企业应努力向专、特、精方向发展。无论哪种类型的企业都需要强化公司治理。本版在第一章增加了建筑企业公司治理方面的内容。

2. 根据 2008 版《建设工程工程量清单计价规范》，本版对第三章有关工程量清单计价的内容进行了调整。根据 2008 版 ISO9000 系列标准，对第七章质量管理体系标准进行了内容更新，增加了质量管理八项原则，这八项原则是 ISO9000 系列标准的主要纲领，对于领会和贯彻质量体系标准有重要意义。

3. 对建设工程质量与安全进行有效控制，是建筑企业的首要任务。本版增加了建筑企业安全管理的章节，介绍了职业健康安全管理体系标准，阐述了建筑企业安全生产管理体系和安全事故理论和分析方法。

4. 建筑企业通过计算机网络实现工程项目的远程在线管理是未来的发展趋势，而知识管理对建筑企业建立核心竞争力有重要意义。本版在第九章增加了关于建筑企业远程管理系统的内容，具体介绍了远程管理系统的功能设计和表单系统；增加了关于建筑企业知识管理的内容，阐述了建筑企业在项目各阶段的知识管理和知识集成。

5. 对第十章中建筑企业工程成本的构成进行了更新，在财务管理一节，整合了财务评价指标，修订了财务报表分析的相关内容。增加了项目融资，以及建筑企业上市融资的相关内容。

除此之外，本版还对经营战略、组织管理和技术管理等章节的部分内容进行了调整，强调了相关理论在建筑企业的应用。并增加了战略管理、施工工法、建筑企业综合评价等案例。

建筑企业管理学的理论与方法随着时代和经济的发展，在不断更新与完善。本次改版主要是对建筑企业管理实践中出现的新问题进行了探索，也增加了一些我们近年来的最新研究成果。尽管我们已经尽力，但由于时间和水平有限，疏漏、错误之处在所难免，恳请各位同行和广大读者批评指正。

本版第一章、第二章、第三章、第四章、第五章由傅群编写，第六章由郭文刚编写，第七章、第八章、第九章、第十章、第十一章、第十二章、第十三章、第十四章由张凌编写，最后由阮连法统稿。在此，感谢郑晓玲、顾昌全、方洪伟、包洪洁、陈玉龙、陈佳玲等研究生在资料搜集与整理，以及文稿校对等方面所做的工作。

阮连法
2012年2月于紫金港

目　录

第一章　建筑企业管理概论

第一节　国民经济中的建筑业

一、建筑业的涵义及内部划分

(一)我国的划分

建筑业是以建筑产品生产为对象的物质生产部门，是从事建筑生产经营活动的行业。根据GB/T4754—2002《国民经济行业分类与代码(Industrial Classification and Codes for National Economic Activities)》规定，建筑业由房屋建筑业、土木工程建筑业、建筑安装业、建筑装饰业、其他建筑业组成，具体内容如表1-1所示。

表1-1　建筑业分类及代码

一级代码	二级代码	三级代码	行业名称	说　明
E			建筑业	本门类包括47—50大类
47			房屋建筑业	
	470	4700	房屋建筑业	指房屋主体工程的施工活动；不包括主体工程施工前的工程准备活动
48			土木工程建筑业	指土木工程主体的施工活动；不包括施工前的工程准备活动
	481		铁路、道路、隧道和桥梁工程建筑	
		4811	铁路工程建筑	
		4812	公路工程建筑	
		4813	市政道路工程建筑	
		4819	其他道路、隧道和桥梁工程建筑	
	482		水利和内河港口工程建筑	
		4821	水源及供水设施工程建筑	
		4822	河湖治理及防洪设施工程建筑	
		4823	港口及航运设施工程建筑	
	483	4830	海洋工程建筑	指海上工程、海底工程、近海工程建筑活动，不含港口工程建筑活动
	484	4840	工矿工程建筑	指除厂房外地矿山和工厂生产设施、设备的施工和安装

续表

一级代码	二级代码	三级代码	行业名称	说　明
	485		架线和管道工程建筑	指建筑物外的架线、管道和设备的施工活动
		4851	架线及设备工程建筑	
		4852	管道工程建筑	
	489	4890	其他土木工程建筑	
49			建筑安装业	指建筑物主体工程竣工后，建筑物内各种设备的安装活动，以及施工中的线路敷设和管道安装活动；不包括工程收尾的装饰，如对墙面、地板、天花板、门窗等处理活动
	491	4910	电气安装	指建筑物及土木工程构筑物内电气系统（含电力线路）的安装活动
	492	4920	管道和设备安装	指管道、取暖及空调系统等的安装活动
	499	4990	其他建筑安装业	
50			建筑装饰和其他建筑业	
	501	5010	建筑装饰业	指对建筑工程后期的装饰、装修和清理活动，以及对居室的装修活动
	502		工程准备活动	指房屋、土木工程建筑施工前的准备活动
		5021	建筑物拆迁活动	
		5029	其他工程准备活动	
	503	5030	提供施工设备服务	指为建筑工程提供配有操作人员的施工设备的服务
	509	5090	其他未列明建筑业	指上述未列明的其他工程建筑活动

注：资料来源中华人民共和国统计局网页（www. stats. gov. cn）

在对建筑业涵义的理解上，应该注意以下几点：

(1)建筑业是一个物质生产部门，它所从事的是建筑产品的生产，而非消费部门或服务部门。我国新中国成立以后很长一段时间对于这一点的认识存在着偏差，从而导致了政策上的失误，影响了建筑业的发展。

(2)在我国的国民经济核算体系中，建筑业和工业同属于第二产业。

(3)建筑业和房地产业是两个不同的行业，建筑业是一个物质生产部门，属于第二产业，而房地产业（主要是指从事房地产投资、开发、经营和服务的行业）是一个服务性部门，属于第三产业。但住宅是建筑业的主要产品，这一点各国基本上是一致的。

(二)国外的划分

1. 英国的划分

根据英国2007年修订的标准行业分类(Standard Industrial Classification)，建筑业分为：

(1)建筑施工(construction of buildings)，包括了建筑工程项目开发(development of building projects)、商业楼宇建筑施工(construction of commercial buildings)、住宅楼宇建筑施工(construction of commercial buildings)。

(2)土木工程(civil engineering)，包括道路基础设施建设(construction of roads and railways，含一般道路、高速公路、铁路、地铁、桥梁、隧道等）、公用事业项目建设（construction of utility projects，含水利、电力、通信等基础设施）及其他土木工程项目（construction of other civil engineering projects）。

（3）专项建设活动（specialized construction activities），包括拆迁及场地平整（demolition and site preparation）、电气、管道及其他建筑安装活动（electrical plumbing and other construction installation activities）、建筑装饰及维修（building completion and finishing）、其他专业工作（other specialized construction activities，如脚手架搭设等）。

2. 美国的划分

美国一般将建筑业分为以下几类：

（1）建筑工程（construction of buildings），包括住宅建筑（residential building construction）和非住宅建筑（nonresidential building construction）。前者主要指公寓、别墅等项目，后者指工业建筑、商业建筑和公共建筑等。

（2）大型土木工程（heavy and civil engineering construction），包括大坝、隧道、高速公路、桥梁、机场、港口、城市轨道交通等。

（3）特种工程（specialty trade contractors），指基础、设备安装、维修等。

3. 日本的划分

（1）房屋建筑、土木工程与其他长期和土地结合的工程及其附属设备的新建、改建、修缮、拆除或迁移等工程。

（2）土地、航道、水路的改造或修建。

（3）机械设备的安装、拆卸或迁移。

二、建筑业成果的计量

为了考量建筑业在整个国民经济中的地位和作用，首先介绍一下国民经济核算体系中和建筑业有关的几个指标。

（一）建筑业总产值

建筑业总产值是指在一定时期内一国或一个地区生产的建筑产品和服务价值总和。建筑业总产值包括以下五个部分：

（1）建筑工程产值，包括房屋、土木工程与其他基础设施工程以及与此有关的活动的价值，或者列入工程结算内的各种工程的价值。

（2）设备安装工程价值，但不包括安装工程对象的价值。

（3）房屋、土木工程与其他基础设施修理产值，但不包括修理对象的价值。

（4）工程勘察与设计产值，但不包括地质勘探价值。

（5）非标准设备制造产值。

（二）建筑业增加值

建筑业增加值是指一定时期内以货币单位计量的建筑业生产活动创造的最终成果。该指标的计算有生产法和收入法两种方法。

1. 生产法

建筑业增加值＝建筑业总产出－建筑业中间投入

2.收入法

建筑业增加值=固定资产折旧+劳动者报酬+生产税净额+营业盈余

建筑业增加值只包括将资源转变成建筑产品的增加值,因而该指标可以衡量建筑业对整个国民经济GDP的贡献,全面反映建筑业的发展规模、水平和速度。

(三)建筑业净产值

建筑业净产值=建筑业增加值-固定资产折旧

或建筑业净产值=劳动者报酬+生产税净额+营业盈余

表1-2和表1-3是全国及各地区历年建筑业总产值和建筑业增加值统计数据。

表1-2 全国各地区历年建筑业总产值

单位:亿元

地区	2004年	2005年	2006年	2007年	2008年	2009年
全国	29021.45	34552.10	41557.16	51043.71	62036.81	76807.74
北京	1656.96	1894.04	2167.92	2576.77	3066.17	4059.70
天津	653.71	754.37	983.93	1221.94	1453.79	1911.48
河北	1004.04	1285.29	1448.73	1614.69	2044.81	2525.05
山西	712.57	849.22	939.67	1060.70	1355.44	1826.10
内蒙古	354.51	381.30	467.00	681.10	780.05	964.73
辽宁	1245.15	1481.65	1774.99	2100.04	2505.17	3384.65
吉林	411.11	485.58	607.69	738.34	994.65	1142.84
黑龙江	515.98	572.90	699.84	875.88	1036.75	1342.39
上海	1688.80	1889.25	2285.38	2524.18	3245.77	3830.54
江苏	3655.62	4368.95	5424.85	7010.57	8601.51	10265.11
浙江	3895.64	4718.74	5655.61	6971.71	8156.06	9588.72
安徽	788.76	963.54	1168.24	1516.98	1854.64	2239.57
福建	671.63	873.98	1161.99	1544.17	1852.74	2204.13
江西	461.77	566.04	668.89	786.14	1032.94	1323.24
山东	1969.01	2509.10	2791.81	3289.05	3821.93	4579.15
河南	817.13	1066.15	1530.93	2151.72	2824.05	3596.49
湖北	1112.13	1349.32	1667.00	2110.80	2605.08	3421.89
湖南	1027.89	1219.35	1462.88	1828.81	2115.44	2507.40
广东	1900.84	2199.59	2592.58	2999.51	3270.28	3809.30
广西	328.66	425.21	512.83	612.74	753.21	934.38
海南	58.58	59.69	64.94	82.18	111.18	143.94
重庆	690.28	783.57	895.09	1128.71	1496.32	1915.25
四川	1309.38	1469.00	1753.23	2109.98	2592.95	3337.45
贵州	255.45	271.23	312.34	348.79	393.67	523.91
云南	448.25	539.37	672.35	756.68	906.91	1196.22
西藏	29.08	40.61	49.36	60.29	72.91	94.93
陕西	523.08	658.51	830.41	1173.10	1651.18	2309.14
甘肃	293.89	313.40	344.33	436.90	481.27	579.89
青海	88.64	90.93	108.37	125.44	143.00	204.34
宁夏	111.19	112.96	130.84	154.95	191.54	259.22
新疆	341.71	359.25	383.11	450.83	625.37	786.59

注:资料来源于中华人民共和国统计局网页(www.stats.gov.cn)

表 1-3　全国各地区历年建筑业增加值　　单位:亿元

地区	2004 年	2005 年	2006 年	2007 年	2008 年	2009 年
全国	5615.78	6899.71	8116.39	9944.35	12488.95	15619.82
北京	225.47	284.24	298.46	333.84	373.75	468.19
天津	96.22	111.30	129.83	171.78	212.43	257.88
河北	209.06	222.46	250.27	285.26	422.88	444.81
山西	118.15	130.01	141.68	177.68	211.79	260.36
内蒙古	95.13	108.61	139.04	182.57	196.73	283.62
辽宁	235.09	374.08	447.03	525.84	593.80	768.68
吉林	77.35	91.45	104.98	131.15	213.87	236.93
黑龙江	105.61	111.15	113.87	124.53	247.57	377.96
上海	255.51	300.47	359.40	359.64	449.79	549.10
江苏	718.28	911.19	1134.12	1491.62	1721.86	2322.67
浙江	757.06	943.32	1117.19	1357.75	1521.11	1829.63
安徽	164.28	205.97	264.72	338.17	420.13	540.15
福建	135.24	205.82	276.66	399.02	499.92	684.30
江西	89.66	115.65	129.66	152.14	230.12	262.44
山东	443.13	561.91	622.90	682.01	904.07	1039.87
河南	175.73	240.07	313.92	447.85	649.79	831.61
湖北	203.14	239.11	286.50	378.73	485.04	600.78
湖南	212.78	248.06	301.77	356.26	441.14	492.94
广东	395.16	475.72	503.52	606.37	697.54	821.71
广西	70.25	89.81	98.82	116.33	162.42	191.50
海南	12.57	12.92	11.93	11.24	23.24	21.45
重庆	152.38	171.43	194.05	233.94	310.87	504.75
四川	267.88	290.10	350.20	413.84	550.89	631.53
贵州	52.46	55.24	62.18	68.60	72.85	93.33
云南	84.01	96.28	140.07	141.40	164.04	196.49
西藏	7.45	9.68	12.33	12.10	14.68	23.88
陕西	81.29	105.92	105.08	202.94	388.08	490.57
甘肃	63.81	71.90	76.68	90.11	107.76	128.14
青海	17.31	20.26	23.58	27.90	33.26	44.56
宁夏	27.63	28.26	31.10	34.00	43.84	65.01
新疆	66.68	67.17	74.88	89.73	123.69	154.98

注:资料来源于中华人民共和国统计局网页(www.stats.gov.cn)

三、建筑业在国民经济中的地位和作用

建筑业是国民经济中重要的物质生产部门，它对国民经济各部门的发展和人民生活的改善有着至关重要的作用，所以一般称建筑业为“经济的播种人”和“万年成长产业”。世界各国大都把建筑业作为本国国民经济的支柱产业，如日本，建筑业产值约占国民生产总值的1/5。因为建筑业是各行业赖以生存与发展的基础性先导产业，没有强大的建筑业，整个社会再生产就无法有效进行。人民的衣、食、住、行都离不开建筑业，特别是住和行，更和建筑业密不可分，可见建筑业具有广泛的社会性和重要性，影响着各方面的发展。

(一)建筑业在国民经济中占有较大比重，能为社会创造新价值，提供积累

投资规模的大小直接影响着建筑业的产值，因而建筑业产值在不同年份具有波动性。一般而言，发展中国家建筑业对国内生产总值的贡献一般是5%～9%，而发达国家和地区可高达9%，从我国的情况来看，从2000年至2009年这十年间，建筑业增加值占国内生产总值的比重基本保持在5.4%～6.6%之间，平均值为5.7%。

(二)建筑业的关联度强，能带动许多关联产业发展

建筑业一方面以自己的产品为社会和国民经济各部门服务，另一方面其发展要依赖于工业提供机械设备和原料，在建筑生产过程中又要消耗大量其他国民经济部门的产品。所以，建筑业与其他产业有着广泛的密切联系，并通过联系带动一系列产业发展。国民经济的兴衰和建筑业紧紧联系在一起。

建筑业的产品包括土木工程、市政工程、房屋建筑，其中又分工业建筑与厂房、农用生产用房、动力用生产用房、运输仓库用房、民用建筑。在民用建筑中又分住宅建筑和公共建筑。这些建筑产品国民经济各部门都有消费需求，特别是住宅，则是人们必需的耐用消费资料。建筑产品成本构成中，物质消耗约占70%，它与50个以上的工业部门发生关系，特别是与建材工业、冶金工业、木材及木材加工业、金属结构及制品生产工业、化学工业之间的关系尤为密切，这些部门提供建设所需3/4以上的材料消耗。从国家统计局测算的“中国投入产出表”观察，建筑业的影响力系数在国民经济按33个部门划分时，一般是居前几位的。1987年影响力系数为1.186，居第6位。1990年为1.158，居第10位(受当时治理整顿，压缩投资规模影响，但仍居前10名)，1995—2005年的影响力系数稳定在1.2左右。建筑业还要占用大量运输工具。因此建筑业与交通运输业的发展也有着密切联系。

(三)建筑业是劳动密集型产业，能提供大量就业机会

从整个国民经济就业人数构成来看，建筑业属于劳动密集型产业，可容纳大量的就业人员。吸纳劳动能力强是各国建筑业的共性，世界各国的建筑业都有几百万人队伍，占国民经济总就业人数的5%～10%左右。另外，和建筑业密切相关的建筑材料工业与建筑设备工业还要容纳相应的就业人员。据《大英百科全书》指出：在美国每十位就业人员中就有一个是与建筑业有直接或间接关系的。我国建筑业就业人数1978年为854万人，至2001年达到3669万人，占全社会就业人员的比例由1978年的2.1%上升到2001年的5.02%。2009年从业人数达3673万人，比2008年增长10.8%。预测我国2015年前建筑业就业比例仍将上升，在扩大就业和吸收农村剩余劳动力方面将发挥重大作用。

（四）建筑业可以发展国际承包，参加国际建筑市场的竞争，富有创汇潜力

当今世界是开放的世界，随着世界科技发展的不平衡与各国经济交往的增加，国际建筑承包活动亦在迅速发展，许多国家都非常重视开展国际承包和劳务合作。通过承包国际建筑工程进行综合性输出，不仅可以带动资本、技术、劳务、设备及商品输出。而且还可以扩大影响，赚取外汇。我国建筑业国际承包起步较晚，1979 年才起步，当年成交额只有 5117 万美元，那时只能单纯提供劳务，但是发展迅速，1980—1994 年平均年增长 32%，每年完成营业额由 1.7 亿美元上升到 48.77 亿美元，现有在外执行合同营业人员 21.99 万人，分布在世界约 170 个国家和地区。1984 年只有中国建筑工程总公司一家进入全球最大 225 家承包公司行列，2010 年中国已有 54 家企业进入 2010 年度 ENR 全球最大 225 家国际承包商（海外营业额）排名表，其中最高的中国交通建设股份有限公司位列第 13 位，表明我国建筑业海外承包创汇发展潜力巨大。

（五）建筑业向高空和地下技术发展，为人类扩展了活动空间

随着世界人口的增长及科学技术的发展，对有限的土地资源要充分利用，建筑业与科技结合逐步向地下与高空发展，20 世纪 70 年代的建筑就是以修建大量超高层建筑和大规模地下建筑物为特征的。现在高层建筑、地下铁道等在世界几乎已成普遍的事，还有地下街、空间开发、海底隧道等技术都日趋完善。现今，世界已进入计算机、电子仪器、微机处理的新时代，在未来世界的探索中，在扩展人类活动场上，建筑业将与高科技结合发挥重要的作用。

综上所述，建筑业作为一个独立的物质生产部门，在国民经济中发挥着巨大的作用。在我国长远的发展规划中，必须把建筑业放在极其重要的地位。

四、建筑业对国民经济的调节作用

建筑业除了是国民经济的支柱型产业外，还是一个先导型产业。建筑业能够比较灵敏地反映国民经济的繁荣和萧条，同时也可以调节国民经济的发展。一般而言，建筑业的萧条要先于国民经济的萧条，而建筑业的复苏又要早于国民经济的复苏。这是因为当社会投资总额开始明显减少时，建筑业立即出现萧条景象，而其他各部门原有的生产能力尚能维持一段时间；当国民经济开始复苏时，全社会对固定资产的需求增加，同样在建筑业中最先反映出来，其他各行业首先恢复的生产能力，还不会出现大规模的投资。

建筑业对国民经济的调节，主要是建筑业具有“乘数效应”。由于政府通过拨款或举债建设一些项目，就给建筑业创造了一些工程，建筑业的发展又带动了其他相关行业的发展，进而刺激了整个国民经济的发展。同时建设项目的增加扩大了就业机会，减少了需要政府救济和保障的人群；增加了建筑工人的收入，也增加了政府的税收；建筑工人在消费的同时又为其他行业增加了就业机会，促进了其他行业的发展。此外政府在一些公共项目上的投资又可以带动民间投资，例如一些城市在修建地铁后，地铁沿线的房地产、商贸、娱乐紧跟着发展起来。

但是建筑业的发展并不是一定可以促进国民经济的发展，在有的时候可能会起到反作用。这主要是由于政府投资常常会产生“挤出效应”。所谓“挤出效应”是指政府的投资夺走了民间部门的一部分投资机会和其他资源。当发生“挤出效应”时，政府投资的结果减少了民间投资，实际并没有增加建筑业的总产出，反而由于政府的介入，建造成本和标价大大提

高，容易引发通货膨胀。

因而政府必须重视建筑业对整个国民经济的影响，合理科学地用好建筑业这个对国民经济举足轻重的“棋子”，以更好地发挥建筑业的调节作用。一般而言当国民经济处于萧条期时，政府可以通过扩大国家对公共事业的投资建设，如市政工程、地铁、高速公路等，刺激经济的发展；而当国民经济过热时，政府可以压缩公共投资规模，取消对住宅消费的优惠政策等措施，抑制建筑业的发展，进而调整国民经济的发展速度。

五、建筑产品生产的技术经济特点

建筑业是以最终产品为生产对象。建筑产品的生产，同一般工业产品生产相比较，有共同的地方，同样是把资源投入产品的生产过程，其生产上的阶段性和连续性，组织上的专业化、协作化和联合化，是和工业产品的生产相一致的。但是，无论是何种建筑产品，与其他工业部门的产品相比较，都具有其显著的、独特的技术经济特征。

(一)建筑产品的特点

1.建筑产品在空间上的固定性

这是建筑产品与其他工业部门的产品之最大区别的一个重要技术经济特征。建筑产品，包括各种建筑物和构筑物，在一个地方建造后不能移动，只能在建造的地方供长期使用，其消费空间是固定的。它直接与作为基础的土地连接起来，在许多情况下，这些产品本身甚至就是土地的不可分割的一部分，例如:油气田、地下铁道和水库，建筑产品本身是固定不动的。

2.建筑产品的多样性

建筑产品具有式样繁多的特点。根据不同的功能要求，在不同的地区，风格不同的设计者可把建筑产品设计成不同的形式和内容。建筑业的每一个建筑产品，需要一套单独的设计图纸和施工方案，而在建造时，根据各地区的施工条件，采用不同的施工方法和施工组织。即使功能相同、建筑类型相同的建筑产品，由于地形、地质、水文、气候等自然条件的影响，以及交通运输、材料供应等社会条件的不同，在建造时往往也需要对设计图纸及施工方案等作相应的改变。

3.建筑产品的体积庞大

建筑产品在空间上，与一般产品相比，体积十分庞大，而且要在建筑物内部空间布置各种生产和生活所必需的设备和用具。所需建筑材料数量巨大，品种复杂，规格繁多，在建造过程中还要消耗大量的人力、物力和财力。正是由于建筑产品具有这一特点，因而它的价值很高。

(二)建筑生产的技术经济特点

1.建筑产品生产的单件性

建筑产品的固定性和多样性，促使建筑产品一般不具备批量生产的条件，需要个别组织、单个进行生产。每件建筑产品都有专门的用途，都需采用不同的造型、不同的结构、不同的施工方法，使用不同的材料、设备和建筑艺术形式。根据使用性质、耐用年限和抗震要求，采用不同的耐用等级、耐火等级和抗震等级。随着建筑科学技术的不断发展，新的建筑材料和建筑结构不断涌现，建筑艺术形式经常推陈出新，即使用途相同的建筑产品，因为在不同

时期兴建，采用的材料、结构和艺术形式也会不同。建筑产品的功能要求、设计者的爱好、科学技术的迅速发展及生产过程的特殊性，使得建筑生产从设计到施工具有鲜明突出的单件性和个体性。

2.建筑生产的流动性和分散性

建筑产品的固定性及其施工的严格有序性带来了建筑产品生产的流动性，使生产者和生产工具经常流动转移，要从一个施工段转到另一个施工段，从房屋的这个部位转到那个部位，在一项工程完工后，又要转移到另一项工程，生产地点分散在各地。许多不同的工种，在同一对象上进行作业，不可避免地会产生施工空间和时间的矛盾，因而必须充分地利用施工时间，做到科学地组织施工。生产设备、材料、附属生产加工企业、生产和生活设施经常迁移，会增加一些费用。

3.建筑产品的生产过程具有综合性

建筑产品的生产首先由勘察单位进行勘测，设计单位进行设计，然后由建设单位进行施工准备，建筑安装单位进行施工，其间建设监理单位进行监理，最后经过竣工验收交付使用。所以，建筑安装单位在生产过程中要和银行、设计单位、监理单位、材料供应部门、分包单位配合协作。由于生产过程复杂，牵涉单位多，其是一个特殊的生产过程，具有综合性。

4.建筑生产影响因素众多，尤其易受气候条件影响

建筑产品在生产过程中，影响的因素很多。设计的变更、施工条件的变化、资金和物资的供应条件、专业化协作状况、城市交通和环境等因素对工程进度、工程质量、建筑成本等都有很大影响。建筑产品由于其固定性和体积庞大，在露天进行高空作业时受风、雨、雪、温度等自然气候条件影响很大，难以做到均衡生产，建筑工人的劳动效率也受到影响，对工程进度、质量、成本的影响显著。

5.建筑生产过程的不可间断性

一个建筑产品的生产全过程是：确定项目、选择地点、勘察设计、征地拆迁、购置设备和材料、建筑施工和安装、试车(或试水、试电)验收、竣工投产(或使用)。这是一个不可间断、完整、周期性的生产过程。再从建筑施工和安装来看，要能形成建筑产品，需要经过场地平整、基础工程、主体工程、装饰工程，最后交工验收。建筑产品是一个长期持续不断的劳动过程的成果。这种产品，只有生产过程结束了，才能完成和才能发挥作用。当然，在这过程中也可以生产出一些中间产品或局部产品。建筑生产要求在产品的生产过程中，各阶段、各环节的各项工作必须有条不紊地组织起来，在时间上不间断，空间上不脱节；要求生产过程的各项工作必须合理组织、统筹安排，遵守施工程序，按照合理的施工顺序科学地组织施工。

6.建筑产品的生产周期长

建筑产品的生产周期是指建设项目或单位工程在建设过程中所耗用的时间，即从开始施工起，到全部建成投产或交付使用、发挥效益时止所经历的时间。建筑产品生产周期长，有的建设项目，少则1～2年，多则3～4年，5～6年，甚至上10年，因此，它必须长期占用和消耗大量人力、物力和财力，直至整个生产周期完结。因此，建筑产品的生产应科学地组织建筑生产，合理使用生产资金，不断缩短生产周期，尽快产生投资效益。

第二节 建筑企业

一、建筑企业的概念、性质和任务

(一)建筑企业的概念

企业是从事商品生产、流通、服务性等经济活动,为满足社会需要并获取盈利自主经营、独立核算、自负盈亏,具有法人资格的经济组织。而建筑企业是从事建筑产品生产或提供建筑劳务的企业。具体讲:建筑企业是从事铁路、公路、隧道、桥梁、堤坝、电站、码头、机场、运动场、房屋(如厂房、剧院、旅馆、医院、商店、学校和住宅等)等土木工程建筑活动,从事电力、通信线路、石油、燃气、给水、排水、供热等管道系统和各类机械设备、装置的安装活动,从事对建筑物内、外装修和装饰的设计、施工和安装活动的企业。

建筑企业是为社会提供建筑产品或建筑劳务的经济组织。由于建筑产品及其生产的独特性,建筑企业具有与其他企业不同的管理特点:

1.生产经营业务不稳定

由于建筑产品的多样性,同一时期不同用户对建筑产品的种类需求是不同的。对一个建筑企业来说,其生产经营的对象和业务也是不固定和不稳定的。因此,这要求建筑企业善于预测社会经济发展趋势,以及固定资产投资规模、方向和产品种类构成比例,具有适应社会需求的应变能力。

2.管理环境多变

由于建筑产品的固定性和生产的流动性,影响到企业管理环境变化大,可变因素多。管理环境可分为自然环境(包括地形、地质,水文、气候等)和社会环境(包括市场竞争、劳动力供应、物资供应、运输和配套协作条件等),这些环境是经常变化的。在大城市承包施工,组织分包、劳务、材料、运输等比较方便,而在边远地区或新开发地区就有许多不便。如果承包国外工程,则环境更为复杂、更为特殊。因而使建筑企业生产经营的预见性、可控性比较差,许多工作要因地因时及因环境而宜。

3.特定的投标承包方式

建筑产品生产多是预约生产,以合同形式承包的。建筑企业首先需要通过投标竞争获得承包工程任务,并通过工程承包合同与用户建立经济法律关系。在招标投标中,往往是一家用户多家竞争,而且十分激烈,因此,投标必须讲究竞争策略。建筑企业要根据用户的委托,按合同要求完成预定的任务,并在工程进行过程中接受用户的监督。

4.基层组织人员变动大

由于产品多样、生产流动、任务不稳定、环境多变等原因,直接领导生产经营活动的企业基层组织结构和人员,随工程对象的规模、性质、地理分布不同而适时变化和调整。在建设过程中,不同工程,不同季节,职工的需要量波动很大,工种的配合比例也会有较大的差异。因此,建筑企业内部的管理组织结构适宜项目管理制,在劳动用工方面,建筑企业不宜保持庞大的固定工队伍,只宜拥有精干的经营管理人员、工程技术人员和适量的技术工人骨干,工程需要时,可再雇用合同工和临时工。

5.其他

在计划管理方面,建筑企业的计划包括两类,一类是以企业为对象编制的生产经营计划,一类是以工程项目为对象编制的工程施工组织设计。这两类计划是相互依托、密切联系的,一般前一类计划由后一类计划去落实,而后一类计划受前一类计划的指导。

在建筑产品价值确定方面,有其特殊的计价方法,即因工程而异,个别编制其预算文件,作为投标报价的基础或结算的依据。

在资金占用方面,由于建筑产品生产周期长、占用资金多,所支付的贷款利息也大。

上述这些特点说明,建筑企业管理比一般企业更复杂,我们要研究和认识建筑企业生产经营管理的这些特点,运用企业管理的基本原理,有针对性地采取措施,解决建筑企业管理中的问题。

(二)建筑企业的性质

建筑企业是从事建筑商品生产的基本经济单位。既然从事商品生产,企业就必须按照商品生产的经济规律来进行各项生产经营活动。要根据市场的需求规划自己的经营目标和活动内容;通过市场购买所需要的各种生产资料,并销售所生产的产品;还要在市场竞争的条件下,求得企业的生存和发展。既然是经济组织,建筑企业就要自觉利用价值规律,进行独立的经济核算,讲求经济效益,用自己的收入补偿自己的支出并获得盈利,同时为自己的活动承担经济责任。同时,建筑企业为适应市场需求的变化,能动地进行商品生产,要有明确的产权,拥有必需的经营管理自主权,享有必要的经济权益,要切实维护和尊重企业的法人地位。

(三)建筑企业的任务

建筑企业的任务是在持续提高产品质量、缩短工期并提高效益的基础上,全面完成承担的建设任务,为满足社会扩大再生产、改善人民生活水平做出贡献。具体来说,主要包括以下方面:

(1)从使用价值的生产角度出发,建筑企业应当满足社会生产和生活对建筑产品的需要:一是用户的新建、扩建、改建或维修的需要,二是社会建设和环境保护的需要。

(2)从价值的生产角度出发,建筑企业应当不断提高经济效益:一是为企业和国家提供积累,二是为职工的物质文化生活水平的提高提供物质基础。

二、建筑企业的责任、权限和利益

(一)建筑企业的责任

企业的责任是指企业在从事生产经营活动和处理对外经济关系时应该履行的义务。具体可归纳为如下几个方面:

1.对国家的责任

(1)认真贯彻国家的方针、政策和法规,服从国家的宏观调控和指导。

(2)依法向国家交纳税款。

(3)国有建筑企业还应当确保企业国有财产保值、增值。

2.对社会的责任

(1)为用户提供优质价廉的建筑产品和劳务,以及高质量的售后服务。

(2)为社会提供合理数量的就业机会。

(3)注意环境保护,积极防治施工生产所引起的公害及污染。

3.对本企业职工的责任

(1)做好职工的思想教育和技术业务培训。

(2)在发展生产的基础上,提高职工的工资收入,改善职工物质和文化生活。

(3)保证安全生产和劳动保护,提高职工健康水平。

4.对投资者的责任

(1)保障投资的安全,保证股份的稳定和股息的增长,使投资者得到满意的投资回报。

(2)及时向投资者报道企业实况和分发股息。

(二)建筑企业的权限

根据权责一致,以责定权的原则,建筑企业必须享有充分的必要的经营权,这是保证企业自主经营,全面完成上述责任的先决条件。建筑企业应有的权限主要有如下几个方面:

1.生产经营决策权

(1)企业可自主做出经营决策,选择承包对象,确定承包方式。

(2)企业可自主决定调整生产经营范围,跨行业、跨地区从事生产经营活动,有能力的经批准可以进行房地产开发和经营。

(3)企业应优先安排国家重点建设项目,有权要求国家在资金、材料供应等方面给予保证。

(4)建筑企业与建设单位之间的关系是平等的契约关系,双方都必须严格履行工程承包合同,并有权追究违约责任。

2.建筑产品、劳务承包定价权

(1)企业可根据市场供求变化、使用单位对质量、工期的特殊要求以及投标竞争情况自主制定工程投标报价。承发包双方通过签订合同确定工程承包价格。

(2)企业提供的维修、技术协作等劳务,由企业自主定价。

(3)企业技术能力和经营管理水平等条件具备的,经有关部门批准,可享有对外经营权,可以直接在境外承揽工程、提供劳务,出口建筑材料、设备等。

未获得对外经营权的单位,可以自行选择有对外经营权的代理企业,并有权参与同外商的谈判。

3.投资决策权

(1)企业有权以留用资金、实物、土地使用权、工业产权和非专利技术等向国内各地区、各行业的企事业单位投资,购买和持有其他企业的股份。经政府有关部门批准也可向境外投资或在境外开办企业。

(2)企业可以根据自身的经济效益和承受能力,自主决定从留利中增提新技术(新产品)开发基金;对于企业以留利进行生产性建设的,可以退还企业再投资部分已交纳所得税的部分税款。

(3)企业有权选择具体的折旧办法,确定加速折旧的幅度。

4.劳动人事与工资奖金分配权

(1)企业有权决定用工形式,可根据生产特点,实行合同化管理或全员劳动合同制。

(2)企业可按公开、平等、竞争、择优的原则,对技术人员和管理人员实行聘用制、考核制。对被解聘或者未聘用的技术和管理人员，可以安排其他工作，包括到工人岗位上工作。企业可以从优秀工人中选聘管理人员和技术人员。

(3)企业有权根据实际需要，设置和聘用本企业有效的专业技术职务。

(4)企业可根据职工的劳动技能、劳动强度、劳动责任、劳动条件和实际贡献，决定工资、奖金档次。企业可根据实际情况确定本企业实行计件工资制、岗位技能工资制或其他工资、奖金分配形式。

(5)企业有权制定职工的晋级增薪、降级减薪的办法，自主决定其条件和时间。

除上述内容外，在产品销售、物资采购、自主支配和统筹使用资金、资产处置、联营兼并、机构设置、拒绝摊派等方面，企业还具有相应的自主权。

(三)建筑企业的利益

企业是以盈利为目的的经济组织，企业的利益首先是经济利益。根据有责有利、以责定利的原则，建筑企业的经济利益既取决于企业与国家之间的分配关系，又取决于建筑产品的价格。企业与国家之间的分配关系是通过确定合理的税率来实现的。价格除取决于商品的价值外，还受市场供求的较大影响。我国的建筑产品价格长期以来很不合理，价格同价值严重背离，建筑企业的利润水平很低，需要通过合理调整建筑产品的价格以保证建筑企业的经济利益。

建筑企业的责任、权力和利益是统一的。有责无权无利，企业完成自己应负的责任就没有保证和动力；有权有利而无责，企业经营就缺乏必要的约束。所以企业的经济利益同经济权利一样，应受到国家法律的保护，任何单位和个人不得侵犯。

三、建筑企业的公司治理

(一)公司治理的内容

狭义的公司治理是指一组联结并规范公司股东、董事会、经理人之间责、权、利关系的制度安排。广义上，公司治理还包括公司与其他利益相关者(如员工、客户、供应商、债权人等)之间的关系，以及相关的法律、法规和上市规则。

从内容来看，公司治理包括三个层次：公司内部治理机制、公司外部治理市场、有关公司治理的法律法规。公司内部治理机制的主要内容是在公司内部构造一个合理的权力结构，从而在股东、董事会与经理人之间形成一种有效的激励、约束与制衡机制，以保证公司遵守有关法律法规、并实现公司及股东利益的最大化；公司外部治理市场主要是指公司外部的产品市场、资本市场、经理人才市场通过产品与价格竞争、公司控制权竞争、经理人才竞争等方式对公司产生的激励约束作用；公司治理的法律法规主要是指政府及监管部门为了保护广大投资者的利益、保证公司遵守国家法律与社会道德规范而制定的一系列规定，包括董事的法律责任、会计准则、信息披露要求等，这些法律法规构成了有关公司治理的法律约束。

(二)公司治理模式

划分公司治理模式的主要标志是所有权和控制权的表现形式。公司治理理论将公司治理划分为以下几种模式。

1. 市场监控模式

在美国、英国、澳大利亚等国家，公司的股权高度分散，由于“搭便车”问题的存在，股东

对公司经营管理的影响很弱。对经营者管理不善的惩罚通常是股东卖掉股票以及随之而来的恶意收购。在这种模式下，股东利益很大程度上靠产品市场、公司控制权市场和经理人才市场的压力、有关信息披露、内幕交易的控制以及小股东权益保护的法规等来保护的。通过这些来自公司外部的力量，促使管理层遵纪守法、努力工作、实现股东利益最大化，解决由于股东监督不足、所有权和控制权相分离产生的委托—代理问题。

2.内部监控模式

在以德国和日本为代表的国家，公司治理模式通常以公司大股东的内部监控为主，外部市场尤其是公司控制权市场的监控为辅。在这些国家，有关信息披露、内幕交易、小股东权益保护的法规不尽完善，无法像英美那样依靠市场进行监控。但是这些国家的公司具有相对集中的股权结构，拥有公司显著股份的主要投资者们(通常是银行、非银行金融机构或其他公司)会对公司管理层进行严格的监督。所有权的集中使得投资者既有意愿又有能力对管理层进行监督和控制。

3.家族控制模式

在韩国、菲律宾等东亚国家和地区，公司股权一般集中在创业者家族手中，控股家族普遍参与公司的经营管理和投资决策，公司主要的高级经营管理职位多由家族成员担任。因此，主要股东和经理层是合一的。这种公司治理模式使得主要股东与经理层利益一致，一定程度上消除了由于所有权和经营权分离导致的委托代理问题，但是也会导致大股东和经理层损害公司其他股东利益的问题。

4.内部人控制模式

在东欧等转轨经济地区的企业中，以及我国部分由国有企业改制的上市公司中，由于内部缺乏股东的有效控制、外部缺少治理市场及有关法规的监控，导致经理层和职工成为企业的实际控制人。

20世纪80年代，由于德、日经济的强盛，人们普遍认为，以企业集团、银行和控股公司为治理主体的内部模式能够更好地解决代理问题。随着资本市场的全球化以及信息技术的发展，内部控制的弊端日益显现，内幕交易丑闻不时爆出，以市场为导向的外部治理模式成为各国学习样板。

(三)建筑企业公司治理现状

伴随着中国经济从计划经济向市场经济转型，建筑企业治理机制也经历了1978年以前的行政治理时期，1978—1992年的计划与市场并行的双轨治理时期，以及1993年至今的现代企业(公司)制度构建时期。

建立良好的公司治理机制是公司发展的趋势。改革开发以来，我国公司治理取得了较大进步，政府角色得到重新定位，董事会的独立性和重要性得以增强。但是由于发展历史短，建筑企业公司治理还存在一些问题。

对国有建筑公司来说，股东对于董事会、监事会缺乏有效的激励机制。国有产权代表代理所有者即全体公民行使职能时，缺乏用好其控制权的充分激励和责任，也不受终极所有者及全体公民对其控制权使用方式的有效监督和约束，故难以对董事会、监事会进行有效的激励和约束。而其董事会成员多由内部董事组成，缺乏相互制衡、自我约束机制，导致内部人控制现象严重。

对民营建筑企业来说，公司治理模式部分类似于东亚的家族控制模式，可分为两类：非

上市的民营建筑企业在治理结构中要解决的核心问题是一个立法的问题。因为法律没有要求，并且是个人控股，所以其法人治理结构基本是口头的，不是书面的。其主要问题是一个立法问题，必须自觉自愿去做；而上市的民营建筑企业公司治理结构相对比较完善。与国有企业治理结构形成对照的是，民营经济类企业由于法人产权明晰、管理层持股、管理机制灵活务实，其公司治理结构相对比较完善。

完善建筑企业的公司治理结构，应当实质性地推动国资管理体制改革，强化股东利益和控股股东的法律责任，加快董事会改革，明确监事会职能，健全债权人治理机制，促进经理人市场迅速成长。同时，对越来越多的上市公司，必须加强新闻媒体监督力度，并完善信息披露制度环境与实施机制。

第三节　管理的一般概念

一、企业管理理论的形成与发展

管理科学与管理工作几乎存在于社会生活的每一个角落，管理工作是一切有组织的协作所不可缺少的，“一个单独的提琴手是自己指挥自己，一个乐队就需要乐队指挥。”正是由于管理存在的普遍性，人们对它的理解的角度千差万别，而且概念本身又总是随着事物的发展而不断发展的，从而导致对管理所下的定义也是林林总总，并且都有一定的道理。强调管理作用的人认为：“管理就是谋取剩余”，所谓“剩余”就是产出大于投入的部分。强调决策作用的人认为：“管理就是决策。”强调管理者个人作用的认为：“管理就是领导。”强调管理工作的人则认为：“管理就是通过别人来使事情做成的一种职能。”其他还有把管理看作是一个由计划、组织、领导、控制所组成的过程，或是管理者组织他人工作的一项活动，也有认为管理就是用数理方法来表示计划、组织、控制、决策等合乎逻辑的程序，并求出最优答案的一项工作，等等。为了反映管理的本质，人们博采众长，形成了现代管理学中的管理概念，即管理是依据事物发展的客观规律，通过综合运用人力资源和其他资源，以有效地实现目标的过程。

管理的历史源远流长，但企业管理不是人类社会一开始就有的。企业管理是18世纪80年代资本主义社会工业革命的产物。18世纪下半叶从英国开始发生的工业革命，导致了工厂制度的产生。专业化协作的发展、生产基本组织的变革，带来了一系列新的问题，如工人的组织和相互间的配合问题，在机器生产条件下人与人、机与机的协调运转问题，劳资纠纷问题，劳动力的招募、训练与激励问题，纪律的维持问题，等等。新兴的工厂制度所提出的管理问题完全不同于以前所碰到的管理问题。这些前所未有的管理问题需要人们去研究解决。在这种情况下，随着资本主义企业的发展壮大和管理实践的日益丰富，逐步形成了企业管理理论，并发展成为一门科学。企业管理大致经历了传统管理、科学管理、现代管理、系统管理四个阶段，每一个阶段企业管理的特点如表1-4所示。

总之，同其他学科一样，管理科学也是在不断地发展完善当中，一定的管理理论反映了一定的社会需求。在管理的各个发展阶段，各种管理思想都在一定程度上反映了管理的本质，都有其合理部分和可取之处，所以在工作中应该针对具体的管理对象和工作内容与特点取其精华，去其糟粕。

表 1-4 企业管理理论发展的四个阶段

<table>
<tr><th>阶段</th><th>年份</th><th colspan="3">主要特点</th></tr>
<tr><td>传统管理阶段</td><td>18世纪80年代开始，到19世纪末或20世纪初</td><td colspan="3">企业管理者一般也是企业资本所有者。管理主要靠个人的经验，管理工作的成败主要取决于个人经验、个性特点和工作作风。工人也主要靠自己的工作经验来操作，工人培训也主要是由师傅向徒弟传授个人经验的办法。总之这一阶段仍然沿袭着小生产的传统，因而人们称之为传统管理阶段或经验管理阶段</td></tr>
<tr><td>科学管理阶段</td><td>20世纪初到40年代</td><td colspan="3">在资本主义从自由主义到垄断主义过渡过程中逐步形成。由于公司的兴起，市场规模和企业规模的扩大，管理工作日益复杂，逐渐形成一种专门的职业。
1911年，泰罗(F. W. Taylar)发表了《科学管理》一书，他倡导要用科学思想、科学方法来处理和解决企业管理问题，比如进行劳动方法、工具、材料的标准化，对工人进行科学训练，实行刺激性的差别计件工资制，明确管理工作专业化，采用职能组织形式，推行“例外管理”制度等。泰罗的科学管理理论和方法的推行既能提高工人劳动效率又能降低成本，在一定时期内和一定程度上使资本家和工人都能增加收入，因而泰罗被称为“科学管理之父”，所以“泰罗制是资本家残酷剥削工人的手段，更是人类智慧的结晶”(列宁)</td></tr>
<tr><td rowspan="2">现代管理阶段</td><td rowspan="2">二次世界大战以后到70年代</td><td rowspan="2">其特点是在科学管理发展的基础上，以计算机为手段，应用运筹学和系统论的方法结合行为科学的应用把企业看成是人与物所组成的完整系统来进行综合管理。现代管理形成两大学派</td><td>管理科学派</td><td>是泰罗“科学管理”的发展，以运筹学、系统工程、电子技术等为手段，从操作方法作业水平的研究向科学组织的研究扩展。其目的是通过具体的数学模型和统计模型的应用来提高决策的有效性，其特点是着重于定量研究</td></tr>
<tr><td>行为科学派</td><td>是运用人类学、社会学、心理学、经济学、管理学、人机工程等学科知识，对企业职工的行为及行为产生的原因进行分析研究的一门综合性的边缘学科</td></tr>
<tr><td>系统管理阶段</td><td>20世纪70年代以后</td><td colspan="3">随着科学技术的发展和经济的迅速发展，现代管理也进入了新的发展阶段，在管理中形成和发展了系统理论，认为企业是受技术影响的多元的心理社会系统，要求在管理过程中把管理科学和行为科学结合起来，从整体出发，对所有因素进行全面的分析研究，实现计划、方案、设计、协调控制措施的最优化管理</td></tr>
</table>

二、管理的要素

管理所涉及的范围十分广泛，但是归纳起来，无非是对人、财、物、时间、信息五个要素的管理，管理工作的各项职能也是在这些要素的基础上进行和实施的，并受到这些要素和资源的约束和限制。

(一)人力

人是管理工作的核心。人是社会系统中最基本的子系统，是社会的细胞。管理的重要目的和手段就是为作为管理对象的人创造好的环境，进行合理的组织、激励与控制，最大限度地发挥每个人的才能，并使每个人的才能全部朝着有利于达到公司目标的方向发展。简而言之，人员管理的宗旨是使企业的每个员工都各得其所，各尽其才。

(二)财力

经济意义上的财富是一种资源，即使它以货币形式存在也是一种资产，充分利用各种经济资源来创造财富是管理的一个重要组成部分，财富的增加是衡量管理效果(特别是企业经济管理)的重要指标。

（三）物力

社会生产与再生产都离不开一定的物质基础，设备、材料、仪器、能源等是管理工作的直接或间接对象，是管理的最终承担者。而且物质资源都具有一定的稀缺性，如何使物质资源合理配置，以发挥其最大效用，做到物尽其用，是管理工作的重要内容。

（四）时间

时间是物质存在的一种形式，时间是一项特殊的稀有资源，它的供给丝毫没有弹性，也没有替代品。时间反映为速度、效率，管理工作必须考虑如何充分利用时间，以便在尽可能短的时间内，做更多的事，创造更多的财富。

（五）信息

信息是经过加工解释之后，对人的行为产生有影响的或者说对人们有用的数据。从控制论的观点看，管理过程即是信息的收集、传递、加工、交流、判断、决策和反馈的过程，只有对信息进行有效的管理，才能使信息成为管理得心应手的工具。

三、管理的职能

管理是一个十分复杂连续的过程，20 世纪初，法国的法约尔第一次完整地阐述了管理的各种职能，把管理分解为计划、组织、指挥、协调和控制五个要素。在法约尔之后，许多学者对管理职能作了进一步的探讨，出现了许多不同的学派，其中计划、组织、控制是各学派公认的管理职能。随着管理理论的不断发展，到 70 年代以后，管理学家们通常把管理职能概括为计划、组织、领导、控制四大职能。

（一）计划工作

任何管理活动都是从计划开始的。既然组织是为了实现某个特定的目的而存在的，那么就必须确定目标，制定实现目标的途径。计划工作表现为确立目标和明确下达目标的必要步骤，包括估量机会、建立目标、制订实现目标的战略方案、形成协调各种资源和活动的具体行动方案等。

（二）组织工作

管理者制订出切实可行的计划后，就要组织必要的人力和其他资源去执行既定的计划，也就是要进行组织工作。组织工作是为了有效地实现计划所确定的目标而在组织中进行部门划分、权力分配和工作协调的过程。它是计划工作的自然延伸，包括组织结构的设计、组织关系的确立、人员的配置以及组织的变革等。

（三）领导工作

每一个组织都是由人组成的，指导和协调组织中的人是管理的基本工作之一。领导工作就是管理者利用职权和威信施展影响，指导和激励各类人员努力去实现目标的过程。当管理者激励他的下属、指导下属的行动、选择最有效的沟通途径或解决组织成员间的纷争时，他就是在从事领导工作。

（四）控制工作

控制是保证组织目标能按计划实现所必不可少的，任何组织为了保证有效地实现目标，都要对组织成员和组织活动加以控制。控制工作包括确立控制标准、衡量实际业绩、进行差

异分析、采取纠偏措施等。

管理的四个职能之间是相互联系的，管理正是通过计划、组织、领导、控制这四个基本过程(或手段)来展开和实施的。管理是一个不断循环的过程。

四、管理的两重性

管理是人们在同自然和社会斗争的过程中逐渐形成和发展起来的，因而不可避免地会受到自然因素和社会因素的影响，管理的自然属性和社会属性构成管理的两重性。管理两重性的内涵如表1-5所示。

表1-5　管理两重性的内涵

<table>
<tr><th>管理的属性</th><th>涵　义</th><th>管理属性的表现</th></tr>
<tr><td rowspan="4">自然属性</td><td rowspan="4">管理的自然属性也就是管理的科学性。管理虽然是一门软科学，但管理的过程是有一定规律可循的。管理的自然属性是由自然规律所决定的，它反映管理活动中人与自然之间的关系以及管理本身的科学规律
管理的自然属性是由生产力和社会化大生产所决定的</td><td>管理在人类社会生活中的出现是自然的，此间没有人为因素，只要人们以群体方式同自然界斗争，管理就开始存在了</td></tr>
<tr><td>管理在人类社会生活中的存在是自然的，不论管理采用什么形式进行，管理的效果如何，管理每时每刻都地存在着</td></tr>
<tr><td>管理本身是一种客观自然事物，管理的形式、特点、过程、功能、实施等都有一种客观规律在起作用</td></tr>
<tr><td>管理的目的是与发展生产力的客观需要分不开的，而生产力的提高具有鲜明的自然特点</td></tr>
<tr><td rowspan="4">社会属性</td><td rowspan="4">管理的社会属性是指管理同社会条件密切相关，在不同的民族、社会制度和社会经济发展阶段等背景下，管理实践都存在着明显的差异，体现着特殊的社会人文特色
管理的社会属性是由生产关系、社会制度所决定的</td><td>管理在社会经济发展的不同阶段上，其方式与内容有所不同，如传统管理基本上以经验为主，而现代管理的内容、方式、工具都空前扩大了</td></tr>
<tr><td>在不同的社会制度中，管理的内涵外延及管理中人的地位与作用差异很大，这也就是所谓的管理的阶级性</td></tr>
<tr><td>管理受到国家、民族、地区的历史文化、传统习惯、社会条件、宗教信仰等背景的重大影响，从而具有一定的“民族特色”</td></tr>
<tr><td>虽然管理具有一定的科学规律性，但是具体到不同的管理环境和不同的管理人员，管理工作便会千差万别，形成不同的风格</td></tr>
</table>

五、管理的方法

管理是以提高组织系统功效为目的的社会活动。方法是解决问题的途径和达到目的的手段。因此，管理的方法，即为实现管理目标所运用的各种能促进管理系统功效不断提高的手段、措施和途径。

由于实际工作中所运用的具体的方法千差万别，不同的管理对象、管理条件和不同的管理环境就会有不同的管理工作方法，所以不可能将这些方法一一列举，这里所说的管理方法不是指具体的管理方法，而是将这些具体的方法按照一定的标准归纳而分成几个大的方面。

管理方法可以按管理信息沟通的特点进行分类，也就是按照管理内容和管理对象施加影响的性质进行分类。根据信息沟通的特点进行分类是对管理方法最本质的分类方法。据此，管理方法可以分为行政方法、法律方法、经济方法、咨询顾问方法和宣传教育方法。

(一)行政的方法

行政方法是指依靠行政领导机构和行政领导者的权力,通过强制性的行政命令直接对管理对象发生影响的管理方法。其特点有:

(1)权威性。权威性分为行政领导机关的权威和行政领导机关负责人的权威。

(2)强制性。要求人们在思想上、行动上都服从统一的意志,令行禁止,不允许各行其是。

(3)时效性。在实施的具体方式上因对象、目的和时间变化而变化。行政指令往往只对某一特定对象和时间有效。

(4)垂直性。按照行政管理层次,一级服从一级,横向的命令无效,也不能越级指挥。

(5)波动性。行政从某种意义来说,带有临时决策的特点。因此,领导者实施行政指挥的过程也是不断总结经验、自我完善的过程,这就可能使行政方法带有一定的波动性。

行政方法在管理中的作用为:①有利于管理职能的发挥;②有利于管理系统的统一;③有利于处理特殊的或突发性的事件。

(二)法律的方法

法律方法是指运用法律规范及其他纳入法的体系的各种行为规范进行管理的方法。其特点有:

(1)普遍性。法律规范适用于一切人和机关、组织,在它们所规定的一切场合下都具有同等效力。法律面前人人平等。

(2)规范性。规定了人们的权利和义务,明确界定合法与不合法的行为,并以此来规范人们的行为。

(3)强制性。法律规范不同于道德规范和其他社会规范。它是由国家制定和认可,并通过国家的权力强制实施的。

(4)稳定性。法律及其规范化文件是经过法律草案的提出、审查、讨论、通过和公布等程序,是一项十分严肃细致的过程,必须保持其连续性和稳定性,不能朝令夕改,立废无常。

法律方法在管理中的作用为:①保护社会成员的合法权益,调动每个人的工作积极性;②通过合法的合同关系来规范各种管理关系,使企业管理系统更具有稳定性;③法律方法运用的过程,也是法纪教育的过程,可以加强每个组织成员的守法观念。

(三)经济的方法

经济方法是指依靠企业组织,运用经济手段,按照客观经济规律的要求管理企业中有关问题。所谓经济手段是指运用价格、工资、奖金、罚款等经济杠杆和价值工具,以及经济合同、经济责任制等。其特点有:

(1)利益性。它是经济方法最根本的特征。经济方法是建立在全部经济刺激基础上的,必须符合物质利益原则。

(2)调节性。经济方法用于管理活动,不是靠指挥、强制,而是用价值机制和利益机制进行调节。

(3)客观性。采用经济方法必须符合客观经济规律的要求,尊重客观经济规律的作用。

(4)公开性。经济方法不同于行政方法之处主要在于其公开性,采用经济方法必须向社会和职工公开,而不应保密。企业领导只有将各种奖罚和技术经济指标公开,才能调动职工

积极性。

经济方法在管理中的作用为：①有利于从利益机制来激发组织成员的工作积极性和生产积极性；②有利于扩大基层组织自主权；③有利于管理组织成为具有活力并进行自我调节的管理系统。

（四）咨询顾问的方法

咨询顾问的方法是指管理者聘请专家或运用各种专家集团机构，为管理决策提供筹划和参谋的方法。其特点有：

(1)智能性。咨询顾问机构是汇集各方面专家组成的，因而具有较强的智能性。有人称其为"思想库"、"智囊团"。

(2)应用性。咨询顾问机构拥有自然科学、社会科学各方面人才，但他们并不去研究自然科学和工程技术或社会科学的理论，而是运用各自的专业知识，对所咨询的问题进行广泛的调查研究和综合分析，为决策者提供具有科学依据的计划、方案和建议。

(3)独立性。咨询顾问机构属于社会服务组织，是独立的事业法人，不隶属于任何行政组织。它对某个问题咨询，仅根据客观的原则，经过调查、研究实验、辩论等过程，得出自己的结论，而不受任何个人和组织的干扰。

咨询顾问方法在管理中的作用为：①为企业管理决策进行设计和策划，在各种数据、资料和情报的基础上提出供决策者选择的方案；②为各类管理问题提供咨询，包括发展战略咨询、生产经营管理咨询、人事管理咨询、市场调研、商务咨询、财务咨询、情报提供、程序编制等；③为管理职能社会化提供经验。目前已有评估、财务审计、预测等社会服务机构。

（五）宣传教育的方法

宣传教育的方法不仅在精神文明建设中可以运用，在物质文明建设中也可以运用。它对于弘扬组织精神、沟通人际关系、激发工作热情，在管理系统中建立起一个团结向上、知法、守法的良好社会环境是十分重要的。其特点有：

(1)启发性。各种强制性的管理方法只告诉人们应该怎么做，而宣传教育方法则告诉人们为什么要这样做，启发人们自觉地工作。

(2)平等性。相互尊重平等待人是宣传教育方法的基础。宣传教育工作必须尊重人，要有一种亲切感。

(3)针对性。运用宣传教育方法不能以一个模式包打天下，必须根据被教育的对象因人施教，一把钥匙只能开一把锁。

(4)长期性。一个人正确的世界观和人生观的确定，良好的行为规范的形成，均非一朝一夕之功。宣传教育过程是一个长期的、潜移默化的过程。

宣传教育方法在管理中的作用为：①对动员组织成员实现管理目标，起保证作用；②激发组织成员的劳动热情；③可以创造良好的社会环境，增强管理系统的凝聚力。

六、企业管理现代化

企业管理现代化，就是根据社会经济规律和建筑生产力发展的要求，在企业管理中不断吸收和应用世界上管理科学的最新成就，把现代自然科学和社会科学的最新成果，应用于管理之中，使企业管理适应生产力和生产关系发展变化的要求，以推动建筑生产的发展和经济

效益的提高。企业管理现代化主要包括管理思想、管理组织、管理方法和管理手段的现代化四个方面,其核心和基础是管理科学化。从现状出发,我国建筑企业管理现代化主要包括以下的内容。

(一)管理思想现代化

(1)管理科学化的思想。它是指管理者必须用现代化的科学技术理论来武装头脑,树立全新的观念。这是管理思想现代化的基础和核心。

(2)管理系统化的思想。按照系统的原理对企业实施系统管理时,管理者应具有以下几个观点:①全局性观点;②综合性观点;③满意性观点;④动态性观点;⑤可行性观点。

(3)管理高效化的思想。作为管理者应时刻注意提高工作效率,创造更多的经济效益和社会效益。为此,应具备以下几个观念:①竞争观念;②市场观念;③时间观念;④信息观念。

(4)管理民主化的思想。管理民主化的思想是社会主义生产关系的客观要求,其核心问题是真正确立员工的主人翁地位。企业各级领导必须发动员工参与管理,建立企业员工代表大会,对企业领导行使监督权。

(二)管理组织现代化

管理组织现代化主要指根据企业的生产特点和实际情况,依据精减机构、分工合理、责权制衡、协调配合、信息畅通、管理有效的原则来建立企业的组织管理机构、强化组织的凝聚力、振奋士气、提高组织运行的效率。

(三)管理方法现代化

(1)管理方法作业化。管理活动也是一道工序(作业),因此管理活动也应有标准,形成管理规范才能实现有效的管理。

(2)管理方法信息化。即一切管理活动都应以信息为依据。

(3)管理方法定量化。应用数学的定量分析和评价方法,"一切让数据说话",以达到最优管理。

(4)管理方法民主化。在企业管理中贯彻群众路线,提倡全员管理,使科学管理有群众基础。

(四)管理手段现代化

为了适应管理高效率、最优化需要,必须实现管理手段现代化。具体的手段表现在以下几个方面:①电子计算机的广泛应用;②管理通讯装置、信息装置、时间指示记录装置;③生产监控装置;④办公自动化等。

思考题

1. 什么是建筑业?它和房地产业有何区别?
2. 通过查阅统计年鉴或互联网,回答为什么说建筑业是整个国民经济的支柱性产业。
3. 举例说明建筑生产的技术经济特点。
4. 建筑企业与其他企业相比,有哪些不同的管理特点?
5. 公司治理有哪几种模式?
6. 什么是管理?管理的性质是什么?

第二章　建筑企业经营管理

第一节　建筑市场概述

一、市场的涵义

市场是商品交换活动的领域，是产品进入消费的中间环节。市场在初始阶段时，仅仅是产品交换的场所。随着商品生产的发展，商品交换关系越加复杂，市场也就逐渐构成商品买卖行为的总和。市场是由于社会分工和商品交换而产生和发展起来的，是社会生产力在一定发展阶段的产物，属于商品经济的范畴。正如列宁所指出的“哪里有社会分工和商品生产，哪里就有市场”。市场一词可分为三个层次：一是指购买者与出售者双方进行买卖活动的场所；二是指商品买卖双方进行商品交换的相互关系总和；三是指用户。

对市场的理解可分为狭义和广义两类。狭义的市场即指商品交易的场所。随着商品经济的发展，商品交换已不再局限于某一时间、某一地点，而是贯穿于整个交换过程的始终。广义的市场是指商品交换关系的总和，它体现着商品买卖双方以及中间人之间的关系，还有在商品流通过程中发挥促进或辅助作用的各种服务机构、部门与买卖双方之间的关系。广义市场又称大市场。大市场由不同类型的子市场构成，如图 2-1 所示。

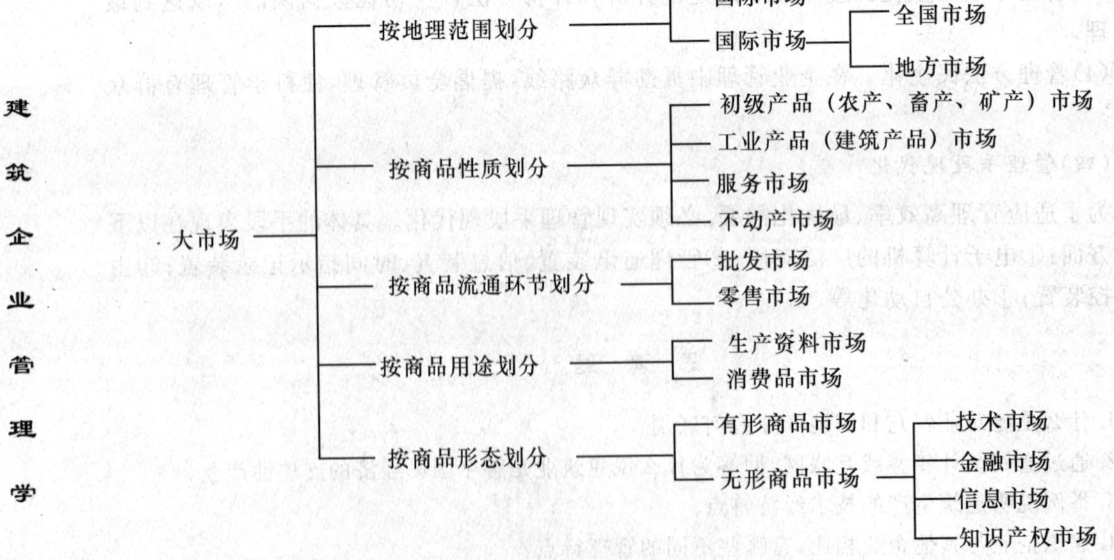

图 2-1　大市场的构成

二、市场经济规律

市场主体在市场上进行交易活动时，必然受到市场经济规律的支配，这些市场经济规律有价值规律、竞争规律和供求规律。

（一）价值规律

这是市场经济最基本的经济规律。价值规律是指商品的价值由商品的社会必要劳动时间决定，商品按其价值进行交换。因此，价值规律要求商品进行等价交换，商品的价格应当符合价值。然而事实上，由于影响价格的不仅有价值，市场竞争、供求状况也影响价格水平，因此实际上的市场价格是围绕价值上下波动的。在市场经济条件下，价值规律有如下作用：

（1）核算作用。由于商品价值是由社会必要劳动时间决定的，如果降低具体企业商品的生产时间，使之低于社会必要劳动时间，就可使商品的个别价值低于由社会必要劳动时间所决定的价值，从而企业可获得更多的利润。这样就可以促使企业加强经济核算，努力改进技术，提高劳动生产率。

（2）调节作用。由于价格高于价值时企业可获得更多盈利，价格低于价值时会减少盈利或亏本，所以企业都愿生产获利高的商品，而不愿生产亏损的商品，从而达到调解生产、平衡供需的作用。

（二）竞争规律

竞争规律是指市场主体在市场经济条件下争夺自身经济利益的必然性，它是市场经济的普遍规律之一，是价值规律作用发挥的必然结果。在市场经济条件下，竞争是推动经济进步的主要因素。正是在竞争的压力下，各市场主体才不得不积极进取，改进经营管理，追求技术进步，以避免自身被淘汰的命运。竞争的结果不仅使市场主体优胜劣汰，而且促使社会的科学技术进步和劳动生产率的提高。

（三）供求规律

供求规律是指商品的市场供给量与有支付能力的需求之间所具有的内在联系和动态平衡的客观必然性。供求规律的基础也是价值规律。因为当商品供不应求时，商品会以高于价值的价格出售；当商品供过于求时，商品以低于价值的价格出售；而当商品供求平衡时，商品的价格基本与价值相符。而价格围绕价值上下波动的结果，又会导致商品的供求趋于新的平衡。

在市场经济条件下，供求规律与竞争规律两者的作用是紧密相连的。因为竞争总是与供求状况相连的，不存在脱离实际供求状况的竞争。对每个商品生产者来说，生产供求变化和价格信号起着导向作用，竞争会促使生产要素流动，使有限的资源达到最优配置。

市场经济的上述三大规律是支配市场经济运行的内在规律。在三大规律中，起基础作用的是价值规律，竞争规律和供求规律则是价值规律的外在表现。

三、建筑市场体系

（一）概述

建筑市场是整个市场的一部分，是建筑产品和服务交易活动的总和，包括交易主体、交易物和交易环境。

1. 建筑市场的交易主体

建筑市场的买方来自建筑业外部和内部。来自外部的买主包括政府部门和民间部门。政府部门是建筑市场上的最大买主，政府采购订单的大小左右了建筑市场需求关系的变化；民间部门的买主主要有非金融企业、金融企业和居民，其中国有企业和国有金融机构是仅次于政府的第二大买主。但是最近几年民营企业的需求量增加很快，相信在不远的将来也会成为建筑市场上一支不可忽视的力量。建筑业内部的买主是指建筑产品和服务的卖主，他们经常以买主的身份出现在建筑市场上。例如：工程总承包企业本身是一个卖主，但当他们将其承包的建设项目进行分包的时候，就成为建筑市场的买主。

建筑市场的卖方主要指建筑产品和服务的提供者，包括提供勘查、设计服务的勘查、设计单位，提供建筑产品施工和安装服务的建筑安装施工企业等等。

2. 建筑市场的交易物

建筑市场的交易物的范围十分广泛，包括咨询服务、工程勘察设计服务、施工服务、项目管理服务、设备安装调试服务、建筑物构配件、建筑劳动力、建筑材料等，甚至还包括资金。

3. 建筑市场的交易环境

建筑市场的交易环境包括市场的管理者和监督者，反映价值规律和等价交换原则并支配交易主体行为的法律法规和道德规范。

(二)建筑市场的分类

同其他商品一样，建筑市场也有广义和狭义之分，狭义的建筑市场是指建筑产品市场，而广义的建筑市场是指包括建筑产品市场在内的建筑勘察设计市场、建筑生产资料市场、建筑劳动力市场、建筑技术市场和资金市场等。

1. 建筑产品市场

建筑产品市场是建筑产品供求关系的总和。建筑产品的技术经济特点决定了建筑产品市场具有以下特征：

(1)建筑产品市场中没有商业中介人。即由建筑产品的需求者和生产者直接进行交易活动。先定货，后生产，不需要任何中间环节。

(2)建筑产品的交换是个很长的过程。它开始于产品生产之前，需求者和生产者确定交换关系之时，终结于产品生产过程结束之后，保修期终了。一般多采用分期交货(中间产品或部分产品)分期付款方式。具体交货方式根据合同规定的结算方式来确定。

(3)建筑产品市场上竞争的基本方式是招标投标。即需求者通过招标的方式提出具体的购买要求，供给者以投标方式对需求者的购买要求作出响应，以此和同行开展竞争。需求者可以从众多的竞争者中选择最满意的供给者，与之达成定货交易，供给者才开始组织生产。采用招标投标方式，可以为供求双方在较大范围内进行相互选择创造条件，为特定建筑产品的需求者和生产者在最佳点上结合，并确立交换关系提供了可能性。

(4)建筑产品有独特的定价方式。即根据需求者对产品的具体要求和具体生产条件，生产者以书面形式秘密报价即投标，在约定的时间和地点同时公布这些秘密报价即开标，需求者从中选择满意的(不一定是报价最低的)生产者，与之达成定货交易，即决标。供求双方达成的合同价格即为建筑产品的成交价格。成交价格一般并不是固定不变的，往往是按照事先约定的条件，允许根据生产过程中发生的某些变化作相应的调整。因此，只有等待工程竣工，才能最终确定价格。但在竞争中起决定作用的还是投标报价。

(5)建筑产品市场具有显著的区域性。这一特点是由建筑产品的固定性所决定的。各地区的建筑市场并不是孤立、静态的,它随着建筑市场中供求关系的变化而变化。建筑市场区域性特点要求建筑生产者在选择自己的生产经营范围时,必须掌握工程建造地点的市场环境,包括自然的、经济的、法律的条件。

建筑产品的类型、规模对建筑市场的区域性有一定影响。一般来说,建筑产品的规模越小,技术越简单,建筑市场的区域性就越强,即区域范围越小。反之,建筑产品的规模越大,技术越复杂,建筑市场的区域性越弱,即区域范围越大。

(6)建筑产品市场中竞争激烈,风险较大。建筑市场中的生产者和需求者都面临着一定风险。这是因为建筑生产的集中化程度较低,大型企业的市场占有率较低,中小企业占绝大多数,常常出现一个需求者面对几个、十几个甚至几十个生产者的竞争局面。另外,建筑产品的不可替代性,使建筑产品生产者无法自主地制定产品计划和相应的生产计划,基本上处于被动地适应需求者需要的地位。相对来说,需求者则处于主动地位。这也加剧了建筑市场竞争的激烈程度。

建筑市场中不仅竞争激烈而且风险也大。生产者的风险主要表现为:①定价风险;②生产过程中未曾预见的各种干扰因素的风险;③需求者支付能力的风险。需求者的风险主要表现为:①价格与质量之间的矛盾风险;②价格与工期之间的矛盾风险;③预付款的风险。需求者为避免这些风险,就要对建筑生产的技术经济规律有一个客观正确的认识,及时完成自己应完成的工作,但不要片面追求低价格和短工期。这是与一般商品市场中对需求者要求的不同之处。

(7)建筑产品市场对参与者各方有严格的行为规范。建筑市场的以上特点,要求对参与者各方有严格的行为规范。诸如:需求者和生产者进入市场的条件,双方成交的程序和订货(承包)合同条件,以及交易过程中双方应遵守的其他细节等等,都需做出明文规定。这些行为规范对市场的每一个参加者都具有法律或道义的约束力,从而保证建筑市场能够有条不紊地运转。

2.勘察设计市场

勘察和设计是建筑产品生产全过程的重要组成部分,是生产准备阶段两个独立而又密切相关的部分。

勘察设计产品包括勘察报告、测绘图纸、设计文件等全部成果。在市场经济条件下,属于知识产品,具有商品性质,受知识产权法保护。在这个市场上,需求者包括城乡居民、工商企业、文教卫生机构、社会团体以及中央和各级地方政府。供给者是各种专业的或综合性的勘察设计机构和个人开业的专业设计人员。随着勘察设计对象的不同,市场上的竞争状况也有明显的差别。一般民用建筑的需求面广,专业性不是很强,技术也不十分复杂,许多综合性的民用建筑设计机构都能胜任,竞争范围比较广阔,当供求不平衡时,竞争也会比较激烈。技术复杂、专业性强的大型建设项目,需求者为数有限,有能力的供给者一般也仅有少数专业勘察设计机构,它们按专业部门或地区划分势力范围,形成"寡占"或"独占"市场。这是我国现阶段专业设计市场的典型特征。个人开业的专业设计工作者只能作为地方或部门专业设计机构的补充。在广大的乡村,现代建筑勘察设计市场还是待开发的处女地。

3.建筑生产资料市场

生产资料是人们生产过程中所使用的劳动资料和劳动对象的总称。建筑生产资料指生

产建筑产品所需的原材料、构配件、建筑设备以及生产过程中需用的工具和机械设备等。它的品种繁多，数量巨大。无论是在建筑市场体系中还是在整个大市场中，建筑生产资料的需求者和供应者进入市场几乎没有什么限制，所以，竞争的范围相当广阔，近似于完全竞争市场。价格的变化对供求关系反映相当敏感。目前，我国生产资料的价格已经放开，但对进入市场的建筑材料、构配件的质量尚未建立严格的调控机制。

4.建筑劳动力市场

劳动力市场是劳动力进行流动和交流的场所。建筑业属于劳动密集型产业。近几年，我国建筑业从业人数达3000多万人，约占社会就业人数的5.2%。劳动力在建筑产品生产中的重要地位由此可见一斑。

在市场体系中，有专为建筑业服务的劳动力市场。这个市场上的需求者是各种建筑产品的生产者即建筑企业。供应者有不同情况，发达国家一般由行业工会的地方组织通过集体谈判向建筑企业提供劳动力，也有少数不参加工会的建筑工人直接受雇于小型建筑企业。在某些发展中国家，行业工会不健全，建筑工人处于无组织状态，建筑企业所需劳动力往往就地招募或由国际市场上经营劳务输出的机构有组织地提供。

劳动力是生产力三要素中最活跃的因素。因此，建立健全的、符合市场经济要求的劳动力市场是建设社会主义市场体制中极其重要的一个环节。必须按照市场经济要求，大力培育和发展我国的劳动力市场。目前，我国实行固定工、合同工和临时工相结合的多种用工制度。农村建筑队伍成为建筑劳动力市场的主要来源。一些无组织自发地涌向城市的农民，则零散受雇于临时用工的建筑企业。为了规范建筑劳动力市场主体行为，推动建筑劳动力有序流动和优化配置，提高建筑劳动力整体素质，近年来，各级建设行政主管部门强化了建筑劳动力的基地化管理。建筑劳动力基地是国家建设行政主管部门根据建筑市场供求状况确定的能满足工程建设需要并达到一定资质条件的建筑劳动力培训和供应地区，是提供多工种合格建筑劳动力的主要渠道。实行基地化管理是指建筑劳动力输出地政府建设行政主管部门按照输入地的需要，负责统一组织，统一选派，由有资质的建筑企业归口成建制供应，并对派出队伍实施跟踪管理与监督。原则上规定凡输出建制劳动力2000人以上的均应设立驻外管理机构，协助输入地建设行政主管部门管理输出建筑劳动力队伍。输入地的省（市）建设行政主管部门也应加强对输入劳动力的归口管理，制定建筑劳动力的年度使用计划，监督与管理建筑劳动力供求双方经营活动，提供供求双方劳动争议和合同纠纷等的仲裁服务。建筑劳动力价格应按照"随行就市，市场竞价"的原则确定，当地建设行政主管部门可发布指导性价格目录，作为供求双方商定建筑劳动力价格的参考性依据。

5.建筑技术市场

技术市场是社会主义市场体系的有机组成部分。广义的技术市场是指技术商品交换关系的总和，它包括技术商品从开发到应用和流通的全过程；狭义的技术市场是指技术商品交换的场所。进入技术市场交易的商品主要是科技研究成果，既包括新材料、新结构、新工艺设备等"硬科学"，也包括生产组织管理方法和计算机软件等"软科学"。科技商品交易与一般商品交易的一个显著的不同点是，需求者购入的科技成果往往要经过再开发才能转化为现实的生产力。这一特点使技术市场成为科技研究与生产力之间的桥梁。科技成果再开发需要投入一定的技术力量和资金。我国建筑技术市场尚处在创建初始阶段，需求和供给都不够旺盛。

6.资金市场

资金市场也称金融市场或资本市场,它是进行资本借贷和各种票据、有价证券交易的场所和供求关系的总和,它是商品经济发展的产物。由于资本是企业生产经营的起点,是商品经济运行的“血液”,所以资金市场在市场体系中占有极重要的地位。建筑产品生产需要三部分资金。第一部分是完成建设项目所需要的固定资产投资,需求者是建设项目的业主;第二部分是建筑产品的生产者购买施工机械设备等固定资产所需的投资;第三部分是建筑产品生产者在生产过程中所需支付的材料费、职工工资、设备租赁使用费以及其他经营管理开支等流动资金。不同需求者所需的资金各有其供应来源。通常,建设项目的固定资产投资,可由业主向投资银行申请长期贷款获得,这种贷款往往需要一定的财产做抵押。某些大规模的建设项目,也可通过委托证券单位发行股票、债券等办法来筹集资金。承包商所需的固定资产投资也可用上述方法取得。流动资金通常向银行申请贷款取得。一般应有一个合理的额度(如占承包合同款的10%),并以从业主处收回的工程款随时偿还。这种贷款通常不需要财产抵押。但银行要详细审查承包合同和承包商的经营业绩与信誉,并要求承包商提供信用担保。资金的价格为利率。资金市场的供求关系由利率来调节。目前,我国建筑资金市场运行不正常,工程预付款制度受到日益激烈的市场竞争的冲击,随意性很大;建设单位拖欠工程款现象严重,建筑企业不得不求助于银行贷款,企业负债率过高,达80%~90%,企业运行资金匮乏。

此外建筑市场还可以划分为一级和二级市场。直接同买主交易的市场称为一级市场,将买主委托的咨询、勘察、设计和施工任务再次委托给他人的交易市场称为二级市场。

四、建筑市场发展的趋势

近年来,国际建筑市场发生了许多深刻的变化。世界各国的政府、业主、工程咨询机构、承包商以及科研单位都对此在进行研究,并在制定相应的政策和措施。我国加入世界贸易组织,我国的建筑市场也就自然融入了国际建筑市场,成为国际建筑市场的重要组成部分。我国建筑市场的变化和发展的趋势可以概括如下:

(一)中国建筑市场融入国际化市场的进程加快

随着经济全球化进程的加快,建筑市场的国际化越来越明显。国际化建筑市场的形成必然造成全球范围的竞争,而这种竞争也必将越来越激烈。建筑市场的国际化,同时也提供了进入国际建筑市场的通道。设计单位、监理单位、承包商要参与这种竞争,要在竞争激烈的建筑市场上拿到合同,除了必须具备的专业能力、人才与知识结构外,还要懂得国际竞争的共同语言(Common Language),也就是国际惯例。例如国际咨询工程师联合会(FIDIC)制定的《土木工程施工合同条件》(红皮书),在目前国际工程建设中就被广泛采用。中国建筑业与国际接轨已刻不容缓,接轨的目的就是提高我国建筑业的管理水平,使我国的设计单位、监理单位以及施工单位都能获得在国际市场竞争的资格和能力。

(二)基础设施项目投资和建设方式的变化

国际上,私人投资越来越多地参与到工程项目、尤其是基础设施建设项目中去,由此而引起项目投资和建设方式的变化。BOT(Build-Operate-Transfer)是20世纪80年代初期国际上出现的建设经营模式,随后我国又积极引入目前国际上比较流行的TOT(Transfer-

Operate-Transfer)和ABS(Asset-Backed-Securitization)等融资方式。我国的沙角电厂B厂,广西来宾厂B厂,上海延安东路隧道复线工程,泉州刺桐大桥均是BOT项目融资成功的典范;上海南浦大桥,杨浦大桥,沪嘉、沪宁高速公路上海段等工程利用TOT方式获得了巨额的资金用来基础设施的再建设;自1994年10月亚洲英雄公司(Hero Asia)首次发行1.1亿美元的资产担保债券起,到2008年1月底,中国监管者已批准11单证券化业务,发行了35只ABS,共计413.4亿元之多。我国政府在基础设施建设中对于各种融资方式的引进作了大胆的尝试,而这些融资方式的出现也将会大大拓宽私有资金的投资领域,使私有资金在公共项目上得到更广泛的应用,同时也缓解了政府在基础设施建设投资上捉襟见肘的局面。由于这些融资方式将成为全球范围政府建设项目开发的重要方式,因此,国际上设计事务所(设计公司)和建筑公司正在认真研究对策,怎样介入、承揽以这些方式融资的项目,这也成为建筑业发展战略的一个重要方面。

(三)业主方将成为建筑业发展的推动力

由于建筑市场竞争的加剧,建筑市场已经成为一个买方市场。作为买方的业主(包括代表国家、地方政府和国有企业投资的业主以及私有企业、私人投资的业主)对建筑业的要求和期望越来越高,希望建筑产品的成本逐步降低、建筑产品的质量逐步提高、建筑产品和市场过程的确定性不断提高。这些要求将促进建筑业和建筑市场的变化和发展。我国的建筑业必须关注和适应业主对承发包模式需求的变化,我国的建筑公司和设计单位也要适时地考虑其功能、能力和资源组合的改变。

(四)工程项目管理的集成化和信息化

集成化管理(Integrated Management)是现代工程项目管理的发展方向,它不仅涵盖了传统的工程项目管理(Project Management,简称PM),而且已经延伸到项目的决策阶段和项目运营阶段的管理,也就是项目的开发管理(Development Management,简称DM)和物业管理(Facility Management,简称FM)。DM、PM和FM是整个项目过程中的三种不同的管理工具,这三种管理工具集成为一个整体——集成化管理(Integrated Management),并构成工程项目全寿命管理系统(Lifecycle Management System For Construction Project)。DM、PM和FM的集成,使得管理者可以站在全局的角度,论证项目的可行性,考虑项目的设计、施工以及项目的经营等各方面的问题,从而促进项目更好地建成,最大限度地发挥项目的效益。

信息化正在席卷全球,从工业经济到信息经济,从工业社会到信息社会,在这个动态演进过程中,信息化逐步上升为推进世界经济和社会全面发展的关键因素,成为人类进步的新标志。一个国家的信息化程度,代表着其社会生产力的发展水平,也决定着这个国家在21世纪生存与发展的实力和地位。这场由新技术革命引起,导致新的产业革命的重大变革,正在对政治、经济、文化、科技、教育、军事等各个领域产生巨大而深远的影响。为了实现与国际接轨,缩小与发达国家之间的差距,国内正在积极开发工程项目综合管理系统软件。

(五)建筑市场交易方式的变革

建筑市场的交易主要是指业主方委托设计、委托咨询以及工程承发包等行为。传统的建筑市场交易主要由委托方与被委托方通过建议书或者招投标等方式进行,双方在整个交易过程中要产生大量的文件,并要进行大量的图纸及文件资料的贮存、传递。传递方式主要采用人工方式，这种方式不仅传递信息的速度慢，而且容易出现差错。西方发达国家正在尝试使用信息技术来进行建筑市场交易——CALS(Commerce at Light Speed)。CALS是由美国国防部于20世纪60年代中期在武器制造过程中产生的一种技术，它的目的就是在不同的组织之间通过电子的方式实现信息(包括图纸、文件、指示等)的交换、共享，以期减少纸张的浪费，做到减少费用，并且缩短武器开发周期。2004年日本开始在国家重点工程项目中应用CALS/EC，实现建筑市场交易的电子化，并一直延伸到其他工程项目。目前，国内对CALS在建筑领域中的应用研究主要集中在项目信息化管理和工程造价两大块，实践还处起步阶段。CALS在建筑业的应用前景广阔，其推广过程需要突破关键技术，同时健全CALS相关法律法规，改变工作模式和生产模式。我国建筑企业可借鉴其在美、日、韩等国家CALS应用的成功经验，并结合我国建筑行业实际情况，加强培训，提高人员素质，培养CALS方面的人才。

(六)建筑企业必将愈加重视创新

企业创新主要包括这几方面含义：根据市场的变化，进行企业的制度创新、技术创新、管理创新和营销创新等。在知识爆炸的知识经济时代，在飞速变化市场经济中，“创新是一个民族进步的灵魂，是一个国家兴旺发达的不竭动力”，创新也是建筑企业发展壮大的力量源泉。在建筑市场国际化新形势及知识经济时代背景下，竞争要求建筑企业必须愈加重视创新。我国企业与国外企业之间存在的巨大差距，无论是总体还是个体，无论在技术、管理，还是在资产规模上，我国企业与国外企业相比竞争力都很弱，这与建筑市场国际化趋势很不相适应；而且创新是知识经济时代对建筑企业的要求，知识经济为我国建筑企业缩短与发达国家的差距提供了一个契机和挑战。如果我国建筑企业用先进的科技加以武装，在管理、制度、技术、营销等方面不断地创新，就有可能赶上发达国家水平，否则，自己势必在国际化市场和知识经济时代中被淘汰。

(七)民营建筑经济崛起且发展迅速

这里所说的民营建筑经济，不同于计划经济条件下的集体经济，而是与社会主义市场经济相适应的新的公有制经济实现形式，它包括通过产权制度改革而形成的民营经济，也包括混合所有制中由公有控股的股份制经济和广大职工投资入股的股份合作经济。它是劳动者自筹资金、自愿结合、自主经营、自负盈亏的一种民营经济。目前，从建筑经济改革方向和民营建筑经济在行业所占的地位看来，民营建筑经济已经崛起并且发展迅速，这一点从近年来上规模民营建筑企业的一些发展指标可以看出，见表2-1。

表2-1　中国上规模民营建筑企业的主要指标

(单位：万元)

年　份	企业家数(家)	营业收入总额	资产总额	税后净利润	缴税总额	员工人数(万人)
2008	260	5606.39	3283.66	161.58	223.17	193.82
2009	302	7204.76	4258.54	208.47	285.01	221.01
增长率(%)	16.15	28.51	29.69	29.02	27.71	14.03

注：数据来源于中国资讯行数据库

(八)城市地下空间的利用为建筑市场提供了新的发展舞台

城市地下空间已成为一种宝贵的自然资源，当今不少现代化的城市在建设中已充分开

发利用了地下空间资源，其中对建筑市场影响最大的工程项目有：城市地下铁道、大型地下商场、城市隧道、地下车库、各种公共管道设施、地下供配电站等。类似这样的地下工程适应了现代化城市的高密度和生活方式的高水准化，提高了都市的生活节奏，并使地下空间资源得到了合理的利用。我国许多大的城市在朝着国际化大都市迈进中都充分利用地下空间资源，如北京、上海、广州、南京、武汉都已经修建或正在修建地下铁道，地下空间的开发利用开始朝大深度和多方面方向发展，并对其关键技术进行研究，把发展地下空间和保护自然生态结合起来，使现代城市的建设走可持续发展的道路。这一趋势必将影响建筑市场投资方向，为建筑市场主体拓展市场提供了新的发展机遇。

（九）健康、安全和环境三大主题将成为建筑市场各方关注的新问题

目前，环境保护是世界各国发展的主题之一，为了实现人类可持续发展的需要，各国政府采取的措施也越来越多。建筑业的发展伴随着材料的运用和有毒物质的排放，建筑施工环境本身就有潜在的各种危险，对施工人员的安全时刻造成威胁。近年来建筑领域的工程事故屡次发生，危害着人们的健康、安全和环境。原先对石油行业的健康安全环境要求同样也将成为建筑行业的发展主题之一。

健康指的是施工人员的身体健康状况；安全则侧重施工人员的劳动条件和劳动环境；环境则是指当前热门的环境保护和资源可持续发展的问题。健康、安全、环境管理强调在工程项目建设过程中要重视工作人员的身体健康、劳动条件的安全和对周围环境的保护。国外的工程建设把健康安全环境管理作为首要的工作常抓不懈，并将其提到与工程三大常规目标——质量、成本、进度同等重要的位置上。随着全球经济的发展，人们生活水平的不断提高，人们的健康、安全与环境意识会逐步增强。建筑企业要想在风云际变的市场上有竞争优势，要真正做到以人为本，保持能源资源的可持续发展，就要把健康、安全、环境作为其工程建设的重要目标之一。

我国建筑企业只有尽快实施健康（Health）、安全（Safety）、环境（Environment）管理（也称为 HSE 管理），尽量减少和避免各类工程事故的发生，树立良好的企业形象，才能更快地与国际接轨，走向国际市场。

（十）实行公司治理结构将是建筑企业的发展趋势

近年来，上市公司治理机制日益得到中国各界的广泛关注和重视。亚洲金融危机之后，许多专家学者认为其中引发危机的重要因素之一就是这些国家的公司治理存在缺陷，公司治理更成为了全球关注的热点。各国证券监管部门、交易所及国际机构纷纷加入到推动全球公司治理运动的行列。随着我国建筑行业改革方案的逐步实施，为适应新时期建筑市场化改革的要求，使我国建筑企业更好地迎接经济全球化的机遇和挑战，建筑企业应以建立现代企业制度为目标，进一步完善公司治理结构。建立现代企业制度、规范公司治理结构将是建筑企业发展的趋势。

目前我国部分国有建筑企业基本上已经建立了相应的制衡机制，但在实践上还不够健全，如股东对于董事会、监事会缺乏有效的激励约束，董事会与经理层或重要的子公司经理人员交叉兼职，导致董事会与经理层之间的决策与执行制衡机制失灵，监督缺乏独立性和有效性，因此董事会的作用也未显现出来。再者企业经营者容易掌握公司的实际掌控权实现个人利益最大化。而公司治理结构在集体建筑企业和私营建筑企业的实施仍是起步阶段。

我国建筑企业在完善公司治理结构上要苦下功夫，借鉴国内外各方面的实践经验，不断探索把公司治理结构的理论与建筑企业的实际情况紧密结合起来，构筑有建筑行业自己特色的、符合我国国情的公司治理结构，使建筑企业内部管理和外部的接洽趋于规范。我国政府应鼓励国内建筑企业实行公司治理结构，首先可以从国有建筑企业开始，由点及面推广开来，使建筑企业都实行上市公司治理结构。

面对中国建筑市场的国际化、基础设施项目投资和建设方式的变化、工程项目管理的集成化和信息化、新发展主题的出现等不可逆转的发展趋势，每个企业都在思索自己未来在市场中的位置。但有一点是相同的，我国的建筑企业只有及时认清了形势，扬长避短，不断地提高自身核心竞争力，不断创新，才能在日益激烈的市场竞争中立稳脚跟，扩大发展。

第二节　建筑市场的需求与供给

价值规律作为市场经济的基本规律，是通过市场价格的波动或均衡来实现的。这不仅表现在单个产品市场的运行中，也表现在总和的市场体系的运行中。但无论怎样，价格实际发生的波动是否能达到平衡，还要取决于市场供求如何相互作用。建筑市场上建筑产品的价格变化同样受到供求规律的支配，因而要想准确把握建筑产品价格的变化规律，必须对建筑市场的需求和供给作一个比较全面的了解。

一、建筑市场的需求

(一)建筑市场的有效需求

建筑市场的有效需求是指建筑市场上买方在某一时期按给定的价格，愿意并且有能力购买的建筑产品、建设项目和有关服务的数量。有效需求不同于需要，它不仅要以买方客观存在的购买某种建筑产品和服务的欲望为基础，而且要受到买方支付能力的约束。人的欲望及支付能力从两方面构成了需求的内在规定性，它们之间既相互依存又相互约束。

我国目前建筑市场上的主要买主是政府与国有企业和国有事业单位。他们对建筑产品和服务的支付能力大部分来自国家预算内和预算外资金、银行贷款以及国际金融机构或外国政府的贷款。但是需要注意的是目前建筑市场上经常存在业主在得到建筑产品和服务时，未能及时偿付咨询、勘察、设计和施工单位的款项，对于这类买主的需求并不能算作有效需求。

(二)建筑市场的派生需求

对建筑产品和服务的需求总体而言是属于一种派生需求。所谓派生需求是指对一种产品的需求导致对另一种产品的需求。例如，市场上对于小汽车的需求量的增加，会使原有汽车生产企业扩大其产量，并且会有更多的新的汽车生产企业产生，这样会导致对汽车生产厂房的需求量的增加。在这个例子中，小汽车是最终产品，而生产小汽车的生产厂房属于中间产品。生产厂房的需求量实际上是从它们所生产的小汽车的需求量中派生出来的。最终产品的需求量决定了中间产品的需求量。建筑产品派生需求的概念，对于如何预测国民经济的发展对建筑产品或服务的需求量的影响，对于企业如何估计和预测建筑产品的需求量，从而正确制定企业的发展规划等，有着深远的影响。

(三)影响建筑市场需求量的因素

不论是就一定时期内的需求,还是就需求的变动来说,其影响因素都是非常复杂的。大体说来,可归纳为以下几种:需求价格(以 P 表示);利率(以 i 表示)其他相关商品或劳务的价格(以 P_s 表示);购买者的货币收入水平(以 M 表示);消费者的偏好(以 T 表示);政府的政策(以 r 表示);消费者的预期(以 E 表示);广告推销;等等。

上述诸种影响需求的因素与需求之间的关系可以用函数形式表示。如以 Q_d 表示需求量,则需求函数为:

$$Q_d = f(P, P_s, i, M, T, r, E, \cdots)$$

1. 需求价格

需求价格是指在一定时期内,买主对一定量的产品或服务愿意支付的最高价格。需求价格是由一定量的产品或服务对买主的边际效用所决定的。市场上能够提供的产品或服务的数量越多,买主的边际效用越低,需求价格也越低。需求价格是影响建筑产品或服务需求量最重要的因素。

当我们主要考察需求与需求价格之间的关系时,其他因素可视作既定,则需求函数可表述为:

$$Q_d = f(P)$$

这就是一般的需求函数形式。根据这一函数,我们还可以用表格和几何图形表示需求与价格之间的关系并分别得出需求表和需求曲线。例如:某个城市居民对住房的需求状况是:当每平方米的价格是 18000 元时他愿意购买 70 平方米;价格为 15000 元时,他愿意购买 80 平方米;价格为 12000 元时,他的需求量为 90 平方米;价格为8000元时,他的需求量为 100 平方米;价格为 5000 元时,他的需求量为 120 平方米等等。他对住房的需求状况用表 2-2 或图 2-2 来表示。在一般情况下,市场商品价格和需要量的变化关系呈曲线关系。图 2-2 说明,在其他因素不变的条件下,需求量与商品或劳务的价格按反方向变化,即价格上涨,需求量减少;价格下降,需求量增加。这就是通常所说的需求规律。

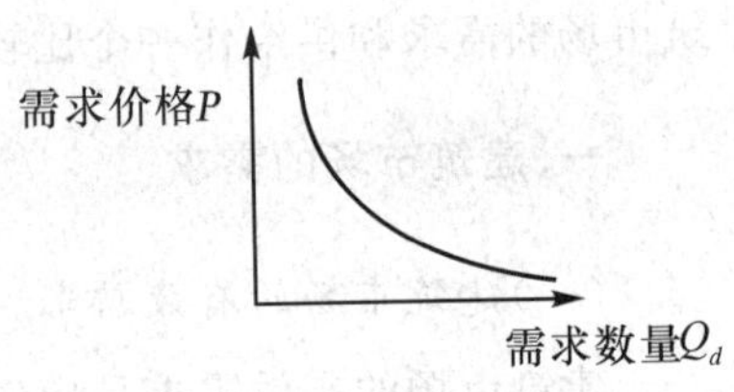

图 2-2　需求曲线

表 2-2　个别需求表

价格(元)	18000	15000	12000	8000	5000
需求量(平方米)	70	80	90	100	120

显而易见,这一规律是与人们的日常生活经验相吻合的。经济学家们认为,价格波动所以会引起需求量的反方向变动,基于两个原因:其一,收入效应。即价格的变动意味着人们货币收入的变动,从而导致支付能力的变动。例如,住房价格降低而其他商品价格维持不变时,人们的实际收入事实上会得以提高,从而需求量会增加。其二,替代效应。即某商品价格发生升降时,假定其他商品或劳务价格不变,人们就会在该商品与其他商品之间进行替代。

上例分析只考虑了需求影响因素中的价格因素,而忽略了其他因素。当这些因素假定不变时,价格与消费者需求量之间的需求状况是既定的。但如果其中任一个发生变化时,与其相应的消费者的需求量就会跟着变化,从而引起需求状况的变化。仍以住房为例,近年

来，我国城乡居民的收入有所变化，反映在住房的需求上，从原先要个卧室、讲求居住面积发展到要求成套设施，设施标准也要提高。这说明，如果消费者的收入增加，嗜好增加，替代商品的价格提高，互补商品(如住房和家具)的价格下降，预期未来的收入增加以及商品的价格上涨，同原来的需求状况相比较，消费者对这一种商品在同一价格下相应的需求量比原先增加，反之则减少。

这里要强调的是，考察任何一种商品市场价格的确定，必须作总体的研究，把全体消费者的个别需求扩展成对该商品的市场需求。个别商品的需求是形成不了市场需求的。

2.利率

利率对于建筑市场需求量的影响是十分巨大的，这主要是由于建造建筑产品的资金有很大一部分来自于金融市场，利率的提高，一方面造成了建筑产品成本的增加，从而导致开发企业投资收益的下降；另一方面也抑制了建筑产品的市场需求。例如：按揭利率的提高，令一般老百姓不敢借钱买房子。

3.其他产品或服务的价格

其他产品或服务，有些是替代产品，有些是互补产品。替代产品就是可以提供相同效用的产品，而互补产品是连带在一起使用的产品。建筑业提供的产品中有许多是替代品，例如木门窗和钢门窗是替代产品，木门窗价格的提高会导致钢门窗需求量的增加；建筑业提供的产品中也有一些属于互补品，例如住宅和家具属于互补产品，住宅价格的下降，会导致购买住宅的人增多，进而购买家具进行装修的人也会增多，从而扩大了家具的需求量。

4.收入

建筑市场的有效需求取决于支付能力，而支付能力又依赖于收入。经济学中商品分为正常商品和劣质商品。收入对这两类商品的需求量的影响是不同的。它们的关系如图 2-3 所示。

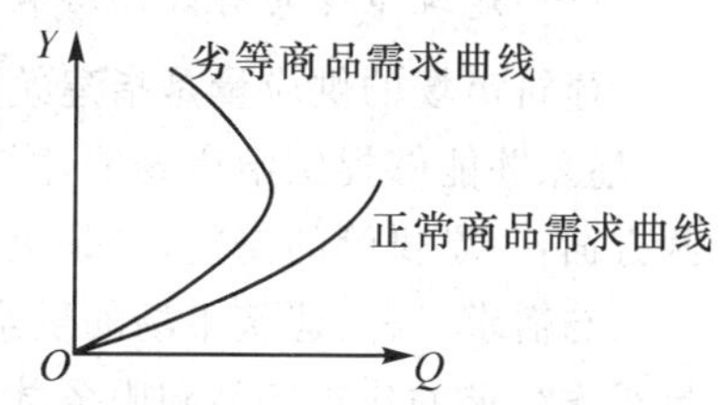

图 2-3　正常商品和劣等商品需求曲线

对于正常商品，当收入增加时，需求量也增加；但是对于劣等商品，当低收入者收入开始增加时，他们对劣等商品的需求量逐渐增加，当收入继续增加到某一水平后，需求量却开始减少。

需求量不仅同社会整体收入水平有关，而且还与各不同阶层的收入分布有关。经济学中常用洛伦兹曲线和基尼系数衡量社会收入分布情况。图 2-4 为洛伦兹曲线。横坐标表示不同收入阶层人口在全国总人口中所占的比例的累计值；纵坐标表示不同收入阶层收入在全国总收入中所占的比例的累计值。

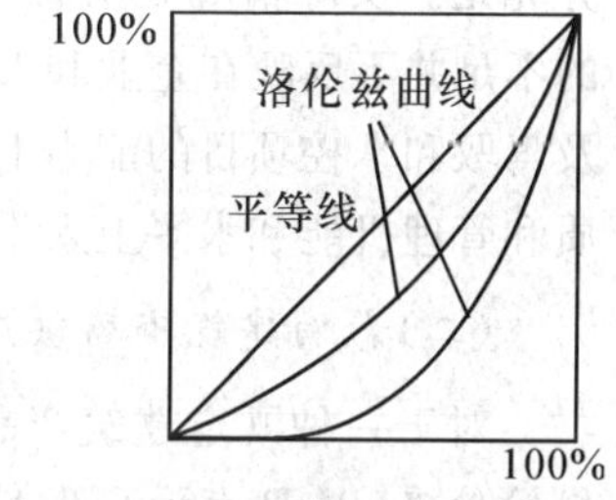

图 2-4　洛伦兹曲线

图中对角线表示社会收入平均，贫富差距最小。曲率越大的曲线表示社会收入越不平均，贫富差距越大。洛伦兹曲线与平等线所围的面积，与平等线、横坐标、纵坐标所围的三角形面积之比，称为基尼系数。基尼系数越小，社会越平均，贫富差距越小。

收入不平均，贫富差距大的社会，有效需求往往来自于少数一部分人。而收入越平均，贫富差距小的社会，有支付能力的人也越多，有效需求也越大。因而政府通过相应的经济政

策,调整社会收入的分布可以扩大需求量。

5.人口

需求量一般与人口成正比。人口的数量、分布、构成、年龄、收入、受教育程度等都影响建筑市场的需求量。

6.兴趣和偏好

个人的兴趣和偏好影响到对各种不同风格、类型的建筑产品的需求量。而个人的兴趣和偏好又往往受到广告等各种宣传和促销手段的影响。因而建筑企业可以通过建立自己的品牌形象,并且运用各种宣传促销手段来吸引某一类型的人群的注意,从而提高其建筑产品的需求量。

7.政府政策

政府政策对建筑市场需求量的影响,一方面是由于政府是建筑市场交易规则的制定者和监督者,其政策的好坏直接影响到建筑市场的兴衰;另一方面政府也是建筑市场上最大的买家,政府采购订单的大小,直接影响到建筑市场的需求量。

8.预期

对建筑产品价格变化的预期会影响到需求量。一般而言,预期价格上涨会导致需求量的增加,而预期价格下降会导致需求量的下降。这一点在住宅市场中可以找到很好的佐证。

二、建筑市场的供给

(一)建筑市场的有效供给和潜在供给

建筑市场的供应量是指建筑企业或其他生产要素提供者在一定时期内和一定价格水平下,愿意并能够提供给市场的建筑产品或服务的数量。显而易见,供给的内在规定性也包括两方面:一是供给的愿望,二是供给的能力,两者缺一不可。

与需求一样,建筑市场的供给也分为有效供给和潜在供给。有效供给是指能够真正满足买方需求的建筑产品和服务数量,这个量在实际中是很难量化计算的。潜在供给可以用建筑业从业人员数、建筑企业数、一定时期内能够设计或施工的建筑面积等来反映。我国建筑业从业人员数和建筑企业数量都很庞大,但这并不表明我国建筑市场的有效需求已经十分充足。实际情况表明我国建筑市场上的有效供给远远不能满足有效需求。我国有效供给的不足并不反映在企业和人员的总体数量上,而是反映在从业人员的素质、企业的管理水平以及驾驭和掌控项目的能力上。因此要提高我国建筑市场的有效供给,必须从提高从业人员素质和管理机能和水平上入手。近年来我国实行的从业人员资格认证制度正是基于此目的。

(二)影响建筑市场供应量的因素

对于一种既定建筑产品或服务的提供者来讲,其供给的多少主要取决于以下几个因素:供给价格(以 P 表示);生产成本(以 C 表示);技术水平(以 T_e 表示);政府政策(以 r 表示);建筑企业的预期(以 E 表示)等等。

对于上述影响供给的诸种因素与供给量之间的关系,也可以用数学形式加以表示,这就是供给函数。供给函数的形式为:

$$Q_s = f(P, C, T_e, r, E, \cdots)$$

1. 供给价格

供给价格是指建筑企业为提供一定量建筑产品或服务所愿意接受的最低价格。一般而言，产品或服务的供给价格越高，其市场的供给量也越大；反之就越小。如果假定其他因素不变或已知，供给函数一般又写为：

$$Q_s = f(P)$$

同样，对于供给函数也可以用供给表和供给曲线表示。例如：某房地产供应商对在一定价格下的供应量，如表 2-3 所示。

表 2-3　个别供给表

价格(元)	5000	10000	15000
供给量(万平方米)	20	30	40

同样在一般情况下，供给价格和供给量的变化呈上升曲线，如图 2-5 所示。

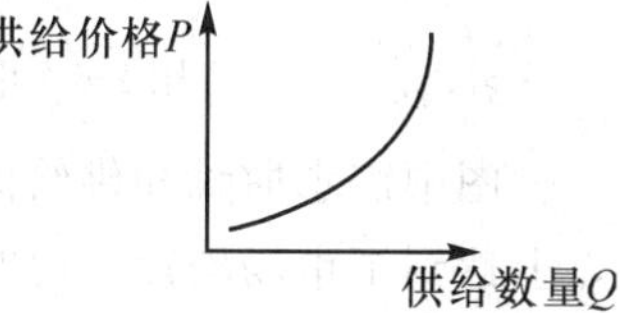

图 2-5　供给曲线

图 2-5 说明，在其他因素不变的条件下，供给量与商品或劳务的价格变化方向相同，即价格上涨，供给量增加；价格下降，供给量减少。这就是通常所说的供给规律。供给价格和供给量的正比关系适用于建筑市场内的大多数产品，但也有一些特殊的产品或服务并不适用这个关系。例如劳动力就不适用，在工资水平刚开始提高时，劳动力的供给量增加，但是当工资水平上涨到某个程度时，劳动力的供给量不会增加，反而可能下降。这是因为当工资水平超过某个幅度后，劳动者对货币的需求不像以前那么迫切，相反他们可能要追求其他方面的需求(例如旅游)。

把市场上所有的供给建筑商品的厂商(建筑企业)的个别供给总加起来，就得到商品在市场的总体供给趋势。

2. 生产成本

一般而言，当建筑产品或服务的供给价格一定的情况下，生产成本越高意味着企业的利润越小，建筑产品或服务的供给量也越少；反之亦然。

3. 技术

一般而言，当建筑产品或服务的供给价格和其他条件不变的情况下，建筑技术水平越高，建筑产品或服务的供给量也越大；反之亦然。

4. 政府政策

如果政府减少建筑企业税收，则建筑企业的生产成本就会下降，供给量就会增加；反之亦然。

5. 建筑企业的预期

如果建筑企业预期某种建筑产品或服务将来的价格会上升，它们会愿意增加供给量；反之亦然。

三、建筑市场均衡

所谓市场均衡是指产品或服务的供给方愿意提供的数量，恰好等于需求方愿意并且能

够购买的数量的一种状态。市场总是从不均衡到均衡，再从均衡到不均衡，这就是市场机制，也就是人们常说的那只“看不见的手”。

(一)均衡价格

市场均衡分析实际上是将供给和需求联系起来看问题，上文已经提到，当其他因素或条件不变的前提下，供给和需求都和价格有关。若将供给曲线和需求曲线在同一张坐标图上表示，这就是市场均衡图，如图 2-6 所示。

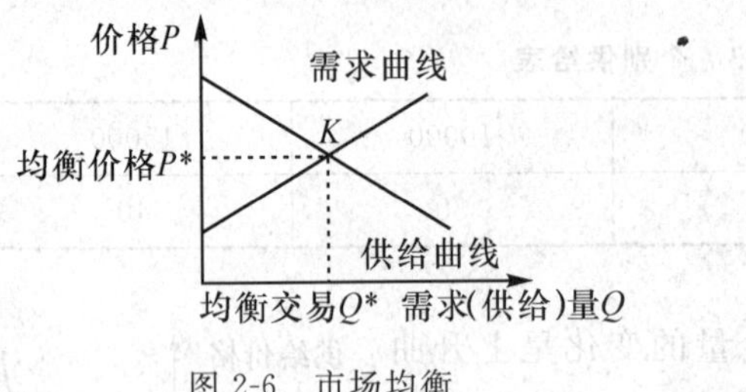

图 2-6　市场均衡

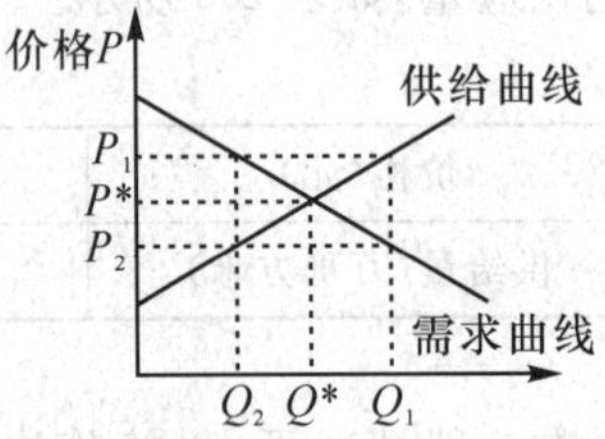

图 2-7　均衡价格的确定

图中需求曲线和供给曲线相交于点 K，在 K 点上市场的需求量和供给量相等，即在这点上达到了市场均衡。此时 K 点所对应的横坐标就是均衡交易量 Q^*，纵坐标就是均衡价格 P^*。

在完全竞争、市场连续出清的市场中，由于市场机制的作用，市场会自发地实现市场均衡。如图 2-7 所示。若最初某种产品或服务的市场供给量为 Q_1，价格为 P_1，按这一价格，市场的需求量只有 Q_2，$Q_1>Q_2$，属于供过于求，所以卖方只能降价销售；若价格降到 P_2，市场上的供给量只有 Q_2，而此时市场需求量有 Q_1，$Q_1>Q_2$，属于供不应求，卖方就会涨价。但是由于有了第一次的教训，价格会比 P_1 低一些，当价格涨到 P^* 以上时，又出现了供过于求的情况，价格会再次下降，同样降价后价格会比 P_2 高一些，如此经过反复试探，最终价格会达到均衡价格，这就是均衡价格的形成过程。这个过程完全是由市场自发调节形成的。这种自发调节会造成供求双方巨大的损失。在调节过程中，若供过于求，就会出现生产过剩、产品积压，形成浪费；若供不应求，消费者需求又得不到满足。这就是我们通常所说的市场经济中盲目性，人类社会所经历过的一次次经济危机，实际上就是这种自发试探性调节所造成的。由此可以看出，政府对整个市场进行宏观调控是多么重要。

值得注意的是，并不是所有的产品和服务市场都会自发地形成市场均衡的。当市场机制不能带来市场均衡时，就称为市场失灵。市场失灵在建筑市场上是一个比较常见的现象。例如很多公共产品的建设，如不收费的道路、路灯、城市广场等，就不是市场能够自发调节的。当出现市场失灵时，就需要政府进行干预，像前面提到的公共产品，很大一部分是由政府投资建设的。

(二)需求和供给曲线的移动

若市场上其他因素或条件保持不变，仅考虑价格与供给、需求之间的关系，就唯一确定了供给曲线和需求曲线。但是现实世界中很多问题往往不符合这种假设关系。而当这些因素发生变化时，就表现为需求曲线和供给曲线的移动。

图 2-8 所示，当其他条件不变时，价格变动引起需求量变动将沿一条既定曲线 D_1 变化。而当价格不变的条件下，由于其他因素的变化引起需求量的变化，需求曲线将向 D_2 移动。

例如，红砖价格为 0.8 元一块，政府为保护耕地资源，出台政策限制建筑工程中红砖的使用，同时鼓励其他砖砌体材料的使用，这样在同样 0.8 元的价格条件下，现在的红砖需求量就比原来的红砖需求量要减少很多，表现为红砖需求量曲线向左移。需要注意的是需求曲线的移动既可以左右移动(假设价格不变)，也可以上下移动(假设需求量不变)。

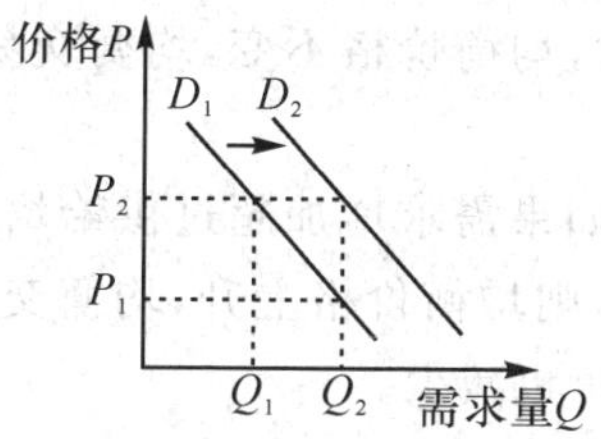

图 2-8　需求曲线移动

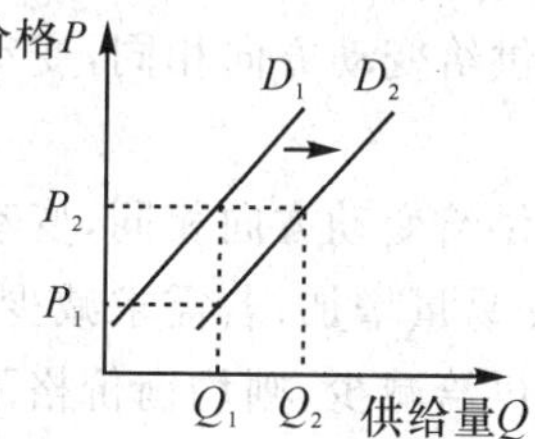

图 2-9　供给曲线移动

同样，供给曲线也可能由于其他因素的变动发生左右或上下的移动(如图 2-9 所示)。

(三)需求和供给曲线的移动对均衡价格的影响

需求曲线和供给曲线的移动会引起均衡价格的变动。

1.需求曲线移动对均衡价格的影响

下面以工程中常用的钢材为例，说明需求变化如何影响均衡价格和均衡交易量的变化。假设钢材的供给关系不变，如果现在有大量工程项目开工，会使钢材的需求大量增加，则需求曲线 D 向右平移到 D_1，D_1 与供给曲线 S 相交于 $K_1(Q_1,P_1)$，说明在供给关系不变的前提下，由于需求的增加，均衡价格和均衡交易量都有所提高；若工程项目大量下马，导致钢材的需求量大减，则需求曲线 D 向左平移到 D_2，D_2 与供给曲线 S 相交于 $K_2(Q_2,P_2)$，说明在供给关系不变的前提下，由于需求的减少，均衡价格和均衡交易量都有所下降。变化情况如图 2-10(a)。从图中可以看出，需求曲线移动方向与由此引起的均衡价格和均衡交易量的变动方向是一致的。即需求量增加，则均衡价格提高，均衡交易量增加；反之则均减少。

2.供给曲线移动对均衡价格的影响

同样以钢材为例，假设钢材的需求关系不变。若钢材的生产成本降低，导致钢材的供给增加，则供给曲线 S 向右平移到 S_1，S_1 与需求曲线 D 相交于 $K_1(Q_1,P_1)$，说明在需求不变的前提下，由于供给的增加，使均衡价格下降，均衡交易量提高；若钢材的生产成本降低，导致钢材的供给减少，则供给曲线 S 向左平移到 S_2，S_2 与需求曲线 D 相交于 $K_2(Q_2,P_2)$，说明在需求不变的前提下，由于需求的减少，使均衡价格上升，均衡交易量下降。变化情况如图 2-10(b)。从图中可以看出，当需求量不变时，供给曲线移动方向与由此引起的均衡价格变动方向相反，与由此引起的均衡交易量变动方向相同。即供给量增加，则均衡价格下降，均衡交易量增加；反之则均衡价格上升，均衡交易量减少。

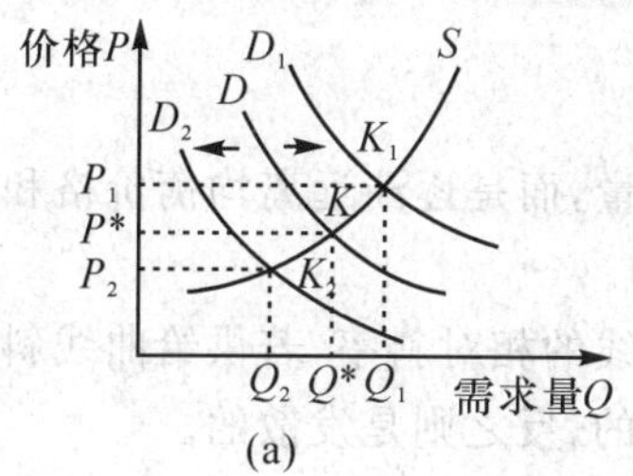

(a)

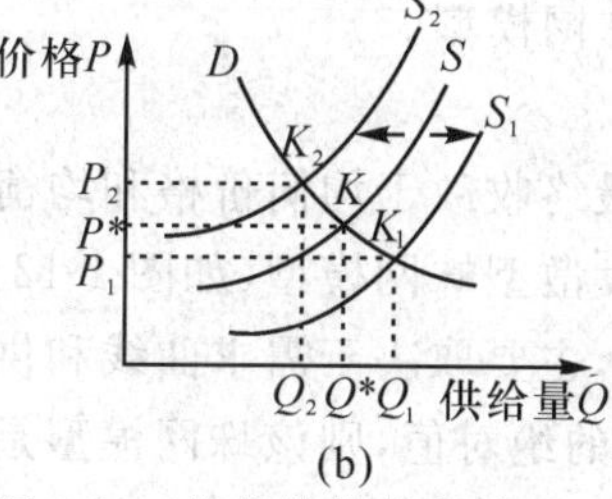

(b)

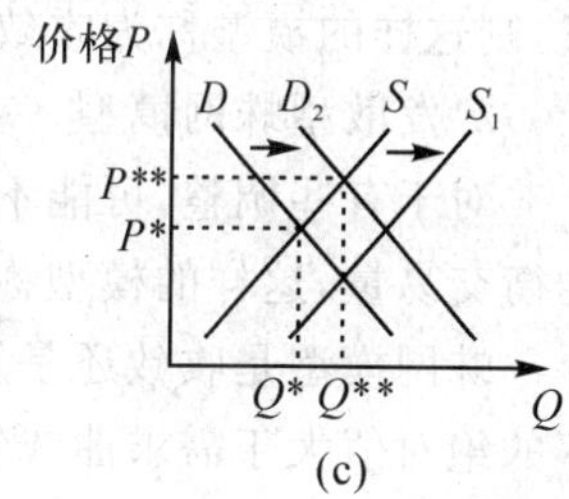

(c)

图 2-10　均衡价格的变动

3. 需求和供给曲线同时移动对均衡价格的影响

现实当中，许多引起供给和需求曲线移动的因素往往是同时变动的，这些同时发生的变动会引起需求曲线和供给曲线的同时变动（如图 2-10(c)所示）。需求和供给曲线同时变动，均衡价格和均衡交易量所受到的影响要看两者变化的具体情况。

当需求和供给变动方向相同，变动幅度也相等时，均衡价格不变，均衡交易量会发生变化。

当需求和供给变动方向相同，变动幅度不等时，如果需求增加超过供给增加，则均衡价格上升，均衡交易量增加；若需求减少小于供给减少，则均衡价格上升，均衡交易量减少；若需求减少大于供给减少，则均衡价格下降，均衡交易量也减少。

当两者变动方向不一致时，如果供给减少程度大于需求增加程度，则均衡价格上升，均衡交易量减少；若供给增加程度大于需求减少的程度，则均衡价格下降，均衡交易量增加。

（四）蛛网模型

蛛网模型是一种考虑时间因素的动态市场模型。建筑产品一般周期都很长，在考虑其供给和需求时需要考虑时间因素。蛛网模型一般有三种形式：收敛型、发散型和振荡型。

1. 收敛型蛛网模型

如图 2-11，需求曲线 D_t 表示根据本期的价格确定的本期需求量。供给曲线 S_{t-n} 反映的是根据 n 个时期前的价格作出的供应决策。对建筑业而言，这个 n 可以理解为从做出投资建设决策到建筑产品交付使用所经历的时间。

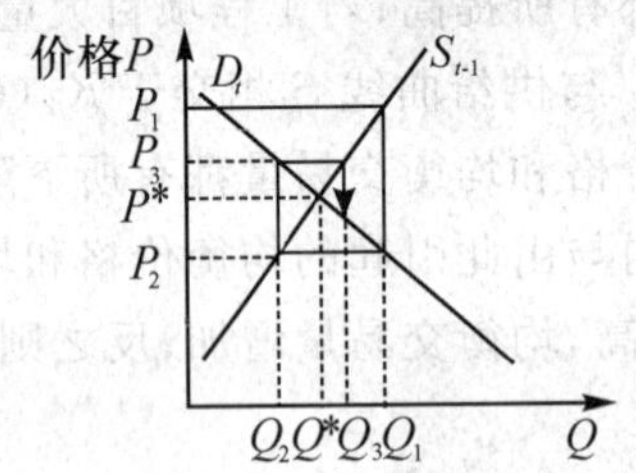

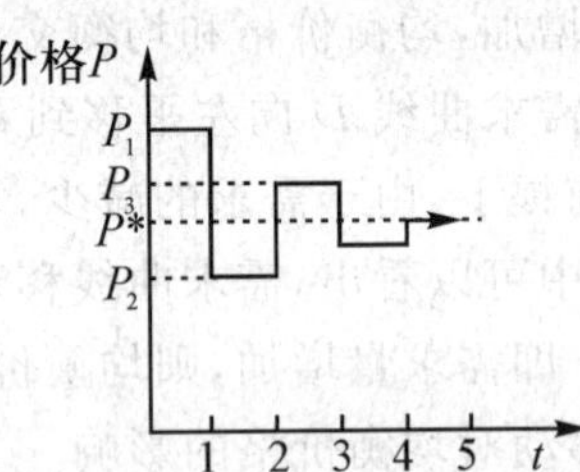

图 2-11　收敛型蛛网模型

假定初始价格，即 n 个时期前的价格为 P_1。从图 2-12 中的 S_{t-n} 曲线可以看到，按照这个价格，市场上某建筑产品的供应量为 Q_1，而等到建筑产品建成投入市场时（即现在 t 时刻），从需求曲线 D_t 可以看出，买方只愿意按 P_2 价格购买，卖方只能将价格降到 P_2 才能将建筑产品全部买出去。如此，卖方在作下一期计划时，将该建筑产品的供应量调整到 Q_2。而当这批产品出售时，从 D_t 曲线可以看到，价格将提到 P_3，于是卖方又根据 P_3 制定下一期供给计划，即 Q_3。若通过这样的反复调整，最终价格和交易量收敛于均衡价格和均衡交易量，则这样的模型称为收敛型蛛网模型。

2. 发散型蛛网模型

对于有些调整，可能不会最终收敛于均衡价格和均衡交易量，而是逐渐远离均衡价格和均衡交易量，这样的模型称为发散型蛛网模型（如图 2-12 所示）。

蛛网模型是收敛还是发散，主要取决于需求曲线和供给曲线的相对斜率，若供给曲线斜率的绝对值大于需求曲线斜率的绝对值，则该蛛网模型是收敛的，反之则是发散的。

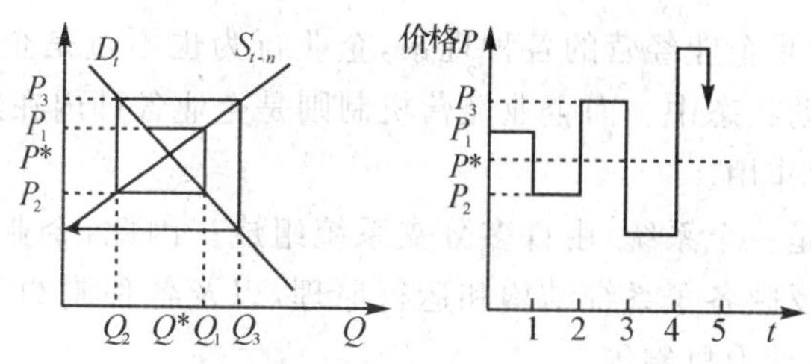

图 2-12　发散型蛛网模型

3. 振荡型蛛网模型

当供给曲线斜率的绝对值与需求曲线斜率的绝对值相等时，调整将围绕某一连续的回路振荡，这就是振荡型蛛网模型（如图 2-13 所示）。

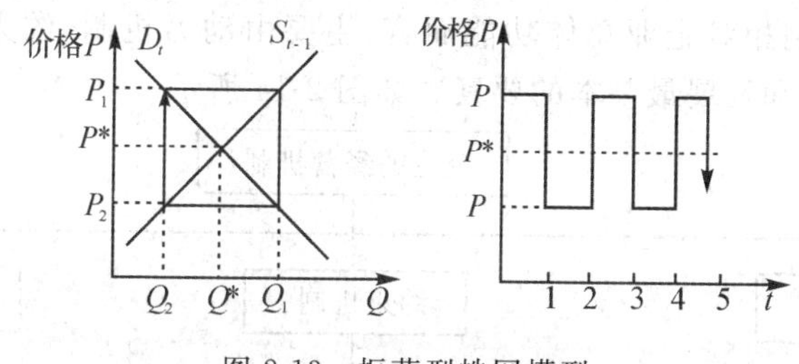

图 2-13　振荡型蛛网模型

第三节　建筑企业经营机制

一、建筑企业经营机制的含义

机制一词原意是指机器、机械、机构的构造和工作机理。后来应用于生物学和医学中，用来表示生物有机体的各种组织和器官如何有机地联系起来，通过它们各自的相互作用产生特定功能，从而维护生物有机体的正常活动。机制应用于经济学中把社会经济形态作为社会机体，必须依靠自身经济机制的功能，来维持和制约整个经济过程的运行和发展。

在社会主义市场经济条件下，企业作为独立的商品生产者和经营者，是社会主义经济机体的细胞，是基本的经济机体，也同样需要依靠企业自身的机制，来维持和制约企业生产经营活动的运行和发展，企业的这种机制就是企业的经营机制。

建筑企业的经营机制，概括地讲是指建筑企业生存和发展的内在机能和运行方式。也就是指企业处理好人、财、物关系和责、权、利关系，并通过这些关系的相互依存、相互影响和相互制约，使企业具有适应外界变化而有效进行生产经营活动的机能和方式。企业经营机制是企业整个生产经营活动的机制，它大体上包含运行机制、动力机制和约束机制三个方面，并具有以下特点：

（1）内生性。企业经营机制是由企业的组织体制决定的，什么类型的组织体制就会产生什么样类型的经营机制。同时，同一类型的组织体制也有健康的和不健康的之分，健康的组织体制就会产生健康的经营机制，不健康的组织体制产生的经营机制也是不健全的，可以说经营机制是组织体制的先天产物。

（2）本质性。企业经营机制既不同于企业的各种经营业务活动，也不同于企业的各种行为。各种经营业务活动是企业经营的各种现象，企业行为也不过是企业经营机制的外部表现，它只表现在企业运动状态中。而企业经营机制则是企业各种内在经济关系的产物，它在任何时候都存在并发挥作用。

(3)系统性。企业是一个系统，由许多分支系统组成。因此，企业既有一个相互联系的统一的机制，又有一些反映各子系统结构和运行原理，以及各种制约关系的具体机制，如发展机制、调节机制、分配动力机制等。

(4)功能性。企业经营机制必然产生自己特有的功能或机能，功能大小、强弱，通过功能力来反映，其中动力功能和约束功能又是最主要的功能。

二、建筑企业经营机制的基本内容

建筑企业经营机制相对企业总体功能而言，主要由动力机制、约束机制和运行机制构成，这是建筑企业生存和发展最基本的要素。如图 2-14 所示。

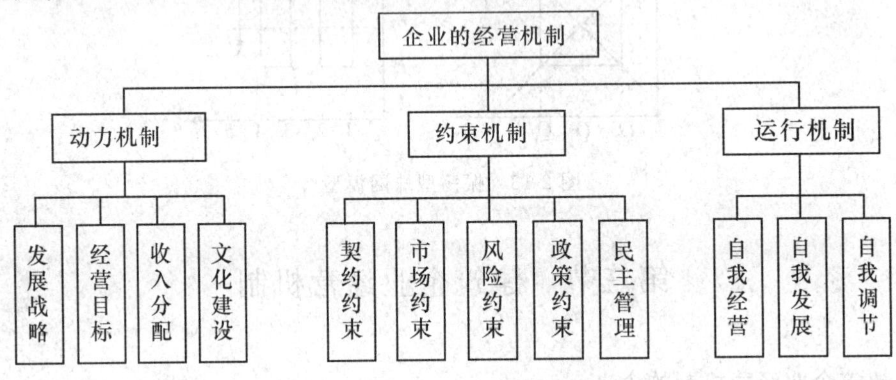

图 2-14 企业经营机制构成

(一)动力机制

企业的动力机制是为企业运行提供能量、促其发展的机制，对企业行为的发生和企业活力的增强，起“兴奋剂”的作用。在市场经济条件下，企业是市场活动的主体，是独立的商品生产者和经营者，这种性质决定了它必须不断地追求企业资产的增值，追求企业自身的经济效益，以利润最大化为目标。

企业的动力机制是一个多元系统，动力因素可来自于企业发展目标的牵引、物质利益的驱动和精神的激励等方面。因而，动力机制具体表现为：

(1)发展战略动力机制。企业所确立的发展战略，是企业同仁上下一致、团结协作所追求的目标，也是企业动力系统的重要组成部分。

(2)经营目标动力机制。它是指企业所规定的近期目标对企业职工所产生的激励作用。企业制定的经营目标以及指标体系对企业既是一种约束，也是一种动力。

(3)收入分配动力机制。它是指企业坚持以按劳分配为主体，多种分配方式并存的制度，体现“效率优先、兼顾公平”的原则，经营者的收入与资产的保值增值及企业利润相联系，职工的收入根据其劳动技能和实际劳动贡献来确定，以求最大限度地发挥利益机制的动力作用。

(4)精神文化建设动力机制，它是指企业加强职工队伍建设和企业文化建设，全面提高企业素质。培养职工优良的职业道德和奉献精神，树立团结协作、敬业爱厂、遵法守信，开拓创新精神。

（二）约束机制

企业的约束机制是企业行为取向能够自觉按照社会主义市场经济规律运作的动态制衡系统，是企业行为的控制器或调节器。实现这一机制需要解决三个基本问题：一是对企业行为合理性的制定；二是权利与义务对等、收益与风险对等、行为人主体对自身的行为后果承担全部经济与法律责任，是硬性约束运行的基本前提；三是制衡系统的构造，应建立资产所有者、资产经营者、资产使用者，即国家（出资者）、企业法人代表、企业职工三足鼎立的利益结构。同时，从以下方面形成对企业行为的多重约束。

（1）契约约束。它是指用户和企业签订的协议或合同即产生了对企业的契约约束。这种约束是通过法律形式实现的，具有强制性、严肃性。

（2）市场约束。它是指企业作为市场竞争的主体，要受到严格的价值规律的平等约束。

（3）风险约束。它是企业承受风险制约的经济运行体系或规则，包括经济当事人利益、风险的承担者及风险和利益追求行为之间的联系三个要素。实行企业破产制，造成企业生产者和经营者承担风险的压力，促使他们关心生产经营状况。

（4）政策约束。它是指国家制定一系列的政策条例，对企业不正常行为进行严格的约束。

（5）民主管理约束。是指企业通过建立职工民主管理制度，充分发挥职工代表大会和工会的作用，使企业的干部使用、经营决策、劳动用工、工资分配等，受到职工群众的监督和约束，同时要发挥广大职工参与管理的积极性。

上述动力机制与约束机制所形成的企业的内在经济动力和自我约束力，二者既对立又统一。其对立表现在自我约束力对企业的盲目冲动的制约；其统一表现在二者的本质都是一个“利益机制”，冲动为经济利益所驱使，约束为经济利益所约束。

（三）运行机制

企业的运行机制是在动力机制与约束机制的相互作用下，进行生产经营活动的机能。它是生产要素之间直接的组合联系方式，包括供产销方式、投资积累方式、控制方式等，相应的机制主要有：

（1）自主经营机制。企业作为独立的商品生产者和经营者，供、产、销三个基本环节的活动必须由企业根据经济性原则自主安排，自动运行。企业生产所需物资必须由企业从市场上选购，企业的生产计划必须由企业根据市场需求情况自主决定，企业对自己生产的产品拥有所有权，自主决定销售价格和销售方式等。

（2）自我发展机制。企业的发展是企业作为有机体的一种功能。现代企业处于科技飞速发展和竞争十分激烈的环境中，企业若不能不断更新自己并有所发展，就会萎缩以至破产。企业发展机制包括：企业能自我积累发展基金，能自主决定扩大再生产的投资项目，企业对积累基金和用积累基金形成的财产拥有所有权。

（3）自我调节机制。企业在运行过程中，需要通过自我调节机制作用，不断理顺企业内外各种关系，以健全自身整体功能。这些关系的调节包括：企业内部组织结构的调节，经济利益关系的调节，生产的调节，销售和服务的调节，公共关系的调节等。

第四节　建筑企业经营战略

一、建筑企业战略管理概述

(一)建筑企业实施战略管理的必要性

企业战略管理是指企业的高层决策者在企业内外部环境分析的基础上制定出明确的战略目标,为保证目标的实现进行全局性谋划,并将这种谋划和决策付诸实施,以及在实施过程中进行控制的一个动态管理过程。企业战略管理是企业制定战略、实施战略、控制战略等一系列的管理活动,其核心问题是使企业的自身条件和环境相适应,以求得企业的生存和发展。

首先,实施战略管理有利于建筑企业建立长远的发展方向和奋斗目标。目前,在竞争日趋激烈的建筑市场中,我国大中型建筑企业普遍面临缺乏竞争优势、包袱沉重等困境,在这种情况下,建筑企业只有放眼未来,把战略管理工作作为企业管理的重点来抓,才有可能提高建筑企业对外界环境的应变能力,使企业既能在短期获得收益,又能在未来得到发展。其次,有利于明确建筑企业在市场中的竞争地位。实行战略管理有利于建筑企业明确自己在市场中所处的地位,制定并实施有效的战略,强化企业的竞争能力。为了能使建筑企业不断适应市场需求和日益激烈的竞争局面,建筑企业应对关系到企业全局和长远发展的生产经营活动进行通盘谋划,及时捕捉、利用外部环境的有利变化给企业所提供的良好时机,在竞争中求得生存和发展。

(二)建筑企业战略管理的层次

在一个企业中,其战略分为三个层次:企业总体战略、经营战略和职能战略。建筑企业战略管理层次分类相同。

1.企业总体战略

这是企业的战略总纲,是企业最高管理层指导和控制企业一切行为的最高行动纲领。常见的企业总体战略可以分为进攻型、防守型和综合型。

当建筑企业不是在一个行业而是准备在多个行业进行多样化经营时,企业不仅需要为每项业务制定经营战略,还需要在更高层次上为企业制定总体战略。企业总体战略就是把企业有机地组织起来,使企业整体功能大于各个业务单位局部功能之和。企业总体战略主要与两个问题有关:企业应该进入哪些领域和企业总部应该如何对企业自身的业务进行管理。

企业总体战略主要包括如何在多个业务领域中经营的多样化经营战略、如何利用外部资源的一体化战略,以及更进一步地如何与其他企业进行整合的合并与兼并战略等。

2.企业经营战略

企业经营战略也称为企业的经营单位战略和发展性战略。这是在确定并建立支持总体战略的前提下,企业围绕着产品、市场或资源上的竞争优势制定经营战略,达到提高企业竞争力的目的。在企业经营层次上,无论什么样的经营活动,最终都反映在低成本、差异化和时间安排上。因此企业经营战略可以分为三个独立的基本形式:低成本战略、差异化战略和

时间竞争战略。

3. 职能战略

职能战略也称为职能部门战略，是为了贯彻、实施和支持总体战略与经营战略而在企业特定的职能管理领域内制定的战略。它是企业内主要职能部门的短期战略计划，使职能部门的管理人员可以更加清楚地认识到本职能部门在实施企业总体战略中的责任和要求，有效地运用研究开发、营销、生产、财务、人力资源等方面的经营职能，保证实现企业目标。

二、企业经营战略的特征

企业经营战略是企业最高管理层根据企业的经营思想、经营方针和对内、外部环境的分析，对企业发展总目标和实现总目标的途径与手段的总体谋划，是企业最高管理层对企业战略的设计、抉择、实施等管理活动的综合。

企业经营战略关系到企业的生存发展和长远利益，它具有以下基本特征：

（一）全局性

这是战略的最根本的特征。企业的经营战略是从企业全局出发，根据企业总体发展的需要制定企业的总体行动。它所规定的是企业总体长远目标、发展重点、前进道路以及在战略期内所采取的基本行动方针、重大措施和主要步骤，涉及企业方方面面，指导企业经营管理的一切活动，是协调企业内部各职能部门之间以及各管理层次之间关系的依据。

经营战略是企业各方面、各层次活动的综合。企业战略的全局性包含两层意思：一是企业的总体战略，把企业当作一个统一体而制定出的战略，属于企业的总体战略。二是企业的一个方面，即企业战略研究的是企业的某一个方面，但表现考虑企业其他方面的性质。因此，各部门在制定计划、作出决策时都必须服从企业经营战略，为实现企业经营战略目标服务。偏离企业总体战略目标，任何一项企业行为都可能给企业带来不良后果，甚至会产生负效应。

（二）长远性

企业经营战略具有长远性，这是从实现战略目标所需的时间长短来看的。战略要解决的不是企业经营管理中一时一事的得失，而是企业在未来相当长一段时期内的总体发展目标。经营战略要着眼于未来，对较长时间内企业如何发展作出抉择，并制订实现既定目标的规划和措施。一方面，企业战略具有长远性，战略目标要通过日常的经营管理活动去积累，必须经过一定时期的努力，才能最终实现企业的战略目标；另一方面，日常的经营管理是以经营战略为指导和约束的，企业总是要致力于实现企业的长期战略目标，而不会对战略目标弃置不顾，采取急功近利，片面追求一时一事得失的短期行为。

由于战略目标多种多样，内外条件差异变化很大，在制定战略时很难事先确定一个具体的时限，通常着眼于未来五年左右或更长远的目标。

（三）现实性

企业的经营战略必然要以现实为基础。战略，不管是迎接市场竞争的冲击、压力、挑战的行动方案，还是为了企业生存、壮大而制定的发展方向和途径，都离不开对企业未来发展的科学预测。因此，必须以现实状况为依据，从现有的主观条件和客观条件出发，实事求是地制定企业经营战略。企业经营战略的战略目标，必须通过现实的经营管理活动来实施和落实。任何建立在虚构条件上脱离实际的经营战略是不可能实现的。

（四）稳定性

企业战略与其他战略一样，要求具有稳定性，不能朝令夕改。这就要求企业家在制定战略的时候，一定要做深入细致的调查研究，客观地估量企业在发展过程中可能出现的各种利弊条件，作出科学的预测，使企业战略建立在既先进又稳妥可靠的基础上。这里需要申明的是，稳定性并不排除应变性。由于企业的外部环境主要是市场不断地在发生变化，要求企业能够适应环境的变化，即具有应变性，但这是企业的战术或对策问题，是为实施企业战略而采取的具体措施，不属于战略本身的问题。

（五）系统性

所谓系统性，即由相互作用和相互依赖的若干组成部分结合成具有特定功能的有机整体。企业经营战略从企业全局出发，根据企业总体发展的需要制定其总体行动，十分强调总体战略与分战略（针对某一领域或方面的策略、战术）、目的与手段的统一。战略目标是全局性的、长远性的，同时战略目标又必须通过一个个局部的、各个层级的、不同阶段的策略和措施，才能得以贯彻和实施。战略目标是战略的核心内容，是指导策略、战术的方针，策略、战术是实现战略目标的手段。在决定企业经营战略的同时，也要决定各部门、层级的分战略，这就形成了相互依赖，由高层次至低层次战略、策略、战术相互联系组合而成的经营战略体系。

三、企业经营的环境

企业为了作出正确的经营决策，必须对所处的环境进行认真研究，从中取得可靠的信息。企业所处的环境有市场环境、政治环境、经济环境、社会环境、科技环境和行业环境，统称为外部环境；还有企业内部的条件，诸如企业管理体制、企业规模、产品结构、生产设备和生产技术状况、劳动组织和劳动力结构、管理水平、资源和能源等情况，统称为内部环境。正确而细致地分析内外环境的变化，才能作出适当的经营决策，制订出长远的发展计划。

（一）企业外部环境

1. 市场环境

在外部环境分析中，市场是直接的影响因素。市场环境包括需求因素、资源因素及竞争因素。

(1)需求因素。社会对建筑产品的需求，决定建筑企业的生产。生产什么、生产多少、何时开工、何时竣工以及工程报价等，都取决于社会的需求。建筑产品的需求量主要取决于基本建设投资额和更新改造投资额的大小。

(2)资源因素。在经营决策中，要关心企业生产经营所需的各种资源，包括建筑材料、机械设备、资金、劳动力、信息等，能否以适当的代价从社会取得。因此，必须掌握本企业需要资源的种类、数量和通过市场可能取得的数量，各种资源的价格及其供应条件，供应单位的可供量，以及是否有廉价地方材料等。

(3)竞争因素。企业之间既互相协作又互相竞争，竞争才能增强企业的活力。企业在竞争中既有成功的机会，也有失败的风险，因此在经营决策时要充分考虑到竞争对手的情况。例如，同行建筑企业的数目、它们的生产能力、技术水平、工程质量、社会信誉及投标决策等。

2.政治环境

经营决策时所要考虑的政治因素，主要是国家制订的有关法律、方针、政策、规章制度等。这些都带有强制性，企业必须无条件地遵守和执行，但执行过程中又都具有一定的灵活性。我国自党的十一届三中全会以来，重新明确中心任务是发展社会生产力，坚决排除了导致社会动乱的政治环境，我国的政治局势稳定，人民安居乐业。这促使企业在新的形势下，极大地调动了生产积极性，社会生产力大幅度提高。对国内部分走出国门，进入国际承包市场的建筑企业来说，必须深入分析当地的政治环境。有的地区一时承包量大，但动乱频繁，战争不止，政治很不安定，企业的经营风险很大。所以企业在作出经营决策时，必须首先分析所在国和地区的政治环境，然后再具体分析经济和社会环境。

3.社会环境

企业的社会环境可分为历史环境、自然物质环境、政治法律制度环境和社会文化环境。历史环境是指我国建筑业的发展史及其形成的建筑传统，这在不同的地区是有很大差异的。自然物质环境主要是由一个产业可利用的全部自然资源组成的。对我国建筑业来说，首先是人力资源。对有的省市来说，发展劳务型建筑承包业使之成为支柱产业是正确的。但对有的省市，发展技术密集型或资本密集型的建筑业是明智的抉择。这就要求不同地区的企业经理充分考虑自己的经营方针。我国是一个建材资源大国，要发挥这个优势。过去往往支持混凝土工艺，随着钢铁工业的发展，越来越多的工程正在采用钢结构形式，对企业经营产生一定影响。政治法律制度主要指当地的法律法规和行政规章，它对企业的生产和经营作了一定的规定和要求。社会文化环境就更广泛，但却十分重要。我们常说，一个建筑企业开辟一个新的地区，往往人生地不熟，其中就有这个意思。北方的建筑企业到南方，会发现社会环境大不相同。中国的建筑业要走向世界，就要研究所要去的国家或地区的风土人情。

4.经济环境

企业的经济环境包括宏观经济环境和微观经济环境。前者指总体的经济环境，后者主要是指企业所处的市场环境(前述)。对经济环境的研究包括对经济发展的趋向，如发展速度、发展状况、经济结构、劳动力结构等的研究，以及对经济政策和经济法律的研究。研究经济增长速度和新技术发展状况，可为创造新产品的方向提供依据。研究劳动力就业状况，可以了解消费水平。而经济政策和经济法律都是影响企业经营的重要因素。

5.科技环境

企业的发展很大程度上受到科技方面因素的影响，技术进步会使社会对企业产品或服务的需求发生变化，这种变化对企业的影响是双重的，它可能给某些企业带来机遇，也有可能给某些企业造成威胁。如现代计算机技术、控制技术与建筑相结合，诞生了智能楼宇，企业适应这种技术进步，就能在这一新的市场中占有一席之地；反之，就会被淘汰出局。

6.行业环境

行业环境指的是建筑业的长期动向，建筑业内的竞争情况，以及建筑业内各企业的战略结构，这是影响企业竞争优势最直接、最重要的因素，必须予以高度重视。

(二)企业内部环境

企业内部环境，也就是企业内部条件，它与企业外部环境研究是有密切联系、相辅相成的。外部环境说明企业存在的机会和需要，内部条件说明企业存在的物质条件及内部潜力。内外结合可以扬长避短，发挥优势。

企业内部环境，根据研究的要求和目的不同，有不同的研究内容。一般来说，包括以下几方面：

1. 企业管理体制

企业采用何种形式的管理体制，不仅会对企业决策工作有重大影响，而且对信息管理和使用也有左右作用。所以一个企业的管理体制是企业内部条件的重要问题。在市场竞争条件下企业内部管理体制能否适时有效地作出反应，将是一个重大问题。

2. 企业规模

规模的大小，涉及决策的层次和执行状况，对于信息更有直接关系，它将决定和影响信息结构的设置和传递以及加工等工作。

3. 产品结构

产品发展变化状况对企业发展速度和兴衰具有根本性的影响。产品结构包括产品品种的发展、质量状况、产品设计水平等。

4. 生产技术状况

设备状况是影响生产速度和质量的关键。但生产技术人员的技能水平和结构，则是决定质量的重要因素，因为生产力中起决定作用的是人而不是物。

5. 管理水平

企业经营管理水平的高低，是对全员而言的。只有全员水平高，生产经营全过程才不易失误，全员的经营管理状况才会好。

另外还有资源和能源的供应状况，企业销售能力、市场占有率的增长，以及企业的财务和资金筹措、周转速度等，这些都将提供左右企业经营状况的全面而有用的信息。

(三)战略管理波特模型

波特五力模型是哈佛大学商学院的 Michael E. Porter 于 1979 年创立的用于行业分析和商业战略研究的理论模型。该模型在产业组织经济学基础上推导出决定行业竞争强度和市场吸引力的五种力量。五种力量模型确定了竞争的五种主要来源，即供应商的讨价还价能力，购买者的讨价还价能力，潜在进入者的威胁，替代品的威胁，以及来自当前在同一行业的公司间的竞争。如图 2-15 所示。

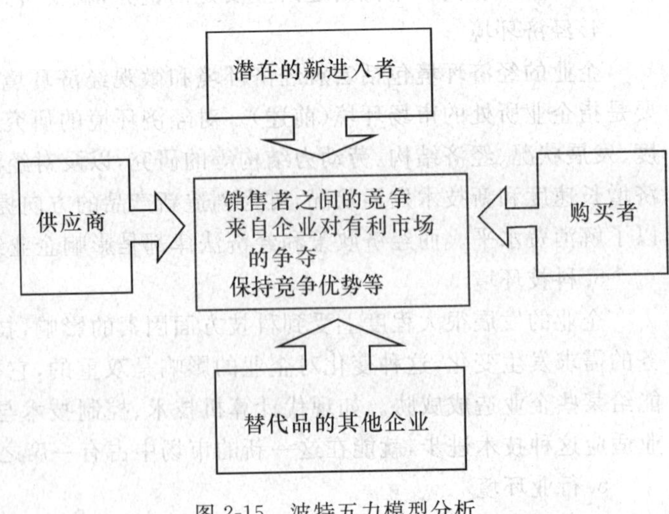

图 2-15　波特五力模型分析

一种可行战略的提出首先应该包括确认并评价这五种力量，不同力量的特性和重要性因行业和公司的不同而变化。

1. 同行现有竞争者的竞争

建筑企业相互之间的利益都是紧密联系的，作为建筑企业整体战略一部分的各企业竞

争战略，其目标都在于使得自己的企业获得相对于竞争对手的优势。所以，在实施中就必然会产生冲突与对抗现象，这些冲突与对抗就构成了现有企业之间的竞争。现有企业之间的竞争常常表现在价格、广告、产品介绍、售后服务等方面，其竞争强度与很多因素有关。

2. 潜在进入者的威胁

新进入者在给行业带来新生产能力、新资源的同时，将希望在已被现有企业瓜分完毕的市场中赢得一席之地，这就有可能会与现有企业发生原材料与市场份额的竞争，最终导致行业中现有企业盈利水平降低，严重的话还有可能危及这些企业的生产。竞争性进入威胁的严重程度取决于两个因素，即进入新领域的障碍大小与预期现有企业对于进入者的反应情况。

3. 替代品生产者的威胁

两个处于不同行业中的企业，可能会由于所产生的产品是互为替代品，从而在它们之间产生相互竞争行为，这种源自于替代品的竞争会以各种形式影响行业中现有企业的竞争战略。本行业与生产替代产品的其他行业进行的竞争，常常需要本行业所有企业采取共同措施和集体行动。建筑企业目前面临的最大挑战就是寻找环保节能、可持续发展的材料，发展绿色建筑。

4. 供方讨价还价能力

供方主要通过投入要素价格与降低单位价值质量的能力，来影响行业中现有企业的盈利能力与产品竞争力。供方力量的强弱主要取决于它们所提供给买主的是什么投入要素，当供方所提供的投入要素其价值构成了买主产品总成本的较大比例，对买主产品生产过程非常重要，或者严重影响主产品的质量时，供方对于买主的潜在讨价能力大大增强。这种情况下供方可以实现前向联合或一体化，而买方则不能。

5. 买方讨价还价能力

购买者主要通过压价与要求提供较高的产品或服务质量的能力，来影响行业中现有企业的盈利能力。在以下几种情况下买方具有较强的讨价还价能力：(1)买方少，而购买力大，占卖方销售量很大的比例；(2)卖方市场较大；(3)购买者所购买的基本上是一种标准化产品，同时向多个卖主购买产品在经济上完全可行；(4)买方有能力实现后向一体化，而卖方则不能。

(四)SWOT 分析法

SWOT 代表优势(Strength)、劣势(Weakness)、机会(Opportunity)和威胁(Threat)。SWOT 分析法是企业常用的战略分析方法，是企业内部优势、劣势、企业外部机会与威胁综合分析的代名词。其中，优劣势分析主要着眼于企业自身的实力及其与竞争对手的比较，而机会和威胁分析将注意力放在外部环境的变化及其对企业的可能影响上。但是外部环境的同一变化给具有不同资源和能力的企业带来的威胁和机会可能完全不同，因此对企业进行战略分析时，需要把这四方面联合起来考虑。

1. 优势与劣势分析(SW)

竞争优势是指一个企业超越其竞争对手、实现企业目标的能力，企业的主要目标包括盈利、增长、市场份额等。因此，企业的竞争优势并不一定完全体现在较高的盈利率上，有时企业更希望保持增长速度、增加市场份额，或者稳定雇员等。当两个企业处在同一市场或者说它们都有能力向同一顾客群体提供产品和服务时，如果其中一个企业有更高的盈利率、更快的增长速度或更高的市场份额，则企业比另外一个企业更具有竞争优势。劣势与优势相对，指企业无法赶超竞争对手，在竞争中总处于下风的能力，体现在企业内部设备不足，人才短缺，制度落后，组织结构不合理等方面。

竞争优势可以是一个企业或它的产品有别于其竞争对手的任何优越的东西，它可以是产品质量、可靠性、适用性、风格和形象以及服务的及时、态度的热情等。虽然竞争优势实际上指的是一个企业比其竞争对手有较强的综合优势，但是更有意义的是明确企业究竟在哪一个方面具有优势，哪方面劣势明显亟需改进，因为只有这样，才可以扬长避短。由于企业是一个整体，并且由于竞争优势来源广泛，所以，在做优劣势分析时必须从整个价值链的每个环节上，将企业与竞争对手做详细的对比。如产品是否新颖，制造工艺是否复杂，销售渠道是否畅通，以及价格是否具有竞争力等。如果一个企业在某一方面或几个方面的优势正是该行业企业应具备的关键成功因素，该企业的综合竞争优势就强。

2. 机会与威胁分析(OT)

机会与威胁分析主要着眼于企业外部环境带来的机会和威胁。外部环境发展趋势分为两大类：一类表示环境机会，另一类表示环境威胁。

环境机会是指企业面临的外部环境中对企业发展有利的因素，是对公司行为富有吸引力的领域，在这一领域中发展壮大的企业将拥有竞争优势。外部机会如政策支持、技术进步、供货商良好关系、银行信贷支持等。

环境威胁指的是环境中不利的发展趋势所形成的挑战，如果不采取果断的战略行为，这种不利趋势将导致公司的竞争地位受到削弱。企业外部的不利因素包括：新产品替代、销售商拖延结款、竞争对手结盟、市场成长放缓、供货商讨价还价能力增强等，影响企业目前的竞争地位。

SWOT 分析常以两两结合的矩阵形式进行分析，见表 2-4。

表 2-4 SWOT 矩阵分析法

企业内部 / 企业外部	内部优势(Strength)	内部弱点(Weakness)
外部机会(Opportunity)	SO 战略 依靠内部优势 利用外部机会 (增长性战略)	WO 战略 利用外部机会 克服内部弱点 (扭转性战略)
外部威胁(Threat)	ST 战略 利用内部优势 回避外部威胁 (多元化战略)	WT 战略 减少内部弱点 回避外部威胁 (防御性战略)

四、战略方案

所谓企业经营战略，是根据对企业内部和外部环境的各种制约因素、有利条件等方面的分析，从全局出发制定一个较长时期内企业发展所要达到的目标，以及实现这一目标的根本途径和方法的总体部署。在制定经营战略中，企业能够影响和控制的因素主要是以产品选择和市场选择为中心的市场经营战略。企业在经营中选择什么样的战略并没有固定的模式，但是长期的实践形成了一些不同的战略方案(模式)，这些方案不仅可单独使用，也可以组合成新的战略方案使用。企业在为实现其经营方针目标确定战略方案时，通常会选择实现其目标的多种可行的战略方案，经过分析、评价、决策，从中选择最为有利的方案实施。

(一)建筑企业的总体战略

根据建筑企业对整体发展方向及实现方式的确定，建筑企业的总体战略主要包括以下三种类型。

1.稳定发展战略

其特点是企业满足于已取得的效益，并制定相似的经营目标，期望企业的产量和效益以相同的年增长率增长。有效性高，风险性小。

适宜于集中生产单一产品，该产品又处在上升或稳定的环境中，该企业保持着一定的市场占有率且有可能提高。

2.快速发展战略

其特点是迅速扩大组织规模，借助规模效应增加利润，通过开发新产品、新工艺、新市场以取得比同行企业平均速度快的发展。其成功在很大程度上取决于对外部环境条件的选择，如选择朝阳产业、发展快的市场、处于经济发展前期阶段的行业。

这种战略不是使企业去适应外部环境的变化，而是通过创造新产品、新需求来获得企业的发展，因而对企业来说，难度和风险都较大。

发展战略又包括集中经营战略、多元化经营战略及一体化经营战略。

(1)集中经营战略

这是一种借鉴军事上"集中兵力打歼灭战"的谋略。对企业来说，集中经营战略是将人力、物力和财力集中投入某一种商品的经营，或把力量集中为部分市场的特定用户服务，或重点经营特定的产品品种，或重点面向市场的特定区域。其目的在于对特定对象提供良好服务，既可以是低成本的，也可以是具有某种经营特色的，或两者兼有。建筑施工企业在承建国家重点工程、创代表作工程和为赢得下一期工程承包权时，常采用集中经营战略。

(2)多元化经营战略

多元化经营战略旨在扩大企业经营的产品和门类，提高综合市场能力，以获得更多的发展机会，分散风险，增加收益途径。建筑企业由于产业利润低，市场不均衡，需求波动大，竞争激烈，大多把多元化经营作为其长期战略。建筑企业多元经营有以下几种类型：①安置型，为安置企业富余劳动力，发展餐饮、搬家等第三产业；②水平型，主业前伸后延，如施工企业发展设计、装饰、物业管理，设计企业发展岩土工程、建筑施工；③相关型，即发展与建筑密切相关的经营以发挥优势，如发展房地产业、监理、建材、建筑机械、构件等。

(3)一体化发展战略

一体化发展战略是指在企业范围内将若干独立的经营行为结合起来形成一个整体，主要有以下几种：①前向一体化，企业经营由生产扩展到销售；②后向一体化，企业经营由市场扩大到原材料供应阶段；③渐向一体化，企业部分地实行前向一体化或部分地实行后向一体化；④完全一体化，企业经营扩展到供给与销售、产供销的全过程。

3.紧缩战略

其特点是企业处于不利的竞争地位，一时又无法改变这种状况，为不丧失今后发展的基础，通过紧缩经营规模，保存实力渡过难关再图发展。紧缩战略有三种基本方式：①削减战略，采取措施提高作业效率，降低企业费用；②放弃战略，将部分产品生产线转让，压缩经营规模；③清算战略，通过拍卖资产或将整个企业转让，以减少损失和避免破产。

4.竞争合作战略

市场上的建筑企业相互之间都是竞争的关系，但竞争合作也是企业战略管理的策略之一。这种战略主要是指企业之间通过联合、合作达成某种协议，优势互补，强强联合，在市场上获得共赢的结果。竞争合作战略有以下几种表现形式。

(1)联合经营战略

它是指企业按照专业化协作、优势互补、平等互利的原则，联合起来发展经营。联合经营有利于发挥各自的优势，取长补短，获得成功和好的效益。我国随着改革开放的深化，联合形式日益增多，如工商联营、产供销结合、组建企业集团等。建筑业产品种类繁多、用途广阔、体积庞大、结构复杂，需要勘察、设计、施工、装饰、构配件等多部门、多企业参与才能完成。联合经营在建筑业比较普遍，如同类企业为承包某个大型项目组建独立公司的一次性联合；设备制造、勘察、设计、施工企业为交钥匙总包工程的联合；建筑、安装不同专业企业在生产过程的联合；设计、施工和房地产开发企业的联合；以及纵向、横向、跨行业以及与外国公司之间的多种联合。

(2)合并战略

其特点是通过若干企业组织结构的变化，组成新组织，借以扩大经营规模或领域，降低成本，提高企业竞争力。合并的主要方式有收购股票、资产收买、资产组合，即吞并、组合、兼并、收买四种方式。

(3)合资经营战略

即与外资或港澳台资的合资经营。合资合作经营可形成在国内、国际市场信息互补，经营管理方法和制度互补，共同分担风险，可互相借助对方的市场、技术、资源和资信的优势，获得规模效益。合资经营战略成功的关键是要选好合资合作的对象。

(二)建筑企业的经营战略

经营战略也称为竞争战略。经营战略涉及的问题是在给定行业或业务内，经营单位如何竞争取胜从而获得最大化利润的问题。了解各种不同的经营战略方案(模式)无疑对企业拟定、评价、选择战略方案是有益的。建筑企业的经营战略模式有以下几种：

1.成本领先策略

成本领先策略就是以比竞争者更低的成本生产出产品或服务。因为成本较低，出售价格可以比竞争者更低，市场占有率扩大，销售量增加，获得规模经济效益。即便出售价格与竞争者差不多，由于成本较低也可以获得比竞争者更多的边际利润。由于建筑业的竞争状况决定了建筑业的低利润经营，因此低成本策略成为了绝大多数中国建筑公司的必然选择。中国建筑企业走出国门，可采取低成本的策略在国际建筑市场上占据一定的市场份额。需注意的是，以低成本战胜竞争对手是低成本策略的关键，但对于品质、服务等也要关注，才能保持和发展既有的竞争地位。

2.差异化策略

差异化策略是形成产品或服务独特的优势，满足顾客需要，以此获得比产业平均水平高出许多的利润。采用差异化策略的企业，可以凭借差异化的优势获得比竞争对手高的超额利润，但由于售价过高，与采取较低成本策略的竞争对手相比，可能很难仅靠差异性保持顾客的忠诚。顾客为了节省成本，牺牲特色、服务等要求，转向竞争者的情况屡见不鲜。我国的一些建筑设计院可以充分发挥自身的规划、设计的优势，与施工企业、物业管理单位联合组建，促进设计与施工能力的融合、住房与后期物业管理水平与服务水平的提高，打造以设计、施工、物业管理服务一条龙的工程总承包集团公司。

3.集中化策略

集中化策略不同于上述针对整个行业的策略，它只满足于某一种类型顾客或某一部分产品线、某一个地区市场的需要，由于范围相对狭小，很容易在其专攻领域内取得相应的竞争优势，可以赚取比产业平均水平更高的利润率。采取集中化策略的公司，可以追求不同程度的低成本或差异化，产品差异化可高可低。集中化公司遇到大型公司扩大目标市场，两者的成本差距拉大，集中化创造的差异效果消失殆尽，小范围的客户群被竞争者吸引是主要威胁。另外，竞争者在策略目标范围内发现更小的目标市场，采取比集中化策略公司更为集中的策略，这种策略也是一种威胁。在任何产业中，小公司林立且能生存，主要在于这些小公司都采取了集中化策略，利用市场机会，专门拓展了某一细小的目标市场，创造出自己的优势。零散产业是适合采取集中化策略的，如餐饮业、房屋、中介、洗衣店等。在建筑企业领域中，这种策略可能更适合于劳动力分包单位、材料供应商、采购单位等，它们采取集中化策略，吸引大的建筑总承包企业与其合作，从而赚取利润。

4.抽资战略

这是一种在企业各项产品、服务事业领域间调整资源分配的适应战略。当企业经营的某种产品或服务，由于外部或自身条件变化，出现市场收缩、效益不佳、得不偿失、难以维持和不能对企业经营目标作出应有贡献，不宜继续发展时，适宜采取抽资战略，其主旨不是缩小经营而是转移经营领域，去获得新的发展。

5.创新战略

企业根据内部和外部环境的变化和发展趋势，研究分析传统战略方法的正确性和适应性，施行具有开拓性的创新战略，主要内容为：产品创新、市场营销创新、工艺和技术创新、组织管理创新。

6.大企业发展战略

大企业为了未来的发展，在分析预测企业面临的经营环境的基础上，预先确定企业经营方向和发展趋势而制定的发展战略。可供企业选择的发展战略主要有：集团式发展战略、产品非标准化战略、跨国经营战略、多角化经营战略等。

7.市场经营战略

该战略旨在扩大产品对市场的占有，获得利润。主要类型有：旨在将现有产品介绍给新顾客以扩大市场的市场开发战略；旨在市场上取得更大控制权的市场渗透战略；旨在以新产品巩固市场的产品开发战略。这些战略主要适用于以实物形态在市场上流通的产品。建筑企业由于具有定货生产的特性，产品从形式到功能均由定货者决定，是先销售、再生产。建筑企业的市场经营战略，要采取符合建筑产品生产经营的特点来制定，除在产品类型上（如电站、水坝、住宅、宾馆、道路等）选择市场需求旺、企业有优势的建筑产品外，主要以质量好、进度快、守信用、认真执行合同、在社会上树立声誉和标价合理来赢得市场。

经营竞争与战争相比有许多共同之处，古代军事思想、兵法、谋略，同样可在企业经营管理中应用。如《孙子兵法》中的“知己知彼，百战不殆”；“避实击虚，克敌制胜”；“兵贵神速，乘人不及”；“攻其不备，出其不意”；“三十六计，走为上”等等，有的已被企业在经营战略中应用，并取得成功。在国外，美国企业很注重《孙子兵法》等注重全局、战略研究的中国古代管

理思想；在日本还出现了“孙子兵法热”、“三国志热”，研究将我国古代军事思想移植于企业经营管理。

企业经营战略是谋略原理的恰当应用，这些谋略原理反映了我国古代军事思想，是在长期实践中积累的经验总结，并得到后来验证的。但将其应用到企业经营中去，需要具体地进行分析、设计，必须因地、因事制宜，切忌生搬硬套。

以上介绍的战略方案是针对解决某个问题或实现一定目标所采取的单一战略，可以单独使用，也可以组合成新的战略方案使用，具有模式意义，是可供企业选用的基本战略模式。企业的经营环境包含着许多内外因素，企业不可能用单一战略来应付极其复杂的环境，必须组合起来运用，形成系统的总体战略。

(三)建筑企业的职能战略

职能部门战略是指为保证总体战略的实现，并为其服务的各个生产经营领域分别采用的战略。企业的每一个职能部门、分支机构都要制定职能战略，也叫分战略。如研究发展战略、组织战略、财务战略、人事战略、生产作业战略、企业形象战略、科技开发战略等。不同类型的总体战略都必须有不同的分战略与之适应。分战略必须服从于总体战略，以保证总体战略的实施。

同时，企业所处环境错综复杂或具有多个战略目标时，单一战略无法实现目标，往往要采用多种战略，组合成总体战略或称为综合战略。

企业战略的类型和基本战略模式很多，而且会不断有新的类型和模式出现。企业采取什么战略模式，必须对战略进行分析和选择组合。

(1)首先要通过对企业面临的内外经营环境、企业经营的发展阶段，进行客观的分析，找出可供备选的战略模式。

(2)比较各备选战略的优缺点、适应性、风险及可能带来的绩效，选择备选的战略模式和组合战略方案。

(3)根据企业的经营资源状况、竞争能力以及所在行业的竞争状况和发展趋势，对企业进行统筹分析，比较主要的战略机会和风险关系。

(4)预测企业备选战略组合条件下，可能获得的经营绩效，将预期绩效与目标战略比较，分析可能产生的差距及差距成因，选择和确定最能缩小绩效差距的备选战略，组合最佳的战略方案。

企业有了战略方案还要解决战略决策问题。战略决策是企业决策中属于全局性、长期性、方向性的决策，决策是否正确直接关系到企业的成败兴衰，是企业实施什么样的经营战略的关键环节。

五、战略管理案例分析

我国改革开放之初成立的某国有建筑企业A，主要承包房建工程，长期处于建筑行业的激烈竞争中，在国内承包过的工程质量获业界好评，几十年内一直保持着国内建筑业龙头公司的地位。该公司曾1958年援助内蒙古建设，1982年进入香港，在亚非、美洲、加勒比海等地区承包多项工程，为当地的建筑和经济发展做出巨大的贡献，开拓了自己的海外建筑市场。多年的奋斗使A公司在国际建筑承包市场上占有一席之地。随着世界经济全球化的迅速发展以及中国加入WTO，中国对外开放程度加大，中国很多建筑企业纷纷走出国门，A

公司的国内市场和国外市场都面临着不同程度的挑战和威胁。A公司的许多员工同公司共同度过最艰难时期，有很丰富的工程经验，但是对新技术的接受能力不强。2010年末A公司的资产负债率为78.9%，自2002年来基本保持不变。但银行贷款由2002年的120亿元增至2010年的190亿元。

用战略管理方法分析该企业内外环境及优劣势，并提出相适应的战略措施如下：

(一)用SWOT法分析

1.优势

(1)在中国港澳、东南亚、非洲等地区，由于地缘原因，或者是历史上和中国具有传统友好关系的原因，具有一定的经营优势。

(2)国际化程度较其他发展中国家的建筑公司为高，管理理念较创新。

(3)境内外工程突出。

(4)系统资源优势。

(5)经营布局优势，在中国内地，由于发展速度快，投资比重大等原因，中国东部、中部大城市在住宅及大型公用建筑业务、基础设施领域项目多，因此对中国的建筑公司而言，具有相对的经营布局优势。

(6)管理优势，具有先进的管理模式和组合社会资源能力较强。

(7)人力资源优势，中国工程人员综合素质高和价格低廉的人力资源优势。

(8)与国外大承包商的合作经验优势。

2.劣势

(1)在国际市场上占有一定份额，但与总量相比，极其有限，主要目标市场相对集中在亚太地区、非洲和中东等欠发达地区。

(2)融资能力有限，而融资带动工程承包逐渐成为很重要的建造服务模式。

(3)建筑技术含量要求越来越高，而公司的现有技术能力、特别是专项工程技术能力较弱，技术发展能力不足。

(4)经营领域过于集中在房建，公司形象与工程业绩受局限，施工机械设备方面十分缺乏。

(5)在基础管理工作如区域管理和项目管理方面，该公司内部公司之间差别很大，相对优秀公司仍较薄弱。

3.机会

(1)中国经济持续快速增长，固定资产投资增长迅速，带动国内建筑市场将稳步增长。

(2)随着WTO的加入，必将加快我国建筑业市场化、规范化和国际化进程。

(3)建筑市场投资主体呈现多元化发展，顾客需求也日趋多样化。

(4)近年来投资主要向国家基础设施、城市基础设施建设方面倾斜，上海世博会馆、深圳大运会场所等工程的成功建设便是例子，基础设施的建设将为国内承建业务的发展提供较大的发展空间。

(5)在亚太、北非和南部非洲、美洲、加勒比海地区有一定的基础，该地区地域辽阔，回旋余地大，进一步发展机会甚多。

4.威胁

(1)加入WTO后，随着外商投资公司的介入，必将加大国内建筑市场上竞争的激烈。

(2)股份制及集体建筑企业崛起，在中低档楼宇建设上优势明显。

(3)行业、地方国有建筑企业受到一定程度的保护。

(4)部分亚洲国家经济回升带有一定的脆弱性,当地建筑市场萎缩。

(5)发达国家不大能接受来自发展中国家的建造服务,技术壁垒仍存在,当前进入壁垒高,不能发挥其劳动力的优势。

(6)随着对外经营权的逐步放开,中国同行逐步进入A公司的传统海外市场。新竞争者带着新技术的进入,是A公司的巨大威胁。

(二)战略措施

通过以上对国有建筑企业A公司的SWOT分析。A公司积极采取各种措施应对,制定了新的战略措施。

(1)开拓海外新兴市场,如俄罗斯、爱尔兰、阿富汗、印度等市场,以投标项目为进入市场的契机,成立代表处或经理部;建立当地各方关系;收集和跟踪信息,实施符合当地管理模式的项目管理;利用成功的项目在当地扩大公司的影响,继续稳妥地开拓市场。

(2)公司将大力投资房地产和基础设施领域,积极培育可带动经济效益持续增长的新兴投资领域,构筑融资平台,形成投资商与承建商为一体的核心竞争力。同时,公司也将加大业务整合和拓展力度,努力扩大公路建设方面的市场份额,集中资源,寻找进入这一领域的机会。

(3)公司为解决其在发展壮大过程中沉淀下的众多难题,建立现代公司制度,实行公司治理结构,坚定不移地推进工程公司、专业公司、劳务公司的股份制改造,积极鼓励劳务公司进行私有、私营的改造。子公司改制,公司原则上绝对控股或相对控股;三级公司改制,国有法人股原则上相对控股或参股;三级以下公司改制,国有法人股原则上全部退出。对具备上市条件的公司,公司将按照积极扶持优质资产优先上市的原则进行总体策划。

(4)建筑业的激烈竞争状况决定了建筑业的低利润经营,公司也采取低成本策略作为其经营战略之一。做到同样的品质甚至更好的品质,而成本低于竞争对手,是公司在中国以及国际建筑市场中立于不败之地的关键手段。由于采取了低成本策略,因此在未来的战略发展期间,公司会从做好项目成本管理、新技术开发、项目投标预算管理等一系列环节的工作。

(5)公司利用本身建筑设计的优势,采用差异化策略。公司在自身的规划、设计、采购、施工等各方面就有略胜于同行的优势,把这些优势组合起来,形成区别于一般建筑公司的竞争能力,将建筑产业的价值链环节整合运作,可以为业主和公司自身实现价值增值。在未来的发展战略中,公司将大力发展设计施工总承包的新型管理模式,促进设计与施工能力的融合,管理水平和服务水平的提高。

思考题

1.试述建筑市场的构成。

2.试从你所熟悉的建筑市场活动中,举例说明市场需求和供给的变化如何影响均衡价格和均衡交易量。

3.建筑企业的经营机制的基本内容是什么?

4.什么是战略?企业经营战略的特征和作用是什么?

5.试用波特五力模型分析我国大中型建筑企业的经营战略。

6.常见的企业经营战略有哪些?

第三章　建筑工程招标投标

第一节　概　述

建筑企业的生存发展与建筑市场的完善紧密联系。随着经济体制改革的不断深化，建筑企业由单纯的、封闭式的生产型企业逐步转变为开拓的、开发式的生产经营型企业。建筑企业作为独立的“自负盈亏、自主经营、自我完善、自我发展”的经济组织，除了在观念上必须从计划经济向市场经济转变外，更要迅速地跟上商品经济发展的步伐，其基本的标志就是：建设工程招标投标制度。这是符合商品经济市场规律的，是当前建筑市场竞争的基本方式。

一、招标投标的基本概念及性质

建设项目招标是指招标人在发包建设项目之前，编制招标文件，发布招标通告，投标人根据招标文件要求，提交投标文件及报价，由招标人从中择优选定中标人的一种经济活动。

建设项目投标是建设项目招标的对称概念，指具有合法资格和能力的投标人根据招标条件，经过初步研究和估算，在指定期限内填写标书，提出报价并等候开标，决定能否中标的经济活动。

从合同法的角度来看，建设项目招标实质上是邀请投标人对其提出要约(即报价)，属于要约邀请。而投标则是一种要约，它符合要约的所有条件，如：具有缔结合同的主观目的；一旦中标，投标人将受投标书的约束；投标书的内容具有足以使合同成立的主观条件等。招标人向中标人发出的中标通知书，则是招标人同意接受中标人的投标条件，即同意接受中标人要约的意思表示，属于承诺。

二、招标投标的作用和意义

实行建设项目招标投标是我国建筑市场规范化、完善化的重要举措，对于择优选择承包单位、合理有效地控制工程造价、加快工程进度、保证工程质量，具有十分重要的作用和意义，具体表现在：

(一)有利于促使业主做好工程前期工作

只有做好前期的工程规划、工程设计、招标文件、落实投资资金等一系列工程前期准备工作，才能进行施工招标工作。因而招投标制度促使了业主在工程前期必须严格按照工程必须的科学化程序办事。

(二)有利于合理有效地控制造价

实行招投标制度基本上形成了由市场定价的价格机制，使工程价格趋于合理；实行招投标制度能够降低社会平均劳动消耗，使工程价格得以有效控制；实行招投标制度便于供求双

方更好地互相选择，使工程价格更加符合价格基础；实行招投标制度有利于在公开、公正、公平的原则下规范价格行为；此外实行招投标制度能够减少交易费用节省人力、物力、财力，使造价进一步有所降低。

（三）有利于保证工程质量

在招投标过程中，一般在招标文件和工程承包合同中，对工程所依据的规范、技术标准，以及所要达到的工程质量标准都有明确的规定。承包商以此作为制定工程施工质量管理和控制的目标和依据；业主和工程师可以以此作为评价准则对承包商工程施工质量进行有效监督和检查。

（四）有利于加快工程进度

招投标是建筑市场竞争的主要方式，这种竞争不仅表现在价格上，而且表现在包括价格、质量、进度等全方位的竞争。承包商要在竞争中处于优势，就必须在施工管理上下工夫，运用网络计划技术等先进的管理手段进行进度控制，达到缩短进度的目的。

三、我国招标投标的法律体系

我国的招标投标制度的建立是伴随着改革开放逐步建立并完善起来的。1984 年，国家计委、城乡建设环境保护部联合下发了《建设工程招标投标暂行规定》，标志着开始推行招标投标制度。

1991 年 11 月 21 日建设部、国家工商行政管理局联合下发《建筑市场管理规定》，明确提出了加强发包管理和承包管理，其中发包管理主要是指工程报建制度和招标制度。在整顿建筑市场的同时，建设部还与国家工商行政管理局一起制定了《施工合同示范文本》，并于 1991 年颁发，以指导工程合同的管理。1992 年 12 月 30 日，建设部颁发了《工程建设施工招标投标管理办法》。

1994 年 12 月 16 日建设部、国家体改委再次发出《全面深化建筑市场体制改革的意见》，强调了建筑市场管理环境的治理，明确提出大力推行招标投标，强化市场竞争机制。此后，各地也纷纷制定了各自的实施细则，使我国的工程招投标制度趋于完善。

1999 年，我国工程招投标制度面临重大转折。首先是 1999 年 3 月 15 日全国人大通过了《中华人民共和国合同法》，并于同年 10 月 1 日起生效实施，由于招标投标是合同订立过程中的两个阶段，因此，该法对招标投标制度产生了重要的影响。其次是 1999 年 8 月 30 日全国人大常委会通过了《中华人民共和国招标投标法》，并于 2000 年 1 月 1 日起施行。这部法律针对我国建设工程承发包现状，大量采用国际惯例或通用做法，必将带来招投标体制的巨大变革。

2000 年 5 月 1 日，国家计委发布了《工程建设项目招标范围的规模标准规定》；2000 年 7 月 1 日国家计委又发布了《工程建设项目自行招标试行办法》和《招标公告发布暂行办法》。

2001 年 7 月 5 日国家计委等七部委联合发布《评标委员会和评标办法暂行规定》。其中实现了三个突破：①关于低于成本价的认定标准；②关于中标人的确定条件；③关于最低价中标。在该文件中第一次明确了最低价中标的原则。这一评标原则与国际惯例接轨，对我国的定额管理带来一定冲击。在这一时期，建设部连续颁布了第 79 号令《工程建设项目招标代理机构资格认定办法》、第89号令《房屋建筑和市政基础设施工程施工招标投标管理办法》以及《房屋建筑和市政基础设施工程施工招标文件范本》(2003年1月1日施行)、第107号令《建筑工程施工发包与承包计价管理办法》(2001年11月)等，对招投标活动及其承发包中的计价工作作出进一步的规范。

2003年建设工程《工程量清单计价规范》(以下简称03规范)，对工程承发包中的计价方法进行了改革，从根本上改革了我国的定额计价模式，明确提出了在招投标中实行工程量清单计价。

2008年7月9日，建设部发布了《建设工程工程量清单计价规范》GB50500—2008(以下简称08规范)，并在2008年12月1日施行。08规范在03规范上做了补充和完善，不仅较好地解决了清单计价从2003年执行以来存在的主要问题，而且对清单计价的指导思想进行了进一步的深化，在"政府宏观调控、企业自主报价、市场形成价格"的基础上提出了"加强市场监管"的思路，以进一步强化清单计价的执行。

四、建设项目招标的范围和方式

(一)建设项目强制招标的范围

我国《招标投标法》第一章总则的第三条明确指出，凡在中华人民共和国境内进行下列工程建设项目包括项目的勘察、设计、施工、监理以及与工程建设有关的重要设备、材料等的采购，必须进行招标。国家计委在《工程建设项目招标范围和规模标准规定》中对此作了具体的规定。具体包括以下几类项目：

1.关系社会公共利益、公众安全的基础设施项目

(1)煤炭、石油、天然气、电力、新能源等能源项目。

(2)铁路、公路、管道、水运、航空以及其它交通运输业等交通运输项目。

(3)邮政、电信枢纽、通信、信息网络等邮电通讯项目。

(4)防洪、灌溉、排涝、引(供)水、滩涂治理、水土保持、水利枢纽等水利项目。

(5)道路、桥梁、地铁和轻轨交通、污水排放及处理、垃圾处理、地下管道、公共停车场等城市设施项目。

(6)生态环境保护项目。

(7)其他基础设施项目。

2.关系社会公共利益、公众安全的公用事业项目

(1)供水、供电、供气、供热等市政工程项目。

(2)科技、教育、文化等项目。

(3)体育、旅游等项目。

(4)卫生、社会福利等项目。

(5)商品住宅，包括经济适用房。

(6)其他公用事业项目。

3.使用国有资金投资的项目

(1)使用各级财政预算资金的项目。

(2)使用纳入财政预算管理的各级政府性专项建设基金的项目。

(3)使用国有企业事业单位自有资金，并且国有资产投资者实际拥有控股权的项目。

4.国家融资的项目

(1)使用国家发行债券所融资的项目。

(2)使用国家对外借款或担保所筹资金的项目。

(3)使用国家政策性贷款的项目。

(4)国家授权投资主体融资的项目。

(5)国家特许的融资项目。

5.使用国际组织或者外国政府资金的项目

(1)使用世界银行、亚洲开发银行等国际组织贷款资金的项目。

(2)使用外国政府及其机构贷款资金的项目。

(3)使用国际组织或者外国政府援助资金的项目。

6.以上第1条至第5条规定范围内的各类工程建设项目,包括项目的勘察、设计、施工、监理以及与工程建设有关的重要材料、设备等的采购,达到下列标准之一的,必须进行招标:

(1)施工单项合同估算价在200万元人民币以上的。

(2)重要设备、材料等货物的采购,单项合同估算价在100万元人民币以上。

(3)勘察、设计、监理等服务的采购,单项合同估算价在50万元人民币以上。

(4)单项合同估算价低于(1)、(2)、(3)项规定的标准,但项目总投资额在3000万元人民币以上。

7.建设项目的勘察、设计,采用特定专利或者专有技术的,或者其建筑艺术造型有特殊要求的,经项目主管部门批准,可以不进行招标。

8.依法进行招标的项目,全部使用国有资金投资或者国有资金投资占控股或者主导地位的,应当公开招标。

9.涉及国家安全、国家秘密、抢险救灾或者属于利用扶贫资金实行以工代赈、需要使用劳务人员等特殊情况,不适宜进行招标的项目,按照国家有关规定可以不进行招标。

(二)建设项目招标的方式

招标的方式有许多种,在各种文献中均有所叙述,但这些招标方式中,得到法律认可的只有两种,即公开招标和邀请招标。

按照《招标投标法》的定义,公开招标是指招标人以招标公告的方式邀请不特定的法人或者其他组织投标。公开招标的优点是:招标单位有充分的挑选余地,取得最有利的成交条件;有助于开展竞争,打破垄断;能促使承包商努力提高工程质量、缩短工期和降低成本。公开招标的缺点是:招标的工作量较大,花时较多,费用也较大。对投标单位来说,参加投标的单位越多,中标的机会就越小,损失的投标费用和承担的风险就大。国际上一般把公开招标称为无限竞争性招标,它是目前世界上普遍采用的招标方式。许多国家规定,凡政府项目都必须公开招标。国际性的金融机构、基金会、财团贷款或投资项目,或两国、两国以上合资的大型项目都采用公开招标。

邀请招标是指招标人以投标邀请书的方式邀请特定的法人或者其他组织投标。采用邀请招标的,应当邀请三个以上投标单位参加投标。国际上一般把邀请招标称为有限竞争性招标。英国、英联邦地区的私人投资项目主要实行有限招标方式。邀请招标的优点是:由于被邀请参加投标者为数有限,并且往往不知道有谁参加了这项投标,既能避免他们之间互相串通、抬高标价,又能提高招标工作效率,节省招标费用开支,还能提高每个投标者的中标几率。邀请招标的缺点是：限制了竞争范围，不完全符合自由竞争机会均等的原则。

邀请招标的适用范围：

(1)工期紧迫或有保密要求不宜公开招标的工程。

(2)工程性质特殊，要求有专门经验的技术人员和专用技术设备，只有少数承包商能够胜任的工程。

(3)公开招标的结果未能产生中标单位，或招标通知发出后，投标人数目不足法定人数，招标人可再邀请少数承包商投标。

第二节 建设项目承发包模式及合同计价方式

一、建设项目承发包模式

建设工程承发包模式是承发包双方之间经济关系的具体表现形式。它通过承包合同，明确规定建设单位即工程发包人(甲方)和建筑企业即工程承包人(乙方)的经济责任、权利与义务，双方根据签订的合同，互相制约、互相督促，按期、按质完成工程建设任务。由于招标投标是实现承发包双方经济关系的主要途径，所以，在我国经常把招标投标与承发包合称为招标承包制。在实践运作中所形成的承发包模式往往因工程而异，因交易双方的条件而异。其中发包方处于主导地位，承包方必须适应发包方的要求参与交易过程，并以自己的实力和信誉获取承包权。受承包内容和具体环境的影响，承发包模式多种多样。作为建筑企业，必须很好地研究和熟悉各种承发包模式的特点，做到扬长避短，灵活运用。

(一)平行承发包模式

所谓平行承发包，是指业主将建设工程的设计、施工以及材料设备采购的任务经过分解分别发包给若干个设计单位、施工单位和材料设备供应单位，并分别与各方签订合同。在这种模式下，各承包单位之间是平行或并列的合同关系，如图 3-1 所示。

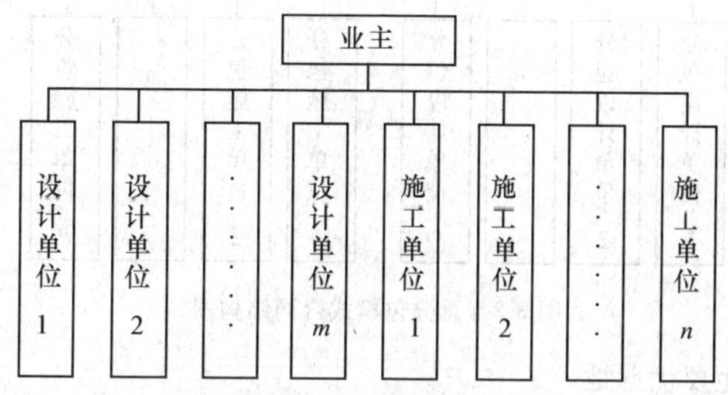

图 3-1 平行承发包的合同结构

平行承发包模式的主要优点是：

(1)有利于缩短工期，由于设计和施工任务经过分解分别发包，设计和施工有可能形成搭接关系，从而缩短整个项目建设周期，提早发挥投资效益。

(2)有利于质量的控制，整个工程经过分解分别发包给各承建单位，各承建单位之间可能存在质量相互监督的关系，从而能使每一部分能够较好地实现质量要求。如：若业主将主

体工程和装修工程分别发包给两个承包单位，当主体工程不合格时，装修单位是不会同意在不合格的主体工程上进行装修的。但是也应注意到，并不是所有的承包单位之间都存在这种监督关系，而且即便存在，承包单位的出发点与业主也有所不同，所以不能过分强调这种间接的质量监督作用，更不能以此取代业主的质量控制。

(3)有利于业主选择承建单位。在大多数国家的建筑市场中，专业性强、规模小的承包单位一般占较大比例。由于这种模式的合同内容单一、合同价值小、风险小，使它们有可能参与竞争。因此，无论大型承包单位还是小型承包单位都有机会参与竞争，从而使业主能够在较大范围内选择承建单位。

平行承发包模式的缺点是：

(1)合同数量多，合同管理复杂。采用这种模式，业主需要进行多次招标，不但招标工作量大，而且合同关系复杂，不同设计单位、施工单位之间以及设计与施工单位之间的矛盾都需要业主进行协调，因而业主的组织协调工作量相当大。

(2)投资控制难度大。这是因为整个工程造价需要等到最后一个合同签订才能确定，难以做到早期的有效控制。此外，由于工程招标任务量大，需要控制多项合同价格，增加了投资控制的难度。由于施工过程中设计变更和修改较多，可能导致投资的增加。

(二)总分包模式

这种模式是指业主将全部设计或施工任务发包给一个设计单位或一个施工单位作为总包单位，总包单位可以将其中部分任务再分包给其他承包单位。总分包模式的合同结构图如图 3-2 所示。

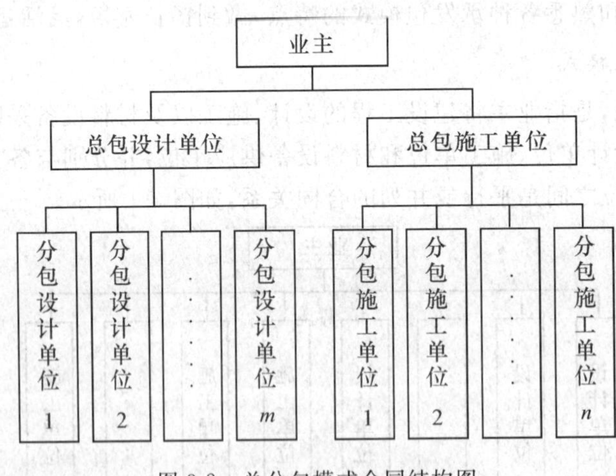

图 3-2　总分包模式合同结构图

总分包模式的主要优点是：

(1)对发包方而言，合同结构简单。业主对工程项目的要求全部反映在总承包合同中，由总承包方全面负责项目实施过程中的质量、工期和安全等工作。并由总承包方对工程项目的分包和分包管理负责。发包方对于工程项目的组织管理和协调较为简单。

(2)对总承包方而言，其承担的相应责任和风险很大，但其对工程项目的组织、管理的自主性也较大，能够充分发挥其自身的技术和管理综合能力，相应的承包效益也较大。这种承发包模式对承包方的要求是十分高的，一般要求承包方除了拥有相应的技术和管理优势外，还要求其拥有较强的资本实力。

(3)这种承发包模式有利于以总承包方为核心,从工程项目的特点出发进行承包队伍的优选和组合,便于对项目进行全过程、全面动态的控制。

(4)这种承发包模式也有利于发包方对造价的控制。这种模式一般采用合同总价形式,在招标和合约过程中就将造价、计价依据及支付条件等内容确定下来,合同实施过程中存在的风险,由总承包方进行分析预测,并采取一切可能的抗风险措施和手段,力求在造价不变的前提条件下,通过降低工程成本而提高经济效益。

总分包模式的缺点:

(1)招标发包工作难度大。合同条款不易准确确定,容易出现较多的合同争议。

(2)业主择优选择承包方的范围小。由于承包范围大,介入项目时间早,工程信息未知数多,因而承包方要承担较大的风险,有此能力的承包单位数量相对有限。

(3)质量控制难度大。一方面质量标准和功能要求不易做到全面、具体、准确,质量控制标准制约性受到影响,另一方面"他人控制"的机制较为薄弱。

尽管存在这样或那样的问题,但从总分包模式的社会效果来看,它是一种将总包施工单位的技术优势和管理优势与分包单位的专业化特长根据项目特点和需要结合起来,合理组织生产要素,有效利用社会资源的承发包模式,对业主、总包单位和分包单位三方均有较大的优越性,因而是建筑市场中广泛应用的一种承发包模式。

(三)施工联合体

施工联合体是一种由多家施工企业为承建某项工程而成立的组织机构。施工联合体是一种临时性的组织,是针对一个具体工程项目而成立的,工程竣工交付使用后,联合体进行内部清算而解体。它通常由一家或多家施工单位发起,经过协商确定各自投入联合体的资金份额、机械设备等固定资产数量以及人员等,签署联合体章程,建立联合体的组织机构,产生联合体代表。用联合体的名义与工程发包方签订施工承包合同。其合同结构如图 3-3 所示。

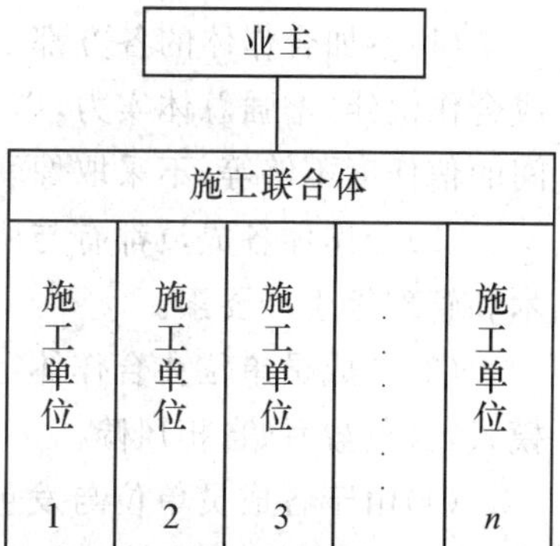

业主
施工联合体
施工单位1
施工单位2
施工单位3
……
施工单位n

图 3-3 施工联合体的合同结构

施工联合体具有以下特点:

(1)联合体可以集中各成员单位在资金、技术、管理等方面的优势,克服单一施工企业力不能及的困难,在实力上取得承包资格和业主信任,也增强了抗风险能力。

(2)联合体有自己按照各方参与联合体的合同及组建章程产生的组织机构和代表,可以实行工程的统一经营,并按各方投入的比重确定其经济利益和风险承担程度。所以也称联合体的这种经济分配原则为"有福共享,有难同当"。

(3)联合体模式从合同关系上类似于施工总承包,即业主为一方,联合体为另一方的施工总承包合同关系。因此,对业主而言合同结构和施工组织、管理、协调都比较简单。

(4)在项目施工过程中,若联合体其中一个成员破产,其他成员共同补充相应的人力、物力、财力,不使工程受到影响,业主不承担由此而引起的任何损失。

组成联合体的成员一般是同类型企业,在生产能力、技术水平和技术力量、管理水平等方面大致处于同一水平,经营内容和范围没有很大差别。这一方面有利于联合体的组建,另

一方面也有利于在施工过程中实现统一管理，取得较好的联合效果。联合体常用于承担一些大型工程和技术复杂的工程，有利于充分发挥联合体成员的现有生产能力，同时也增加了承包机会扩大了承包范围。

(四)施工合作体

施工合作体是一种为承建工程而采取的合作施工的模式。有时因为工程类型多、数量大、需要专业配套等，一家施工企业无力实行施工总承包，而发包方又希望施工方有一个统一的施工协调组织时，就可能产生由几家施工单位自愿结成合作伙伴，成立一个施工合作体，产生合作体的组织机构和代表，以合作体的名义与发包方签订施工承包意向合同，在该意向合同中对施工发包方式、发包合同基本条件、施工总体部署、实施协调的原则和方式等作出承诺。这种意向合同也称基本合同，达成协议后，各承包单位则分别与发包方签订施工承包合同，并在合作体的统一计划、指挥和协调下展开施工，各尽其责、各得其利。其合同结构如图 3-4 所示。

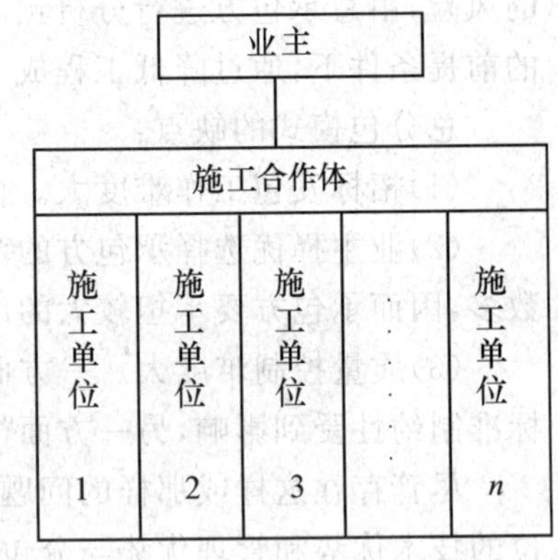

图 3-4 施工合作体合同结构示意图

施工合作体具有以下特点：

(1)参加合作体的各方都不具备与发包方工程相适应的总承包能力。各方希望通过结成合作伙伴，增强总体实力，以满足发包方要求。但同时各方出于自主性的要求，或相互之间的信任度不够等，不采取像联合体这样的捆绑式经营方式。

(2)合作体各成员都有与所承包施工任务相适应的施工力量，包括人员、设备、资金、技术和管理等生产要素。

(3)各成员单位在合作体组织机构的施工总体规划和部署下，实施自主作业管理和经济模式，自负盈亏、自担风险。

(4)由于各成员单位与发包方直接签订施工承包合同，履约过程中一旦企业倒闭破产，其他成员及合作体机构不承担项目合同的经济责任，这一风险由业主承担。

(五)BOT 模式

BOT 模式是英文 Build-Operate-Transfer 的缩写，意思是建设、经营和转让。BOT 模式最早出现于 20 世纪 80 年代中期，主要用于基础设施和公共工程项目，如隧道、公路、电厂等。这类项目一般由当地政府发起，负责筹资并组织实施，但政府往往面临着资金不足的问题，客观上需要采用一种新的方式兴建这类社会经济发展急需的项目，BOT 模式就是在这种背景下应运而生。著名的英法海底隧道、马来西亚的南北干线公路、澳大利亚悉尼海底隧道、香港东区海底隧道等都是采用 BOT 模式兴建的。我国的第一个正式 BOT 项目是广西来宾电厂 B 厂项目。

BOT 模式与其他承发包方式的根本区别在于建设项目是由承包商和银行投资团体发起并负责筹措资金、组织实施及投产后的经营管理。其实施程序是，先由某个承包商牵头，组织一个民间财团，向政府提出兴建某基础设施项目，并申请取得建设和经营项目的许可，政府若同意该项建设申请，就将建设和经营该项目的特许权授予该财团，该财团则负责该项目的资金筹措、设计、施工以及竣工之后在特许权规定期间内向用户收取费用，回收投资，偿还贷款并赚到利润。特许权期限一般为10年到30年。特许权期限届满，该财团即把该项目无偿地转交给政府经营管理，从而完成“建设—经营—转让”的全过程。

用BOT方式兴建大型基础设施项目，对政府、承包商、私人财团和社会都能带来一定的好处。从政府角度看，BOT模式可以缓解财政负担，把投资基础设施项目的资金用到更为迫切的事业和项目上去。此外这种模式还使兴建大型基础设施项目的风险转移到私营团体上去，使政府处于“有利可图，无险可担”的优越地位。

从承包商角度，可以在建筑市场不景气时期通过BOT模式激发政府、银行和财团的投资兴趣，创造投资机会，从而扩大承包任务来源，缓解由于开工不足所引起的种种问题。在该模式下，承包商不仅负责项目的实施，还要负责项目的运营。在实施阶段，BOT实现了设计、供货、施工一揽子承包，发起者成了项目的总承包商。作为总承包商，可以根据需要将部分项目分包出去。因此，承包商的利润不仅来自劳务和施工，还来自设计、供货、咨询等诸多环节。在运营阶段，BOT的发起者又成了经营管理者，若经营管理得当，则可能取得比施工更高的利润。

从银行、金融机构和私人财团来看，BOT模式为它们提供了良好的投资机会。BOT项目往往投资额巨大、投资回收期较长，其投资强度和风险往往不是个别银行、金融机构或私人财团所能承受的。采用BOT模式就可以把分散的大量资金集中起来，把较大的投资风险分担出去，从而取得较好的投资收益。

但是，BOT项目的组织和合同结构特点，决定了它比一般的工程项目具有更大的风险。对一个BOT项目，它所面临的风险可以分为两个阶段，第一阶段是项目实施阶段的风险，第二阶段是项目运行维护期的风险。这些风险比常规承包方式要大得多，而且困难和复杂程度也大得多。因此，一般在工程项目的初始评估阶段，应对BOT项目所面临的各种风险及其对项目的影响有详细的分析，并据此在政府部门和项目公司间合理分配这些风险。

BOT模式的出现，可以认为是建筑市场供给者地位的一种新的变化。它表明，建筑市场的供给者并不是被动地适应需求，也可以创造需求、引导需求。这种特点应当引起足够的重视。

（六）Partner模式

Partner模式是20世纪80年代末在美国发展起来的一种承发包模式，其出发点是改变传统项目建设各方之间由于利益和目标不同导致的对抗关系，它又被称为“合作管理”。它通过建立业主与承包商之间的长期合作协议得以实现。

Partner模式突破了传统项目目标概念和组织界限。其有如下特点：

(1)在Partner模式中建立了项目的共同目标，Partner模式的目标是将项目参与各方的目标融为一个整体，考虑业主及参与各方的利益同时要满足甚至超越业主的预定目标，着眼于不断的提高与改进。

(2)组织结构：Partner模式有一个参与各方共同制定的负责整个Partner模式的建立和实施的项目管理主持人，该主持人领导、组织参与各方讨论制定伙伴协议并付诸实施，当项目实施过程中出现项目参与方相互不能协调的争议时，可邀请中立的第三方参与解决。

(3)合同结构：与传统模式的合同没有区别，但由于该模式建立在参与各方共同的目标，不隐瞒任何事实的基础上。因此，Partner模式除了参与各方签订法律意义上的合同外，

还需要签订伙伴式协议，该协议是一个非法律意义上的约定，是一种准合同性的协议，它是参与各方相互之间做出的一种承诺。

二、工程合同价的确定

按照我国《建设工程施工发包与承包计价管理办法》的规定，合同价有以下三种类型：固定价、可调价和成本加酬金。

（一）固定价

所谓固定价是指合同价格在合同约定的风险范围内不可调整。固定价分为固定总价和固定单价两种类型。

1. 固定总价

它是指承包整个工程的合同价款已经确定，在工程实施时不因物价上涨而变化。采用这种合同价，承包方要承担合同履行过程中的主要风险，包括工程量变化和价格上涨的风险。因而这种合同价形式对于业主而言是风险最小的合同价形式。固定总价合同的实施，一般要具备两个条件：一是合同总价能够比较准确地确定下来；二是工程的风险不能太大。因而这种合同价形式的适用条件为：

(1)招标时的设计深度已达到施工图设计要求，工程设计图纸完整齐全，项目范围和工程量计算依据确切，合同履行过程中不会出现较大的设计变更。

(2)规模较小、技术不太复杂的中小型工程，承包方一般在报价时能够合理预见到实施过程中的各种风险。

(3)合同工期较短，一般为工期在一年以内的工程。

2. 固定单价

它是指合同中确定的各项单价在工程实施过程中不因价格变化而调整。采用这种方式，在工程结算时，根据实际完成的工程量，乘上合同清单内所确定的单价，确定工程结算价款。固定单价合同较为合理地分摊了合同履行过程中的风险，因而成为实际工程中采用最多的方式。

固定单价合同又可分为估算工程量单价合同和纯单价合同。

估算工程量合同以工程量清单和工程单价表为基础和依据来计算合同价格。它主要适用于工期较长、技术复杂、实施过程中可能会发生各种不可预见因素较多的建设工程；或发包方为了缩短项目建设周期，如在初步设计完成之后就拟进行施工招标的工程；或施工图不完整或准备招标的工程项目内容、技术经济指标一时间不能明确、具体予以规定的工程。

采用纯单价合同形式，发包方只向承包方给出发包工程的工程内容和范围，不对工程量作出具体固定，承包方针对工程内容和范围提出单价，合同实施过程中以实际完成工程量进行结算。这类合同适用于没有施工图，工程量不明，却急需开工的紧迫工程。

（二）可调价

1. 可调总价

采用这种合同，当合同实施过程中，由于通货膨胀引起成本增加达到某一限度时，合同总价可以作出相应调整。可调总价使发包人承担通货膨胀的风险，承包人则承担其他风险。它一般适用于工程内容和技术经济指标规定很明确，工期在一年以上的工程项目。

2.可调单价

合同单价可调的情形，一般是在工程招标文件中规定。例如：在工程实施过程中物价发生变化时，合同单价可调。

（三）成本加酬金

这种合同形式主要适用于以下两种情况：一是工程内容及其技术经济指标尚未全面确定，投标报价的依据尚不充分的情况下，发包方因工期要求紧迫，必须发包；二是发包方与承包方之间具有高度的信任，承包方在某些方面具有独特的技术、特长和经验。

以这种形式签订的建筑安装承包合同有两个明显缺点：一是发包方对工程总价不能实施实际的控制；二是承包方对降低成本不太感兴趣。因此，采用这种合同形式，其条款必须非常严格。成本加酬金合同有几种形式：

1.成本加固定百分比酬金合同

根据这种合同，发包人对承包人支付的实际成本全部据实补偿，同时按照实际成本的固定百分比付给承包方一笔酬金，作为承包方的利润。

这种合同形式，建筑安装工程总造价及付给承包方的酬金随工程成本而水涨船高，不利于鼓励承包方降低成本，这也是这种合同形式的弊病所在，因而很少被采用。

2.成本加固定金额酬金合同

这种合同形式与成本加固定百分比酬金合同相似。其不同之处仅在于所增加费用是一笔固定金额的酬金。酬金一般是按估算的工程成本的一定百分比确定，数额是固定不变的。

采用上述两种合同计价方式时，为了避免承包方企图获得更多的酬金而对工程成本不加控制，往往在承包合同中规定一些"补充条款"，以鼓励承包方节约资金，降低成本。

3.成本加奖罚合同

采用这种形式的合同，首先要确定一个目标成本，这个目标成本是根据粗略估算的工程量和单价表编制出来的。在这个基础上，根据目标成本来确定酬金的数额，可以是百分数的形式，也可以是一笔固定酬金。然后，根据工程实际成本支出情况，另外确定一笔奖金，当实际成本低于目标成本时，承包方除从发包方获得实际成本、酬金补偿外，还可根据成本降低额来得到一笔奖金。当实际成本高于目标成本时，承包方仅能从发包方得成本和酬金的补偿，此外，视实际成本高出目标成本情况，若超过合同规定的限额，还要被处以一笔罚金。除此之外，还可设工期奖罚。

这种合同形式可以促使承包商降低成本，缩短工期，而且目标成本随着设计的进展而调整，承发包双方都不会承担太大风险，故这种合同形式应用较多。

4.最高限额成本加固定最大酬金合同

在这种形式的合同中，首先要确定限额成本、报价成本和最低成本，当实际成本没有超过最低成本时，承包方花费的成本费用及应得酬金等都可得到发包方的支付，并与发包方分享节约额；如果实际成本在最低成本和报价成本之间，承包方只能得到成本和酬金；如果实际工程成本在报价成本与最高限额成本之间，则只有全部成本可以得到补偿，当实际工程成本超过最高限额成本时，则超过部分发包方不予支付。这种合同形式有利于控制工程造价，并能鼓励承包方最大限额地降低工程成本。

第三节 工程量清单计价

长期以来，我国的承发包计价、定价按照定额计价模式进行。这种计价模式源于计划经济，带有浓厚的指令、计划特征。自我国开始实行社会主义市场经济以来，这种计价模式越来越不能适应市场经济的需要，其弊端逐渐显现出来，成了制约我国建设市场发展的瓶颈。1992年，国家针对定额计价模式中存在的问题，提出了“统一量、指导价、竞争费”的改革措施。其基本思路是：将工程预算定额中的人工、材料、机械的消耗量与单价分离。工料机消耗量由国家根据规范、标准及社会平均水平确定，而价格由市场竞争形成。这就是所谓的“量价分离”。这一改革措施在我国社会主义市场经济初期起到了一定的积极作用。但这种做法从根本上讲仍然未能改变定价模式中的指令性、计划性特征，可谓“治标不治本”。这是因为统一的量，反映的是社会平均水平，而非企业的自身实力情况。众所周知，由于企业间劳动效率的不同，生产力水平的不同，机械化程度的不同，在消耗量上是完全不一样的。这种社会平均水平下的消耗量标准不能准确反映各个企业的实际消耗量，不能全面体现企业自身竞争实力，进而在招标投标过程中就不能充分体现市场的公平竞争。此外，随着我国加入WTO以来，有越来越多的国外建筑企业进入我国建筑市场，同时更多的国内建筑企业也参与到国际市场竞争中去。工程量清单计价是国际上通用的计价办法，如果不改革我国现行的计价模式，就不能使我国建筑企业尽快适应国际市场的竞争。基于这样的目的，建设部于2003年2月颁布了《建设工程工程量清单计价规范》GB50500—2003，并于2003年7月1日起正式实施。这个规范的实施，标志着我国由定额计价模式进入了定额计价模式与工程量清单计价模式并存的时期，逐步实现与国际接轨。2008年7月，建设部发布了《建设工程工程量清单计价规范》(GB50500—2008)，并于2008年12月1日施行。08规范针对03版执行中存在的问题，特别是清理拖欠工程款工作中普遍反映的，在工程实施阶段中有关工程价款调整、支付、结算等方面缺乏依据的问题，特别增加了采用工程量清单计价如何编制工程量清单和招标控制价、投标报价、合同价款约定以及工程计量与价款支付、工程价款调整、索赔、竣工结算、工程计价争议处理等内容，并增加了条文说明。

一、工程量清单和工程量清单计价的定义

(一)工程量清单

工程量清单是指建设工程的分部分项工程项目、措施项目、其他项目、规费项目和税金项目的名称和相应数量等的明细清单。工程量清单由分部分项工程量清单、措施项目清单和其它项目清单、规费项目清单、税金项目清单组成(如表3-1、3-2、3-3、3-4所示)。工程量由具有编制招标文件能力的招标人，或受其委托具有相应资质的中介机构编制。工程量清单包括序号、项目编码、项目名称、计量单位和工程数量5项内容，其中项目编码、项目名称、计量单位和工程量计算规则由规范附录统一设定，即工程量清单的4个统一。工程数量由编制人根据设计文件和统一的工程量计算规则计算编制。工程量清单应作为招标文件的组成部分。

表 3-1　分部分项工程量清单表

工程名称：1＃宿舍楼建筑工程　　　标段：　　　第　页　共　页

序号	项目编码	项　目　名　称	计量单位	工程量
		土石方工程		
1	010101003001	挖带形基槽，二类土，槽宽 0.60m，深 0.80m，弃土运距 150.00m	m^3	300.00
2	010101003002	挖带形基槽，二类土，槽宽 1.00m，深 2.10m，弃土运距 150.00m	m^3	500.00
		（以下略）		

表 3-2　措施项目清单表

工程名称：1＃宿舍楼建筑工程　　　标段：　　　第　页　共　页

序号	项　目　名　称
1	安全文明施工费
2	夜间施工费
3	二次搬运费
4	冬雨季施工
5	大型机械设备进出场及安拆费
6	施工排水
7	施工降水
8	地上、地下设施、建筑物的临时保护设施
9	已完工程及设备保护
10	各专业工程的措施项目

表 3-3　其他项目清单表

工程名称：1＃宿舍楼建筑工程　　　标段：　　　第　页　共　页

序号	项　目　名　称
1	暂列金额
2	暂估价
2.1	材料暂估价
2.2	专业工程暂估价
3	计日工
4	总承包服务费

表 3-4 规费、税金项目清单

工程名称：1#宿舍楼建筑工程　　　　标段：　　　　第 页 共 页

序号	项 目 名 称
1	规费
1.1	工程排污费
1.2	社会保障费
(1)	养老保险费
(2)	失业保险费
(3)	医疗保险费
1.3	住房公积金
1.4	危险作业意外伤害保险
1.5	工程定额测定费
2	税金

(二)工程量清单计价

工程量清单计价是指投标人完成由招标人提供的工程量清单所需的全部费用，包括分部分项工程费、措施项目费、其他项目费和规费、税金。工程量清单计价采用综合单价，综合单价是指完成一个规定计量单位的分部分项工程量清单项目或措施清单项目所需的人工费、材料费、施工机械使用费和企业管理费与利润，以及一定范围内的风险费用。

二、工程量清单计价的基本原理

(一)工程量清单计价的基本方法和程序

工程量清单计价的基本过程可以描述为：在统一的工程量计算规则的基础上，制定工程量清单项目设置规则，根据具体工程的施工图纸计算出各个清单项目的工程量，再根据各种渠道所获得的工程造价信息和经验数据计算得到工程造价。这一基本过程如图 3-5 所示。

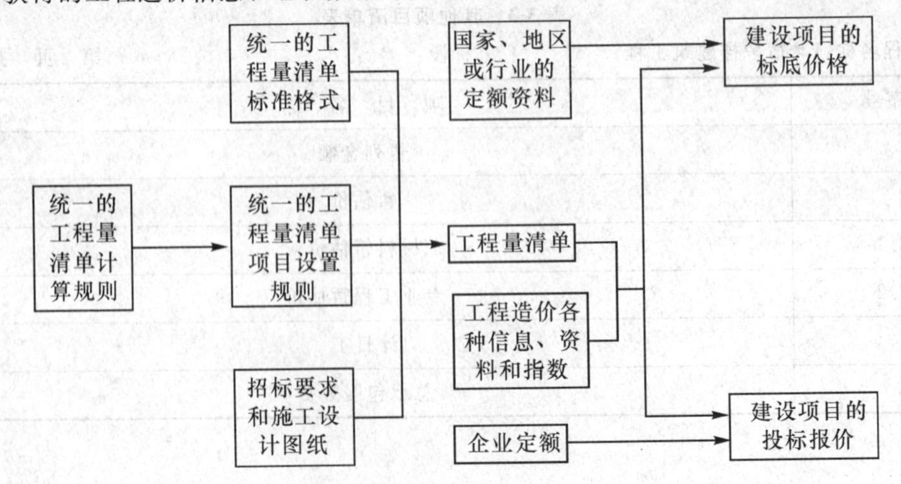

图 3-5 工程量清单计价过程示意图

从清单计价示意图中可以看到，清单计价的过程可以分为两个阶段：工程量清单的编制和利用工程量清单来编制投标报价。工程量清单计价的程序如下：

$$分部分项工程费 = \sum 分部分项工程量 \times 分部分项工程综合单价$$

式中“工程量”部分按照招标文件中所提供的工程量清单中的工程数量，综合单价由承包单位综合考虑工作内容、施工方案、企业自身情况等因素确定。

$$措施项目费 = \sum 措施项目工程量 \times 措施项目综合单价$$

所谓措施项目是指为完成工程项目施工，发生于该工程施工前和施工中的技术、生活、安全等方面的非实体项目。如施工过程中采用的脚手架、模板，安全、文明施工，材料二次搬运等。这些费用在国外称为“开办费”。措施项目的编制参照清单规范提供的“措施项目一览表”。措施项目以“项”为计量单位，相应数量为“1”。措施项目也采用综合单价，由投标单位分析后确定。

$$单位工程费 = 分部分项工程量 + 措施项目费 + 其他项目费 + 规费 + 税金$$

其他项目费包括预留金、材料购置费、总承包服务费、零星工作项目费等。预留金是招标人为可能发生的工程量变更而预留的金额。总承包服务费是投标人为配合招标人进行的工程分包和材料采购所需的费用。零星工作项目费为投标人提出的，工程量暂估的零星工作所需的费用。其他项目费用通过估算得到，在投标时计入投标人的报价中，但不应视为投标人所有，实际结算时，应按实际完成工作内容结算，剩余部分仍归招标人所有。

$$单项工程费 = \sum 单位工程费$$

$$建设项目总费用 = \sum 单项工程费$$

（二）工程量清单计价的范围

工程量清单计价的范围包括：招标标底、投标报价、合同价款的确定和调整、工程结算。

1. 标底

发包单位在工程方案、初步设计或部分施工图设计完成后，就可以着手编制工程量清单。若项目设有标底，则标底的编制是依据招标文件中的工程量清单和有关要求，拟建项目的特点，造价资料和信息以及建设行政主管部门制定的有关工程造价计价办法确定。

2. 投标报价

投标报价是投标单位在满足招标文件要求的前提下实行人工、材料、机械消耗量自定，价格采用市场价格，费用标准依据企业自身情况设定，全面竞争，自主报价。

3. 合同价款的确定和调整

在评标时可以对投标单位的最终总报价以及分项工程的综合单价的合理性进行评分。由于采用了工程量清单计价办法，投标竞争更加公平合理，有利于实现优胜劣汰。在评标时应坚持倾向于合理低标价中标的原则。对实行工程量清单计价的工程，宜采用单价合同方式。即合同约定的工程价款中所包含的工程量清单项目综合单价在约定条件内是固定的，不予调整，工程量允许调整。工程量清单项目综合单价在约定的条件外，允许调整。调整方式、方法应在合同中约定。单价合同的特点就是合同中各工程细目的单价明确，承包商所完

成的工程量要通过计量来确定，单价合同在处理工程变更和索赔上十分方便，而且合同的公正性及可操作性相对较好。

4. 工程结算

采用工程量清单报价的项目在结算时依据承包商实际完成的并经过工程师计量确认的工程量和工程量清单中填报的综合单价进行结算。工程量清单漏项或由于设计变更引起新的工程量清单项目，其相应的综合单价由承包方提出，经发包人确认后作为结算依据。由于设计变更或工程量清单有误引起的工程量增减部分，属于合同约定幅度以内的，应执行原有的综合单价；属于合同约定幅度以外的，其增加部分的工程量或减少后剩余部分的工程量的综合单价由承包人提出，经发包人确认后，作为结算的依据。

[例 3-1] 某施工单位承包一项工程，包括 A、B 两个分项工程，其在工程量清单中的工程数量分别为 $5000m^2$ 和 $1500m^3$，综合单价分别为 80 元/m^2 和 460 元/m^3，合同规定若此两个分项工程实际完成的工程量比计划工程量增加（或减少）超过 15%，则调整单价，调整系数为 0.9（或 1.1），A、B 两分项工程实际完成的工程数量分别为 $4000m^2$ 和 $1800m^3$，求 A、B 两分项工程的实际结算工程量价款。

解：

1. A 分项工程实际完成工程量为 $4000m^2 < 5000 \times (1-15\%) = 4250m^2$，所以要调价。

A 分项工程实际结算工程量价款 $= 4000 \times 80 \times 1.1 = 352000$ 元

2. B 分项工程实际完成工程量为 $1800m^3 > 1500 \times (1+15\%) = 1725m^3$，所以要调价。

B 分项工程实际结算工程量价款 $= (1800-1725) \times 460 \times 0.9 + 1725 \times 460 = 824550$ 元

第四节 建设项目招标程序及内容

建设项目招标程序如图 3-6 所示。

一、招标活动前的准备工作

项目招标前，招标人应当办理有关的审批手续、确定招标方式以及划分标段等工作。

一般情况下，一个项目应当作为一个整体进行招标。但是对于某些大型项目，作为一个整体进行招标将会因为符合招标条件的潜在投标人数量太少从而大大降低招标的竞争性，这样就应当将招标项目划分为若干个标段分别进行招标。标段的划分应当合理，不能划分得太小，过小的标段将失去对实力雄厚的潜在投标人的吸引力。对于建设项目的施工招标，可以将项目划分为单位工程及特殊专业工程分别招标，但不允许将单位工程肢解为分部、分项工程进行招标。一般而言，标段的划分应当考虑如下因素：

(一)招标项目的专业要求

若招标项目的几部分内容专业要求接近，则该项目可以作为一个整体进行招标；若该项目的几部分内容专业要求相距甚远，则应当考虑划分为不同的标段分别招标。

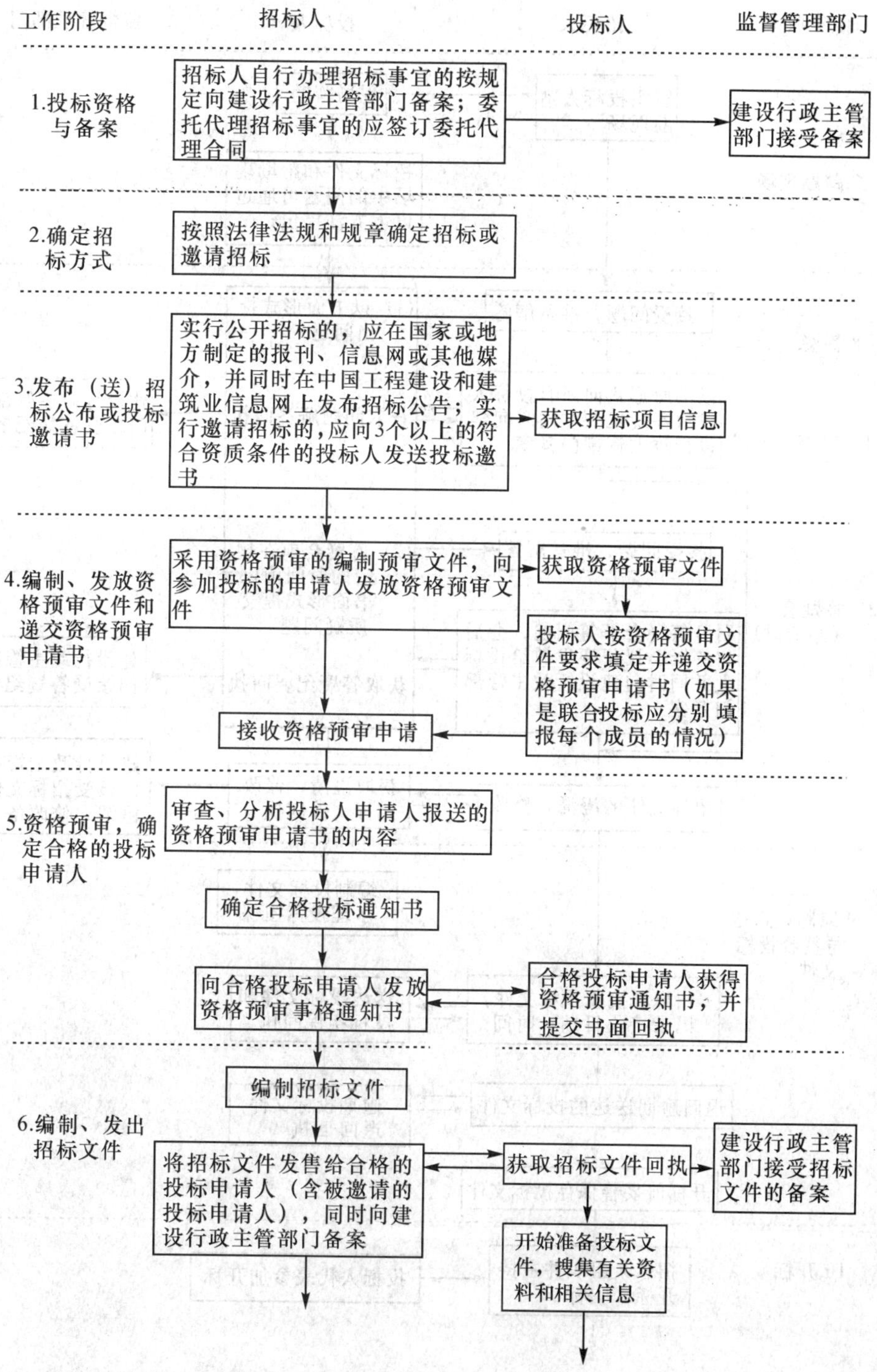

工作阶段	招标人	投标人	监督管理部门
1.投标资格与备案	招标人自行办理招标事宜的按规定向建设行政主管部门备案；委托代理招标事宜的应签订委托代理合同 →		建设行政主管部门接受备案
2.确定招标方式	按照法律法规和规章确定招标或邀请招标		
3.发布（送）招标公布或投标邀请书	实行公开招标的，应在国家或地方制定的报刊、信息网或其他媒介，并同时在中国工程建设和建筑业信息网上发布招标公告；实行邀请招标的，应向3个以上的符合资质条件的投标人发送投标邀请书 →	获取招标项目信息	
4.编制、发放资格预审文件和递交资格预审申请书	采用资格预审的编制预审文件，向参加投标的申请人发放资格预审文件 →	获取资格预审文件	
		投标人按资格预审文件要求填定并递交资格预审申请书（如果是联合投标应分别填报每个成员的情况）	
	接收资格预审申请 ←		
5.资格预审，确定合格的投标申请人	审查、分析投标人申请人报送的资格预审申请书的内容		
	确定合格投标通知书		
	向合格投标申请人发放资格预审事格通知书 ⇄	合格投标申请人获得资格预审通知书，并提交书面回执	
6.编制、发出招标文件	编制招标文件		
	将招标文件发售给合格的投标申请人（含被邀请的投标申请人），同时向建设行政主管部门备案 ⇄	获取招标文件回执 →	建设行政主管部门接受招标文件的备案
		开始准备投标文件，搜集有关资料和相关信息	

图 3-6　建设项目招标程序

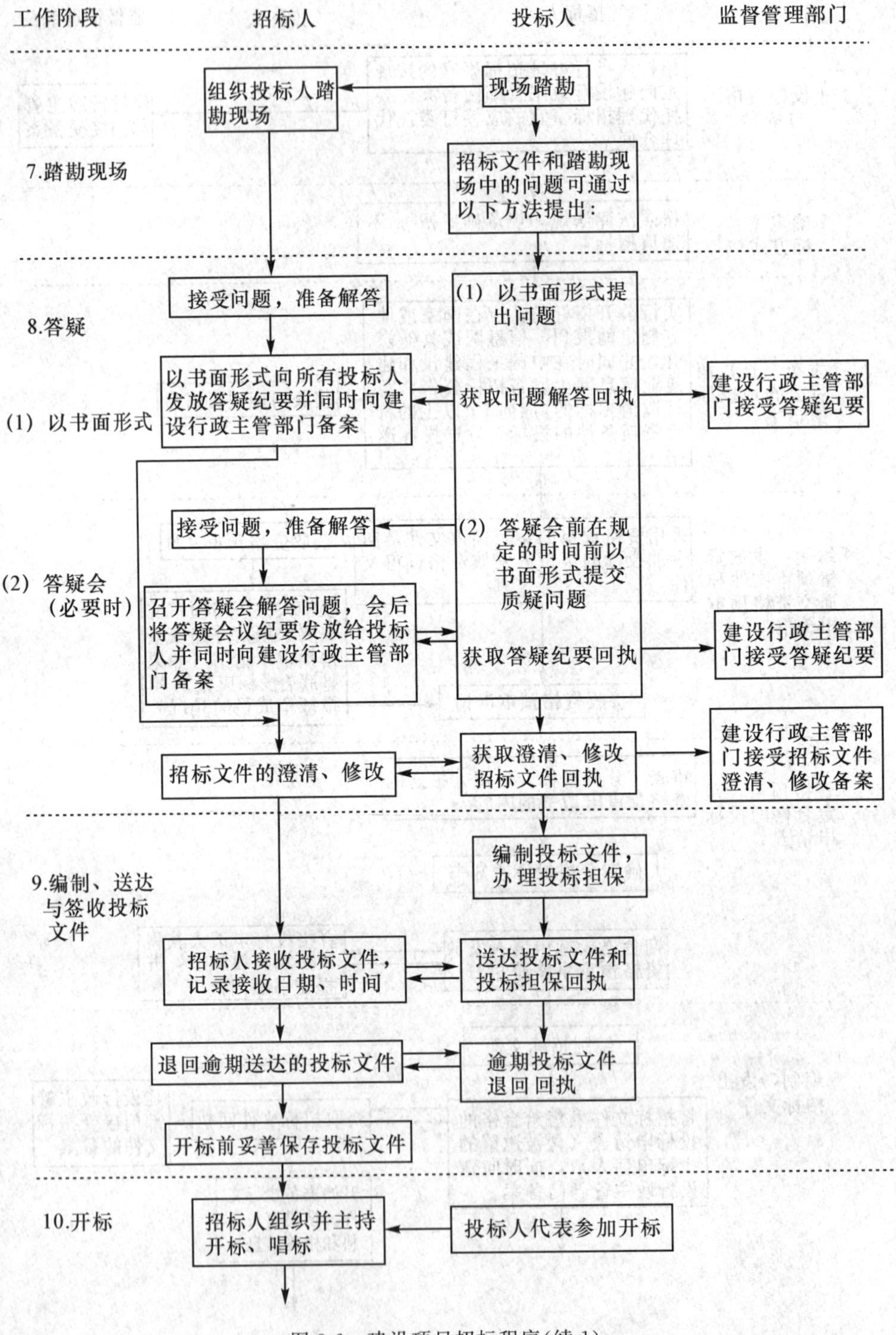

工作阶段 | 招标人 | 投标人 | 监督管理部门

7.踏勘现场

组织投标人踏勘现场

现场踏勘

招标文件和踏勘现场中的问题可通过以下方法提出：

8.答疑

接受问题，准备解答

(1) 以书面形式提出问题

(1) 以书面形式

以书面形式向所有投标人发放答疑纪要并同时向建设行政主管部门备案

获取问题解答回执

建设行政主管部门接受答疑纪要

(2) 答疑会（必要时）

接受问题，准备解答

(2) 答疑会前在规定的时间前以书面形式提交质疑问题

召开答疑会解答问题，会后将答疑会议纪要发放给投标人并同时向建设行政主管部门备案

获取答疑纪要回执

建设行政主管部门接受答疑纪要

招标文件的澄清、修改

获取澄清、修改招标文件回执

建设行政主管部门接受招标文件澄清、修改备案

9.编制、送达与签收投标文件

编制投标文件，办理投标担保

招标人接收投标文件，记录接收日期、时间

送达投标文件和投标担保回执

退回逾期送达的投标文件

逾期投标文件退回回执

开标前妥善保存投标文件

10.开标

招标人组织并主持开标、唱标

投标人代表参加开标

图 3-6 建设项目招标程序(续 1)

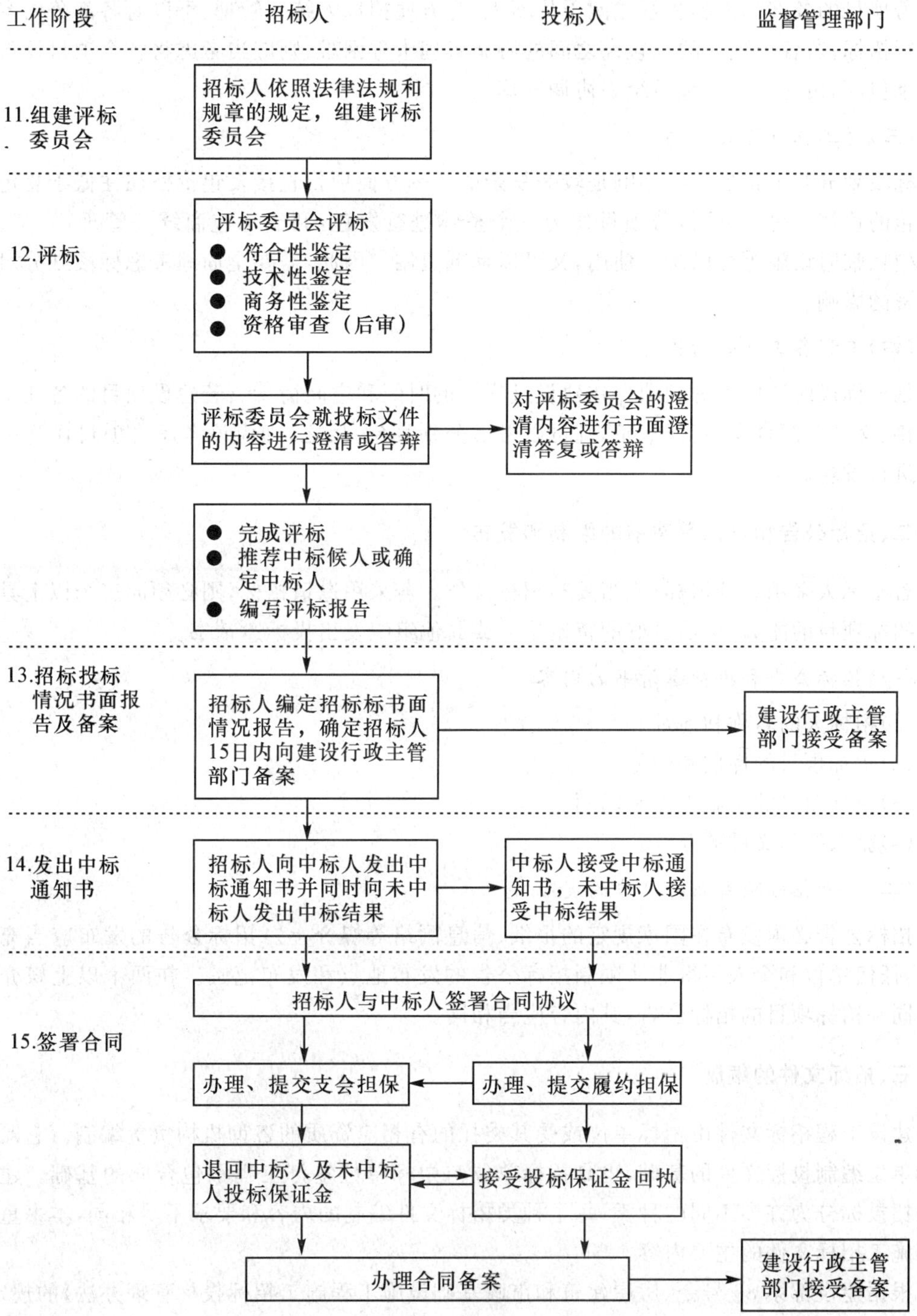

工作阶段	招标人	投标人	监督管理部门
11.组建评标委员会	招标人依照法律法规和规章的规定，组建评标委员会		
12.评标	评标委员会评标 ● 符合性鉴定 ● 技术性鉴定 ● 商务性鉴定 ● 资格审查（后审）		
	评标委员会就投标文件的内容进行澄清或答辩 →	对评标委员会的澄清内容进行书面澄清答复或答辩	
	● 完成评标 ● 推荐中标候人或确定中标人 ● 编写评标报告		
13.招标投标情况书面报告及备案	招标人编定招标标书面情况报告，确定招标人15日内向建设行政主管部门备案 →		建设行政主管部门接受备案
14.发出中标通知书	招标人向中标人发出中标通知书并同时向未中标人发出中标结果 →	中标人接受中标通知书，未中标人接受中标结果	
15.签署合同	招标人与中标人签署合同协议	招标人与中标人签署合同协议	
	办理、提交支会担保 ←	办理、提交履约担保	
	退回中标人及未中标人投标保证金 ⇄	接受投标保证金回执	
	办理合同备案 →		建设行政主管部门接受备案

图 3-6　建设项目招标程序(续 2)

(二)招标项目的管理要求

若项目的各部分内容相互之间干扰不大,为方便招标人统一管理,可以对各部分内容分别进行招标;若各个独立的承包商之间的协调管理十分困难,则应当考虑将整个项目发包给一个承包商,由他进行分包后统一协调管理。

(三)对工程投资的影响

标段划分对工程投资的影响是较为复杂的。一方面项目直接发包价格往往低于总包后再分包的价格。另一方面,若项目作为一个整体进行发包,利于承包商统一管理,人工、机械、材料、临时设施等可以统一使用,又可以降低费用。因此,需要全面地考虑标段划分对工程投资的影响。

(四)工程各工作的衔接

划分标段时还应考虑到项目在建设过程中的时间和空间衔接。若建设项目的各项工作的衔接、交叉和配合少,责任清楚,则可以考虑分别发包;反之,则应该考虑将项目作为一个整体进行发包。

二、招标公告和投标邀请书的编制和发布

若招标人采用公开招标,应当发布招标公告。若采用邀请招标,则必须向三个以上具备承担招标项目的能力、资信良好的特定法人或其他组织发出投标邀请书。

(一)招标公告和投标邀请书的内容

(1)招标人的名称和地址。

(2)招标项目的性质和数量。

(3)招标项目的实施地点和时间。

(4)获取招标文件的办法。

(二)公开招标项目招标公告的发布

招标公告必须发布在国家规定的报纸、信息网络等媒介上。招标公告的发布应当充分公开,任何单位和个人不得非法限制招标公告的发布地点和发布范围。在两个以上媒介发布的同一招标项目的招标公告,其内容应当相同。

三、招标文件的编制

建设工程招标文件由招标单位或受其委托的有相应资质的咨询机构负责编制。它既是投标单位编制投标文件的基础,也是招标单位与中标单位签订工程承包合同的基础。建设工程招投标分为许多不同的种类,每个种类招标文件编制的内容和要求不尽相同,本书重点介绍施工招标文件的主要内容。

根据建设部第89号令《房屋建筑和市政基础设施工程施工招标投标管理办法》的规定,施工招标文件应当包括以下内容:

(1)投标须知。包括工程概况,招标范围,资格审查条件,工程资金来源或者落实情况(包括银行出具的资金证明),标段划分,工期要求,质量标准,现场踏勘和答疑安排,投标文件编制、提交、修改、撤回的要求,投标报价要求,投标有效期,开标的时间和地点,评标的方

法和标准等。

(2)招标工程的技术要求和设计文件。

(3)采用工程量清单招标的,应当提供工程量清单。

(4)投标函的格式及附录。

(5)拟签订合同的主要条款。

(6)要求投标人提交的其他材料。

根据《招标投标法》和建设部有关规定,施工招标文件编制中应遵循如下规定:

(1)招标文件中必须说明评标原则和评标方法。

(2)招标文件必须明确采用何种投标价格,并应明确价格的调整范围及调整方法。投标价格有固定价格和可调价格两种,一般结构不太复杂或工期在12个月以内的工程,可以采用固定价格;结构较复杂或大型工程,工期在12个月以上的,应采用可调价格。

(3)在招标文件中应明确投标价格的计算依据,如工程计价类别、执行的概预算定额及费用定额等。

(4)招标文件中应明确工程应达到的质量标准。一般情况下应以国家施工验收规范所规定的质量标准为准,如对工程质量的要求超过国家质量验收规范标准,需要计取相应的补偿费用。

(5)招标文件中的建设工期应参照工期定额确定。如果要求的工期比工期定额缩短20%(含20%)以上时,应计算赶工措施费。由于施工单位的原因造成不能按合同工期竣工时,计取的赶工措施费应予以扣除,同时还应赔偿由于误工给建设单位造成的损失。如果建设单位要求按合同工期提前竣工交付使用,应考虑计取提前工期奖。以上三种费用的计取方法应在招标文件中明确。

(6)招标文件应明确投标准备时间,即发放招标文件至投标截止日的时间间距,最短不得少于20天。

(7)招标文件中应明确投标保证金的数额及支付方式。

(8)中标单位应按规定向招标单位提交履约担保,履约担保可采用银行保函或履约担保书两种形式。银行出具的银行保函为合同价格的5%;履约担保书为合同价格的10%。

(9)招标文件中应明确材料或设备的采购、运输、保管责任。

(10)招标单位应按照国家颁布的统一工程项目划分,统一计量单位和统一的工程量计算规则,按照施工图纸计算工程量,提供给投标单位作为投标报价的基础。

(11)招标单位应根据《中华人民共和国合同法》、《建设工程施工合同管理办法》的规定和工程具体情况确定"招标文件合同协议条款"内容。

(12)投标单位在收到招标文件后,若有疑问需要澄清,应于收到招标文件后以书面形式向招标单位提出,招标单位以书面回函或投标预备会的形式予以解答,答复或会议记录送达每一个参加投标的单位。

四、招标文件的发售和修改

招标文件的价格一般等于编制、印刷的成本,招标活动中的其他费用(如发布招标公告等)不应打入该成本。投标人购买招标文件的费用,不论中标与否都不予退还,对其中的设计文件,招标人可以酌收部分押金。

招标人对已发出的招标文件进行必要的澄清或修改的，应在招标文件要求提交投标文件截止时间至少15天前，以书面形式通知所有招标文件收受人。如超出这个时限，可以考虑推迟投标截止日。

五、资格审查

资格审查分为资格预审和资格后审两种情况。资格预审安排在刊登资审通告和招标通告后，发放招标文件之前；资格后审在开标后进行。资格预审的目的是为了排除那些不合格的投标人，进而降低招标人的采购成本，提高招标工作的效率。资格预审的程序如下：

（一）发布资格预审公告

资格预审公告发布在国家指定的媒介上，应当至少包括以下内容：招标人的名称和地址；招标项目的名称、数量和规模；交货期或交工期；发售资格预审文件的时间、地点和方式；资格预审文件的售价；提交申请书的地点和截止时间以及评价申请书的时间表；资格预审文件送交地点、份数和使用文字等。

（二）发出资格预审文件

发布资格预审公告后，招标人向参加资格预审的申请人发放或者出售资格审查文件。

（三）对潜在投标人资格进行审查和评定

招标人在规定的时间内，按照资格预审文件中规定的标准和方法，对提交资格预审申请书的潜在投标人资格进行审查。资格审查的内容包括基本资格审查和专业资格审查。基本资格审查是指对申请人的合法地位和信誉等进行审查；专业资格审查是对已经具备基本资格的申请人履行拟定招标采购项目能力的审查。审查的重点是专业资格审查，主要包括以下内容：

(1)施工经历，包括以往承担类似项目的业绩。

(2)为承担本项目所配备的人员状况，包括管理人员和主要人员的名单和简历。

(3)为履行合同任务而配备的机械、设备以及施工方案等情况。

(4)财务状况，包括申请人的资产负债表、现金流量表等。

（四）发出资格预审合格通知书

经过资格预审后，招标人向资格预审合格的投标申请人发出资格预审合格通知书，告知获取招标文件的时间、地点和方法，并同时向资格预审不合格的投标申请人告知资格预审结果。

六、勘察现场与召开投标预备会

（一）勘察现场

勘察现场的主要目的是使投标人了解工程场地和周围环境，为便于投标人提出问题并得到解答，勘察现场一般安排在投标预备会的前1～2天。招标人应向投标人介绍有关现场的情况：施工现场是否达到招标文件规定的条件；施工现场的地理位置、地形、地貌、土质、地下水位、水文、气候条件等情况；施工现场的环境，如交通、用电用水、通信等情况；工程在施工现场的位置和布置；临时用电、临时设施等。投标人在勘察现场中如有疑问，应在投标预备会前以书面形式向招标人提出。

（二）召开投标预备会

投标人对招标文件、图纸和有关技术资料、勘察现场中提出的疑问，招标人一般有以下两种方式进行解答。

(1)以书面回函的方式解答，并将解答同时送达所有投标人。

(2)以召开投标预备会的形式解答，并将会议记录同时送达所有投标人。

投标预备会一般可以安排在发放招标文件7天后28天前举行，投标预备会在招标管理机构的监督下，由招标单位组织并主持召开，在会上对招标文件和现场情况作介绍或解释，并解答投标单位提出的疑问，同时对图纸进行交底和解释，投标预备会结束后，由招标人整理会议记录，以书面形式送达所有投标人。

七、投标文件编制和递交

根据建设部第89号令《房屋建筑和市政基础设施工程施工招标投标管理办法》的规定，投标人应当按照招标文件的要求编制投标文件，对招标文件提出的实质性要求和条件作出响应。投标文件应当包括下列内容：①投标函；②施工组织设计或者施工方案；③投标报价；④招标文件要求提供的其他材料。

施工投标文件编制时应遵循如下规定：

(1)投标单位应做好编制投标文件的准备工作。投标单位领取招标文件后，应仔细阅读“投标须知”，此外还应认真阅读合同条件、规定格式、技术规范、工程量清单和图纸，以确保编制的投标文件符合招标文件规定格式，并能实质性响应招标文件要求。对工程量清单中的工程项目和工程数量应结合图纸仔细核对，如发现项目或数量有误应在收到招标文件7日内以书面形式向招标单位提出，若超出这个时限，可以通过调整单价的方式修正，但不能改变工程量清单内的工程项目和数量。

(2)投标文件的编制中，投标单位应依据招标文件和工程技术规范要求，并根据施工现场情况编制施工方案或施工组织设计。投标单位应根据招标文件要求编制投标文件和计算投标报价。

(3)招标文件要求提交的投标保证金，应随投标文件一并提交招标单位。对于未能按要求提交投标保证金的，招标单位将视为不响应而予以拒绝。

(4)投标文件在招标文件要求的投标截止日前，送达投标地点。招标人在收到投标文件后，应当签收保存，不得开启。投标人少于3个的，招标人应当重新招标。投标人在投标截止日前，可以补充、修改或者撤回已提交的投标文件，补充、修改的内容为投标文件的组成部分。

八、开标

（一）开标的时间和地点

我国的《招标投标法》规定，开标应当在招标文件确定的提交投标文件截止时间的同一时间公开进行，开标地点应当为招标文件中预先确定的地点。

（二）出席开标会议的规定

开标由招标人或者招标代理人主持，邀请所有投标人参加。投标单位法定代表人或授权代表未参加开标会议的视为自动弃权。

(三)开标程序和唱标的内容

(1)开标会议宣布开始后，应首先请各投标单位代表确认其投标文件的密封完整性，并签字确认。当众宣读评标原则、评标方法。由招标单位依据招标文件的要求，核查投标单位提交的证件和资料，并审查投标文件的完整性、文件的签署、投标担保等。

(2)唱标顺序应按照各投标单位报送投标文件时间的逆序进行。当众宣读有效标函的投标单位名称、投标价格、工期、质量、主要材料用量、修改或撤回通知、投标保证金、优惠条件等内容。

(四)有关无效投标文件的规定

在开标时，投标文件出现下列情形之一的，应当作为无效投标文件，不得进入评标：

(1)投标文件未按招标文件要求予以密封的。

(2)投标文件未加盖投标人的企业及企业法定代表人印章的，或者企业法定代表人委托代理人没有合法、有效的委托书(原件)及委托代理人印章的。

(3)投标文件的关键内容字迹模糊，辨认不清的。

(4)投标人未按招标文件要求提供投标保函或者投标保证金的。

(5)组成联合体投标，投标文件未附联合体各方共同投标协议的。

九、评标

评标是整个招投标工作的核心环节。我国《招标投标法》对评标做出了原则性的规定，由国家计委等 7 部委联合下发的《评标委员会和评标方法暂行规定》则更为细致地予以规范。

(一)评标的原则

评标工作应当遵循公平、公正、科学、择优的原则。

(二)评标委员会的组建

评标委员会由招标人负责组建，由招标人或其委托的招标代理机构熟悉相关业务的代表，以及有关技术、经济等方面的专家组成，成员人数为 5 人以上单数，其中技术、经济方面的专家不得少于成员总数的 2/3。

评标委员会的专家成员应当从省级以上人民政府有关部门提供的专家名册或者招标代理机构专家库内的相关专家名单中确定。评标专家的确定有随机抽取和直接确定两种方式。对于一般项目可以采取随机抽取的方式；对于技术特别复杂、专业性要求特别高或者国家有特殊要求的招标项目，采取随机抽取方式确定的专家难以胜任的，可以由招标人直接确定。

(三)评标程序

评标程序分为初步评审和详细评审两个阶段。

1.初步评审

(1)初步评审的内容

初步评审的内容包括对投标文件的符合性评审、技术性评审和商务性评审。

符合性评审包括对投标文件的商务符合性和技术符合性鉴定，主要审查投标文件是否实质性响应招标文件的所有条款、条件，有无显著的差异和保留。

技术性评审包括对方案可行性评估和关键工序评估；劳务、材料、机械设备、质量控制措施评估以及对施工现场周围环境污染的保护措施评估。

商务性评审包括投标报价的校核；审查全部报价数据计算的正确性；分析报价构成的合理性；与标底价格进行对比分析。

(2)投标偏差

评标委员会应当根据招标文件，审查并逐项列出投标文件的全部投标偏差。

投标偏差分为重大偏差和细微偏差。

下列情况属于重大偏差：

①没有按照招标文件要求提供投标担保或者所提供的投标担保有瑕疵；

②投标文件没有投标人授权代表签字和加盖公章；

③投标文件载明的招标项目完成期限超过招标文件规定的期限；

④明显不符合技术规格、技术标准的要求；

⑤投标文件载明的货物包装方式、检验标准和方法等不符合招标文件的要求；

⑥投标文件附有招标人不能接受的条件；

⑦不符合招标文件中规定的其他实质性要求。

投标文件有上述情形之一的，为未能对招标文件作出实质性响应，作废标处理。

细微偏差是指投标文件在实质上响应招标文件要求，但在个别地方存在漏项或者提供了不完整的技术信息和数据等情况，并且补正这些遗漏或者不完整不会对其他投标人造成不公平的结果。细微偏差不影响投标文件的有效性。

评标委员会应当书面要求存在细微偏差的投标人在评标结束前予以补正。拒不补正的，在详细评审时可以对细微偏差作不利于该投标人的量化，量化标准应当在招标文件中规定。

(3)低于成本价的界定

在评标过程中，评标委员会发现投标人的报价明显低于其他投标报价或者在设有标底时明显低于标底，使得其投标报价可能低于其个别成本的，应当要求该投标人作出书面说明并提供相关证明材料。投标人不能合理说明或者不能提供相关证明材料的，由评标委员会认定该投标人以低于成本报价竞标，其投标应作废标处理。

(4)应当作为废标处理的情况

①弄虚作假。在评标过程中，评标委员会发现投标人以他人的名义投标、串通投标、以行贿手段谋取中标或者以其他弄虚作假方式投标的，该投标人的投标应作为废标处理。

②报价低于其个别成本。

③投标人不具备资格条件或者投标文件不符合形式要求。

④未能在实质上响应的投标。

2.详细评审

经初步评审合格的投标文件，评标委员会应当根据招标文件确定的评标标准和方法，对其技术部分和商务部分作进一步评审、比较。

评标方法包括经评审的最低投标价法、综合评估法或者法律、行政法规允许的其他评标方法。

(1)经评审的最低投标价法

经评审的最低投标价法是指按照评审程序和评标要求，从能够满足招标文件的实质性要求的投标文件中，选择经评审的最低投标价的投标作为中标候选人。这种评标方法以合理低标价作为中标的主要条件。所谓合理低标价是指经过终审，进行答辩，证明是实现低标价的措施有力可行的报价。这种评标方法是世界银行、亚洲开发银行等采用的主要方法。经评审的最低投标价法一般适用于具有通用技术、性能标准或者招标人对其技术、性能没有特殊要求的招标项目。

(2)综合评估法

综合评估法是指选择最大限度满足招标文件中规定的各项综合评价标准的投标，作为中标候选人。衡量投标文件是否最大限度满足招标文件中规定的各项评价标准，可以采取折算为货币的方法、打分的方法或其他方法。其中最常用的是百分法。

(四)评标中的其他要求

1.投备选标问题

根据招标文件的规定，允许投标人投备选标的，评标委员会可以对中标人所投的备选标进行评审，以决定是否采纳备选标。不符合中标条件的投标人的备选标不予考虑。

2.同时投多个单项合同(即多个标段)问题

对于划分有多个单项合同的招标项目，招标文件允许投标人为获得整个项目合同而提出优惠的，评标委员会可以对投标人提出的优惠进行审查，以决定是否将招标项目作为一个整体合同授予中标人。将招标项目作为一个整体合同授予的，整体合同中标人的投标应当最有利于招标人。

3.评标期限和延长投标有效期的处理

评标和定标应当在投标有效期结束日30个工作日前完成。不能在投标有效期结束日30个工作日前完成评标和定标的，招标人应当通知所有投标人延长投标有效期。拒绝延长投标有效期的投标人有权收回投标保证金。同意延长投标有效期的投标人应当相应延长其投标担保的有效期，但不得修改投标文件的实质性内容。因延长投标有效期造成投标人损失的，招标人应当给予补偿，但因不可抗力需延长投标有效期的除外。

4.否决所有投标

评标委员会经过评审，认为所有投标都不符合招标文件要求，可以否决所有投标。若所有投标被否决，招标人应当按照我国《招标投标法》的规定重新招标。

十、定标

(一)中标候选人的确定

经过评标后，就可以确定中标候选人。评标委员会推荐的中标候选人应当限定在1～3人，并标明排列顺序。

中标人的投标应当符合下列条件之一：

(1)能够最大限度满足招标文件中规定的各项综合评价标准。

(2)能够满足招标文件的实质性要求，并且经评审的投标价格最低；但是投标价格低于成本的除外。

招标人应当在投标有效期截止时限30日前确定中标人。

(二)发出中标通知书,签订书面合同

中标人确定以后,招标人应当向中标人发出中标通知书,并同时将中标结果通知所有未中标的投标人。中标通知书对招标人和中标人具有法律效力。

招标人和中标人应当自中标通知书发出之日起30日内,按照招标文件和中标人的投标文件订立书面合同。并在订立书面合同后7日内,中标人应将合同送县级以上工程所在地的建设行政主管部门备案。

第五节 投标决策及投标策略

一、投标决策

由企业领导班子担当,从业主公布招标消息到截止出售招标文件有一段时间,投标人应利用这段时间对投标环境进行调查分析,进而作出投标决策。投标决策的内容包括三方面:其一为是否投标;其二为倘若去投标,投什么性质的标;其三,投标中如何采用以长治短、以优胜劣的策略和技巧。投标决策的正确与否关系到能否中标和中标后的效益,关系到企业的发展前景和职工的经济利益。因此,企业的领导班子应充分认识其意义,把它摆到企业的重要议事日程上。在实际工作中,影响投标决策的因素很多,投标人应从战略的角度全面地对这些因素加以权衡。这些因素大致分为工程方面的、业主方面的和投标人方面的三大类。

(1)工程方面的因素。主要包括:工程的性质、规模;技术复杂程度、工程现场条件(气候,地质,施工用水,用电,道路等);工程的工期、准备期是否有利。

(2)业主方面的因素。主要包括:业主的信誉及支付工程款的能力如何;项目资金来源有没有保障;业主是否有带资投标的要求;本项目的背景如何;业主是否与某投标人有默契;招标是否能在公平的条件下进行;人员、材料设备进入和撤出该国有无困难;当地有关法规对外国承包人的限制程度,一旦发生法律争端,仲裁是否公平;等等。

(3)投标人方面的因素。主要包括:有无承担类似工程的经历,技术上能否胜任;资金垫付有无来源;业主提出的付款条件是否合理(如果业主要求投标人带资投标的话);承揽本项目对以后的业务发展能否带来好处;参与本项目投标的企业多寡,竞争程度如何,主要竞争对手情况怎样;等等。

由于实际和客观条件的限制,投标人在决策时对上述因素的分析只能是初步的、定性的分析。在决定投标以后,投标人还要对上述因素作出进一步的、有些是定量的分析,以决定"投一个什么样的标"。

在投标决策中应灵活运用各种投标策略和技巧,有关投标策略将在投标准备中详细论述。投标的技巧则是指在投标报价中采用什么方法使业主接受,而中标后能获得利润,其实质是在保证质量和工期的前提下,寻找一个好的报价技巧。常用的技巧有:

(1)"以你为主"。即严格按业主的招标文件提供的设计资料和所规定的编制原则,采用的定额标准,材料供应方式以及各种单价费率进行编制。

(2)"以我为主"。即一切从投标单位实际情况出发,充分利用企业自身的潜力,努力使报价对业主有足够的吸引力,同时还使企业得到尽可能好的经济效益。主要措施是采用优

化施工方案，合理缩短工期，以及采用先进技术，降低工程成本等多种方法。

工程招标，至少要拟定高、中、低三个以上报价。高报价应有较大的盈利，预计利润率可达10%以上；中报价应略有盈余，预计利润率在5%～8%之间；低报价为微利保本，争取利润在1%～2%左右。

二、投标策略

正确的投标策略对提高中标概率并获得较高的利润有重要作用。常用的投标策略有以下几种：

(1)以信取胜。这是领先企业长期形成的良好社会信誉，技术和管理上的优势，优良的工程质量和服务措施，合理的价格和工期等因素争取中标，这往往是大型企业的长期经营策略，非一日之功所能奏效。

(2)以快取胜。通过采取有效措施缩短施工工期，并能保证进度计划的合理性和可行性，从而使招标工程早投产，早收益。

(3)以廉取胜。其前提是保证施工质量，这对业主一般都具有较强的吸引力。承包商通过扩大任务来源，降低固定成本在各个工程上的摊销比例，从而降低工程成本。

(4)靠改进设计取胜。通过仔细研究原设计图纸，若发现明显不合理之处，可提出改进设计的建议和能切实降低造价的措施。在这种情况下，一般仍然要按原设计报价，再按建议的方案报价。

(5)以退为进的策略。当发现招标文件中有不明确之处并有可能据此提出索赔时，可报低价先争取中标，再寻找索赔机会，采用这种策略一般要在索赔事务方面具有相当成熟的经验。

(6)长远发展策略。如为了开辟新市场、掌握某种有发展前途的工程施工技术等，宁可在当前招标工程上以微利、无利甚至亏本的价格参与竞争。

以上这些策略不是互相排斥的，投标单位应根据具体的情况灵活地加以使用。但不论采用什么投标策略，其最基本的出发点是保本。只有在特殊的情况下才可考虑亏本经营。

三、投标报价策略

(一)不平衡报价

采取不平衡报价是国际投标报价常用的一种手法。所谓不平衡报价，就是在总标价固定不变的前提下，某些项目的单价可定得比正常水平高些，而另外一些项目的单价则可比正常水平低些，但要注意避免显而易见的畸高畸低，以免导致降低中标概率或成为废标。国际上常用的"不平衡报价法"有下列几种：

(1)对能先拿到钱的项目(如开办费、土方、基础等)的单价可定高一些，有利于资金周转，存款也有利息，对后期的项目(如粉刷、油漆、电气等)单价可适当降低。

(2)估计到以后会增加工程量的项目，其单价可提高。工程量会减少的项目单价可降低。

(3)图纸不明确或有错误，估计今后会修改的项目，单价可提高，工程内容说明不清楚的，单价可降低，这样做有利于以后的索赔。

(4)没有工程量、只填单价的项目(如土方工程中的挖淤泥、岩石等备用单价)其单价宜高，这样做既不影响投标标价，以后发生时又可多获利。

(5)对于暂定数额(或工程)，分析它会做的可能性大的，价格可定高些，估计不一定发生的，价格可定低些。

(6)零星用工(计日工作)一般可高于单价中的工资单价，因它不属于承包总价的范围，发生时实报实销，也可多获利。

(7)对于允许价格调整的工程，后期材料用量较大，且上涨幅度不大，又能保障供应的工程部分，单价宜报高些，以利于后来的调价。

(二)扩大标价法

这种方法比较常用，即除了按正常的已知条件编制价格外，对工程中变化较大或没有把握的工作，采用扩大单价，增加"不可预见费用"的方法来减少风险，但是这种作标的方法，往往因为总价较高而不易中标。

(三)开口升级报价法

这种方法是将报价看作是协商的开始。首先对图纸和说明书进行分析，把工程中的一些难题，如特殊基础等造价最多的部分抛开作为活口，将标价降至无法与之竞争的数额(在报价单中应加以说明)。利用这种"最低价格"来吸引业主，从而取得与业主商谈的机会，利用活口进行升级加价，以达到最后赢利的目的。

(四)多方案报价法

这是利用工程说明书或合同条款不够明确之处，以争取达到修改工程说明书和合同为目的的一种报价方法。其具体做法是在标书上报两个单价，一是按原工程说明书和合同条款报价；二是加以注解："如工程说明书或合同条款可作某些改变时"，则可降低多少费用，使报价成为最低，以吸引业主修改说明书和合同条款。还有一种方法是对工程中一部分没有把握的工作，注明按成本加若干酬金结算的办法。但如有些国家规定政府工程合同的文字是不准改动的，经过改动的报价单即为无效时，这个方法就不能用。

总之，投标报价体现了建筑企业的综合素质，涉及面很广，影响因素很多，所以决策者应根据本公司的优势和弱点、工程任务、劳动力、财力、机械设备等情况，选择合适的报价方法，以求报价准确，并富有竞争性。

思考题

1. 招标投标的涵义是什么。

2. 建设工程承包方式有哪些。

3. 试述招标投标程序及其主要内容。

4. 常用的投标报价策略有哪些。

5. 某工程项目采用最高限额成本加固定最大酬金合同，合同规定限额成本为1500万元，最低成本为1000万元，承包商的报价成本为1200万元，酬金100万元，成本结余额业主和承包商按0.2、0.8分摊。若承包商的实际成本为850万元，则承包商可以获得结算价款是多少?

6. 某工程项目，经过有关部门批准后，决定由业主自行组织施工公开招标。该工程项目为政府的公共工程，已经列入地方的年度固定资产投资计划，概算已经主管部门批准，但征地工作尚未完成，施工图及有关技术资料齐全。因估计除本市施工企业参加投标外，还可能有外省市

施工企业参加投标，因此业主委托咨询公司编制了两个标底，准备分别用于对本市和外省市施工企业投标的评定。业主要求将技术标和商务标分别封装。某承包商在封口处加盖了本单位的公章，并由项目经理签字后，在投标截止日期的前一天将投标文件报送业主，当天下午，该承包商又递交了一份补充材料，声明将原报价降低5%，但是业主有关人员认为，一个承包商不得递交两份投标文件，因而拒收承包商的补充材料。开标会议由市招标管理机构主持，市公证处有关人员到会。开标前，市公证处人员对投标单位的资质进行审查，确认所有投标文件均有效后正式开标。业主在评标之前组建了评标委员会，成员8人，其中业主方人员5人，招标工作程序如下：①发投标邀请函；②发放招标文件；③进行资格审查；④召开投标质疑会议；⑤组织现场勘察；⑥接受投标文件；⑦开标；⑧确定中标单位；⑨评标；⑩发出中标通知书；⑪签订施工合同。

问题：(1)招标中有哪些不妥之处？

(2)招标程序的内容是否正确？如不正确，请改正，并排出正确顺序？

7.某工程项目包括A、B两项工作内容，其在工程量清单上的工程量分别为5000m^3和1500m^2，综合单价分别为45元/m^3和500元/m^2，管理费为直接工程费的20%，利润为直接工程费和管理费总和的8%，合同规定：当各项工作实际完成工程量超过估算工程量10%时，结算时不考虑管理费和利润；当各项工作实际完成工程量少于估算工程量10%时，综合单价的调整系数为1.1。承包商每月完成的计划工程量和实际工程量如下表所示。求各月承包商应得的工程款(不考虑保留金的扣留)。

月份		1	2	3	4
A(m^3)	计划	1100	1200	1300	1400
	实际	1100	900	1100	1200
B(m^2)	计划	500	500	500	
	实际	550	600	550	

第四章　建筑企业计划管理

第一节　概　述

一、计划管理的内涵

计划是重要的管理职能之一。它是对未来行动所做的事先安排、预测及应变处理，即实现经营决策所确定目标的行动方案。

计划管理是企业为了使其生产经营活动能够达到预期目的而进行的综合性管理。按计划对企业的各项生产经营活动进行协调，合理安排，充分利用人、财、物，调节好产、供、销，使企业生产经营井然有序地进行，从而提高社会效益、经济效益和生产效率。

企业计划管理是以生产经营为中心，通过计划编制过程，确定企业的计划目标，组织计划的实施，并以计划目标为标准进行控制，根据实施及控制的信息反馈，进行调整的周期性的生产经营管理活动的过程，如图 4-1 所示。

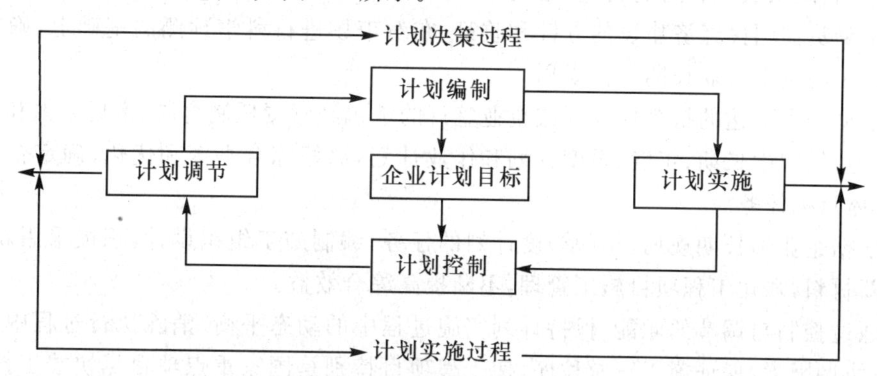

图 4-1　企业计划管理周期循环图

二、计划管理的必要性

(一)计划管理在企业管理中居于首位

计划是管理的开端，是管理循环的开始。在现代企业管理中，管理的含义是系统管理或全面管理的概念。所谓全面管理，是以一定时期总目标为管理目标的“四全综合管理”，即全面计划管理、全面质量管理、全面经济核算和全面劳动与工资管理的综合管理。全面计划管理为“四全管理”之首。有效地进行计划管理，可使企业各项生产经营活动按照企业计划体系规定的轨道运营，推动生产力不断发展。

(二)计划管理是现代大生产的客观需要

现代建筑生产规模大,施工过程复杂,分工细,协作性强,机械化程度不断提高。为使建设项目顺利进行,建筑企业应有一个综合性生产经营计划,对计划进行全面管理,以协调生产经营中的各个环节,组织全体职工在统一计划下行动。

(三)计划管理是发展国民经济的需要

企业计划管理必须适应国民经济发展的要求,满足市场调节的需要,按照市场供求关系、经济和社会环境从事企业经营,使国家、企业、职工的利益得到充分的保障,促进国民经济的发展。

(四)计划管理是企业提高经济效益的需要

现代建筑企业处在一个经济和科技日新月异的时代,生存环境充满竞争。企业要想生存,必须注重计划管理,预测到可能出现的趋势,抓住有利时机,对出现的风险作出正确的对策。有计划才能有决策目标和控制目标的主动权,最终达到提高经济效益的目的。

三、计划管理的基本任务

企业计划管理的任务,总的来说,是以社会效益、经济效益为中心,根据国家与社会的需求、企业内部条件和经济利益关系,通过计划编制、实施、检查和控制,科学地组织人力、物力和财力,挖掘企业内部潜力,充分利用外部条件,不断完善生产经营管理的职能,以期提高质量、缩短工期、降低成本、为社会提供建筑产品。其具体任务是:

(1)正确贯彻国民经济建设的方针和政策,在对市场进行科学预测的基础上,确定企业的发展方向,制定本企业长期目标规划。

(2)根据国家下达的指令性计划或企业签订的承包经营责任制合同、市场条件和本企业的施工能力,编制中长期、年度、季度计划和作业计划,搞好综合平衡和优化,确定企业各级组织的具体目标任务。

(3)根据企业中长期规划、年(季)度计划的任务,编制施工组织设计,积极采用新技术、新工艺、新材料,强化工程项目施工管理,不断提高综合效益。

(4)通过控制与调节的职能,保持计划实施过程中的动态平衡,消除执行过程中的薄弱环节及不协调因素,保证施工正常秩序,使工程项目特别是国家重点项目尽快竣工投产,形成生产能力,发挥投资效益。

(5)做好执行情况的检查、统计和分析,总结企业与工程计划管理的经验及教训,及时反馈、调整和改进,不断提高企业和工程计划的管理水平。

四、计划管理的特点

(一)经营性

计划的编制、实施和控制,都必须从搞活企业经营的角度出发,搞好生产与经营的全面计划管理,以市场为导向,以经营推动生产,以经营促进企业发展。

(二)被动性

企业计划管理的自主性差。原因有两:其一,建设单位的基本建设计划,一般在当年第一季度末或第二季度才能下达，从而使建筑企业经营计划的工程任务只能在第二季度才能落实；其二，建筑生产消耗资源品种多、数量大、施工周期长，受市场价格等影响因素多，决算最终成本的时间长。

（三）多变性

受现场施工和自然条件的影响以及建设方案的要求，常常要变更设计和施工方案，因此，建筑企业应提高计划的预见性，使计划富有一定弹性。

（四）协作性

建筑生产经营方式有总包与分包形式，常常是几个施工单位在一个建设项目甚至一个单位工程上施工。在一个单位工程施工中，又还需要组织多工种立体交叉作业。因此在编制生产经营计划时，应使计划具有灵活性与协作性，满足各种协作条件的要求，合理安排时间和空间，严密组织施工。

（五）不均衡性

施工的季节性与施工任务的不均衡性造成了不同计划期内的施工内容与构成差别较大，年、季、月之间要做到计划均衡的难度很大。

五、计划管理的基础工作

（一）建立企业管理信息系统

(1)企业能力信息，包括人员、机械设备、技术成就、加工企业、联营企业等。

(2)企业管理效果信息，包括历年的产值、产量、利润、质量、工期、成本、材料消耗、劳动生产率、职工收入、资金周转等。

(3)各项计划所用的定额信息，包括从国家规定到企业内部使用的各类工程工期、人员编制、质量标准，各种耗工、耗料、机具、劳保用品消耗、福利、出差定额标准及奖惩标准等信息。

(4)企业外部信息，包括市场对建筑产品的要求、行业竞争情况、市场原料供应情况等，特别是国内外、省内外建筑市场的信息，尤为重要。

（二）建立和健全企业规章制度

(1)岗位责任制度。

(2)经济责任制度。

(3)财务会计核算制度。

(4)统计核算制度。

(5)原始记录制度。

(6)其他有关制度。

（三）制定和完善技术经济定额

(1)劳动定额。

(2)原材料消耗定额。

(3)机械台班消耗定额。

(4)建筑工程预算定额。

(5)工期定额。

(6)资金定额。

(四)建立和健全技术标准

(1)建筑安装工程施工及验收规范。

(2)建筑安装工程质量检验评定标准。

(3)建筑安装材料、半成品的技术标准及相应的检验标准。

(4)施工工艺规程。

(5)施工操作规程。

(6)设备维护和检修规程。

(7)安全操作规程。

(五)计划预测

(1)主观概率法(即专家法)。它是一种常用的方法,适用于短、中、长期计划的预测。

(2)时间序列法。简单算术平均误差较大,不适宜于计划的预测。而简单的移动平均,具有趋势性,故适用于短期(月、旬、日)作业计划的预测。

(3)因果分析法。直线回归,利用已知的各个时间坐标上已完成的产值或产量,求出$y=a+bx$的方程,推测今后的发展趋势,一般用于中、长期计划的预测;曲线回归,是趋势不呈直线而呈曲线时的方法,它也适用于中、长期计划。

(4)季节性变动预测。由于建筑企业的生产活动多为露天作业,受自然气候条件影响大,故企业在生产经营管理活动中,经常会出现季节性的变动。为了适应生产的要求,搞好均衡生产,就有必要掌握这种季节性变动的规律。季节性变动预测的一般步骤为:绘制数据点的分布图,确定变动性质;确定季节系数,随后确定长期趋势变动,最后计算各月预测值。

(5)投入产出分析。该法可应用于国家或部门的宏观计划,也可应用于企业的微观计划。

(六)计划决策

1.计划决策的程序(见图4-2)

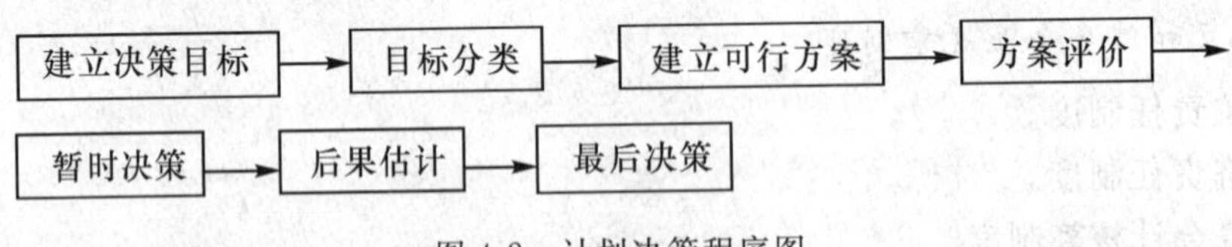

图4-2 计划决策程序图

2.计划决策的方法

(1)确定型决策。它是指自然状态的发生为已知情况下进行的决策。

(2)非确定型决策。它是指决策者对自然状态是否发生,事先不能肯定,而且对自然状态可能发生的概率也无法加以预测。常用的决策方法有三种:最大最小收益值法、最大最大收益值法和最小最大后悔值法。

(3)风险型决策。也称随机型决策,是指对自然状态是否发生不能肯定,但知道各自然状态可能发生的概率情况下的决策。这种决策也是属于非确定的类型,而且具有一定的风险性。

第二节 计划体系与计划指标体系

一、计划体系

建筑企业为了有效地、全面地指导生产经营活动,需要编制的计划是多种多样的,各种不同的计划都有自己的独特作用,彼此相互联系,相互制约,它们共同组成企业计划的有机整体。

(一)计划的联系(见图 4-3)

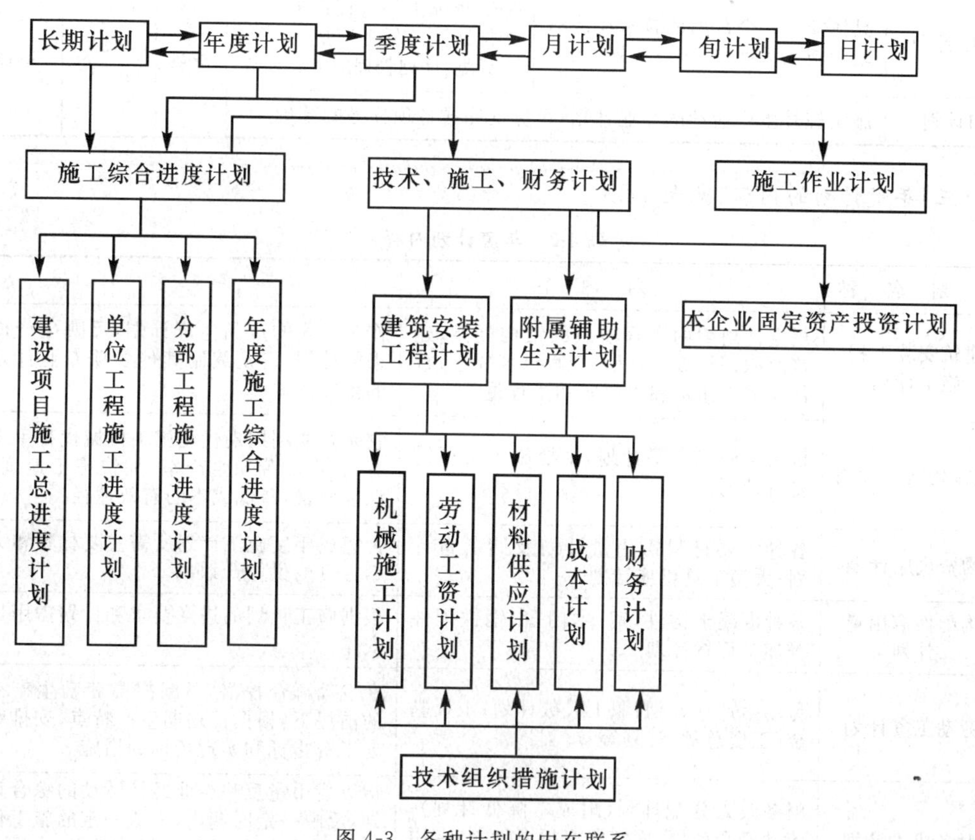

图 4-3 各种计划的内在联系

(二)计划的分类(见表 4-1)

表 4-1　计划的任务、作用及分级管理

计划名称	任　务	作　用	分级管理		
			公司	工程处	施工队
中长期计划	提出长期的生产任务和经营目标，做出各种发展规划；决定主要技术经济指标达到的水平以及企业的发展方向等	①纲领性和方向性计划；②对年度计划起指导作用	编制		
年度计划	确定全年施工部署，主要技术经济指标和为完成规定任务所要采取的主要技术组织措施	①年度内组织生产经营活动的指导性文件；②实现长期计划的保证；③控制季度计划	编制审批	编制	
季度计划	具体安排在施项目、开工项目、竣工项目和重点工程进度部位要求；完成的总产值和实物工程量，平衡施工力量和物资供应	①实现指导，作业计划性质；②落实年度计划；③控制月度计划	审批	编制审批	编制
月度计划	具体安排一个月内的技术经济活动和施工活动(纯作业计划)	①安排施工的直接依据；②保证生产任务完成的核心计划，计划管理的中心环节	备案	审批汇总	编制
旬计划	施工栋号生产活动的作业计划，是保证完成各项任务的基础				

(三)年度计划的内容(见表 4-2)

表 4-2　年度计划内容

计　划　名　称	计　划　内　容	备　　注
建筑安装工程施工计划	规定计划期内工程项目的结构类型；建筑面积；开、竣工日期；工程进度要求；自行完成工作量和主要实物工程量	作为企业的产品生产计划，反映生产成果的计划，也是编制其他各项专业计划的重要依据
机械化施工计划	机械化施工水平计划，主要施工机械需要量计划	它是企业利用现代化施工机械代替手工劳动，提高劳动生产率，加快施工速度，保证质量，降低成本的有效途径
物资供应计划	各种主要材料需用量计划及储备量计划；大型工具供应计划	为完成年度施工计划所需主要材料和大型工具的供应计划
构配件需用量计划	各种混凝土构件，钢、木门窗、钢铁配件等加工订货计划	根据施工计划的进度要求和计划需用量安排
劳动工资计划	劳动生产率计划；职工人数计划；工资基金(工资总额)计划等	在发动群众挖潜，不断提高劳动生产率的前提下，根据计划期生产特点，安排劳动工资指标和实现指标的措施
财务成本计划	财务收入分配计划(附成本降低计划)；流动资金计划；固定资产折旧计划；专用基金计划等	指以货币量反映企业经济活动的综合计划，反映一定时期内，完成一定的施工任务所必需的经营资金、经营成果、成果分配以及与国家之间的关系
技术工作计划	应编制与审批的施工组织设计项目及其应贯彻的重点内容；重点工程应交底的重点项目与内容；质量管理计划及样板工程计划；技术革新与科研项目计划；技术措施计划等	制订并贯彻该计划是为了有效地发挥技术管理的作用，使技术工作有的放矢，有效地促进施工。制订该计划要在认真总结前期工作的基础上，结合本期的工程特点和技术工作要求进行
其他计划	附属企业生产计划；固定资产投资计划；职工培训计划等	

二、计划指标体系

(二)指标的含义及设置要求

1. 指标的定义

所谓指标是用以表示一定经济现象的数值,它由名称和数字两部分组成。而计划指标是企业在计划期内,在具体的技术经济条件下,所要达到的技术经济目标和水平,故又叫技术经济指标。

2. 指标的功能

(1)计划功能→计划指标——作为指导其对象的未来。

(2)统计功能→统计指标——作为其对象实际情况的收集、记录和整理。

(3)考核功能→考核指标——作为其对象的计划与实际进行分析、比较和评价。

3. 指标的设置要求

(1)与国家对企业的要求相一致,以保证国家总体计划的实现。

(2)应能全面反映企业的生产经营要求。

(3)应能反映企业的经营面貌,便于计算、对比和检查。

(4)各项指标既相互独立,又相互联系,相互依存,构成一个不可分割的体系。

(5)指标计算统一规定,并与国家规定的统计指标相一致,便于考核。

(二)指标的分类

(1)按指标表示的内容不同,可分为数量指标和质量指标。数量指标指在计划期内,建筑企业生产经营活动应完成的某个方面的目标值,它们通常用绝对数来表示,如建筑安装工作量、竣工面积、材料供应量、利润总额等。质量指标是指在计划期内,建筑企业生产经营活动应达到的质量上的要求,反映计划期内生产经营活动的质量、效率,它们通常用相对数来表示,如工程质量优良品率、劳动生产率、技术装备率、产值利润率等。

(2)按指标计量单位不同,分实物指标与货币指标。实物指标是体现实物使用价值的指标,如水泥用量、土方量、混凝土工程量等。货币指标是以货币价值表示的指标,如工程总造价、工程成本降低额等。

(3)按指标的作用不同,分基本指标和辅助指标。基本指标为上级部门下达、批准或企业与国家之间签署的承包经营合同指标等。如建筑安装工作量.实物工程量.全员劳动生产率、工程质量、降低成本额、上交利税等。辅助指标系指企业内部规定的一部分辅助性的指标,是基本指标的计算依据,也叫计算指标、计划定额。如建筑安装工作总量、单项定额、施工工期定额等。

(三)主要指标的计算方法

1. 工程量

工程量是指建筑企业在一定时间完成的,以物理单位如米、平方米、立方米,或自然计量单位如台、件、根等表示的各种工程量指标。

(1)施工面积。它是指完成合同规定交工的建筑面积和前期停建恢复施工的面积。

(2)交工面积。它是指完成合同规定交工的建筑面积。反映计划期内企业完成房屋的最终建筑产品的数量。

(3)主要实物工程量。主要实物工程量是具体反映施工进度和工程完成情况的指标。如反映土方工程、石方工程、屋面工程等的实物工程量指标。

2.实际完成建筑安装工作量

建筑施工企业在报告期内所取得的建筑安装生产总成果，即本企业所有职工所完成的建筑安装工程的总价值总量。

3.房屋竣工面积

建筑施工企业在报告期内完成了施工图规定的全部任务并可供使用的房屋建筑面积。

4.工程项目合格率

建筑施工企业在报告期内完成并进行鉴定验收的工程项目中，被评为合格的工程所占的百分比。

$$\text{工程项目合格率}=\frac{\text{报告期内评为合格品的单位工程个数或竣工面积}}{\text{报告期内完成并进行鉴定验收的单位工程个数或竣工面积}}\times 100\%$$

5.工程项目优良优质率

建筑施工企业在报告期内完成并进行鉴定验收的工程项目中，被评为优良优质的工程所占的百分比。

$$\text{工程项目优良优质率}=\frac{\text{报告期内评为优良优质品的单位工程个数或竣工面积}}{\text{报告期内完成并进行鉴定验收的单位工程个数或竣工面积}}\times 100\%$$

6.安全事故伤亡率

建筑施工企业参加工程建设的职工中，每千名职工重伤、死亡人数。

7.全员劳动生产率

建筑施工企业全部职工在一定时期内生产建筑产品的能力，其水平的高低以建筑产品产量(以价值量或实物量表示)与其相对应的劳动消耗量之间的比值来表示。

$$\text{全员劳动生产率}=\frac{\text{报告期实际完成建筑安装工作量(或竣工面积)}}{\text{报告期实际参加工程建设的全部职工的平均人数}}\times 100\%$$

8.利税总额

建筑施工企业在一定时期内从事建筑施工经济活动所取得的税后纯收入。

9.科技贡献率

企业技术进步对产值增长速度的贡献，即企业产值增长速度中技术进步因素所占的比重。

$$\text{科技贡献率}=\frac{\text{企业技术进步的年平均增长速度}}{\text{产出的年平均增长速度}}\times 100\%$$

10.社会贡献率

$$\text{社会贡献率}=\frac{\text{企业对社会贡献总额}}{\text{资产平均总额}}\times 100\%$$

其中，企业对社会贡献总额包括企业职工的工资福利、利息、营业税、增值税及附加和应交其他税等。

11.定额工期完成率

$$\text{定额工期完成率}=\frac{\text{报告期内各个竣工工程实际占用日历天数总和}}{\text{报告期内各个竣工工程定额工期日历天数总和}}\times 100\%$$

第三节　计划的编制、实施与控制

一、计划的编制

(一)编制计划的原则

1.统一性和灵活性相结合

在编制计划中,企业经营计划必须同国家指导性计划统一,做到"两个保证"。一是保证将上级下达的或"承包制"合同所规定的基本指标,作为主要的控制指标列入企业长、短期计划之中,并以最优控制去完成基本指标;二是保证先安排国家重点建设项目,确保工程进度和质量,节省投资,尽早交工投产。编制计划应留有余地,也要尽可能挖掘内部潜力,在可能条件下,开展多种经营,完成更多的经营和施工生产任务。

2.预见性与现实性相结合

企业经营计划的核心问题,是预见未来和保障未来的发展。所谓预见性,就是要在编制计划时,准确地预计未来目标,正确地决策长期计划,按照"远粗近细"和滚动的原理,使长、短期计划有机结合,保持计划的连续性和阶段性,以保证未来目标的实现。所谓现实性,即编制计划时应从客观实际出发,有利于推行外部"承包制"和内部经济责任制。

3.分解性与相关性结合

企业经营计划可以分解为许多相对独立而又互相关联、互相影响的子系统。

编制时应注意计划系统的综合平衡,便于从全局出发控制计划的实施。同时,又要照顾到各类专业计划、生产单位与部门计划的相对独立性和它们之间的相关协调。既要有利于各生产单位和职能部门内部系统管理,又要有利于协调各生产单位与部门计划、专业计划之间的局部矛盾与冲突,达到动态平衡,保证计划系统的协调统一。

4.科学性与群众性相结合

现代生产是以科学技术为第一生产力的生产,现代计划管理是群众性的计划管理。在编制计划的过程中,充分发扬民主,发动群众献计献策,广泛集中群众的经验和智慧,充分激发群众的自觉性,让群众成为计划的主人,为计划实施奠定群众基础。

(二)编制计划的依据

由于各类建筑安装工程计划的作用不同,计划编制依据也各有不同,如表 4-3 所示。

表 4-3　各类施工计划的编制依据

	年　计　划	季　计　划	月　计　划	旬　计　划
编制依据	①固定资产投资年度计划和上级下达的年度计划；②工程协议和承包合同；③企业的长期计划；④主要材料、设备供应合同；⑤工程初步设计及概算；⑥预测资料和决策方案；⑦上年完成计划情况；⑧定额资料。	①企业年度计划；②工程项目的施工图和施工图预算；③施工组织设计；④施工准备、施工条件基本落实；⑤上季度计划完成情况；⑥预测资料与决策意见；⑦定额资料。	①季度计划；②工程施工设计；③已会审的设计图纸；④机械、材料、半成品、劳动力落实情况；⑤上月计划完成情况；⑥定额资料。	①月计划；②机械、材料、半成品、劳动力落实、进场情况；③上旬完成计划情况；④定额资料。

(三)计划的编制程序

1. 中长期计划的编制程序

企业计划工作的主要目的，是为不同管理层提供管理依据和指导。计划是以各项经营决策为依据编制的，体现了企业的经营战略，直接关系到企业的发展。它的计划期长，可变因素多，计划内容也可以粗一些。由于它的关系重大，影响深远，要认真做好计划编制前的准备工作。其编制工作一般分为四个步骤，如图 4-4。

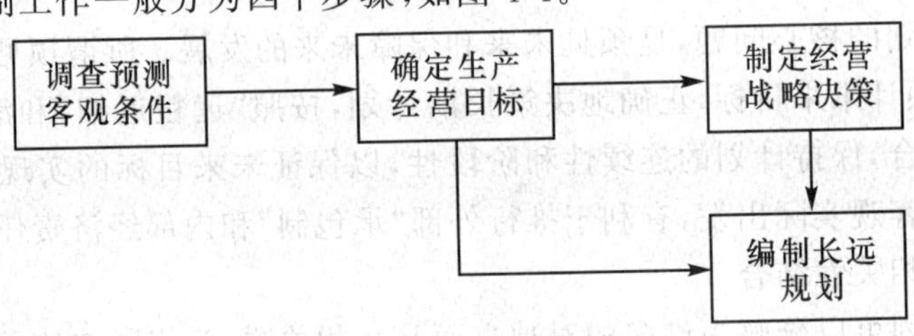

图 4-4　中长期计划编制步骤

首先企业要进行广泛的调查和预测，了解政府发展国民经济的方针、政策，掌握建筑市场的变化趋势，预测建筑业发展方向和新技术、新工艺、新科研成果在企业中应用的可能性。并在此基础上，结合本企业现有生产能力、技术与管理水平，确定经营目标，制定战略性决策。在战略决策确定之后，就能够根据企业长期经营目标，制订中长期计划。

2. 年(季)度经营计划的编制程序

编制年(季)度经营计划的程序与过程，一般分为三个阶段进行，如图 4-5 所示。

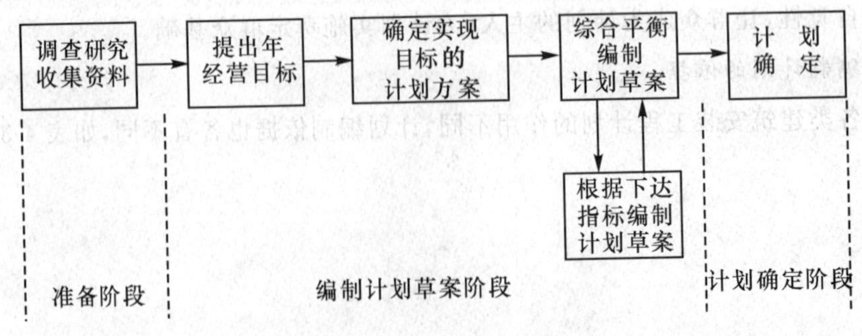

图 4-5　年度综合计划编制步骤

第一阶段为准备阶段。编制的计划是否切合实际，很大程度上取决于掌握的信息资料是否完整、具体、及时。在准备阶段中，企业对决策之后的客观条件应做进一步的调查研究，掌握与编制计划有关的企业内部和外部的各种资料，收集各方面的情报数据。外部资料主要包括国家政策、法令、基本建设计划、市场情况、工程合同落实情况、行业内的现状与发展情况、资源供应情况和动态等。内部资料包括企业组织机构的情况、企业管理状况、各种施工与生产技术资料、综合生产能力、技术水平等。

第二阶段为编制计划草案阶段。首先，提出企业全年的企业经营目标。这项工作应由经理组织有关科室，根据经理任期目标（或上级下达的计划指标）和上年完成的情况，对企业内部、外部条件及各种因素进行综合研究分析，经过讨论后确定。在确定计划期经营目标的同时，还要提出编制计划的指导思想和原则性要求。并将确定的目标发给各科室、工程处（或施工队）进行充分协商讨论，计划实现目标提出调查方案和实施措施。同时，把确定实现目标的计划方案，建立在多种方案进行技术经济分析择优的基础上。最后，经过综合平衡编制计划草案。

第三阶段为计划确定阶段。

3. 月作业计划的编制程序

月作业计划由施工队编制，工程处汇总，报公司备案，并由公司每月召开平衡会一次，向各单位交待平衡结果及协作配合要求。编制程序一般为“两下一上”或“一上一下”。

（四）计划编制方法

计划编制方法一般采取滚动计划法与平衡法。滚动计划法一般用于长期经营计划与年季度经营计划。平衡法用于编制年度经营计划。在运用滚动法时，也应运用平衡的原理，保证计划的综合平衡。

中长期计划的计划期长，不宜过细，因此采用远粗近细的滚动法编制，如图 4-6 所示。

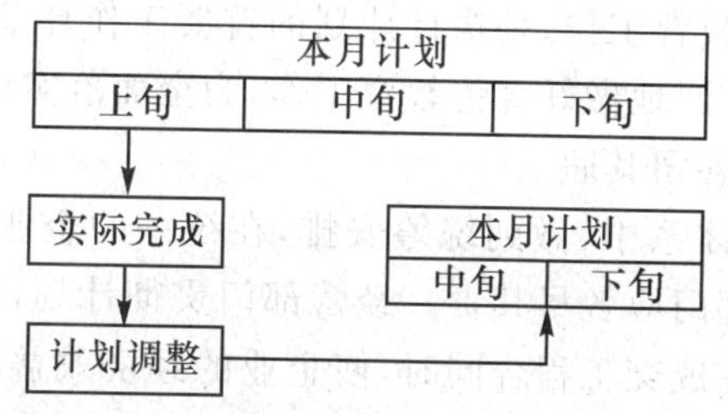

图 4-6　采用滚动方式编制和调整计划示意图

滚动法不仅可用于中长期计划的编制与调整，同样也可用于年度按季划分、季度按月划分和月按旬划分的月、旬作业计划的编制和调整，如图 4-7 所示。

综合平衡法是编制计划的基本方法，主要用来编制短期计划（即年（季）度生产经营计划和月、旬作业计划）。综合平衡法的基本出发点，是使企业在计划期内所确定的计划任务，建立在市场需求与企业自身综合生产能力平衡的基础上；或使企业的前方经营（工程合同要求）与后方生产能力（计划生产任务）平衡，切实保证经营合同现实可靠，保障工程合同计划履约率的兑现。为达到这种平衡性，必须根据企业年（季）度预计完成的建安工作量或建筑产品实物工程量，通过对企业内部条件即原材料、动力、设备生产力、劳动力、资金和综合技术能力，以及社会所能提供的协作条件等，进行客观地综合分析，满足综合平衡的要求。

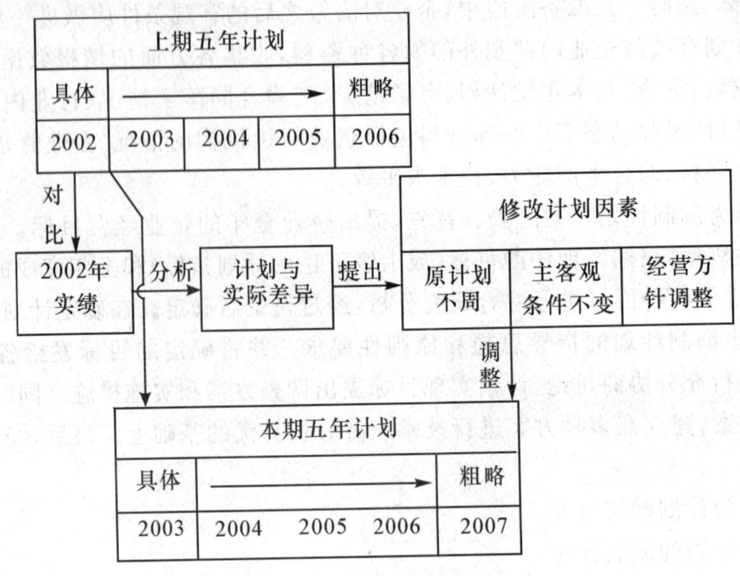

图 4-7 滚动式作业计划

二、计划的实施与控制

(一)计划的实施

管理过程中的计划、组织、指挥与控制等四个环节,是相辅相成、互相影响、相互渗透的有机结合。

1. 做好贯彻计划的宣传教育工作

做好贯彻计划的宣传教育工作,是执行计划的首要工作环节。企业党政工团都必须围绕计划的贯彻,协助经理广泛地做好宣传教育工作,为全面落实计划打好思想基础。

2. 执行计划各部门要各司其职

在贯彻执行企业计划体系中,做到统筹安排,在统一的企业目标下,企业经营、生产技术、工程质量管理等职能部门应各尽其责。经营部门贯彻计划,应及时掌握市场动向,不失时机地落实工程合同,并在成交工程合同时,使企业的经济效益得到保障,为建筑安装活动创造较好的施工条件。生产计划与技术管理部门应当通力协作,正确处理建筑安装计划与工程施工组织计划的关系,处理好全局与局部之间的关系,科学安排施工顺序和工程进度,使工程进度、质量、资源供应与消耗、成本和安全等多目标得到统一。在贯彻中长期、年度、季度生产计划时,应加强施工组织设计的编制与实施,加强工程综合管理和控制。物资供应部门应切实按照工程进度和质量要求,搞好物资供应,为现场施工服务。工程管理职能部门计划管理的重点,是保障施工组织计划的贯彻落实,注重现场施工中的目标控制,保障季、月计划的实现。

3. 执行计划要一杆子到基层

企业基层生产单位(如预制厂、加工厂等)和施工现场,是计划管理的关键点,也是投入产出、保障经济效益和产品质量的焦点。企业贯彻月度计划,可采用"施工队或加工厂承包合同"、"班组承包合同"或"施工任务书"等形式,根据工程复杂程度,可由公司经理、工程处主任或施工队长与承包者签订。施工任务书可由计划员或工长签发。无论哪种形式,都应

对工期、质量、消耗、成本和安全等指标全面负责，都应体现奖勤罚懒，与工资奖金挂勾。

4.层层落实计划任务和经济责任制

计划的贯彻应按照企业组织结构的纵横关系和职能部门，生产单位的职责范围，把计划任务落实到执行者。

在层层分解落实计划指标时，应同时落实多种形式的经济责任制，按工程施工目标的经济责任和供求关系，签署计划指标经济责任合同，用经济手段保障计划的贯彻执行。

（二）计划实施中的控制

1.计划与控制的关系

在计划实施的过程中，必定会出现技术经济指标的偏差和管理工作上的失误，也只有通过对计划实施活动进行指标跟踪，才有可能消除或减小偏差，调整生产经营管理的不良状况。所谓控制活动，就是按照企业计划标准衡量计划实际完成情况，纠正计划执行中的偏差，以确保计划目标的实现，或者说控制就是使企业生产经营活动符合预期的计划。

2.控制类型与要求

控制一般可分三种类型：反馈控制、过程控制和预先控制。反馈控制是针对生产经营活动的结果进行控制；过程控制是针对企业的生产经营活动本身进行控制；而预先控制是针对企业的生产经营活动的前提条件进行控制。从控制效果来分析。预先控制最佳，它是将问题消灭在设计和施工计划之中，如图 4-8 所示。

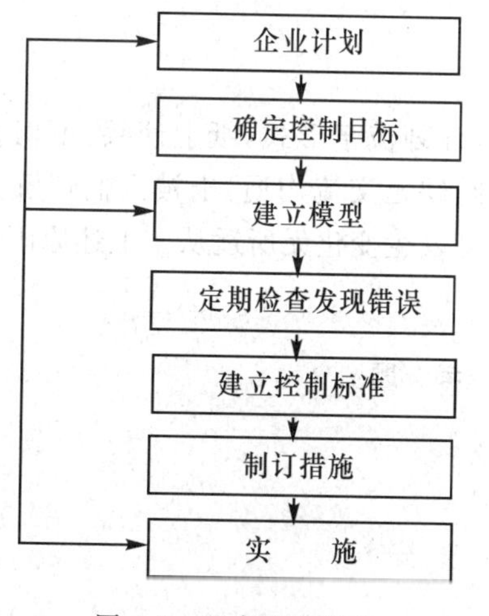

图 4-8　预先控制程序

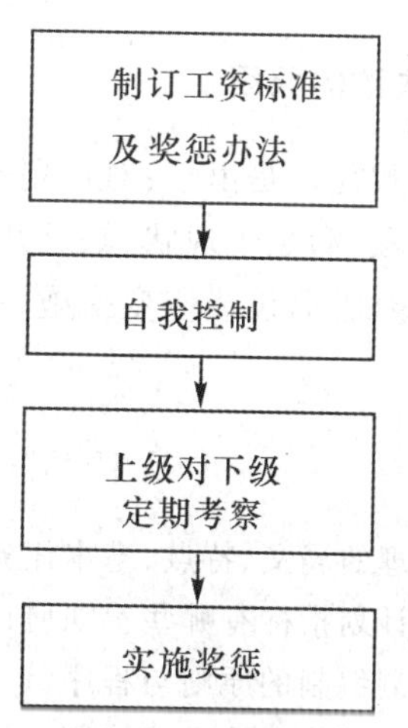

图 4-9　自我控制程序

过程控制次之。反馈控制是问题出现之后的控制，这或多或少已给企业带来一定的损失。此三种方法的共同问题，是缺乏对人的自我控制或称人的被动控制。在现代管理中，强调人的“自我控制”（或称人的“主动控制”），它是在一定条件下的更有效的控制方法。“自我控制”的方法，是上述三类控制方法的综合应用，如图 4-9 所示。

控制具有系统性，计划实施的控制是对计划系统的综合控制，不只是对某个环节、某个方面的控制，而是对企业各级的经营、生产和工程施工与返修服务等全过程的综合控制；以及工程进度、技术、质量、安全、成本与服务、资源供应、综合控制等形成系统控制网络。控制应有方案，应依据计划，制订出控制的方案，控制要有组织，要有专司控制的职能机构，做到定岗、定人，并做好组织协调工作。控制还要有权威，说话有人听，办事有人理，令行禁止。

总之，控制应从实际出发，具有现实性、适应性、灵活性和经济性。

三、控制的过程

控制过程一般包括三个步骤：确定控制标准；根据这些标准衡量执行情况；纠正实际执行情况中偏离标准与计划的误差。如图 4-10 所示。

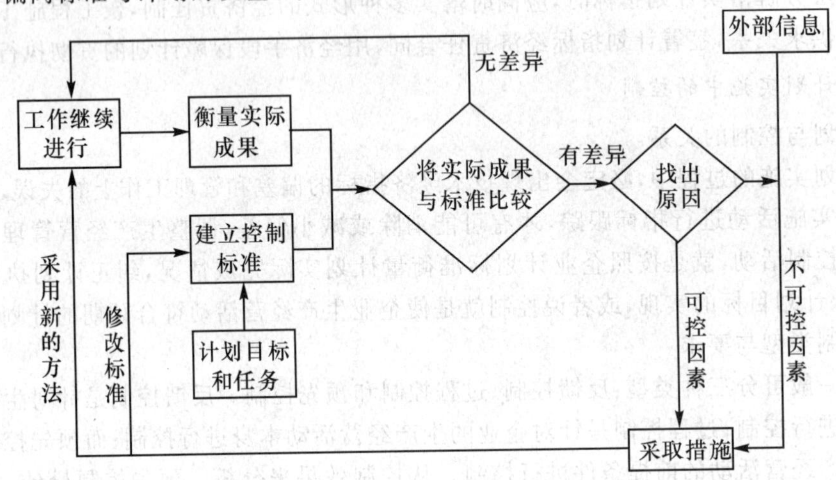

图 4-10　控制过程图

四、计划失败的原因

计划的失败往往是由于：对计划不重视，计划流于形式，纸上谈兵，不切合实际；把计划当作要钱的手段；满足于现状，缺乏开拓精神；缺乏交流沟通，未被人们理解支持；缺乏评定标准，无法考核；无假设或应变措施，一旦环境发生变化无所适从。上述原因，我们应引以为戒。

思　考　题

1. 计划管理的涵义、特点、基本任务是什么？
2. 常用的计划指标有哪些？如何计算？
3. 试述计划编制的原则与程序。
4. 如何对计划的实施进行控制？

第五章　建筑企业组织管理

第一节　概　述

一、组织的内涵

企业组织是企业为了实现其经营目标，把构成企业生产经营活动的基本要素和生产经营活动过程的主要环节有秩序、有成效地结合起来的工作。它有两层含义：一是通过组织手段，使企业全体员工在共同劳动过程中紧密配合，使财力、物力和技术等资源得到充分而合理的利用，使企业的生产经营活动按既定的发展目标连续不断地运作。在此意义上的组织被称为生产经营组织。二是根据企业内部管理对象、任务和目标的复杂程度，将企业按从属关系划分为若干单元(或部门)，每个单元都相应地配置一定数量和质量的人员，并由规章制度明确规定部门和人员的职责分工、权利和义务以及他们之间的信息沟通方式。在此意义上的组织被称为管理组织。本章主要讨论管理组织。

(一)组织的作用

(1)是管理机构的重要职能。

(2)起着组织企业内部生产力的作用。

(3)能够协调企业各部门、各环节的工作，保证管理活动顺利进行。

(4)能够协调人与人、人与事之间的关系，不断推动生产经营活动高效协调进行。

(5)是实现企业当前目标的重要手段。

(6)是先进管理思想、方法、手段具体发挥作用，不断提高企业管理水平的体现。

(7)能够反映当前社会化大生产与生产力发展水平的要求以及生产关系的要求。

(8)能够适应环境变化、发展的需要以反映其他新的要求。

(二)组织的任务

(1)职能分析。确定组织的总体职能，层层分解为各项管理业务和管理项目。

(2)结构设计。根据生产经营活动的具体要求，设计组织的管理层次和幅度，确定各个管理部门和岗位，并规定职责、授予权力、指派人员，使每个单位或部门的管理人员有职、有责、有权、有利。

(3)协调方式设计。根据管理活动客观要求和内在必然联系，明确并综合协调单位或部门之间、管理人员之间的关系，建立合理高效的信息联系，保证信息畅通和快速传递。

(4)管理规范设计，即规章制度设计。确定管理工作程序、管理工作标准、管理工作方法，作为管理人员的行为规范。

(5)配置和训练人员。根据结构设计，定质、定量地配置各级各类管理人员并加以培训

提高，使组织管理水平不断提高。

（三）组织的要求

(1)应具有相对稳定性。

(2)应根据环境变化、企业能力和管理者素质提高等因素的影响，发扬创新精神，不断调整组织机构以适应不断变化的需要。

(3)组织的存在、变化和发展是企业生存与发展的具体体现。

(4)组织的内容要具有应变性，根据具体环境设置，具体问题具体分析。

二、管理组织的构成要素

一个有效能的管理组织是由多种要素组成的完整体系。对企业的管理组织由哪些要素构成的问题，目前尚无统一的见解。我们认为最基本的三大要素是人事、规章制度和信息。

（一）人事

人是组织的主体，是管理组织的第一要素，管理组织中的人事包括组织人员的选择、成员最优化组合和成员工作能力提高等内容，最终使人和事最佳配合。

(1)组织人员的选择。人是为组织目标服务的。因此，选择组织人员应根据组织的发展和战略目标来进行，其主要内容包括制订人力资源计划、招聘和选择人才。

(2)成员最优化组合。主要指组织成员的素质配置合理，组织的形态选择适宜，组织的激励方式恰当等。

(3)成员工作能力提高。组织应注意对成员素质的训练，培养成员处理各项事物的能力，不断增强成员的应变能力，最终使管理组织的水平提高。

（二）规章制度

为了避免单元或成员各行其是带来的混乱和工作脱节，组织必须运用规章制度的制约和激励作用协调各部门、各成员间的关系。规章制度包括企业对生产经营活动所制定的各种条例、规定、细则、章程、程序、办法等，主要是以文字形式，对企业各项管理工作和劳动操作作出规定，用以明确企业各部门的职责范围和每位成员的岗位职责。它是组织成员间的"黏合剂"和行动的准则，是保证组织有秩序、有成效运作，实现既定目标的必不可少的因素。企业的规章制度种类繁多，各企业也不尽相同，归纳起来，可分为基本制度、工作制度、责任制度三类。

（三）信息

企业的管理组织要进行活动，实施管理，就要通过某种媒介进行纵向和横向、内部和外部的联系，这种媒介就是信息。它在管理组织中的作用，就像人体的神经系统，能将组织成员的活动有机地协调起来，将企业内部活动与外部环境协调起来，达到组织目标。因此，现代企业必须具备与之相适应的信息和信息系统，以保证其管理组织有效地运行。

总之，人事、规章制度和信息这三者密切相关，缺一不可。否则，组织将不能发挥应有的作用，不能有效地活动，也就不能成为真正意义上的管理组织。换言之，管理组织必须具备人事、规章制度和信息这三个要素，并使其统一起来，形成有机整体，并不断加以改善，充分发挥组织功能，形成较强的组织力。

三、管理幅度和管理层次

组织的指挥系统是在划分管理层次的基础上建立起来的，而管理层次的划分在组织规模相对稳定的情况下，又是根据适当管理幅度来确定的。所谓管理幅度，或称管理跨度，是指一个管理者有效管理下属的人数。管理层次是指组织内纵向管理系统所划分的等级数。一般情况下，管理幅度与管理层次成反比关系。若一个组织的人数不变，管理幅度越宽，管理层次越少；反之，管理层次越多。

由于管理幅度的大小不同，形成了不同形式的管理结构。一种是管理幅度窄，管理层次多的高长式组织结构，如图 5-1 所示。另一种是管理幅度宽，管理层次少的扁平式组织结构，如图 5-2 所示。当最下层人数均为 1024 人，高长式管理层次为 10 层，扁平式为 5 层；高长式管理人员需要 1023 人，扁平式需要 341 人；高长式工资总额为 883800 元，扁平式为 325400 元。

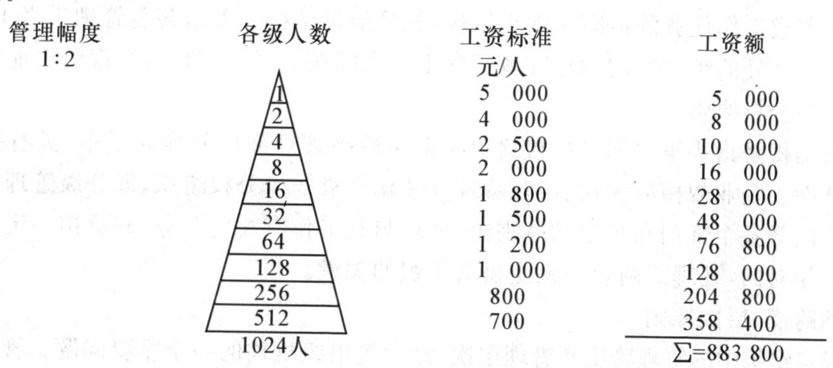

图 5-1　高长式组织结构图

管理幅度 1:4	各级人数	工资标准 元/人	工资额
	1	5 000	5 000
	4	2 500	10 000
	16	1 800	28 000
	64	1 200	76 800
	256	800	204 800
	1024人		Σ=325 400

图 5-2　扁平式组织结构

高长式的组织结构与扁平式的组织结构各有其优缺点。高长式的优点是分工明确，便于实施严格控制，上下级关系容易协调；缺点是管理费用较高，信息沟通较困难，不利于发挥下级人员的积极性。扁平式的优点是管理费用较低，信息沟通方便，有利于发挥下级的积极性；缺点是不易实施严格控制，对下属人员的相互协调较为困难。一个企业应采用何种结构形式应根据管理人员的素质，管理工作的复杂程度，以及信息的沟通方式等具体情况决定，使管理幅度和管理层次均衡，以便以最低的成本实现企业的目标。实践证明一位经理可以处理 5～8 个子公司的报告。在工程承包公司中的调查也证明，一位合同经理可以较好地管理 5 个现场经理。

四、组织设计的原则和程序

(一)组织设计的原则

企业组织设计的基本目的，一是组织的效率性，二是组织的稳定性。其设计原则很多，主要原则如下：

1.任务、目标原则

企业管理组织为了保证完成生产任务，实现企业目标，需要把每一个职工的力量集中起来组成一个整体，各自明确自己的任务，围绕企业的总目标运转。因此，每一个组织和这个组织中的每一部分都与特定的任务、目标有关，否则组织就没有存在的价值了。因而必须按企业的生产任务和目标的要求，确定企业组织的框架。

2.简单原则

凡是能完成工作任务的最简单组织结构，就是最优结构。美国著名管理学者 P.德鲁克认为："判别一个好的组织结构的标准就是它不带来问题，结构越简单，失误的可能性越小。"

3.集权与分权原则

企业的集权是指决策权和指挥权集中于企业最高管理部门领导人手中，具有指挥的统一性和垂直性。企业规模巨大化、经营管理复杂化要求产生分权组织，即分级管理。分级管理是指企业内部各个部门在规定的范围内，处理与其工作有关的业务，并承担一定责任。分权和集权是相对的，处理好两者关系是搞活组织的关键。

4.合理跨度、层次原则

合理确定组织中的管理跨度和管理层次，是设置组织机构的一个重要问题。管理跨度和管理层次要适应，在企业人员一定的情况下，管理跨度越大，管理层次越少；反之，管理层次越多。

5.精干、高效原则

企业组织机构应是精干有力和高效的。在满足生产经营需要的前提下，力求减少管理层次，精简管理机构和管理人员，做到因事设职，因职设人。

6.分工与协作原则

组织结构的建立要从企业整体出发，既要考虑企业是个开放系统，又要反映企业内部管理活动的专业化分工的要求。现代高效率的管理必须在整体规划下明确分工，在分工基础上进行有效协作，这就是分工与协作原则，也称专业化协作原则。

7.责权利对应原则

科学的组织设计应将各种职务、权力、责任等形成规范，使担任工作的人员有所遵循。

8.才职相称原则

才能与职位相称是组织设计与用人的重要原则。

9.平衡与稳定原则

组织是相对平衡的，随时间、内部条件、外界环境的变化而变化。企业组织要不断调整组成新的平衡，以发挥最佳效能。稳定结构应该是上面尖、下面宽的正三角型式。

10.相对回环原则

在组织机构中，管理的指令、权力、信息等应该构成一个相对回路，才能形成有效的管理活动。这样从指令的发布、传递、执行、反馈、检查到总结形成一个回环。

(二)组织设计的程序

企业组织设计是一系列有逻辑联系的具体工作。它要求企业组织既具有有机系统性，又要使整个系统正常运转。组织设计程序如图 5-3 所示。

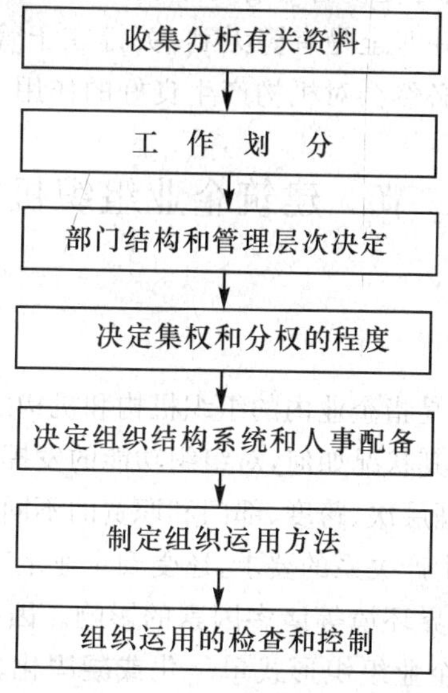

图 5-3　组织设计程序

组织设计的七个步骤，构成了整个组织设计或改善的不断循环的周期，是组织正常、高效运作的基本保障。只有不断将组织运用的结果进行及时反馈，才能使企业组织逐渐健全和完善并具有强大生命力。

五、非正式组织

非正式组织是相对于正式组织而言的，它是一个机构中，人们在满足互相结合需要的心理推动下，自然形成的心理团体。其特征为：

(1)组织的建立以人们之间具有共同的思想，相互喜爱，相互依赖为基础，它是自发形成的。

(2)组织最主要的作用是满足个人不同的需要。

(3)组织一经形成，会产生各种行为规范，约束个人的行为。这种规范可能与正式组织目标一致，也可能不一致，甚至发生抵触。

非正式组织无论你喜欢与否，只要有人必然有它的存在。管理者若能对此组织的行为与关系加以重视和研究，可对组织机构产生莫大裨益。

非正式组织在管理上值得注意的问题有：

(1)抵制变革。非正式组织往往形成一种力量，刺激人们产生抵制变革的心理。

(2)滋生谣言。谣言在非正式组织中，极易牵强附会，以讹传讹，使人信以为真。

(3)阻碍努力。人们在其工作上特别尽力，必然会引起非正式组织中其他人员的非议，使人不敢过分努力。

非正式组织虽有其负面影响，但管理者若能适当把握，亦会产生以下正面影响：

(1)弥补不足。任何一个正式组织无论其政策与规章定得如何严密，总有疏漏之处，非正式组织的存在可弥补正式组织的不足，并与之相辅相成。

(2)协助管理。正式组织若能得到非正式组织的支持,则可提高工作效率,促进任务完成。

(3)加强沟通。非正式组织可使员工在受到挫折和遭遇困难时,有一个发泄的渠道,获得社会的安慰与满足。

(4)纠正管理。非正式组织可促使管理者对某些问题做合理的处理,产生制衡作用。

显然,非正式组织的存在,并非全是有弊无利,关键在于管理者能设法找寻那些具有影响力的非正式领袖,与之合作,必然会对机构产生良好的作用。

第二节　建筑企业组织机构

一、组织机构形式

从管理的角度看,组织机构是指企业内的组织机构和机构之间从属、并列配置关系的组织形态。组织机构采取什么形式,其状况如何,对组织功能的发挥和管理目的的实现有直接的影响。企业的组织机构形式是管理层次、跨度、部门和职责的不同结合。企业采用什么样的组织形式取决于生产力发展水平和生产关系的要求,还受到企业生产技术水平和管理水平、行业特点、企业地理分布、企业规模、外界环境等诸多因素的影响。因而企业的组织形式应该具有多样性、灵活性和适应性,不能将企业组织形式单一化或凝固化。企业组织设计人员必须认识到,没有绝对理想的组织形式,只有相对高效的组织形式。而组织的高效性,也只有在组织充分适应企业内部自身特点和外部环境条件的前提下才能发挥出来。因此,企业决策人员必须正确选择和确定适合企业特点的组织形式。常见的企业组织形式有以下几种。

(一)直线制

直线制组织是工业发展初期的一种最早、最简单的集权式组织机构形式,又称军队式组织机构。组织中的各种职位按照垂直系统直线排列,不存在管理的职能分工。组织内部自上而下,分成若干层次,同一层级的各部门间责权分明、地位平等、互不逾越,只遵守直线下达的指令,只听从直属主管的指挥。其结构如图 5-4 所示。

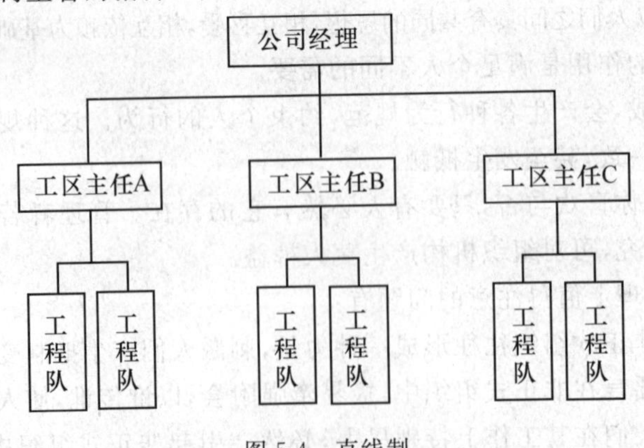

图 5-4　直线制

优点:组织结构简单,权力集中,指挥系统单一严明,责权分明,决策迅速,易于保持政策一贯性。

缺点:组织呆板,缺乏弹性;同级之间缺乏横向联系,不便于沟通信息;不利于职能分工,不利于培养专家或行家；权限委托困难，领导人负担过重，易于产生官僚主义。

（二）职能制

随着企业生产规模的扩大，为适应企业生产技术发展和管理复杂化的要求，客观上需要将管理责任和权力交给相应的职能部门，实行管理的专业化分工。各职能部门在本职能范围内有权直接指挥下级单位，于是产生了职能制，或称多线制组织机构。它强调专业化的作用，经理与现场没有直接关系，而是授权横向分工的职能专家去指挥，其结构如图 5-5 所示。

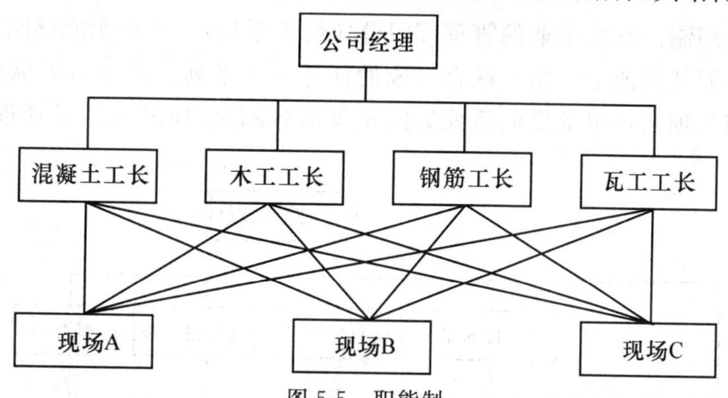

图 5-5　职能制

优点：依据管理业务划分为不同的专业管理部门，有利于减轻上级领导的工作负担；每位管理人员在其职责范围内对下级行使管理职责，提高了管理的专业化程度，有利于工作上的精益求精；聘用此类管理人员，较罗致全才为易；从事业务工作的部门，由于得到上级多方面的指导，效率大大提高；适应日益大型化和复杂化的企业管理需要。

缺点：产生多头领导，令出多门，使下级无所适从；各职能部门地位相等，如彼此之间发生矛盾，相互协调困难；管理人员人数增多，上层与基层脱节、信息不畅通等等。这一切被认为是现代管理中的致命弱点，因而未能推广。

（三）直线—职能制

又称生产区域制。它是在扬弃直线制和职能制优缺点的基础上形成的。特点是：按照企业管理的职能划分部门，建立管理单位，实行专业分工，以加强专业管理。其结构如图5-6所示。

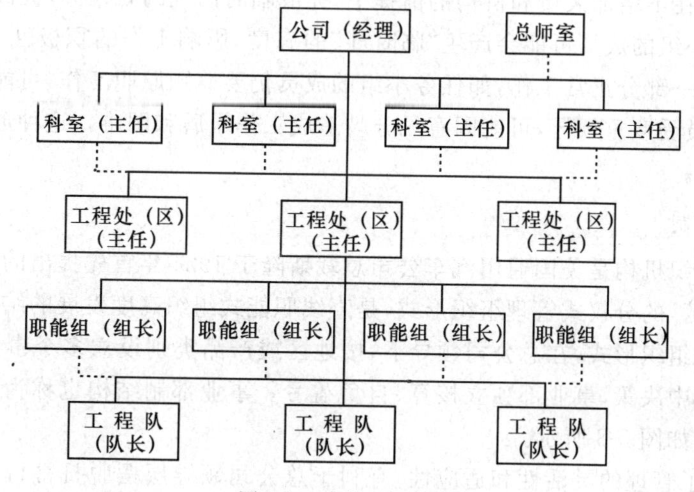

图 5-6　直线—职能制

优点:既能保持直线组织指令系统的统一性和一贯性,又能发挥职能部门的专业化指导和参谋作用,即上级对下级是直接领导关系,职能的参谋作用是对下一级的指导关系。这是我国目前广为采用的一种形式。

缺点:职能部门之间的横向联系有时不够理想,容易产生脱节和矛盾,如不协调配合,会贻误工作;企业上下信息沟通路线较长,影响决策速度。

(四)矩阵制

又称项目管理制。它把企业的管理部门分成两个系列:一个是职能部门系列;另一个是为完成各项任务而从职能部门抽人联合组成的任务小组系列。两个系列纵横交错,即职能部门的纵向系列与项目小组的横向系列如同矩阵形状相交,构成矩阵式管理机构。其结构如图 5-7 所示。

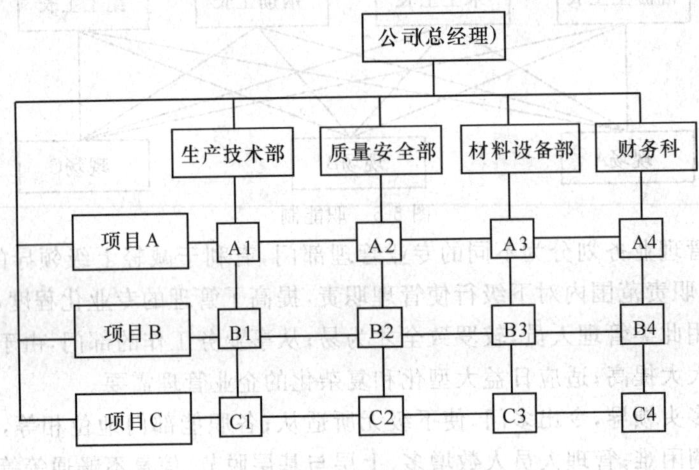

图 5-7 矩阵制

优点:加强了各职能部门的协作和配合,实现了企业内部横向和纵向的结合,有利于提高工作效率;将各类专业人员集中在一起工作,能充分发挥专业人员的作用,有利于沟通信息,集思广益,激发他们的创造性,增强他们的适应性。对建筑企业来说,有利于专项工程施工,能节约开支,在不增加人员和机构的前提下,完成临时出现的新任务,提高管理效率。

缺点:任务小组的成员可能会产生"临时性"的态度,影响工作的积极性;被抽调人员的部门可能会影响一部分正常工作,如任务小组的成员仍要兼顾原职工作,可能会使之过分紧张;由于每个成员受双重领导,可能因意见分歧造成工作矛盾和困难。这种形式一般要求项目经理能力很强。

(五)事业部制

事业部制组织机构是美国通用汽车公司总裁斯隆于 1924 年首先提出的。它是一种"集中决策、分散经营"的分权式管理组织形式,是直线职能式组织高度发展的结果,目前欧美日广泛采用。这种组织形式,在总公司领导下,按地区或产品类别设立多个事业部,其突出的特点是总公司集中决策,事业部独立核算、自负盈亏。事业部制结构也称为 M 型制或多部门结构。其结构如图 5-8 所示。

优点:提高了管理的灵活性和适应性,有利于总公司领导层摆脱日常行政事务,集中精力于总公司系统的战略决策和长远规划,成为真正的决策机构;有利于各事业部领导者的责

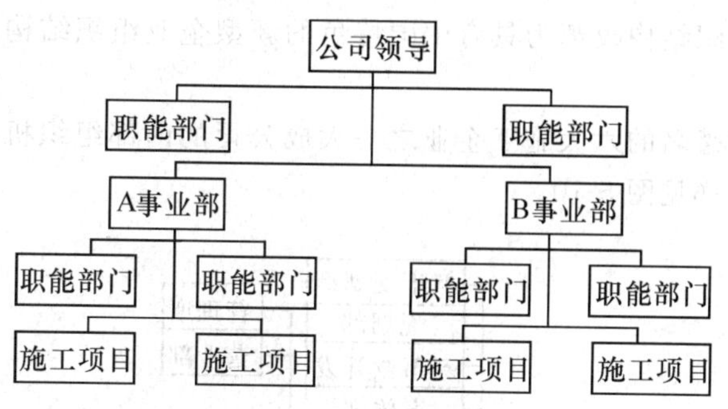

图 5-8 事业部制

任心，发挥其搞好本单位生产经营活动的主动性和创造性，积极研究和开发市场，提高企业的市场适应能力，从而提高经济效益；有利于事业部实现产品专业化。

缺点：各事业部机构设置重叠，管理人员比重增大；容易使各事业部只考虑自己的利益，影响它们之间的协作。

（六）多维制

也称多元制，立体矩阵式。它是在事业部基础上发展起来的组织机构形式。大型跨国公司常采用这种组织机构形式，即把地区部门化、产品部门化、职能部门化三者结合起来，作为“三维”来组织，其结构如图 5-9 所示。

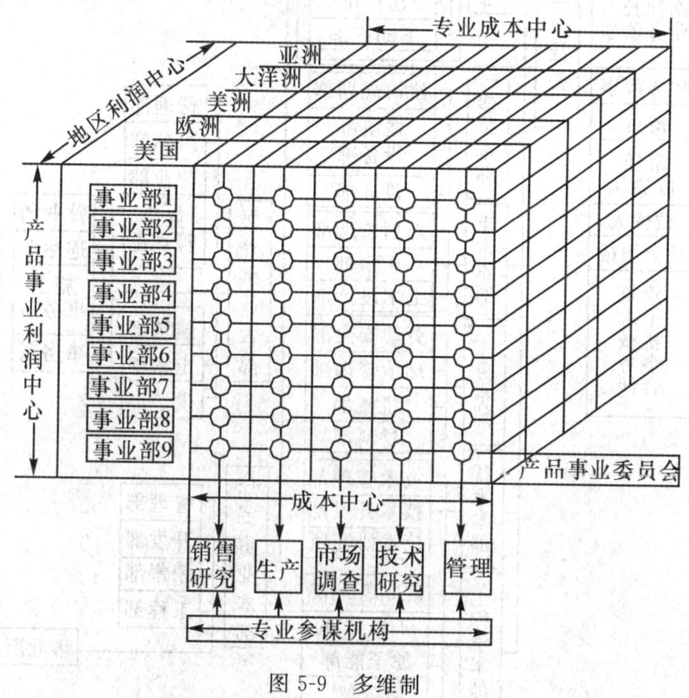

图 5-9 多维制

二、大型建筑企业组织机构形式示例

由于历史原因，我国的大型建筑企业队伍庞大、固定，企业包袱大、负担重、素质差，形成了以具有小社会形态的企业为管理对象的体制。改革施工队伍管理体制，推进总承包制，把

我国现行施工企业组织结构改革为具有中国特色的新型企业组织结构，正是我们面临的艰巨任务。

我们可以从日本著名的六大施工企业之一大成公司的内部组织机构，来分析现代施工企业组织机构形式。详见图 5-10。

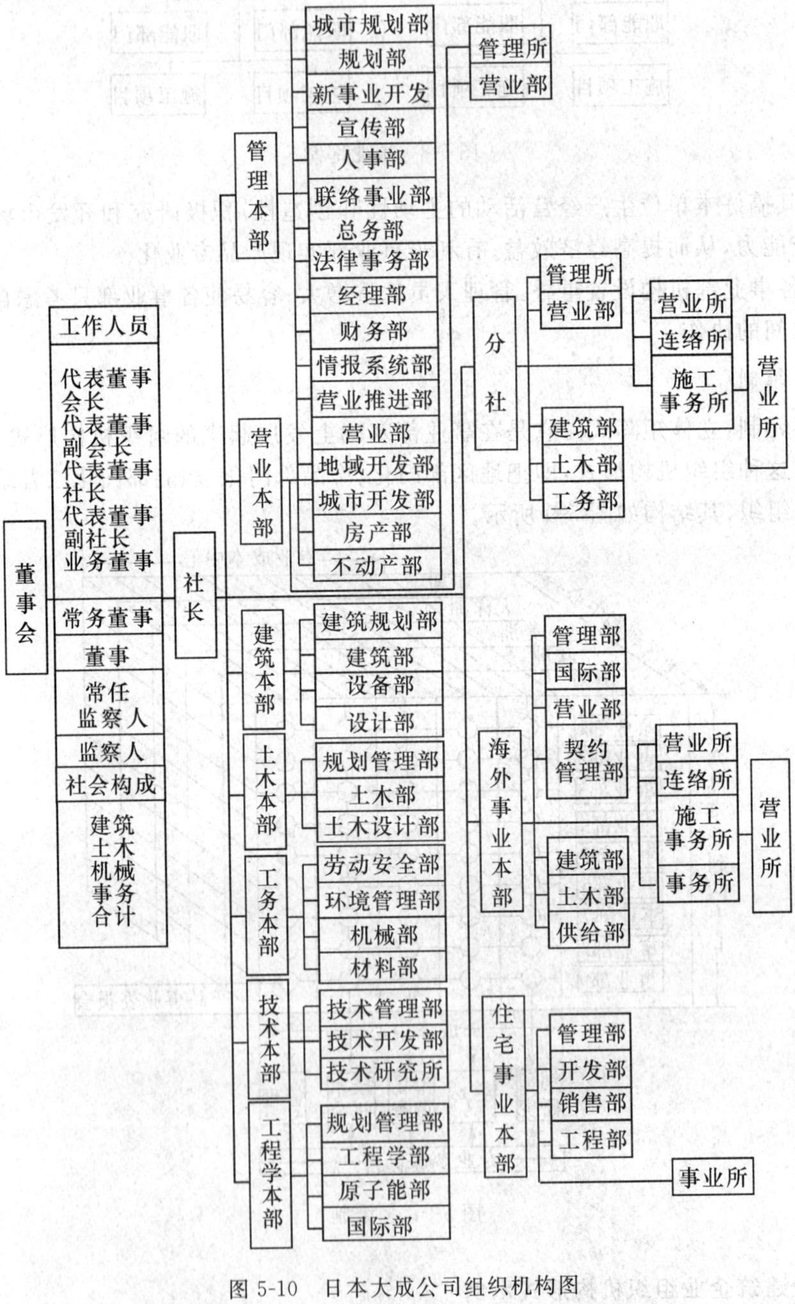

- 董事会
  - 工作人员
  - 代表董事会长
  - 代表董事副会长
  - 代表董事社长
  - 代表董事副社长
  - 业务董事
  - 常务董事
  - 董事
  - 常任监察人
  - 监察人
  - 社会构成：建筑、土木、机械、事务、会计
- 社长
  - 管理所、营业部
  - 管理本部、营业本部：城市规划部、规划部、新事业开发、宣传部、人事部、联络事业部、总务部、法律事务部、经理部、财务部、情报系统部、营业推进部、营业部、地域开发部、城市开发部、房产部、不动产部
  - 建筑本部：建筑规划部、建筑部、设备部、设计部
  - 土木本部：规划管理部、土木部、土木设计部
  - 工务本部：劳动安全部、环境管理部、机械部、材料部
  - 技术本部：技术管理部、技术开发部、技术研究所
  - 工程学本部：规划管理部、工程学部、原子能部、国际部
  - 分社
    - 管理所、营业部
    - 营业所、连络所、施工事务所 —— 营业所
    - 建筑部、土木部、工务部
  - 海外事业本部
    - 管理部、国际部、营业部、契约管理部
    - 营业所、连络所、施工事务所、事务所 —— 营业所
    - 建筑部、土木部、供给部
  - 住宅事业本部
    - 管理部、开发部、销售部、工程部
    - 事业所

图 5-10 日本大成公司组织机构图

第三节 人力资源的开发与管理

一、人性的假设与管理

西方管理心理学对人性提出四种假设，即经济人假设、社会人假设、自我实现的人的假设、复杂人的假设，表明了西方管理心理学对人性看法的发展过程，其基本概念如下：

（一）经济人

经济人即理性经济人，又称“实利人”。即把人当作“经济动物”来看待，认为人的一切行动都是为了最大限度地满足自己的私利，工作的目的只是为了获得经济报酬。经济人观点是英国古典经济学家亚当·斯密提出来的，这一观点后来成为资本主义管理理论的重要依据之一，被称为X理论。“泰罗制”中推行的计件工资制就是“经济人”假说的典型。

（二）社会人

也称“社交人”，是指重视社会需要和自我尊重的需要，轻视物质需要和经济利益的人。人们重视在工作中与周围的人友好相处，良好的人际关系对于调动人的生产积极性起决定性作用。这一假设是美国心理学家梅约教授提出的。

（三）自我实现的人

又称“自动人”，指人类需要的最高层次就是自我实现，每个人都必须成为自己所希望的那种人。也就是人需要发挥自己的潜力和表现自己的才能，人只有在潜力得到充分发挥、才能得到充分表现时，才会感到最大的满足。这一假设是美国管理心理学家马斯洛提出，他认为人类需要的最高层次是自我实现，该理论被称为Y理论，亦称为应变理论。

（四）复杂人

(1)就个体的人而言，其需要和潜力会随着年龄的增长，知识的增加，地位的改变，环境的改变以及人与人之间关系的改变而改变。

(2)就群体的人而言，人与人是有差别的。因此，无论是“经济人”、“社会人”，还是“自我实现人”的假设，虽然各有其合理的一面，但并不适用于所有人。需要的层次是因人而异的，这种理论称为超Y理论。

由上述对人性的四种假设可见，从“经济人”到“社会人”的假设无疑是进了一步，“社会人”假设认为人与人之间的关系对于激发动机、调动工人积极性比金钱与物质奖励更重要的看法，对于我们企业实行各种奖励制度有一定参考意义。“自我实现的人”假设，在现实社会中是比较少的，多数人由于受到环境的束缚和思想上的差距而不能达到自我实现。而“复杂人”的假设则有辩证的因素，它要求企业管理者善于观察职工之间的差别，根据具体情况采取灵活多样的管理方式，有一定启发意义；但是，这一理论只强调人们之间的差别，而忽视人的共性，也是有缺陷的。

关于人性假设和需要层次及管理理论的关系，如图5-11所示。

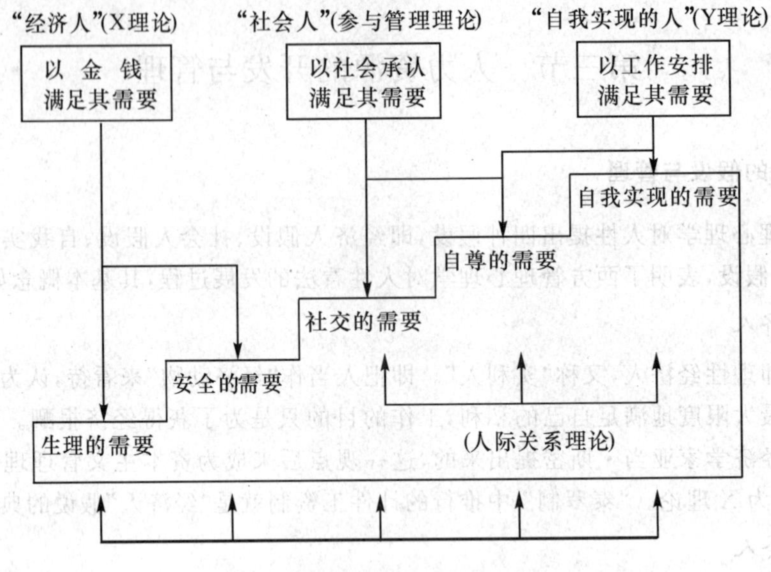

图 5-11 人性假设需要层次及管理理论关系图

二、人的管理在现代管理中的地位

人的问题从来都是管理的根本问题。科学管理倡导的"有效地用人",人群关系学主张的"善以待人",以及行为科学主张的"善以用人",都是围绕对人的问题而提出的具有代表性的观点。现代管理思想把人的因素放在第一位,重视处理人与人的关系,强调人的自觉性和自我实现精神,主张以人的积极性、主动性和创造性为管理的核心和动力。人力资源管理的基本任务,就是管理者从维护和促进本组织发展的前提出发,通过有计划地对本组织内的人力资源进行合理组织,并采取各种措施,激发组织成员的积极性、主动性和创造性,充分发挥人力作用,使人尽其才,才尽其用,更好地促进工作效率和生产效率的提高,以加快工作目标的实现。

随着社会经济生活和文化生活水平的不断提高,人的劳动效率受社会因素的影响也越来越大,因而人的管理在管理科学中的地位愈益突出。企业的管理者应该自始至终把管理的出发点和落脚点放在人的管理上,努力创造一个健康的、人道的、富有效率的组织管理氛围,使本企业的发展和个人的全面发展更好地统一起来,从而达到企业发展目标与社会发展目标的一致。人的管理在现代管理中的地位是:

(一)人的潜能开发和利用是现代管理的核心

(1)从管理过程来看,每个环节都是与人有关的活动。

(2)一切管理的成败与好坏,归根到底都是人的管理好坏与成败造成。

(3)管理系统实质上就是一个人力使用系统,人在管理系统中,起着"网结"的作用,对一个管理者来说,基本使命在于"借"下级管理人员和职工的力量实现组织目标。

(4)成功的企业必然有一批精兵强将,美国当代著名企业家玛丽·凯·阿什有句名言:"卓越的公司是由卓越的人组成的。"

(5)从经济学的角度来说,人是生产力要素中的决定因素,在社会生产过程中处于主导地位。

综上所述,人的管理是企业管理中最重要的管理,在现代管理中处于核心地位,是决定管理效能与成败的关键。

(二)重视人才资源管理是发达国家经济迅速发展的共同规律

(1)西方发达国家经济发展迅速的经验表明:无论是社会的发展,还是一个企业的发展,都取决于两个因素——有没有社会经济发展所需的大批人才;能否通过社会组织对这些人力资源进行合理的、科学的管理。

(2)19 世纪德国赶超英、法,19 世纪末、20 世纪初,美国又赶超了西欧,二次世界大战后,日本后来居上成为当今资本主义世界第二经济大国,其根本原因是这些国家有科学的人才管理体制、制定必要的人才政策和实施现代的人力管理方法,逐步形成了人力资源优势。

(3)德、意、日是二战中的战败国,其复兴之所以快,是因为由教育所培植起来的人的资本积累提高了的缘故。

(4)美国钢铁大王卡内基说过:"将我们所有工厂、设备、市场、资金全夺去,但只要保留我的组织人员,四年以后,我将仍然是一个钢铁大王。"

(5)管理者要为下级提供一定的发展机会,领导者有培养下级的责任。如果培养不出好的下级,就不是一个好的领导。

(三)建立以人为本的现代科学管理体系

"社会人"的假设,第一次把人提到管理者的视野中来,否定了"经济人"对人性的消极假设,指出生产效率的高低,不仅受物理和生理因素的影响,而且受到社会和心理因素的影响。因此,要重视人性,要把工人当作人而不是当作机器看待。我们是社会主义国家,劳动者是国家的主人,企业领导更应重视发挥职工的劳动积极性、主动性和创造性,实行民主管理,既注意组织因素,又注意人的因素,逐步建立以人为本的现代科学管理体系。

三、建筑企业的人才类型

(一)经营管理人才

经营管理人才是建筑业产业结构优化升级的急需人才,也是建筑企业制定经营战略的关键人才。经营管理人才一般分为高层、中层和基层经营管理人才。高层经营管理人才是具有现代经营管理水平的战略企业家和职业经理人,具有全球战略眼光、市场开拓精神、管理创新能力和社会责任感。中层经营管理人才能具体管理某个项目,完成企业内部各项管理工作,既具有一定的决策能力和较强的开拓能力,又具有较好的执行力和良好的沟通协调能力。基层经营管理人才工作重心集中于企业内部,负责对一线员工的工作进行监督、指导和帮助,侧重于短期任务,承担具体管理工作。

(二)专业技术人才和高技能人才

专业技术人才是具有专门的技术知识和经验,以及取得专业技术资格证书的各类人员。专业技术人才是以脑力劳动为主,把握企业整体运行情况,为企业的发展提供咨询建议与谋略支持;或直接从事专业技术研究开发工作,以提高企业的技术竞争力。专业技术人才必须适应现代化建设事业需要,具有较高的建筑专业水平和较强的创新能力,能为建筑业产业结

构升级提供技术支撑。

高技能人才是在建筑生产一线岗位，熟练掌握建筑专门知识和技术，具备进展的操作技能，并能够解决关键技术和工艺的操作性人才。高技能人才包括高级技工、技师和高级技师。高技能人才是技术工人队伍的核心骨干，具有较高的职业素质、较强的职业技能和精湛的职业技艺。

(三)建筑劳务人员

建筑业的劳务人员多为生活在底层的农民工，其整体文化素质偏低，以青壮年男性为主，严格意义上不是建筑企业招聘的人才，而是建筑企业项目在施工地附近临时招聘的或劳务分包单位提供的。不管哪种途径，建筑劳务人员是建筑企业项目得以执行的关键力量，建筑企业活动中的生产作业、质量控制、客户服务等环节都离不开建筑工人的直接操作。从建筑企业发展的角度来看，劳务人员都要经培训和学习后才能上岗的。在项目施工前，建筑企业需要对劳务人员进行安全生产教育培训、职业技能培训、素质教育培训。项目一旦竣工，临时聘请的劳务人员也都散去，建筑企业花在培训劳务人员上的培训成本则无法回收，这对建筑企业而言是不利的。而劳务人员到不同的建筑企业工作要接受多次的安全教育培训也很赘余的。因此，建议劳务人员的安全生产教育培训等最好由乡镇政府带头负责，对民工进行培训，颁发相应的证书，能形成良性循环。

四、建筑企业人的任用和激励

建筑企业管理的主要内容之一就是人力资源管理，主要包括对建筑企业所需人才的任用和激励。

(一)建筑企业人才的任用

1.人的任用原则

人的任用是指按照一定的方法和程序，对人员进行适当的选择、评估和培养，填补到已设立的必要岗位上去，做到人尽其才，事得其人。任用的最基本原则是能位匹配。人事管理中的能位匹配原则，是指管理者将任务和承担任务的人按其能力大小分级使用。这里的“能”系指工作人员的才能，“位”系指工作人员所处的岗位或职位。按人的能力和才干定位，使具有相应才能的人得以处于相应能级的岗位上，做到各得其所、各尽所能。

(1)依靠教育和培训提高人的整体素质，是提高能位匹配效益的前提

①不同岗位对人的知识和能力的要求是不一样的，也是相对的，但从总体来看，社会岗位的总和对人的整体素质的要求又是绝对的。较高整体素质的人力资源能为结构调整上的能位匹配，提供一个较高的基点。因此，最大限度地发掘人的潜力，提高人的素质，是从总体上提高能位匹配效益的前提。

②人的素质的提高，有赖于各类教育的进步。随着科学技术的迅速发展，知识经济时代的到来，人类积累的知识越来越丰富，社会岗位对人员的要求也越来越高，人力资源的开发就越来越依赖于教育和培训。教育和培训是人力资源开发的基础。教育和培训要做到：岗位培训法制化、培训方法灵活化，培训内容实践化。

(2)建立健全人才调节市场是促进能位动态匹配的关键

①能位匹配分为能位的静态匹配和动态匹配。能位静态匹配反映的是能位原则的外

壳，能位动态匹配是能位原则的精髓。

②能位静态匹配是指不同的岗位（职位）需要不同能力的人才与之相适应，岗位不同，对人的能力要求有很大差异。动态地追求适合高度的能位匹配，就是能位的动态匹配。人的才能是在不断变化着的，通过学习和实践，才能可以不断提高；此外，由于科技进步，岗位能级也会发生变化，原在此岗位的人，能力未有提高，也应进行相应的调整。因此，人才要流动，必须建立完善的人才市场，创造岗位和人才互为市场，实行双向选择。

（3）能位与责权利对应是实现能位匹配的保证

①有责无权，管理功能无从发挥；有权无责，将会任其所为，酿成大祸；有了责、权而无利，也不能长期调动被任用者的积极性，这已为大家所共识。

②能位原则要求组织中的每个人处于在其位，谋其政，行其权，尽其责，出其力，取其利，获其荣。责权利统一，给被任用者公正的待遇，这是贯彻能位匹配原则的保证.

③要把责任制、考核制、奖惩制三者有机地结合起来，使每个被任用者明确其任务和职责，通过考核来衡量工作绩效，最终通过物质利益反映出来。这样，人才开发就有了内在动力，能位匹配就能处于一种动态的良性循环之中。

2.人的任用标准

衡量一个人是否是一个优秀的管理者，应看其是否具有影响力，而具备该影响力的个性基础就是德才兼备。

不同岗位的管理者，任用标准应有侧重，一般来说：

(1)行政管理岗位：具备忠于职守的精神，审时度势的战略眼光，对事物个体进行分析、综合的能力，理解和制定政策的能力，以及较宽的知识面。

(2)科技教育岗位：具备管理者的一般素质，本专业比较系统的基础理论和技术知识，掌握一门外语。

(3)企业管理者的岗位：具备适应市场的应变能力，预测与决策能力，勇于探索、不满现状、敢于实践和不断创新的精神，以及处理经验信息的能力和人际关系技巧。

而对于高级管理人员应具备以下基本素质：

(1)政治素质，即政治上坚定，有为社会、为事业奉献的精神，敢于挑重担，勇于负责，意志坚强，不怕挫折，有克服困难的信心和勇气；作风正派、团结群众、关心下级，在群众中具有一定威信。

(2)能力素质，包括决策能力，指挥能力和创新能力。其中，决策能力指具有经营管理决策和业务决策等能力；组织指挥能力指善于运用组织力量，综合协调人力、物力和财力，对重大决策贯彻有力，表达能力强，善于用人，有凝聚力；创新能力，即富有创造性思维能力，对新事物敏感，思路开阔，善于提出新设想，不因循守旧、固步自封，富有主动性和进攻性。

(3)知识素质，包括：政治、法律方面知识，这是掌握经营方向的需要；经济学和管理学的知识，这是正确经营决策的需要；心理学和社会学的知识，这是协调人际关系和调整组织行为的需要；工程技术方面的知识，这是组织指挥的需要。

3.人的任用艺术

(1)识才知人是用人的前提

①要树立强烈的人才观念，即“人才第一”的观念，这是识才知人的动力；“人皆有才”的观念，这是识才知人的信心；“人无完人”的观念，这是识才知人的关键。

②识才要做到，首先看人的优点，其次了解人的弱点，再次要了解人的缺点。

③把握标准，在比较中识才知人。

(2)用人所长是用人的本质

①用人所长，德长为本。所谓“德”长，即指具有良好的品德修养，这是用人的先决条件。

②用人所长，才长为主。人的专长、才能统称为才。用人所长，本质上就是发挥人的专长和才能。有德不等于有才，“无才有德”也难以成事。

③用人所长，扬长避短。用人主要是用被用者的长处，限制其短处。因此，要想方设法地为其发挥长处创造各种条件，也不能因其长而忘其短。

④用人所长，不因短废人。管理者在用人时，不能因为被用者有所短，就对其所长视而不见，从而得出不是人才的错误结论。

(3)善于授权是实现用人的保证

①授权的意义。其一，基于对下级的信任，大胆地下放某些权力，使下级工作能够责权对应，自主地做好本职工作；其二，是相信人，尊重人的体现，能够充分调动下级的积极性和工作热情。

②授权中存在的问题。授权不足，理应下放的权力抓住不放，给下级工作带来困难，效率低下，影响管理的成效；授权过量，把不应授予的或超出下级工作范围的权力下放给下属，从而导致上下不负责任的局面；越级授权，把理应直接授予下级的权力下放到再低一个管理层次的下级，不仅违反管理原则，而且挫伤了直接下级的积极性，造成工作局面混乱。

③科学的授权艺术。目标授权法，即管理者根据下级工作目标的范围授予相应权力，这可以避免授权的盲目性和授权失当；视能授权法，即管理者根据下级的能力、长处授予相应权力，即将能力、长处作为授权的客观依据；逐步授权法，即在管理者对下级的能力、长处尚未完全了解之前，无法确认应授予何权力、多大权力时，可采取逐步授权、逐步调整的方法，这不失为一种稳妥之举。

(4)提供梯子是实现用人的措施

①授予权力。即根据下级所在岗位、需完成的任务和其本身的能力，授予下级必要的权力。

②树立权威。管理者在用人时，有义务尽可能帮助下级把自己的才能、知识等特长表现出来，尽快形成权威的影响力，并在一切场合注意树立、维护这种权威。

③适时强化。在下级作出成绩后，管理者应及时给予表扬肯定，鼓励他再接再厉，更上一层楼。

④及时批评。下级在工作中犯错时，管理者应及时给予批评，指出错误所在，并帮助其总结经验教训。

⑤不做加减法。当下级工作卓有成效时，管理者不能因其有过错误而不给予应得的表扬肯定，也不能因其成绩就不批评他在其他方面所犯的错误。

⑥赋予富有挑战性的任务。为下级施展自己的才能创造机会，用高目标来激励他们努力奋斗，勇于攀登。

(5)疑人、嫉才、唯亲是用人三大禁忌

①努力提高识才知人的能力，充分相信被用者的能力，采用带职上岗试用的办法，在实践中进一步观察考验。

②从根本上摒弃个人私利，以工作为重考虑问题。

③要思贤若渴，不可视才如嫉；要敢用强人，不可扬弱抑强；要以公为本，不可私利熏心。

④进一步提高管理者的素质，尤其是政治素质；制定有效的措施，制约用人唯亲这种不正常的现象出现，一旦出现，坚决制止，并严肃处理有关人员。

(6)组合用人是实现用人的最佳策略

为了形成最佳的完成特定任务、达到特定目标的整体力量，管理者可以通过组合用人，按照各展所长、长短互补的原则，把不同能力、年龄、知识、气质的人组织到同一整体中，发挥其整体优势。这种组合主要有年龄组合、能力组合、气质性格组合等。

4.人的任用程序

(1)选拔

包括发现人才、选拔人才。在一个企业中，对人的评价、选拔需要一个共同的标准，选人用人是实现决策目标的决定性环节，是领导者的基本职能，企业领导人要把人才选拔工作做好，必须做到：把选拔人才列入重要议事日程；知人善任；树立新的用人观点，全面考察人才的"德、能、勤、绩"；起用开拓型人才。

(2)使用

人才只有在集体中才能更好地发挥作用。把每个"偏才"组合成"全才"，恰到好处地组织和运用各种才能和力量是领导者的艺术；在用人的问题上，1+1 不一定等于 2。同一个人，安排得当、不当，其作用大不相同；用人所长，扬长避短。有效的管理在于能使人发挥长处。

(3)教育培训

实行全员培训。对企业的各级领导干部及基层的管理人员和生产工人，都要从他们的实际出发，针对其特点，根据不同的需要，采取不同的训练方法：对新工人的训练，可采取先训练后上岗；对熟练工人的训练，可采取脱产与业余相结合，以业余培训为主；对专业人员的训练，可采取脱产与业余培训结合，进行专题训练。

(4)考核

人事工作，必须坚持经常的和定期的考核，没有考核作为基础，领导就无法做到"知人善任"。通过考核，既可以掌握员工的技术业务水平、劳动态度、工作作风、工作能力和工作业绩，为使用提供依据，还可以鼓励先进、鞭策后进。必须坚持责任制、考核制和奖惩制三结合的人事管理工作。

(二)建筑企业员工的激励

1.激励的涵义

管理的目的在于充分利用所拥有的资源，使组织高效能地运转，提高组织绩效，实现组织的既定目标。而组织的绩效是以其成员个人绩效为基础的。个人的绩效取决于诸多因素，但这些因素有主次之分，其表达式可写成：

$$P=f(S,M,O,E)$$

式中：因变量 P 为个人绩效，自变量 S 是指员工工作的技巧与能力水平，取决于个人的天赋、智力、经历、教育与培训等特点。培训可以提高技能，还能使员工对预定计划目标的实现树立信心，从而加大激励制度。M 指的是激励，激励本身取决于员工的需要层次、个性、感知、学习过程与价值观等个人特点。O 指机会，是一种偶然性，俗称运气，是员工个人或组

织所面临的机遇以及发展的可能性。E 指的是环境，即员工进行工作的客观条件，企业内部的客观条件。这个公式表明：影响员工绩效的因素不是单一的，主要有个人技能，个人的积极性主动性，环境与机会四个因素，其中前两者为主观因素，后两者为客观因素。在环境与机会不变的情况下，员工绩效与技能和激励成正比，空有技能而缺乏对工作的热情和干劲，那么技能则不能发挥其最大效用，空有热情而没有个人之长也是枉然。

激励作为心理学术语，指的是激发人的动机的心理过程，它使人维持一种兴奋状态，对企业管理而言，就是如何调动职工积极性的问题。激励的基础是人的需要，激励问题包括三个方面：职工选择什么样的工作任务；他坚持多长时间来做这项工作；为了完成这个任务，他付出多大努力。

2. 激励的过程

图 5-12 表示了激励实施的过程。人的行为是由某种动机引起的，人类有目的的行为都是出于对某种需要的追求，未得到满足的需要是产生激励的起点，进而导致某些行为。行为的结果，可能使得需要得到满足，之后再产生对新需要的追求，行为的结果也可能是受到挫折，追求的需要未得到满足，因此而产生消极或者积极的行为，消极的行为表现有破罐子破摔，自卑不敢表现，工作情绪消极；积极的行为包括调整目标或调整行为，转化消极的情绪为积极情绪，使需要得到满足。

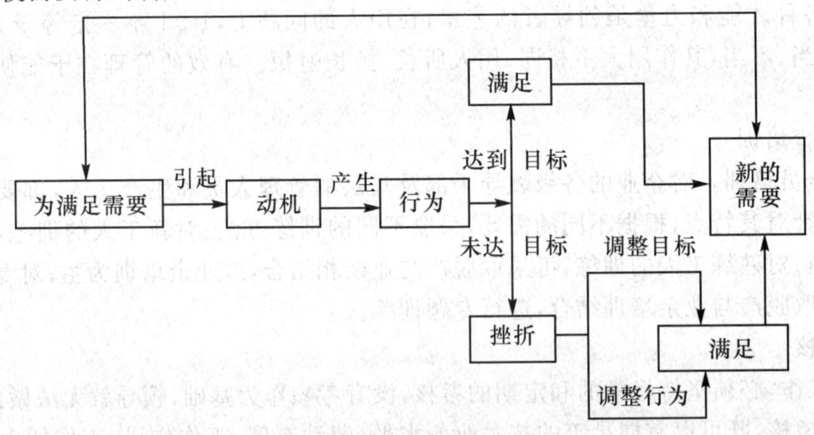

图 5-12 激励实施的过程

3. 激励的方法

(1)按职务满足的内外激励因素划分，分为内在激励和外在激励。内在激励是指来自于职工和任务之间的直接关系，它是一种自我考验，对工作本身的兴趣感、责任感，完成任务的成就感、挑战感和胜任感都可以成为某种内在激励因素。外在激励指来自于任务外部的工作环境，如工资、附加补贴、公司政策和各种形式的监督都是外在激励因素。这种激励可以使职工更好地完成本职工作，享受到一些对他们来说具有“诱因”价值的项目。

(2)按激励的手段来划分，可分为物质型激励、精神型激励和半物质刺激形式。物质激励必须体现多劳多得的分配原则，重奖特大贡献者，但须注意激励有度，并与精神激励相结合；精神激励是一种正面的诱导和激励，它可以强化人们的创造动机，加速从精神到物质的转化；半物质刺激并不依赖金钱，但更注重福利，例如带薪假期、发放伙食代用券、提供运动器械、保险金、公司用车、报销电话费、报销费用等，这种福利往往提供给工作很难用严格的工作量来衡量的有薪职工。

(3)按激励的具体方式来划分,分为以下三种。直觉模式的精神激励,指支持激励、信任激励、情感激励、形象激励和惩罚激励;辗转模式的精神激励,指参与激励、竞赛激励、强化激励、工作调动激励等;辐射模式的精神激励,指榜样激励、荣誉激励和目标激励等。

(4)按激励手段采用的时间来划分,可分为及时型激励和延续型激励两种形式。及时型激励系指职员完成规定目标后即给予奖励;延续型激励系指职员完成目标后逐步给予奖励,以激发更大的贡献。

(5)按其他类型划分,统称单一型激励,包括综合型激励、自我激励、相互激励、社会激励、对个人的激励、对团体的激励、对企业的激励等。

4.建筑企业员工激励方法

建筑企业对人才的激励,对不同的激励对象采取不同的方法,对管理人员和技术人员的激励方式各有不同,对于集体和个人的激励方式也有差异。采取因对象而异的激励措施才能促使企业整体机构的运行顺畅高效。

(1)经营管理人员的激励

经营管理人员的主要任务是负责整个企业内部机构包括项目的计划、协调、决策、指挥、检查。对这类领导层人员的激励,可以采取行政激励、考核激励和荣誉激励。行政激励具有鲜明的法规性、权威性、永久性和严肃性特点;考核激励可以从经营管理人员的工作绩效和对工作集体的关怀程度两方面予以考核,并要依据不同的工作部门和不同的领导层次进行;荣誉激励也是舆论激励,是更高层次的激励,这种方法主要运用社会公德、职业道德的一般规范,造成某种舆论氛围,使激励对象产生一种荣誉感。

经营管理人员有高层、中层和基层之分。在对其进行激励的时候尤其注意对中间层的激励,中间层经营管理人员要向高层经营管理人员负责,又要监督基层经营管理人员并下发指令和给予指导,因此对中间层的激励要考虑中间层的双重性。

在建筑工程领域中,多次出现违法分包,层层转包,甚至出现购买不合格材料进行施工的行为,这些事情部分是建筑企业领导监督不到位,疏于把关,玩忽职守,甚至默许违法行为等所导致的。行政激励可从法规性、权威性等角度对建筑企业高层领导者实施奖惩,考核激励是对高层领导者平时工作的把关,防止领导工作失误经长期累积而扩大化,荣誉激励则是运用舆论的力量对其进行监督,对于表现出色的予以表扬,不良行为则进行批评。

(2)专业技术人员和高技能人员的激励

对待专业技术人员和高技能人员的激励方式可以采取尊重激励、许诺激励、参与激励、荣誉激励和物质激励等。尊重激励顾名思义就是对专业技术人员和高技能人员的行为作出充分尊重,可通过提升、树立典型等形式实现。许诺激励则是对员工在公开场合或私下场合进行不同的许诺,以满足其下属的心理需要,激发其完成某项工作目标积极性的一种激励方式。参与激励则是在组织决策时,创造条件吸引员工参与,使激励对象真正感受到组织的重视,体会到参与决策的权利,从而提高自身的积极性与创造性。物质激励则是以实物形式对员工的良好行为进行奖励,对不良行为予以惩罚。奖励的表现形式有奖金、奖品、休假、疗养等;惩罚的表现形式有扣发奖金、罚款、没收非法所得等。

在建筑企业中,专业技术人员和高技能人员是对工程建筑质量负责任的人,是现场质量、技术顾问。施工单位要尊重其劳动成果,并适当地采取方式予以激励。让专业技术人员参与到工程项目的决策上来是一种有效的激励方式,可以起到激励员工的效果,进而防止工

程返工，减少工程费用。

(3)建筑劳务人员的激励

对劳务人员的激励可以采取物质激励、日常激励、情感激励、挫折激励等。鉴于劳务人员多为贫穷群体，劳动环境也一般比较恶劣，工程施工过程中的不可预知因素也会对劳务人员造成伤害。适当时间采取适当的方法激励劳务人员能大大提高他们的积极性。对依靠工资吃饭的劳务人员，最有效的激励方法是物质激励，但由于一般的工程项目，劳务人员数量都很多，物质激励常常会顾此失彼，或引起相互之间的比较，因此该激励方法应慎重采用。日常激励则是经常地或随时随地对员工行为作出是与非的评价，进行表扬与评判、赞许与制止，以激励部属的一种方法。情感具有很大的激励作用，情感激励往往使激励对象感到自己备受信任，从而积极性大增，进而推动工作的进行。挫折激励则是利用人们的挫折心理，变消极为积极，转被动为主动的激励方法。劳务人员有时候在恶劣的环境下劳动，内心有情绪，对自己的际遇可能会有不满，因此建筑企业的管理者尤其是基层的项目管理人员，应适时与劳务人员沟通交流，予以关怀，进而赢得下级的信赖，这非常有利于后续工作的布置和执行。

第四节 企业文化

一、基本概念

文化一词，在西方源于拉丁文 Culture，本意为土地耕耘和作物培育，指的是农耕和园艺类的物质生产活动。以后逐渐引申到精神生活，用于人类自身的心灵、智慧、情操、德行和风尚的培养教育，引申到泛指一切知识乃至全部社会生活内容。企业文化，是指企业在长期生产经营活动中形成的以企业全体成员共同价值为基础的思想观念和行为观念的总和，它是为全体成员认可、遵循，带有本企业特色的思想意识、理想信念、行为准则、经营作风等因素的总和，它是一门企业管理科学。1981 年，美籍日本人威廉·大内深入日本企业，通过大量的比较，在《Z 理论——美国企业界怎样迎接日本的挑战》一书中，他率先提出了"企业文化"的概念，指出二战后，日本企业尤其是松下、索尼、本田等一批著名企业，推行了"以人为本"的企业文化管理，通过每个公司独具个性的企业精神、经营理念(价值观)的导向，使人与人之间增进信任，工人对企业有一种归属感，从而使劳动生产率成倍增长。由此，"企业文化热"在美国盛行起来，并向世界上许多国家传播。

企业文化有广义和狭义之分。广义的企业文化指企业和企业职工所创造的特有的物质财富和精神财富有机结合的总和。狭义的企业文化是一个企业独有的、为全体企业职工普遍接受和共同奉行的理想、价值观念和行为准则。企业文化的核心是价值观念，它潜移默化地注入每一位职工的内心，影响职工的行为。

二、企业文化的特性

(一)内聚性

企业通过各种形式的文化活动，把团结友爱、互相合作、奋发进取的价值观念逐步渗透到广大职工的工作和交往之中，形成集体力量，支配着每个职工的行为，把企业内部各种力量凝聚在一起。

（二）民族性

企业文化是企业职工在长期劳动和交往中逐步建立起来的，它虽然生长在特定的企业之中，但受到社会大环境的影响，不同国度、不同地区的民族文化影响着企业文化，使企业文化渗入了民族文化的成分。

（三）历史性

企业文化是随着企业的成长逐步形成和发展起来的，受时代的经济体制和政治体制的约束和影响，随着环境和形势的变化而不断发展变化。

（四）个体性

每个企业都是根据本企业的传统习惯和企业所处的内外部环境来建设和发展企业文化。因此，不同的企业和环境会培养出不同的企业文化。

三、企业文化的内容

企业文化的内容很丰富，其主要内容如下：

（一）企业精神

企业精神是企业物质生产的反应，是企业职工在长期的生产经营活动过程中逐步形成的思想和观念，是一种规范化、信念化、意志化的企业群体意识表现，是企业职工团结奋斗的凝聚剂。

（二）企业哲学

企业哲学是指企业在创造物质财富和精神财富的实践活动中表现出来的世界观和方法论。

（三）企业道德

企业道德是一种特殊的行为规范，是企业法规的必要补充。它通过舆论、习惯、规章制度等形式确立，并成为约束企业职工行为的原则和规范。

（四）企业制度

企业制度是企业在生产、管理的实践活动中形成的、带有强制性的、保障一定权利的规章制度，同时也是保证企业目标实现的有利措施和手段。

（五）企业形象

企业形象是指社会公众和企业职工对企业的整体评价。它是企业文化对外界公众的直接表现，体现着企业的声誉，反映了社会对企业的认可程度。

四、企业文化的功能

文化的根本功能体现在对自然界的认识力量和改造力量。企业文化也具备这种力量，而且是企业中深层次的力量。企业文化的功能可以概括为以下几点：

（一）导向功能

企业中的各个部门和每一位职工既有相同的目标，也存在着不同的目标。企业文化就是在一面旗帜下统一整个企业和全体人员的行动方向，引导职工把个人的目标和理想维系

在企业的目标和信息上，朝着一个共同的目标努力。

(二)凝聚功能

企业的成员既有共同的利益，也有不同的利益。企业文化使大家认识到，企业的利益是共荣共存的根本利益，从而使企业各方面力量凝聚起来，同舟共济。

(三)激励功能

优秀的企业文化可以增强企业职工的荣誉感和责任感，使他们产生一种积极进取的精神，自觉地维护企业的声誉，为企业的兴旺努力工作。

(四)规范功能

企业文化中的价值观念、道德规范和行为准则，能对职工的心理和行为起到约束作用，使职工的言行不背离企业的根本利益，从而保证企业健康、稳定地向前发展。

(五)辐射功能

树立良好的企业形象，对社会公众会产生巨大的影响，构成社会文化的一部分。

五、企业文化要点

在建设中国特色企业文化的过程中，必须符合中国国情。结合本企业特点，才能使企业文化这朵奇葩，结出丰硕之果。为此，我们必须把握以下几点：

(一)企业文化必须与企业思想政治工作相结合

企业思想政治工作是党的优良传统，是企业发展中不可缺少的重要工作。企业文化建设是目前最新的现代管理理论与方法，已被许多优秀企业证实是企业发展的推动力。两者在各自的领域中发挥着重要的作用。

企业文化与企业思想政治工作都是属于企业管理中重要的组成部分，都是注重对人的思想、意识、精神、行为及其相互关系的管理，两者的共同点在于：第一，都是以人为中心。前者是以人为中心的管理科学，后者是做人的工作的政治科学。第二，都有两重性。前者为提高企业的效益服务的同时，也为造就一代“四有”新人服务。后者在用马列主义、毛泽东思想、邓小平理论教育职工的同时，也要结合经济工作，为提高企业的经济效益服务。第三，出发点一致。都是通过培育职工有正确的理想追求和价值观念，把充分发挥人的积极性、主动性和创造性作为共同出发点，为发展我国经济服务。第四，工作内容有相同的地方。都以培育富有特色的企业精神为中心内容而展开，以重视职工培训，全面提高人员素质，开发人力资源为共同任务。两者的不同之处在于：第一，学科属性不同。前者属于管理科学，其理论基础是行为科学和经济理论；后者属于政治科学，其理论基础是哲学、政治经济学和马克思主义的建党学说。第二，工作侧重点不同。前者的工作重点是提高经济效益；后者则是对职工进行系统的马列主义、毛泽东思想、邓小平理论的教育。第三，各自有一些独立的内容。

从以上企业文化与企业思想政治工作的异同点分析，我们可以看出，两者在工作对象、目标内容、工作原则与工作方法等诸多方面具有较大程度的一致性和相容性，可以实现优势互补、有机融合。首先，企业思想政治工作对企业文化有指导作用。前者在社会主义时期属于社会主义国家的上层建筑，具有宏观性和全局性；后者属于企业中的上层建筑，具有微观性和局部性，因而，企业思想政治工作保证企业文化的社会主义性质和方向，即思想政治工

作决定企业文化的发展，对企业文化有指导作用。其次，企业文化是企业思想政治工作的文化依托。企业文化通过树立共同的远大理想、培育企业精神、确定企业目标、发扬企业民主、培养企业道德、优化企业环境等建设，能为企业思想政治工作的开展提供良好的环境。

（二）文化背景差异对企业文化的影响

不同文化背景下的人，在思想观念、思维方式、价值判断、行为方式等方面会有差异。企业管理中的主体、客体和管理内容，主要是面向企业中的人，不同文化背景必然导致企业管理模式、方式的差异，这也就是为什么在某国很有效的管理方略，移到另一国去就收效甚微甚至遭到失败的原因，这也正是我国的企业文化与资本主义国家企业文化具有本质区别的主要原因。在资本主义国家，企业是以盈利为唯一目的，企业文化是为此目的而服务的。而我国的企业在追求经济效益的同时，还追求企业成员之间的相互了解、相互合作，建立企业群体内人与人之间接触、协商、信任、合作的关系。因而美国企业中以个人主义为中心，推崇企业英雄，情淡如水的人际关系，在东方文化背景的企业中是行不通的。因此，引进西方的企业文化，必须与中国国情相适应，与企业特点相结合，这样企业文化才能在促进我国经济发展中发挥作用。

（三）企业文化具有两面性，是一把双刃剑

美国学者戴尔和肯尼迪将企业文化分为硬改型、享受型、赌注型和过程型等四种企业文化，日本学者河野丰弘将企业文化分为有活力的企业文化、停滞的企业文化和官僚的企业文化。良好的企业文化对企业广大职工具有强大的感召力、引导力和约束力，它能够增强职工对企业的信任感、自豪感和荣誉感，也能增强企业对职工的向心力和凝聚力。而这种意识一旦与企业的物质建设相结合，就会产生强大的生产力，这种企业文化是与思想政治工作相适应的，企业的立场、观点和利益与社会整体利益是相一致的。反之，那种与思想政治工作相对立的，不良的企业文化必然使企业职工像一盘散沙，难以凝聚，企业难以开拓创新，难以在竞争激烈的市场经济环境中生存。因此，在建设中国特色企业文化的过程中，不仅要解决好继承的问题，还要善于和重视创新，体现时代性。这要求职工具有“天下兴亡，匹夫有责”的爱国主义传统；忠于职守、吃苦在前、享受在后、克己奉公的集体主义思想；勇于变革、弃旧图新的进取精神。还要求职工克服平均主义、嫉贤妒能的心理及唯利是图的自私观念；摒弃固步自封、妄自尊大的保守传统；克服见利忘义、不顾他人国家集体利益的个人主义思想。

六、建筑企业文化建设的特殊性

(1)建筑企业多是劳动密集型企业，生产力构成中人的因素比例大，劳动者个人的质量意识、协作意识、责任意识都直接对产品质量构成影响。建筑产品质量问题历来较多，而人为的质量问题占绝大部分。因此，企业文化建设工作亟待加强。

(2)建筑产品的生产过程是各工序、工种协同合作的过程，大量的隐蔽工程除靠有限的检查把关而外，更要靠工人的负责精神和自觉性，在这个问题上，工人的主动与被动是造成工程质量优与劣的根源，必须通过企业文化建设杜绝那些“明明能干好却不好好干的”不良现象，重点在职业道德上做好工作。

(3)施工现场的分散性造成企业文化建设的离散性。临时用工较多，异地施工较多，工作强度大，使建筑企业文化建设难度更大，需要企业文化建设工作更灵活，更有声势，更富感

染力，把企业文化建设工作做到施工现场去。

(4)近年来建筑市场竞争一直异常激烈，企业文化建设特别是为外界树立的企业形象在企业竞争中起着很大的作用。一个建筑施工企业能艰苦奋斗，吃苦耐劳，科学管理，勇攀高峰，在不利的环境下建设使用户满意的优质工程，就能受到建设单位的好评，就能把企业文化的精神财富转化成物质财富。

建筑企业的文明施工是企业文化的直接体现，通过文明施工，带动、促进和完善企业整体管理，改善生产环境和生产秩序，培养企业尊重科学、遵守纪律、团结协作的大生产意识，从而促进了企业的精神文明建设。企业对施工现场各要素所处状态不断地进行以整理、整顿、清扫、清洁和提高素养为内容的"5S"现场管理制度，以及通过合理定置，实现人与物、人与场所、物与场所、物与物之间的最佳结合，是企业群体意识与制度化管理的有机结合，使施工现场秩序化、标准化、规范化，其结果是高度的文明带来高度的效率与效益。

在管理实践中，各建筑企业也都在策划和树立企业形象，把企业优秀的工作作风作为企业精神提出来成为企业共同一致的行为准则。如中化六建具有个性的"团结、自强、创优、争先"的企业精神；上海一建以"一流质量、一流速度、一流服务、一流职工队伍"为奋斗目标和"质量第一"的企业宗旨，反映了该企业"求实创新、精益求精"的企业精神。这些都反映了建筑施工企业文化建设的崭新风貌。

思考题

1. 管理幅度与管理层次的关系如何？

2. 组织设计的原则和程序是什么？

3. 非正式组织有哪些优缺点？

4. 建筑企业组织机构有哪些形式？各有何优缺点？

5. 结合我国建筑企业对人才的任用现状以及建筑行业人才的就业需求，分析建筑企业应采取何类激励措施留住人才和纳入所需人才。

6. 企业文化的特性及功能有哪些？具体到建筑企业的文化建设有什么特殊性？

第六章　建筑企业技术管理

第一节　概　述

一、基本概念

技术管理，是指对企业生产或工作的一切技术活动进行科学管理。建筑施工过程是建筑产品的生产过程，也是一系列技术活动进行的过程。因此，技术管理是建筑企业管理的重要组成部分。企业的技术管理活动不仅研究某项技术问题如何解决，而且还研究如何对各项技术活动和技术工作进行管理，即运用管理的职能促进各项技术工作的开展，保证施工生产的顺利进行。技术管理的基本概念如图 6-1 所示。

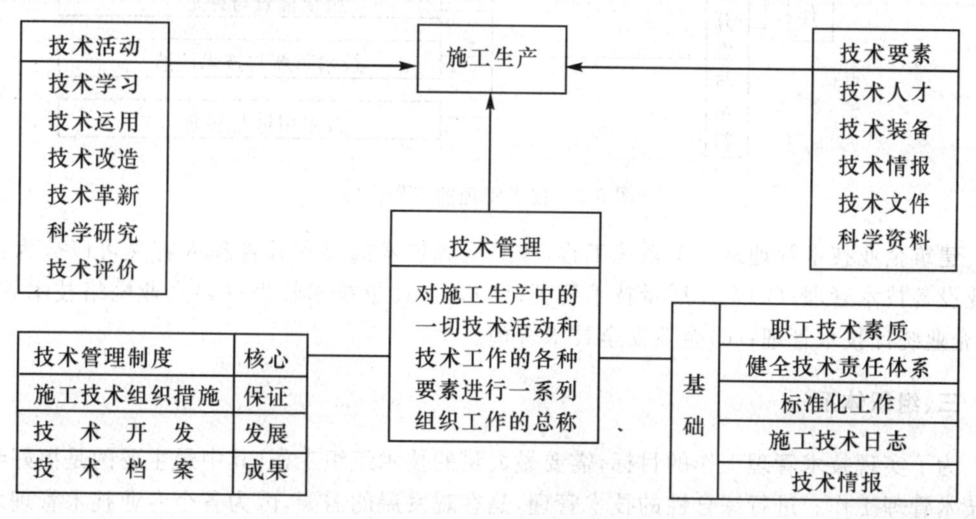

图 6-1　技术管理基本概念

二、工作内容

技术管理工作包括基本工作和基础工作两大类。基本工作包括建立与健全技术管理体制、制定与贯彻技术标准与规程、建立与健全施工技术原始记录等项工作。基础工作包括施工的技术准备工作、施工过程的技术工作和技术开发工作三大项。这三项工作在企业技术管理工作中都相当重要。其中，首推施工的技术准备工作，准备工作做得越充分，越可以加强技术工作对生产过程的指导作用。施工过程中的技术工作对于保证施工过程的顺利进行和质量控制是很重要的。技术管理的工作内容如图 6-2 所示。

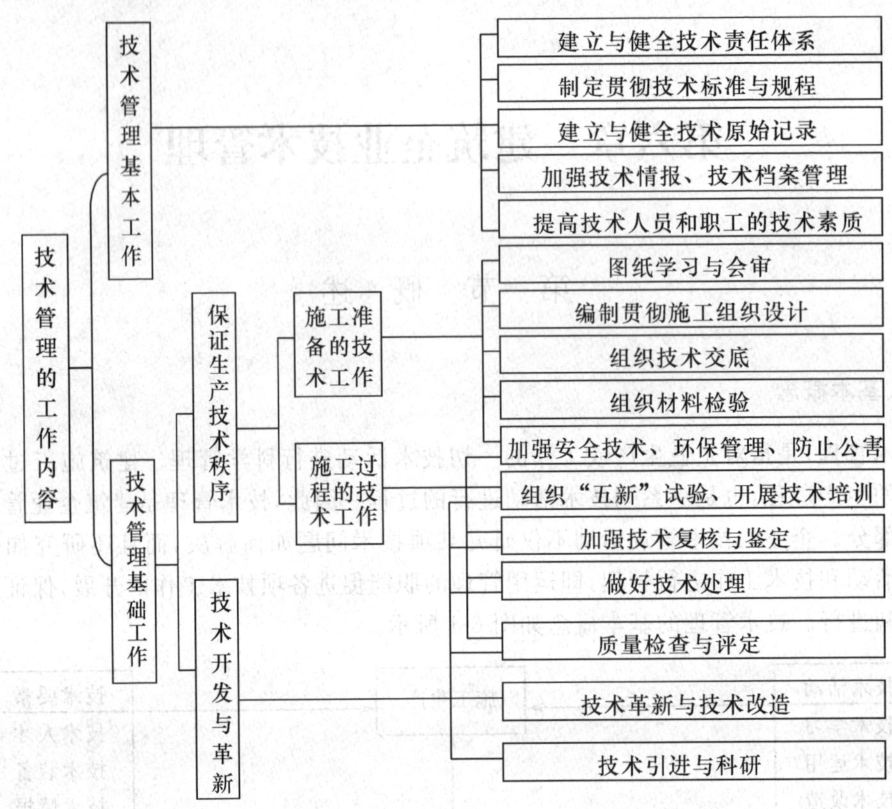

图 6-2　技术管理的工作内容

建筑企业技术管理是一个系统工程，按照构成技术的要素其管理内容又可以分为：(1)企业设备技术管理；(2)企业质量技术管理；(3)企业计量技术管理；(4)企业网络技术管理；(5)企业统计技术管理；(6)企业安全技术管理。

三、组织体系

为了实现技术管理工作的目标，需要做大量的技术组织工作，其中最主要的是搞好综合性技术管理工作。进行综合性的技术管理，是客观发展的需要，因为各个专业技术管理之间存在内在联系，具有双重性，而且随着技术管理分工越来越细，综合性管理很有必要。

我国建筑企业的技术管理组织体系一般都是以总工程师为核心，实行三级（或四级）技术责任制，即总工程师、主任工程师、专职工程师、技术员的责任制。技术管理组织体系如图 6-3 所示。

四、管理制度

技术管理制度是企业技术管理工作经验教训的总结，建立和健全严格的技术管理制度，可以把企业各级生产组织的技术工作纳入集中统一、分级管理的体系，并把技术工作科学地组织起来，切实保证技术管理工作的顺利进行。

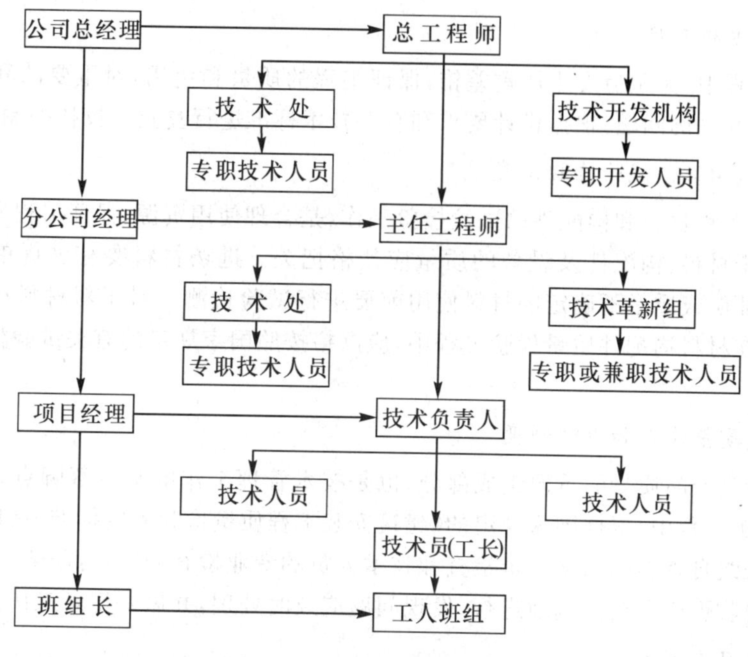

图 6-3　技术管理组织体系

(一)技术管理责任制度

技术管理责任制度是为了适应现代化大生产的需要而建立起来的严格、科学的管理制度。它是企业技术管理的基础和核心，是企业组织的一项重要任务，为技术管理工作提供组织和环境保证。

(二)图纸会审制度

建立图纸会审制度是施工准备工作中的首要环节。认真做好图纸会审，对于领会设计意图、减少施工图的错误、提高工程质量、确保工程顺利进行有着重要作用。施工单位在接到施工图纸或有关技术资料后，应该组织学习图纸的内容、要求和施工特点，以便掌握工程实际情况，制定施工方案和技术措施，以及提出图纸本身存在的矛盾和问题，图纸会审形成的会审记录经参加单位会签后即作为施工依据，一般不得更改。

(三)技术交底制度

技术交底的目的是使施工人员对工程及技术要求做到心中有数，以便科学地组织施工，安排进度。技术交底主要包括施工图交底，施工组织设计交底，设计变更和洽商交底，操作规程交底等。技术交底是技术管理人员的工作内容及重要职责，针对企业的技术薄弱环节，单位工程技术负责人必须向班组认真传达交底工作。

(四)设计变更和技术核定制度

尽管经过严格的设计审批和图纸会审，但由于影响建筑产品生产的可变因素、不可预见因素较多，施工过程中经常会出现变更原设计的情况。在施工过程中，由于施工图纸发现错误，施工条件变化，材料的规格、品种、型号、质量与设计不符，或采用新技术、新工艺等原因，必须对施工图进行修改时，应按照核定程序，及时办理设计变更核定单，严格执行设计变更签证制度，即技术核定制度。施工单位不能单方面更改设计图纸，按自己意愿施工。

（五）技术复核制度

在施工过程中，为避免发生严重差错，保证工程的质量和使用，对重要的和涉及工程全局的技术对象和关键问题，根据设计要求和有关技术标准进行复查与校核的制度。

（六）材料、构配件试验检验制度

做好建筑工程材料和构配件的试验检验工作，是合理使用资源、保证工程质量的主要措施。因此，对于材料、构配件及设备的质量应严格把关。进场材料要有供货单位的合格证明，对无合格证明或质量不确定的材料使用前要进行试验检测。对于新材料在使用前要进行技术鉴定，在材料构配件质量检验过程中，应严格按照国家规定的有关试验标准和条件要求。

（七）工程质量检查和验收制度

工程质量是产品质量的重要组成部分，也是技术管理工作的基本落脚点。为了保证工程质量，在施工过程中，根据国家规定的《建筑安装工程质量检验评定标准》逐项检查施工质量。要建立班组自查、互查、交接班检查和技术人员的专业检查制度，对隐蔽工程、分部分项工程的检查验收更应严格认真地进行，发现问题应及时处理，并做好记录工作。

（八）施工日志制度

施工日志是工程项目施工中有关施工活动的综合原始记录，必须如实记载。坚持施工日志制度，对于全面了解现场施工情况、分析施工中出现的问题、积累经验教训及索赔，具有非常重要的意义。

（九）技术档案管理制度

技术档案是工程项目施工中自然形成的技术文件或资料，具有保存价值，可以为建安工程交工后的使用、维护、改建、扩建等提供依据。

（十）技术开发管理制度

主要指技术开发程序、开发资金管理、开发成果评审检验、技术鉴定以及奖励制度等。

五、技术开发

技术开发是在科学及技术原理的基础研究、应用研究的基础上，为有效地进行具有特定目的的经济活动、社会活动而对科研成果和新兴技术的选择运用和推广的过程，也就是科研的开发研究及应用。技术开发走在生产的前面，以源源不断的新技术推动生产进步。企业只有依靠技术开发，采用新材料、新工艺、新技术、新设备和新的管理方法，才能不断改善其技术经济指标，提高市场竞争能力。建筑企业的技术开发工作包括技术革新、技术改造、科学研究和技术培训等内容。技术开发是企业提高技术水平和扩大再生产的重要途径之一。建筑企业在技术开发过程中，应与高等学校紧密合作，借助于高等学校的人才和科技优势，力求做到提高质量、降低成本、提高劳动生产率。技术开发的内容有：

（一）技术革新

技术革新是建筑企业技术开发的重要方法之一。它是指对现有技术进行局部改进和创新，从而逐渐改变企业的技术面貌。它是技术革命的基础，具体内容包括：改进施工工艺和操作方法；改进施工机械设备和工具；改进原料、材料、燃料的利用方法；采用新的建筑结构及构件形式;进行管理工具和管理方法的革新。

(二)技术改造

技术改选是指用现代化的、先进的机器设备和工艺方法对原有技术进行改造,以提高现有的技术水平,扩大企业的生产能力,达到优质、高产、低耗的目的,具体内容包括:抓管理现代化,降低消耗、提高质量、提高劳动生产率和改善劳动条件,提高现有技术装备的水平;与技术革新相结合,改进施工工艺和操作方法,改进机械设备和工具;改进原材料利用方法,改进产品结构,提高劳动效率和劳动生产率;开展科学研究,加强试验手段的建设,扩大技术储备,促进技术开发;正确处理技术改造和技术引进的关系,培训技术力量,把学习与独创相结合,努力开发适合我国的新技术、新工艺、新设备、新材料等。

(三)科学研究

建筑企业必须高度重视商品市场和技术市场,重视科学研究,克服不搞科学研究的倾向,具体内容包括:从实际出发,解决生产过程中提出的技术关键和薄弱环节(如施工工艺改进、原材料节约、新材料使用、能源消耗降低、新结构采用、组织管理改进等);与技术革新、技术改造结合,找出技术的内在规律,解决理论问题。

(四)科技情报

科技情报是指反映国内外建筑科学技术最新发展动态的资料和信息。它是科学研究、技术改造和发展的"耳目",是企业技术开发不可或缺的"第二资源",也是技术管理的一项重要工作,具体内容包括:积累、掌握与本专业有关的科学技术方面的资料和经验;正确迅速地报道、交流科技成果实际经验,为企业提供必要的技术资料;收集、整理加工、存储、报道、提供、交流科技资料,组织编写文摘和简报等;遵守《保密法》和《专利法》,注意对知识产权的维护和保护。

第二节 标准化管理与工法制度

一、标准的管理体制

所谓标准,就是衡量事物的准则。它是为了取得最佳经济效果,依据科学技术和实践检验,通过充分讨论,对经济技术活动中具有多样性和相关特性的重复事物,按一定程序和形式颁发的统一规定。GB3935.1—83《标准化基本术语·第一部分》中对标准的定义是:"标准是对重复性事物和概念所做的统一规定。它以科学技术和实践的综合成果为基础,经有关方面协商一致,由主管机构批准,以特定形式发布,作为共同遵守的准则和依据。"

我国《标准化法》中规定了国家标准、行业标准、地方标准和企业标准四级管理体制。这四级标准相互之间不是平行的,而是以国家标准为主体,上级标准是下级标准的依据,下级标准是上级标准的补充。国家标准和行业标准又分为强制性标准和推荐性标准,地方标准只有强制性标准一种(指在该行政区域内),而企业标准是企业自己制定的,也只有强制性标准一种。我国的四级标准如表 6-1 所示。

表 6-1　标准的管理制度

名　称	制定部门	适用范围	备　注
国家标准	国务院标准化行政管理部门	全国	有关全国的经济技术，具有战略意义的标准
行业标准	国务院各有关行政主管部门	全国性各行业	结合各行业特点而颁布的标准，报国务院标准化主管部门备案
地方标准	省级政府的标准化行政主管部门	该省、自治区、直辖市范围区	报国务院标准化部门和有关行政部门备案
企业标准	企业	企业内部	报当地政府的标准化行政主管部门和有关行政主管部门备案

另外还有国际标准。国际标准是由国际标准化组织制定的，一般来讲它不具有强制性，但在国际经济活动中国际标准常作为衡量产品或服务以及生产过程的标准，若国际标准被国家认同或等效采用，则在该国内就成为国家或行业标准。

二、标准化的过程

标准化是指以制定标准和贯彻标准为主要内容的全部活动过程。GB3935.1—83《标准化基本术语·第一部分》中对标准化的定义是"标准化是在经济、技术、科学及管理等社会实践中，对重复性事物和概念，通过制定、发布和实施标准，达到统一以获得最佳秩序和社会效益"。

标准化不是一个孤立静止的概念，而是一个动态的活动过程，这个过程就是制定标准、贯彻标准进而修订标准的过程。

三、标准化管理的内容

企业标准化是指通过少数化和基准化的方法把企业日常的大量重复的工作加以简化，使之达到效率化的行动过程。建筑企业的标准化管理是整个企业管理中不可缺少的一项管理内容，以改进企业生产经营管理，提高经济效益为目的。这项工作一般由建筑企业的技术管理部门负责，按专业进行人员分工。加强企业的标准化管理对组织企业现代化生产，提高企业的技术素质、劳动生产率和产品质量，具有重大的意义，它是企业管理的基础工作。

建筑企业标准化管理的基本任务就是执行国家有关标准化的法律、法规，贯彻国家标准、行业标准和地方标准，制定并贯彻企业标准，并对其贯彻实施情况进行检查。具体工作内容包括：认真贯彻国家制定的标准化工作方针、政策和法律法规；组织实施国家标准、行业标准和地方标准，积极推行国际标准；编制本企业标准体系表；编制本企业标准化工作计划；组织制定、修订和贯彻企业标准；对本企业标准的实施情况负责监督检查；参与研制新材料，采用新技术、新工艺，搞好企业标准化管理工作；做好标准化的情报工作，统一归口管理有关标准，建立档案，搜集国内外标准化情报资料；计算与评价标准化的效果，总结标准化经验；进行标准化的宣传培训和咨询工作；承担上级下达的有关标准化任务。

四、技术标准简介

技术标准是企业规范自身的施工行为、健全质量管理体系、提升企业管理水平的重要举措。企业应当遵循的各类技术标准种类繁多，选取部分列举如下。

表 6-2　部分技术标准

种　　类	名　　称
建筑工程测量技术规范规程	《工程测量规范》(GB50026—2007)、《建筑变形测量规范》(JGJ8—2007)《城市测量规范》(CJJ8—99)、《全球定位系统城市测量技术规程》(CJJ73—97)、《国家三、四等水准测量规范》(GB12898—91)等
房屋建筑工程技术规范规程	《建筑基坑支护技术规程》(DB11/T489—2007)、《建筑边坡工程技术规范》(GB 50330—2002)、《建筑与市政降水工程技术规范》(JGJ/T111—98)、《锚杆喷射混凝土支护技术规范》(GB50086—2001)、《建筑地基基础工程施工质量验收规范》(GB50202—2002)、《钢筋焊接接头试验方法》(JGJ/T27—2001)、《钢筋机械连接通用技术规程》(JGJ107—2003) 等
市政工程技术规范规程	《市政道路工程质量检验评定标准》(CJJ1—90)、《城市桥梁工程施工与质量验收规范(C)JJ2—2008》、《钢渣石灰类道路基层施工及验收规范》(CJJ35—90)、《粉煤灰石灰类道路基层施工及验收规程》(CJJ4—97)、《乳化沥青路面施工及验收规范》(CJJ42—91)、《市政工程质量检验评定标准(城市防洪工程)》(CJJ9—85) 等
公路工程技术规范规程	《公路工程技术标准》(JTGB01/2—2003)、《公路路基施工技术规范》(JTG F10—2006)、《公路加筋土工程施工技术规范》(JTJ 035—91)、《公路路面基层施工技术规范》(JTJ 034—2000) 等
地铁工程技术规范规程	《城市快速轨道交通项目建设标准》(试行本)、《跨座式单轨交通设计规范》(GB50458—2008)、《地下铁道设计规范》(GB 50157—2003)、《地下铁道、轻轨交通岩土工程勘察规范》(GB50307—1999) 等
电力工程技术规范规程	《电力设施抗震设计规范》(GB50260—96)、《电力工程物探技术规程》(DL/T 5159—2002)、《电力建设施工及验收技术规范》(DL/T5190.5—2004)、《电力工程直流系统设计技术规程》(DL/T5044—2004) 等
石油化工工程技术规范规程	《石油化工钢结构工程施工及验收规范》SH/T 3507—2005、《石油化工设备和管道隔热技术规范》(SH3010—2000) 等
石油天然气工程技术规范规程	《长距离输油输气管道测量规范》(SY0055—2003)、《输油输气管道线路工程施工及验收规范》(SY0401—98)、《石油天然气站内工艺管线工程施工及验收规范》(SY0402—2000) 等
主要材料、构配件标准	《硅酸盐水泥、普通硅酸盐水泥》(GB 175—1999)、《钢筋机械连接通用技术规程》(JGJ107—2003)、《普通混凝土用砂质量标准及检验方法》(JGJ52—1992)、《回弹法检测混凝土抗压强度技术规程》(JGJ/T23—2001)、《砌筑砂浆配合比设计规程》(JGJ98—2000)、《烧结普通砖》(GB5101—2003) 等
园林绿化工程技术规范规程清单	《公园设计规范》(CJJ 48—92)、《园林基本术语标准规范》等
安全文明施工、环境保护规范规程	《建筑施工场所噪声限值》(GB12523—1997)、《建筑施工安全检查标准》(JGJ59—1999) 等

注：表中只列举若干主要标准。

五、工法制度

(一)工法制度的概念

"工法"一词来自于日本,日本建筑大字典称工法是"建造建筑物(构筑物)的施工方法或建造方法"。日本的《国语大辞典》则称工法是"工艺方法和工程方法"。日本有"构法"一词,与工法有些相近,指"建筑物(构筑物)的构成方法"。和工法相近的词义,美、英称"Construction Method and System",含义和日本的基本相近。

我国建设部在颁发的《施工企业实行工法制度的试行管理办法》中对工法下了如下的定义:工法是指以工程为对象,工艺为核心,运用系统工程的原理,结合先进技术与科学管理,在实践基础上形成的综合配套技术的应用方法。它具有一定的实用价值和经济价值。

工法是指导建筑企业施工管理的一种规范化文件,是衡量企业技术水平和施工能力的重要标志,是施工企业技术进步的重要组成部分。工法分为一级(国家级)、二级(地区部门级)、三级(企业级)三个等级。

(二)工法的特征

(1)以工程为服务对象。

(2)以施工过程为研究对象。

(3)具有系统性、科学性和实用性。

(4)工法的核心是工艺。

(5)工法是企业的技术秘密,属于无形资产。

(三)工法制度的优点

(1)找出施工过程的规律性,增强企业的技术积累。

(2)运用系统工程的原理和方法使企业的施工经验更具有科学性和实用性。

(3)成为施工组织设计的模块,可存贮于计算机中供随时调用,简化了施工组织设计。

(四)工法的内容

(1)前言:工法产生的背景和情况介绍。

(2)工法特点:工艺原理、使用功能及特色、效果等。

(3)适用范围:最适宜的施工对象及施工部位。

(4)工艺原理:施工工艺遵循的原理。

(5)施工工艺流程及操作要点:工序、操作的要点和过程及需注意的问题。

(6)材料与设备:关键设备机具、新材料、特性、数量配比等。

(7)质量要求:质量标准和为保证质量而采取的技术措施。

(8)安全措施:工法使用过程中需注意的安全事项及安全保障措施。

(9)环保措施:工法使用过程中应当注意的环保事项及环保措施。

(10)效益分析:实物耗用量,工料分析对比,效益分析量化。

(11)应用实例。

(五)工法案例

本章介绍一个国家级工法案例——《空间曲面钢结构管桁架屋盖安装施工工法》。详见本章附录。

第三节　技术经济分析

技术经济分析就是对不同技术方案的经济效益进行计算、分析、评价，并在多种方案中选择最优方案。即从经济角度，对技术方案的预期效果进行分析，作为选择方案和进行决策的依据。技术经济分析是一项关系到技术政策、措施、方案成败的工作，必须予以足够的重视。

在技术管理活动中，必须讲求企业技术经济效益。因此，要运用技术经济学的理论和方法，加强技术经济分析工作。

一、技术与经济的关系

技术是人类改造自然的手段和方法，是指用科学原理进行各种产品（或结构、系统及过程）的开发、设计和制造时所采用的方法、措施、技巧等的总称。具体表现为操作技能、劳动手段、生产工艺和程序管理方法，如技术装备、生产工具等硬件和施工工艺、管理技术等软件。

"经济"一词有多种含义，第一种是指人类历史发展到一定阶段的社会经济制度，是政治和思想等上层建筑赖以存在的基础；第二种是指物质资料的生产，以及与之相适应的交换、分配、消费等活动；第三种是指一个国家国民经济的组成，如工业经济、农业经济、运输经济等名词中的经济概念；第四种指节约或节省等。技术经济分析中的经济一般指的是第四种含义，是指人、财、物、时间等资源的节约和有效使用，即为了获得单位效用所消耗的费用的节约。

技术和经济是人类社会进行物质生产活动中始终并存的两个方面，两者相互促进又相互制约。经济发展是技术进步的动力和方向，而技术进步是推动经济发展，提高经济效益的重要条件和手段。经济的发展离不开技术的进步；而社会物质文化需要的增长，国民经济的发展，又都必须依靠技术的进步和应用。技术与经济的具体关系如下：

(1)经济是技术进步的目的和动力，技术则是经济发展的手段和方法。

(2)技术的先进性与经济的合理性是一对相互促进、相互制约的既矛盾又统一的对立统一体。

(3)技术进步是经济发展的重要条件和物质基础，是提高劳动生产率、推动经济增长的有效手段。

(4)经济发展是技术进步的最终归宿，同时又是重要的物质保障。

(5)在技术与经济的关系中，经济占据支配地位，技术进步是为经济发展服务的，技术产生的本身就具有明显的经济目的，任何一项技术推广应用时首先要考虑其经济效果问题。

总之，技术与经济的关系是辩证统一的，技术与经济相互配合，才能获得良好的经济效益。任何先进技术的应用必须在显示出经济上的优势，才能得到推广。但同时也应看到，随着时间的推移，经济条件在不断发展和变化，原先经济效益不好的技术，可以转化为比较好的技术；而原来经济效益比较好的技术，也可能转化为很不经济的技术。因此，任何技术的应用，都应以提高经济效益为前提，要因时因地处理好技术与经济的关系。

二、技术方案的技术经济效果评价原则

(一)讲求经济效益

评价技术方案的好坏,不仅要关心是否能以最少的劳动消耗获得最大的使用价值(这是生产效率问题),而且更应注意采用该方案后能否为用户或生产活动提供质量和数量上都合格的产品,即经济效益第一的原则。

(二)综合评价

即不能强调单方面的效果,要综合考虑它对企业的投资、劳动力、工程质量、使用期维修等多种因素的影响。

(三)坚持国家标准

国家标准是现阶段公认的行为规范,具有一定的法律效力。技术方案实现过程中所产生的各种效果,都应符合国家有关的技术标准或者达到相应的技术规范,这是技术方案评价的前提条件。

(四)正确处理技术与经济的关系

技术先进与经济合理往往是一对矛盾,如果片面地追求先进技术,不考虑经济与技术的促进和制约关系,就会浪费资金,事倍功半。

(五)可比性原则

在进行多方案比较或新旧技术方案比较时,要注意使两者比较的基础具有可比性,如价格、寿命期等因素。

(六)兼顾当前与长远经济效益

新技术方案不仅要评价近期的经济效果,而且还要从战略角度出发,重视将来的发展趋势和远期效果的预测工作,并将两者紧密结合起来,综合考虑,权衡利弊。

(七)兼顾直接与间接经济效益

新技术方案的采用,不仅能带来直接的经济效益,有时还能带来间接的经济效益,但有时也会增加一些额外的费用支出,这时要将各方面因素综合起来统筹考虑。

三、技术方案经济比较的可比条件

(一)满足需要及预定目标的可比性

不同方案的执行结果,可能达到不同的预期目标,并满足不同的需要,只有在满足需要和预期目标相同或相似的条件下,比较才有基础,才有意义。

(二)消耗费用和资源的可比性

方案对比选择时,必须对每个方案全过程中直接或间接,长期或近期所需费用进行综合对比,没有全面的费用对比就不可能得出正确的结论。

(三)价格指标的可比性

不同的方案可能涉及到不同的资源和产品,因而会涉及到多种价格。因此,进行方案比较时,必须以相同而合理的价格作为基础,并且最终通过这一价格体系,将费用与成果进行量化。

（四）时间因素的可比性

技术经济比较的都是方案寿命期内的经济技术效益问题。资金时间价值和风险等因素的存在使得时间成为影响方案经济效益的重要因素，不同技术方案的经济比较应采用相等的计算期或折算成相等的计算期进行。

（五）风险因素的可比性

不同的方案会有不同的技术经济风险。因此，必须充分考虑到各种风险因素，对各方案实现的可能性作出判断。

附录：空间曲面钢结构管桁架屋盖安装施工工法

1 前 言

钢桁架结构由于结构简洁、受力合理、重量轻，被越来越多地应用于公共建筑和工业建筑中。传统曲面钢结构管桁架安装施工工法在构件详图深化设计、相贯线节点焊接、不规则屋面板的下料、管桁架的制作与安装等方面都存在一定的问题。本工法在施工之前用 MIDAS 软件对施工方案进行了分析，施工过程中对关键部位进行应力变形监测，确保了施工的安全性和精度。本工法应用 PRO-E 软件对构件进行了深化设计并在施工过程中根据施工误差进行实时调整，使得主次桁架能够顺利焊接。另外，工法利用 AUTOCAD、PRO-E 软件进行屋面板放样的方法提高了施工精度，节省了建设成本，值得其他工程借鉴。

2 工法特点

2.1 施工前用 MIDAS 软件对施工方案进行安全评估

传统工艺在施工前无法预知施工方案的安全性，许多问题在施工过程中才会暴露出来。本工法在施工前用 MIDAS 软件对施工方案进行了线性施工阶段的有限元模拟，通过模拟考察施工过程中各构件的应力和应变，从而评估施工方案安全性，指导实际安装施工过程。

2.2 施工过程进行应变位移监测并对施工误差进行实时调整

根据施工前 MIDAS 软件对屋盖施工方案的分析结果，本工法在施工过程中对各个关键位置进行了应力应变监测，对各主桁架悬臂端进行了位移监测，从而保证了施工阶段的各种杆件承受的应力及变形与设计模型相符。

由于管桁架构件在分解构件的制作安装过程的精确度等方面均有可能存在误差，本工法在施工过程中严密监测已安装完成的主次桁架的位置坐标，与设计值进行比对，及时得到施工误差，然后利用 PRO-E 软件对未安装构件设计进行实时调整以纠正先前施工误差，使得屋盖结构能够顺利合拢。

2.3 利用 AUTOCAD、PRO-E 软件对各种不同形状屋面板进行放样

空间曲面屋盖体型复杂，屋面板多为扇形且每块扇形板的形状尺寸不一，有些工程选用较硬的彩钢板作为屋面板材料，放样难度非常大。采用传统施工工艺往往会造成放样尺寸不精确、材料浪费等问题。本工法根据现有市场材料，利用 AUTOCAD、PRO-E 软件，分别对圆型半球体的屋面板进行深化及分解，得出最终的扇形板上下口尺寸，不仅提高了施工精度，同时降低了建设成本。

3 适用范围

本工法适用于空间曲面钢结构管桁架屋盖的安装施工，对于其它钢结构管桁架体系的安装以及复杂曲面屋面板的放样亦有参考借鉴意义。

4 工艺原理

4.1 用 MIDAS 软件进行分阶段模拟分析

按照安装施工方案，分安装主桁架构件、安装环形桁架构件和主檩条、卸载主桁架顶部约束三个阶进行建模。在充分考虑不利工况的条件下，分析各个阶段构件的应力应变情况，评估施工方案的安全性。

MIDAS 分析模型图 4.1-1. 图 4.1-2 所示。

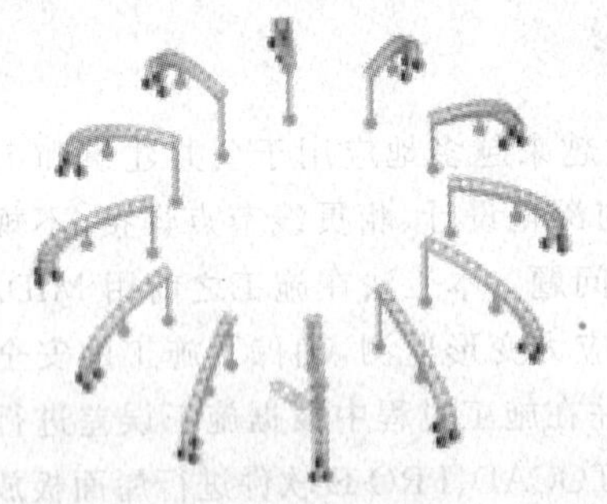

图 4.1-1 施工阶段一构件及约束图

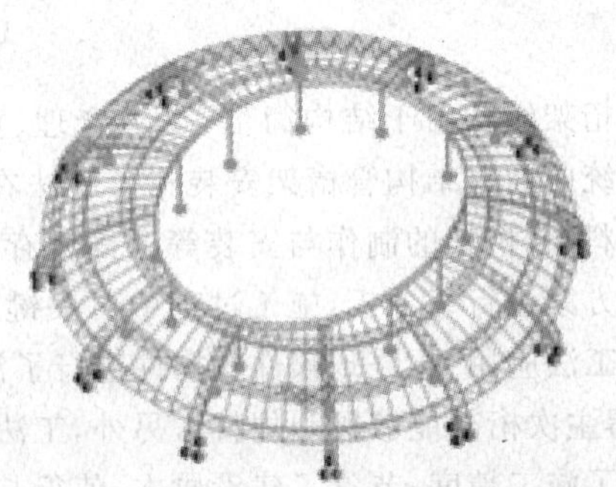

图 4.1-2 施工阶段二构件及约束图

利用上述模型分析主次桁架各构件的应变应力，从施工分析的结果来看，在主桁架悬臂端的格构式柱子拆除后，整个结构的最大挠度约为 10mm，且构件的最大应力约 $39N/mm^2$，位于与平台混凝土柱子连接的主桁架的弦杆。从分析结果可以看出，本工程安装施工方案安全可靠，安装过程中应对关键部位的应力变形进行监测。

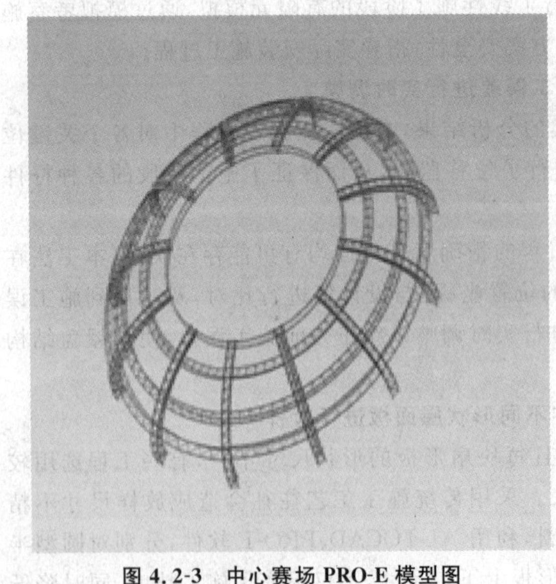

图 4.2-3 中心赛场 PRO-E 模型图

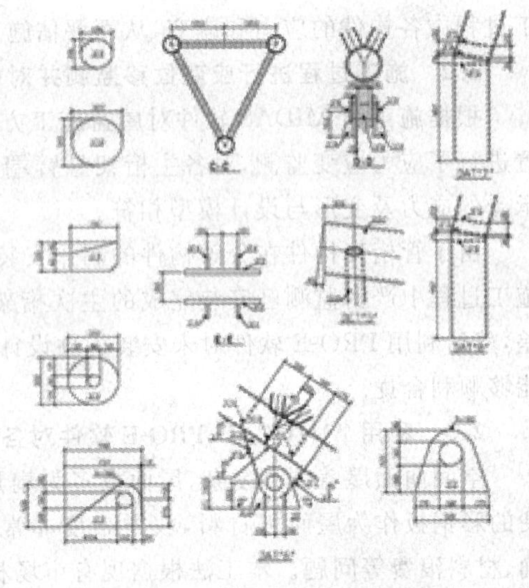

图 4.2-4 部分构件深化设计图

4.2 运用 AUTOCAD、PRO-E 软件对构件进行深化设计以及实时调整

利用 AUTOCAD、PRO-E 软件，对钢结构屋盖的各个构件进行深化设计。根据实际施工过程中观测到的空间坐标，及时发现施工与设计偏差。运用 PRO-E 对剩余构件进行实时更新设计，以便满足设计要求。

4.3 利用 AUTOCAD、PRO-E 软件进行屋面板放样

本工法根据现有市场材料，利用 AUTOCAD、PRO-E 软件，分别对圆型半球体的屋面板进行深化及分解，对三种软件得出的扇形板上下口尺寸进行比较确定，得出最终的扇形板上下口尺寸。经过放样，本屋盖共有 15 种形状的屋面板，每种 72 块，具体情况见表 4.3。

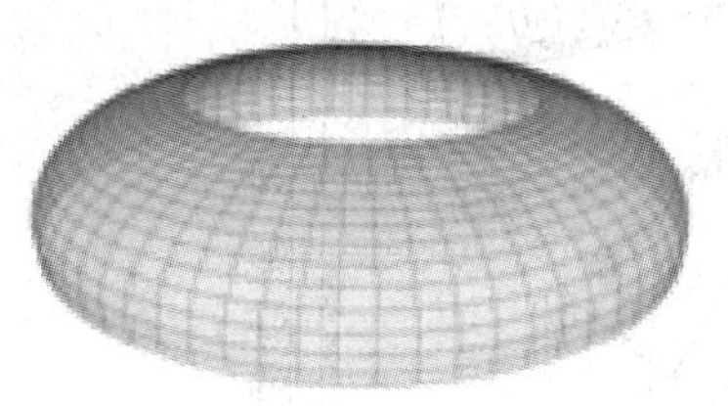

图 4.3-1 屋面板放样 PRO-E 模型侧视图

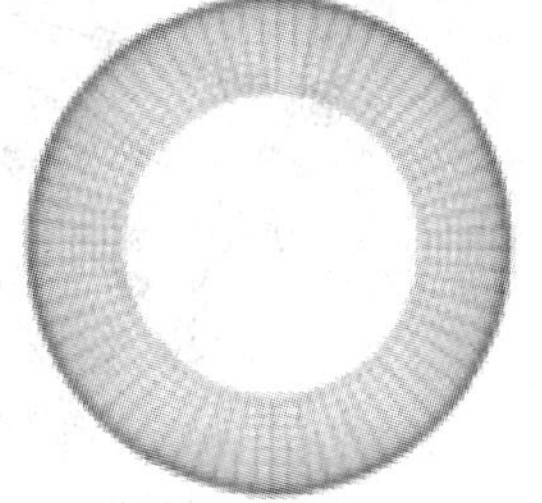

图 4.3-2 屋面板放样 PRO-E 模型俯视图

表 4.3 屋面板放样汇总表

序号	上边长（mm）	下边长（mm）	腰长（mm）	个数	放样图	序号	上边长（mm）	下边长（mm）	腰长（mm）	个数	放样图
01	2423	2551	1483	72		06	3272	3442	2168	72	
02	2551	2737	2170	72		07	3442	3606	2137	72	
03	2737	2919	2158	72		08	3606	3772	2270	72	
04	2919	3099	2182	72		09	3772	3932	2374	72	
05	3099	3272	2142	72		10	3932	4073	2368	72	

4.4 对施工阶段构件进行应力应变监测

根据对施工阶段的模拟分析结果，选取控制杆件控制点和应力比较大的杆件作为实测应变测试的位置。位移（挠度）测点主要为各主桁架悬臂端。

应变测点的布置如图 4.4-1 所示。共对 6 榀主桁架（如图所示）的应变进行了测试，每榀桁架中测点的布置如图所示（以 CHJ2 为例）。同时，对 6 榀环形桁架（如图所示）的应变进行监测，每榀桁架中测点的布置如图 4.4-1、图 4.4-2 所示（以 HHJ1a 为例）。

变形的监测主要为对主桁架悬臂端的挠度监测。测试采用高精度的全站仪，利用三角高程差的方法进行。

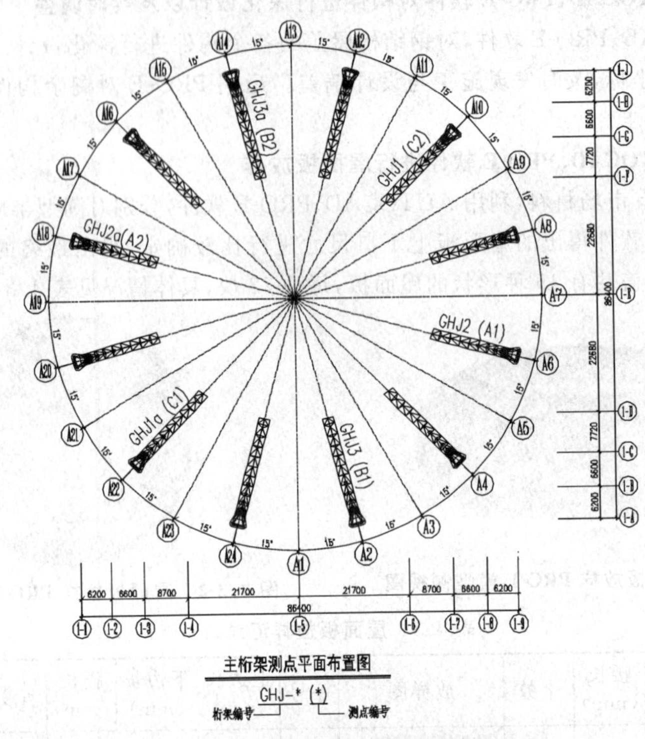

图 4.4-1　主桁架测点布置平面图 a

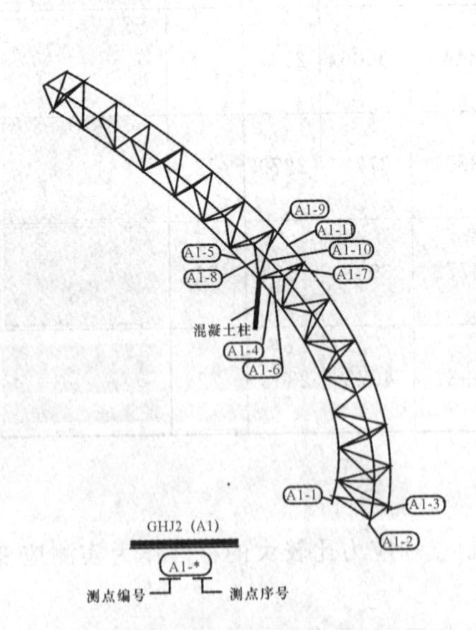

图 4.2-2　主桁架测点布置平面图 b

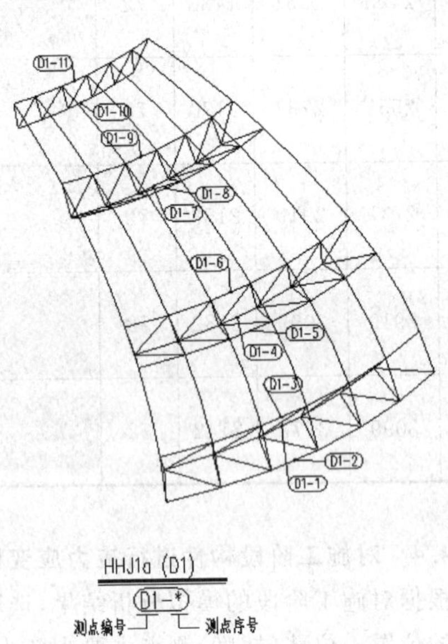

图 4.4-3　环形桁架测点布置平面图

5　施工工艺流程与操作要点

5.1　施工工艺流程

施工工艺流程如图 5.1 所示。

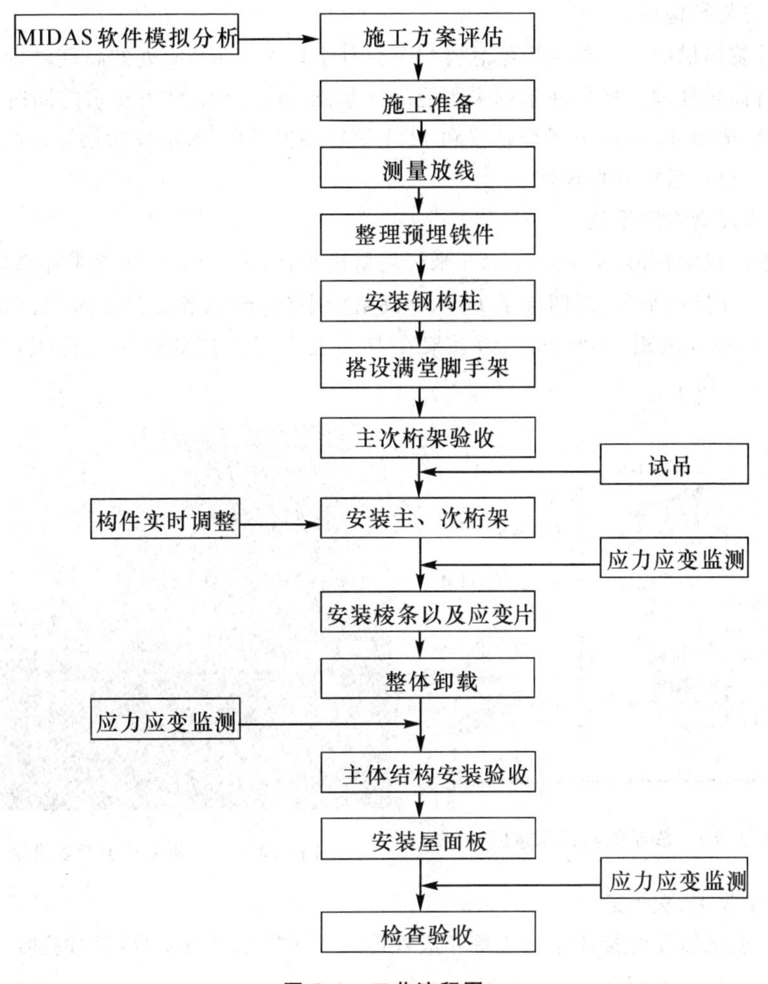

图 5.1　工艺流程图

5.2　操作要点

5.2.1　施工方案评估

正式施工前用 MIDAS 软件对施工方案进行了线性施工阶段的有限元模拟，通过模拟考察施工过程中各构件的应力和应变，从而评估施工方案的安全性。模拟评估确认施工方案安全后方可进入施工阶段。施工阶段应根据模拟分析结果，对主要构件进行应力应变监测。

5.2.2　施工准备

平整道路和安装场地，吊机行驶道路必须平整坚实，可采用垫钢质路基箱或道木，以保证吊机负荷行驶中安全。

5.2.3　测量放线

选用 Topcon 电子全站仪和 J2 光学经纬仪、SD3 水准仪，配合钢尺，角尺等采用极坐标法进行管桁架柱脚、中间支座和格构柱的放样工作。在主桁架柱脚底板上标好主桁架上下弦杆的就位圆尺寸，在中间支座底板上弹出就位轴线位置，方便主桁架安装就位。

5.2.4　整理预埋铁件

根据测量放线，复核管桁架柱脚、中间支座以及施工钢构柱的砼基础或看台上相应位置的预埋铁件位置。对轴线位置和标高不满足要求的铁件进行整理，使其偏差值在允许范围内。

5.2.5　安装钢构柱

根据设计院提供的钢结构主桁架悬臂端下弦杆下口至±0.000 处的高度做好每榀主桁架的格构柱并进行标号处理。格构柱基础采用混凝土基础，在满足承载力要求的同时不应产生沉降变形。安装时，选用 Topcon 电子全站仪和 J2 光学经纬仪、SD3 水准仪对格构柱的标高、角度、垂直度进行校正，校正后拉好揽风绳。

5.2.6　搭设满堂脚手架

脚手架搭设成阶梯形，第一层至 7.5 米标高搭设平台，第二层至 11.5 米标高搭设平台，第三层至 15.2 米标高搭设平台，第四层至 17 米标高搭设平台，最后搭设至标高 20.6m，脚手架立杆纵横间距 1000mm，步距 1800mm。脚手架在弦形主桁架就位处应留出位置，具体布置如图 5.2.6-1、5.2.6-2 所示：

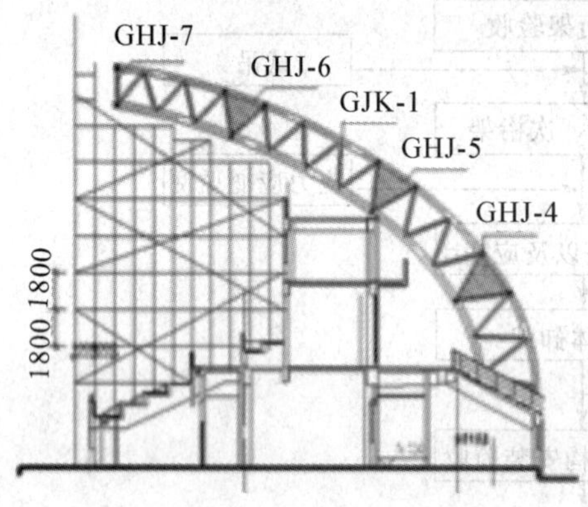

图 5.2.6-1　脚手架搭设示意图

图 5.2.6-2　满堂脚手架以及钢构柱

5.2.7　验收主、次桁架

根据设计要求以及焊接质量验收等相应规范对主次桁架进行验收，通过验收方可吊装。

5.2.8　安装主、次桁架

中心网球场由 12 榀主桁架和 4 圈次桁架围成球体运行中心，在半径为 37 米处有 12 个混凝土柱子作为整个球体的中间支撑柱，单榀主桁架重达 15.7 吨，吊机采用 110 吨汽车吊进行安装。主次桁架安装步骤如下：先进行两榀主桁架的安装，之后进行环形次桁架的分段安装，然后以打圈的方式逐榀安装主桁架并逐段进行环形次桁架的安装。在正式吊装前进行试吊，以确保吊装的安全。

1. 验算主桁架的吊装稳定性

由于主桁架的跨度大至 40m 余，由于吊装时在自重及动力作用下，故应保证主桁架的安装稳定性。主桁架上、下弦杆的最小截面 $\varphi299\times10$ 的截面惯性矩 $I=9490\text{cm}^4$，绑扎吊点在桁架上任何位置均能满足主桁架在平面的吊装稳定性要求。对于主桁架出平面稳定性，因为本工程的主桁架截面均为三角形，故出平面稳定性无需验算均能满足。

2. 安装第一榀主桁架

吊机就位后试吊一次弧形主桁架，应用 4 吊点起吊弧形主桁架，控制好主桁架不翻转，试吊时宜将主桁架吊离地面 50cm 左右。吊装过程中，通过控制使主桁架先满足格构柱顶端的标高，再满足主桁架柱脚处的标高，最后满足中间支座的标高。主桁架就位后，用全站仪测量标高、角度，用屋架校正器校正垂直度等各项指标。屋架校正器由三节组成，首节用 Φ43 钢管制作；尾节包括两部分，一部分用 Φ43 钢管制作，另一部分包括摇把、螺杆和套管卡子；中节用 Φ48～57 钢管制作。18M 跨以上的屋架用两根校正器，当使用两根校正器同时校正时，摇手柄的方向必须相同，快慢也应基本一致。

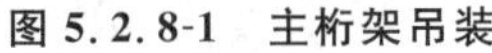
图 5.2.8-1　主桁架吊装

图 5.2.8-2　次桁架吊装

3.临时固定

采用在桁架两侧各设置两道缆风绳作为临时固定，用缆风绳将桁架作三角形状拉牢以避免桁架向两边倾斜，旋紧预埋螺栓螺母，然后吊车脱钩，主桁架临时就位固定完成。

4.安装第二榀主桁架

第二榀主桁架安装同第一榀主桁架安装程序相同，应在二榀主桁架之间安装好次桁架，吊钩方可脱钩。

5.分段吊装环形次桁架

第二榀主桁架安装完成后，为了保证结构的稳定性，立即进行环形次桁架(分段)的安装。由于次桁架是一榀变截面三角环形桁架，三根弦管两端都是一个相贯面 U 型切割口，主桁架安装完成呈倒 V 型，上面小下面大，所以为了方便安装，环形次桁架吊装按先上后下的顺序，即先安装上面一榀，后安装下面一榀。

6.焊接

吊装环形次桁架就位后焊接固定，依次进行。由于主次桁架间焊口集中，相贯线复杂，施焊时间长，因此，焊接热引起的构件变形将严重影响杵架的拼装质量。为了减少这一影响，根据现场的焊接检验报告，以科学的计算分析为指导，施工中通过选择适当的焊接工艺流程、作业方式和作业顺序，并不断地调整工艺参数。

7.超声波探伤

焊接完毕后，应待冷却至常温后进行超声波探伤检验。经探伤检验的焊缝接头质量必须符合所有杆件对接焊缝为Ⅰ级，支座Ⅱ级，其它焊缝为Ⅲ级质量标准。

8.测量已安装结构空间坐标

选用 Topcon 电子全站仪和 J2 光学经纬仪、SD3 水准仪对已经安装的主次桁架关键点空间坐标进行测量，主要测量主桁架悬挑端、主次桁架焊接结点的空间坐标，并与设计值进行比对，得出施工误差。

9.根据施工误差进行设计调整

根据实际施工过程中的误差，用 PRO-E 软件对未安装构件重新进行深化设计，并根据新的

深化设计图进行下料、焊接，使得主次桁架能够顺利拼装。

10.依次进行其余主次桁架安装

按照上述步骤进行其余主次桁架的安装。为了减小温度应力对结构的影响，选择傍晚安装最后几榀环形次桁架，实现屋盖管桁架钢结构体系的整体合拢。

5.2.9 安装棱条以及应变片

验收合格后再进行檩条及屋面板等安装。钢棱条分为主棱条和次棱条，型号分别为 C250×80×20×3.0、C250×70×20×2.5，材质均为 Q345B。

在监测过程中，应变测点传感器的安装将随着桁架安装的进度同步进行。为了避免应变仪的损坏，应变传感器的安装需要在各榀桁架的主檩条安装完成之后进行。振弦传感器采用 AB 胶粘贴方法固定在测点表面，为粘贴牢固，提高粘结力，钢结构表面需要先用磨光机磨平，然后用 AB 胶粘结，粘结时要求表面干燥，5～7min 后即可牢固附着在结构表面，传递相应的局部变形。同时，为了防止在现场恶劣的自然条件(如淋雨、阳光强射)对胶水性能的不利影响，在 AB 胶的外部使用硅胶与外部环境隔离。各测点的数据线需要集中捆绑，沿钢架表面而下，置于便于量测的位置，以便于集中读数，加快测试进程。

5.2.10 整体卸载

格构式钢柱(以下简称钢构柱)采用整体卸载法撤除。钢结构管桁架的卸载方法：统一指挥 12 台液压千斤顶同时顶升，每次顶升高度为 1mm，可以千斤顶活塞上的标志为依据。应在正式顶升前即主桁架悬臂端下千斤顶脱空时试验两次，以获得同步顶升的经验。第一次顶升 1mm 后，应检查千斤顶、垫片、钢构柱等情况是否良好。如发现千斤顶偏斜和基础沉降变形及其它异常情况，必须经处理后才能继续顶升工作。如发现基础沉降变形，可以加楔形垫铁处理。千斤顶分三次同步顶升，每次同步顶升 1mm，累计顶升 3mm 即完成顶升工作，即每顶升 1mm，应观察 12 榀主桁架的中间砼柱顶焊缝和次桁架与主桁架焊缝情况，防止焊缝拉裂破坏。第二次同步顶升后，发现钢管主桁架的下弦已脱离基座垫铁，则无需第三次同步顶升。

卸载过程中注意各检测点的应力应变值，如卸载过程中发现某监测点应力应变超过正常值，应立即停止卸载，检查相应部位的构件以及焊缝情况，分析应力应变超常原因，采取相应措施使得应力应变达到正常范围内后方可继续卸载。

5.2.11 主体安装完成后验收

自检合格后请监测单位、监理单位及业主按照相应验收标准对主体结构进行验收。各监测点的应力应变数值以及主桁架悬臂端的挠度数据作为验收依据之一。

5.2.12 安装屋面板

1.根据现有市场材料，利用 AUTOCAD、PRO-E 软件，分别对椭圆型半球体的屋面板进行深化及分解，对三种软件得出的扇形板上下口尺寸进行比较确定，得出最终的扇形板上下口尺寸。

2.根据扇形板上下口尺寸确定购买屋面彩钢板的宽度尺寸，为了保证屋面板的内外观感一致，所有购买彩钢板都进行了双面贴膜。

3.待屋面板材料运至工地后，切割前，对屋面板加工进行了安全技术交底，采用屋面板自动分条机，把一块屋面板分成两块长度相等的扇形板材料。

4.把自动分条机加工好的屋面板材料放入屋面压型板成型机内，成型好屋面板。

5.先对压制好的屋面板进行试验局部滚圆，每局部滚圆一遍，复核一次屋面板的局部滚圆圆弧尺寸，并逐步调整好滚圆机滚圆尺寸，直到正确的屋面板局部滚圆尺寸后，复核无误后，固定好滚圆机的滚圆尺寸，然后进行大批量的滚圆。

6. 为了保证屋面板的内外观感，制作和安装时，在各个环节中的尽量采取保护措施，保护好已经为成品的屋面板。

5.2.13　整体验收

屋面板安装完毕后读取各个屋盖体系安装完毕后先由施工单位进行自检，自检合格后请监测单位、监理单位及业主按照相应验收标准进行整体验收。各监测点的应力应变数值以及主桁架悬臂端的挠度数据作为验收依据之一。

6　材料与设备

6.1　材料

6.1.1　主要材料

工程型钢、板材、主管桁架及支撑由材质均为 Q345，规格为 ϕ351、ϕ114、ϕ140、ϕ245、ϕ194、ϕ299、ϕ152、ϕ180、ϕ203、ϕ121、ϕ102、ϕ95、ϕ83 等的无缝钢管和 H500×200×10×20、H400×200×8×12、H200×200×8×12 的型钢。

6.1.2　屋面棱条

材质均为 Q345B，主次棱条分别为 C250×80×20×3.0、C250×70×20×2.5。

6.1.3　屋面板

6.1.4　油漆

钢结构油漆材料为环氧富锌底漆、环氧云铁中间漆、超薄型防火涂料及丙稀酸聚氨脂面漆。

6.2　设备

表 6.2　设备列表

机械名称、牌号、产地	规 格	数量	计划进场与退场时间
汽车吊	110T	1	从吊装开始进场，桁架吊装完毕退场
汽车吊	50T	1	从吊装开始进场，桁架吊装完毕退场
吊带	5 T	3	从吊装开始进场，桁架吊装完毕退场
活动扳手	8～20 寸	30	根据需要随时进场
棘轮扳手	M16～24	10	根据需要随时进场
手动葫芦	5～10T	10	根据需要随时进场
电动扳手	M16－24	4	根据需要随时进场
氧气、乙炔		10	焊接开始时进场，焊接完毕退场
烘箱		1	焊接开始时进场，焊接完毕退场
交流焊机	BX500	15	焊接开始时进场，焊接完毕退场
配电柜		3	整个施工过程
配电箱		若干	整个施工过程
全站仪		1	根据需要随时进场
钢卷尺		若干	根据需要随时进场
千斤顶	QYL8 型	12	钢构柱安装过程中进场，整体卸载后退场

7 质量控制

7.1 质量控制的参考标准及规范

表 7.1 质量控制参考标准

序号	规范标准
1	《钢结构工程施工质量验收规范》GB50205—2001
2	《建筑钢结构焊接规程》JGJ81—2002
3	《钢结构高强度螺栓连接的设计、施工及验收规程》JGJ82—91
4	《低合金高强度结构钢》GB/T1591—94
5	《碳素结构钢》GB/T700—88
6	《焊接 H 型钢》YB3301—92
7	《工程测量规范》GB50026—93
8	《热轧 H 型钢》GB/T9946—88
9	《钢结构用扭剪型高强螺栓连接副》GB3632—3633
10	《钢结构防火涂料应用技术条件》CECS24:94
11	《气焊、手工电弧焊及气体保护焊焊缝坡口形式及尺寸》GB985—88
12	《埋弧焊焊缝坡口形式及尺寸》GB986—88
13	《钢焊缝手工超声波探伤方法和探伤结果分组表》GB11345—88
14	《钢结构工程施工工艺标准》CECS150—2000
15	其它相关现行国家标准、规范和规程
16	本公司质量手册、程序文件及作业指导书

7.2 主控项目

7.2.1 建筑物的定位轴线、基础轴线和标高、地脚螺栓的规格及其紧固应符合设计要求。

7.2.2 基础顶面直接作为柱的支承面和基础顶面预埋钢板或支座作为柱的支承面时，其支承面、地脚螺栓(锚栓)位置的允许偏差应符合表 7.2.2 的规定。

表 7.2.2 支承面、地脚螺栓(锚栓)位置的允许偏差(mm)

项目		允许偏差
支承面	标高	±3.0
	水平度	1/1000
预留孔中心偏移		10.0

7.2.3 钢构件应符合设计要求和本规范的规定。运输、堆放和吊装等造成的钢构件变形及涂层脱落，应进行矫正和修补。

7.2.4 设计要求顶紧的节点，接触面不应少于 70％紧贴，且边缘最大间隙不应大于 0.8mm。

7.2.5 桁架的垂直度和侧向弯曲矢高的允许偏差应符合表 7.2.5 的规定。

表 7.2.5　桁架、梁及受压杆件垂直度和侧向弯曲矢高的允许偏差(mm)

项　　目		允许偏差
标高水平度		$h/250$,且不应大于 15.0
侧向弯曲矢高 f	$l \leqslant 30$m	$l/1000$,且不应大于 10.0
	30m$<l \leqslant 60$m	$l/1000$,且不应大于 30.0
	$l>60$m	$l/1000$,且不应大于 50.0

7.3　一般项目

7.3.1　地脚螺栓(锚栓)尺寸的偏差应符合规定,地脚螺栓(锚栓)的螺纹应受到保护。

7.3.2　当钢桁架(或梁)安装在混凝土柱上时,其支座中心对定位轴线的偏差不应大于10mm;当采用混凝土屋面板时,钢桁架(或梁)间距的偏差不应大于10mm。

7.3.3　主桁架安装的允许偏差应符合本表 7.3.3 的规定。

表 7.3.3　主桁架安装的允许偏差(单位:mm)

项　　目	允许偏差
主桁架底座中心线对定位轴线的偏移	$h/250$,且不应大于 15.0
主桁架基准点标高	+3.0;-5.0
弯曲矢高	$l/1000$,且不应大于 30.0

7.3.4　钢结构表面应干净,结构主要表面不应有疤痕、泥沙等污垢。

8　安全措施

8.1　安全组织措施

8.1.1　建立安全责任制。项目经理为安全第一责任人,执行安全生产三级教育。

8.1.2　建立安全检查和评估制度。施工管理部门和企业要按照 JGJ59—2005《建筑施工安全检查评分标准》定期对现场用电安全情况进行检查评估。

8.1.3　建立安全教育和培训制度。定期对各类专业工进行安全教育和培训,凡上岗人员必须持有劳动部门核发的上岗证书,严禁无证上岗。

8.2　安全技术措施

8.2.1　高空作业必须戴好安全帽、安全带,严禁带病或酒后工作。

8.2.2　钢桁架屋盖上应设置安全扶手和护栏。

8.2.3　吊装时应架设风速仪,风力超过 6 级或雷雨天气应禁止吊装,夜间吊装必须保证足够的照明,构件不得悬空过夜。

8.2.4　施工现场的总配电箱至开关箱应至少设置两级漏电保护器,而且两级漏电保护器的额定漏电动作电流和额定漏电动作 时间应作合理配合,使之具有分级保护的功能。

9　环保措施

9.1　水污染防治措施

9.1.1　施工现场设置专用油漆油料库,库房地面墙面做防渗漏处理,储存、使用、保管专人负责,防止油料跑、冒、滴、漏污染土壤、水体。

9.1.2 在工程开工前完成工地排水和废水处理设施的建设，并保证工地排水和废水处理设施在整个施工过程的有效性，做到现场无积水、排水不外溢、不堵塞、水质达标。

9.2 大气污染防治措施

9.2.1 对易产生粉尘、扬尘的作业面和装卸、运输过程，制定操作规程和洒水降尘制度，在旱季和大风天气适当洒水，保持湿度。在4级以上风力条件下不进行产生扬尘的施工作业。

9.2.2 严禁在施工现场焚烧任何废弃物和会产生有毒有害气体、烟尘、臭气的物质。

9.2.3 施工用的油漆、防腐剂、防火涂料等易污染大气的化学物品统一管理，用后用盖盖严，防止污染大气。

9.3 噪音污染防治措施

9.3.1 对施工噪声的控制，选用噪声和振动符合城市环境噪声标准的施工机械，同时采用低噪音施工工艺和方法。

9.3.2 作业时间安排在6时至12时、14时至23时，夜间尽量不施工。

9.3.3 钢桁架搬运时轻拿轻放，下垫枕木，并避免夜间施工。

9.4 固体废弃物污染防治措施

9.4.1 施工中产生的建筑垃圾和生活垃圾，应当分类、定点堆放，由环卫公司进行专业化及时清运，不得乱堆乱放；建筑物内的垃圾必须装袋清运，严禁向外扬弃。

9.4.2 运输车辆的出场前清洗车身、车轮，避免污染场外路面。

9.4.3 对收集、贮存、运输、处置固体废物的设施、设备和场所，加强管理和维护，保证其正常运行和使用。

9.4.4 教育施工人员养成良好的卫生习惯，不随地乱丢垃圾、杂物，保持工作和生活环境的整洁。

10 效益分析

10.1 在施工前用MIDAS软件对施工方案进行了线性施工阶段的有限元模拟，确保了施工方案的安全性。同时有限元模拟分析得出了施工阶段应力应变较大的部位，施工过程中对这些部位采取相应的保护措施并进行严密的监测，从而进一步提高了施工方案的安全性以及施工精度。

10.2 环形次桁架与主桁架焊合时，次桁架要同时满足与主桁架相贯线节点的中心位置，每边三个相贯线节点的对接长度以及次桁架中心点的下坠与弯转三个要求。在传统的施工工艺中，由于之前主次桁架的安装存在一定误差，往往导致后续的次桁架难以与主桁架顺利焊合，需要对次桁架进行现场调整，不仅影响施工进度也大大降低了施工精度。本工法运用PRO-E软件根据实际施工误差对构件深化设计进行实调整以纠正先前施工误差，使得主次钢桁架焊合时间大大缩短，施工精度显著提高。

10.3 圆型半球体屋面板多为扇形而且每块屋面板尺寸不一，按传统方法进行放样容易导致扇形板上下口尺寸不对，造成屋面板材的大量浪费。本工法运用PRO-E软件对圆型半球体屋面板进行放样，得出了每块扇形板上下口尺寸，不仅提高了施工精度，同时降低了建设成本。

11 应用实例

略。

思考题

1.技术管理工作有哪些内容？

2.技术开放的主要内容是什么？

3.什么是标准化管理？工法制度是什么？

4.技术方案经济比较必须具备哪些条件？

第七章　建筑企业质量管理

第一节　概　述

一、质量和质量管理的内涵

(一)质量(Quality)的含义

按照国际标准化组织的文件 ISO9000—2008 对质量的定义是:“一组固有特性满足要求的程度”。

其中的“要求”是指“明示的、通常隐含的或必须履行的需求或愿望”。明示的要求是指在合同、规范、标准、技术文件、图纸中明确规定的要求;通常隐含的要求是指组织、顾客和其他相关方的惯例和一般做法;必须履行的要求是指在法律、法规和行规中规定的要求。

“固有特性”是指某事物本来就有的、永久的特性。事物的特性有固有的和赋予的两类,而只有固有特性(如螺栓的直径、混凝土的抗压强度等)才是事物的质量特性,赋予的特性(例如价格)并不属于质量特性的范畴。这同时也反映了事物的质量特性是通过产品(过程、体系)设计、开发及实现过程中形成的永久的特性。

“满足要求的程度”反映了质量是有好坏之分的。

理解质量定义还需要注意以下几个方面:

(1)质量不仅指产品的质量,也可以是指活动、过程(如承包商履行施工合同,进行工程施工的过程)的质量,我们通常所说的“服务质量”就是指活动、过程质量。质量还包括质量管理体系的运行质量。

(2)从质量的定义可以看出,对质量的要求除了考虑满足顾客需要外,还应考虑组织自身的利益,提供原材料和零部件等的供方的利益,以及社会利益(如安全性、环保性等)。

(3)质量具有动态性。即质量要求不是固定不变的,随着技术发展、生活水平的提高,人们对产品、过程或体系会提出新的质量要求。因此,要求管理者定期评定质量要求,修订质量标准和规范,不断开发新产品、改进老产品,以满足已变化的质量要求。

(4)质量具有相对性。即不同国家不同地区因自然环境条件的不同,技术发达程度不同,消费水平不同,风俗习惯不同,对产品会提出不同的要求。例如:销往欧洲地区的彩电和销往内地的彩电在电视制式、电压及电压波动范围等质量要求上是不一样的。因此要求产品应具有这种环境的适应性,对不同地区应该提供具有不同性能的产品,以满足该地区用户的不同要求。

“质量”对于消费者(用户)来说,是一个永恒的话题。美国质量管理专家朱兰(J. M. Juran)博士对质量与社会的关系有一段精辟论述:人类社会的发展,使现代社会的人们生活在“质量大堤”的后面。质量对社会的方方面面都有深远的影响,“质量大堤”的安危关系着人类和社会的安全。把质量比喻为保护人类生存的大堤，这是多么形象，又是多么准确地说明质量对社会和人们生活的重要性。

工程项目质量是指工程项目的安全、使用、经济、美观等特性满足国家现行的法律、法规、技术标准、设计文件及工程合同要求的程度。工程项目的质量特性包括：

(1)适用性。它是指工程满足使用目的的各种功能，包括理化性能(尺寸、规格、保温等)、结构性能(强度、刚度、稳定性等)、外观性能(造型、色彩、布置等)。

(2)耐用性。它是指工程在规定条件下，满足规定功能要求使用的年限(使用寿命)。

(3)安全性。它是指工程建造及建成后在使用过程中保证结构安全、保证人身和环境免受危害的程度。

(4)可靠性。它是指工程在规定时间、规定条件下完成规定功能的能力。

(5)经济性。它是指工程从规划、设计到整个产品使用寿命周期内的成本和消耗费用。

(6)与环境的协调性。

(二)质量管理的概念

质量管理是指在质量方面指挥和控制的活动。在质量方面的指挥和控制活动，通常包括制定质量方针和质量目标以及质量策划、质量控制、质量保证和质量改进。由上述定义可以知道，质量管理是企业围绕着使产品质量满足不断更新的质量要求，而开展的策划、组织、计划、实施、检查和监督审核等所有管理活动的总和。它是企业各级职能部门领导的职责，且由企业最高领导负全责，应调动与质量有关的所有人员的积极性，共同做好本职工作，才能完成质量管理的任务。

一个组织要想以质量求生存，立足于国内市场，竞争于国际市场，就必须制定正确的质量方针和适宜的质量目标。为实现质量目标，组织的领导者就要在新产品开发的设想、技术装备的引进和改造、工艺水平的提高、人员的补充和培训、组织机构的设置和职责的分配与落实、产品全过程质量控制和质量保证活动的组织等方面开展管理活动。这些管理活动就是建立、健全质量体系，并使之有效运行。从建筑企业角度来看，建筑工程质量的好坏，是企业各个部门和各方面工作的综合反映，也是生产、管理中各种矛盾的集中反映，其他任何一项专业管理都不具备质量管理的这种广泛性和综合性。

二、建筑企业质量管理的意义

建筑企业是国民经济中一个重要的物质资料生产部门，重大基本建设投资的60%都要通过建筑安装工作来完成。因此，建筑企业质量管理具有重要的意义。现分述如下：

(1)质量高，可以提高产品或工程的使用价值，更好地满足社会和人民的物质文化生活需要。如果建筑工程质量低，不仅不能增加社会财富，还可能影响人民的生活，造成生产中的损失，影响工业产品质量，甚至会大量浪费社会资源。因此，在建筑施工中，必须坚持“质量第一”。

(2)质量管理是企业生存和发展的要求。无数事实证明：优良的工程质量才能提高企业的信誉，才能在强手如林的竞争中取胜。特别在国际建筑市场上，没有质量的优势，就没有竞争的地位。优质能给企业带来兴旺和发展，劣质只会导致企业亏损甚至垮台。只有真正确立“质量第一”的思想，企业才会有发展前途。

(3)全面质量管理可以带动整个企业的各项管理工作，可以降低工程费用，增加企业的

盈利和上交国家的税金,提高企业生产经营的综合效果。

(4)质量管理可以提高全体工作人员的工作质量,提高企业素质,培养出一支既有高尚的职业道德又有精湛业务技术水平的职工队伍。

(5)质量管理是建筑企业管理和技术水平的综合反映。建筑企业能否建造出优质的建筑工程,首先取决于企业的全体职工,特别是领导层对质量的重视程度,以及企业的技术水平。企业经理有了较强的质量意识,就能密切注意市场对质量需求的变化,加强技术开发,用科学管理方法合理组织生产,强化工序控制,使工程质量能有效地得到保证。可见,建筑工程质量是企业有效管理的结果,是企业管理和技术水平的综合反映。

三、质量管理发展的五个阶段

质量管理的意识,古已有之。我国在春秋战国时代,就有文献记载。例如在《周礼·考工记》中就记载了春秋战国时期的手工业产品的工程技术规格、制造方法、技术要求和质量管理等内容。在以后的朝代中,又制定了诸如秦律、汉律、唐律等,以法律的形式对劣质产品的生产者予以惩罚,强制执行质量保证。随着生产的不断发展,技术和管理不断进步,质量管理也得到不断发展,就世界范围而言,质量管理经历了五个发展阶段。

(一)质量检验阶段(20 世纪初—30 年代末)

20 世纪初美国人泰罗总结了工业革命的经验,发表了《科学管理原理》等著作,其中一项重要的主张是"制造和检验要分离",由此产生了专职的产品质量检验这一独立的工作部门,大大促进了产品质量的提高。这一阶段质量管理所使用的手段是各种各样的检验设备和仪表,检验方法是以对零件与产品进行全数检查和筛选为主,基本方式是整个生产过程层层把关,防止不合格品流入下道工序或出厂。这种做法,实质上是在成品中挑出废品,按现代人的观点,这是属于"事后控制"的办法。

(二)统计质量管理阶段(20 世纪 40 年代—50 年代末)

第二次世界大战初期,由于战争的需要,大批工厂转为生产军用品。战争的紧迫性和严酷性对军用产品质量要求有更高的保证率,因此迫切需要事先能对不合格产品进行控制,于是人们采用了美国统计学家休哈特"预防缺陷"的理论,利用统计质量控制图,了解质量变动的先兆,进行预防,使不合格品率大为下降。但是,由于当时过分强调统计工具的作用,忽视了组织管理和职工的作用,反而限制了统计质量控制方法的普及推广及其作用的发挥。

(三)全面质量管理阶段(20 世纪 60 年代—70 年代末)

进入全面质量管理的阶段,开始称全面质量控制(TQC),后来发展到全面质量管理(TQM)。这一阶段最主要特点是:抓质量不仅仅是抓生产制造的质量,更是从源头抓起,贯穿于从设计开始一直到售后服务的全过程,要动员全体员工、全体人员来参与这项活动,要以顾客为关注的中心来开展活动。因此全面质量管理意味着是全攻全守型的阶段。

20 世纪 50 年代后期,美国范景堡博士根据他积累的丰富的质量管理知识和经验,首先提出了全面质量管理的概念和一套完整的措施。同时美国质量管理、统计学家戴明博士创立了质量管理 PDCA 循环工作程序。在此期间,我国也提出了"两参一改三结合"的管理思想。这些东西被日本人融会贯通,经过生产实践的充实和完善,在 60 年代初创造了日本式的全面质量管理,引发了日本的质量革命,创造了日本的战后工业奇迹。

(四)质量保证阶段(20 世纪 80 年代—90 年代末)

科学技术的发展,特别是宇航等空间技术的发展,对安全性和可靠性要求更高了;经济上的竞争也日趋激烈,检验质量的标准与用户所需要的功能标准之间也存在时差,为提高产品竞争性,企业必须及时收集反馈的信息,修改制定满足用户需要的质量标准;"保护消费者权益"运动的兴起和消费者组织的建立,迫使企业必须对其产品和服务负责,并作出对质量的保证。大规模的工业化生产,使质量保证除了与设备、工艺、材料、环境等因素有关外,与职工的思想意识、技术素质和企业的生产技术管理等也密切相关。

以军工企业为代表,把企业一切应该做的事情订立成质量手册,通过程序文件以及一系列的质量表格文件来控制。其核心观点是想到的就要写到,写到的就要做到,用严密的程序手册来保证过程的进行。其中最典型的就是国际标准化组织(ISO)于 1986 年成立,从 1987 年开始推出 ISO9000 族系列标准,至今已推出四个版本。

(五)质量哲学时代(21 世纪以后)

以美国克劳斯比为代表的质量管理专家提倡零缺陷质量管理。认为抓质量的根本是要抓住人。人的素质提高了,才能真正使质量获得进步。质量管理的目标是第一次就把事情做对,而且把每次都做对作为奋斗方向。

更重要的是,质量将与社会诸多要素——政治、经济、科技、文化、自然环境等紧密结合在一起。这意味着质量将受到以上各因素的制约而同步发展,质量系统将作为一个子系统在更大的社会系统中发展,具有"全社会"、"全球"的属性。

第二节 全面质量管理

一、全面质量管理的基本观点

(一)用户第一

"一切为了用户"是全面质量管理的核心思想,它包括两重意思:对企业外部而言,产品都是供给人们生产、生活用的,用户不满意,就谈不上工程质量好;对企业内部而言,下道工序就是上道工序的用户。只有树立一切为用户的思想,才能有效地、及时地、一环扣一环地控制住质量,消除隐患,提高整体工程质量。

(二)全面管理

全面质量管理的特点是突出一个"全"字,主要表现在以下几个方面:

1. 全过程管理

产品生产的全过程应当包括:从市场调查开始,经过计划、设计、外协、准备、制造、装配、检查、试验、销售,直到技术服务为止的全过程的每个阶段。因此,全过程管理是对上述影响产品质量的全部过程的每个阶段都要进行管理。对于建筑产品来说就是从规划开始,经过设计、具体施工、竣工验收、定期回访等各阶段要进行管理。

2. 全部质量的管理

全面质量管理的对象不仅包括最终的产品质量,还包括工序质量和工作质量,并着重于工作质量。要求以提高工作质量来保证工序质量,以控制工序质量来保证产品质量。

3. 全员管理

由于实行全过程质量管理，企业中的每个人都直接或间接地与生产质量有关。每个人都要在自己的工作中去发现与产品质量有关的因素或特点，进而在同其他人的工作中把与产品质量有关的部分协调起来，各负其责，通过每个人的工作质量来保证整个工程（产品）的质量。

（三）预防为主

好的质量是制造出来的，而不是检查出来的。好的检查，只是一种事后行为，是对产品制造的反馈。产品质量形成的阶段是在制造阶段，而不是在检查阶段。因而产品质量管理应当从事后把关转到事前控制上来，即应用科学手段，对各个工序进行质量控制，及时掌握工程质量动态，发现不稳定因素后立即分析原因，采取措施消除隐患，达到事先预防的目的。

（四）一切让数据说话

进行定量的科学分析，实现管理定量化。数据是全面质量管理的基础，应广泛应用数理统计的方法，对产品质量进行定量分析，实现管理的定量化。

二、全面质量管理的程序

全面质量管理的科学程序是由美国质量管理与统计学家戴明博士提出的一种行之有效的科学管理方法。戴明强调，企业必须对产品质量负责，从生产系统的每一个环节，不断改进品质，包括：调查研究消费者需求；设计与再设计能满足消费者需求的质量（产品）；按设计规格采购物料或制造产品；将产品售给消费者，并提供良好的售后服务。

企业经营者必须把注意力集中在上述的调查、设计、制造、销售等四项作业上，从考虑消费者对质量的要求及企业本身的生产技术水准为起点，进而考虑生产何种品级的产品，然后决定“设计质量”，接着再决定达到这种质量水准应采用的材料、设备或操作条件等作业标准，以保证“制造质量”能合乎需求水准。制品完成以后，尚须做好“服务的质量”，使顾客能充分享用产品应有的功能。若产品发生质量问题，则应迅速将市场的质量资讯，反映到开发、设计、采购、制造、检验、销售、服务等部门。唯有各个部门齐心协力，共同致力于质量提升活动，质量改进循环的轮子才能转动，质量才能不断改进。

全面质量管理的程序分为四个阶段，即计划阶段（Plan）、执行阶段（Do）、检查阶段（Check）和处理阶段（Action）。在处理阶段，将本次循环合理的、行之有效的质量管理措施制成标准，以备再次推行；对不合理的或尚须进一步解决的问题放到下一个循环过程中，重复以上四个阶段来加以解决。这种方法通常称之为PDCA循环工作法。这是戴明首先提出的，所以又叫戴明环。PDCA循环示意图见图7-1。

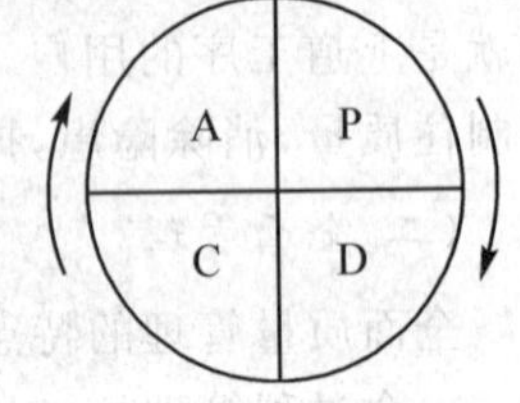

图7-1　PDCA循环示意图

（一）PDCA循环基本内容

1. 计划阶段（P）

第一步，分析现状，找出存在的质量问题。

第二步，分析产生问题的原因或影响因素。

第三步，在诸原因或影响因素中找出主要的原因或影响因素。

第四步，制定质量改进措施方案。

2.实施阶段(D)

第五步是组织对质量计划或措施的贯彻执行。

3.检查阶段(C)

第六步是把执行的结果与计划进度、目标相比较，检查计划实施情况，找出存在的问题，肯定成功的经验。

4.处理阶段(A)

第七步，总结经验，巩固措施，制订标准，形成制度，以便遵照执行。

第八步，提出尚未解决的问题，转入下一个循环，再来研究措施，制订计划，予以解决。

(二)PDCA 循环的特点

(1)四个阶段缺一不可，先后次序不能颠倒。就好像一只转动的车轮，在解决质量问题中滚动前进，逐步使产品质量提高。

(2)企业的内部 PDCA 循环各级都有，整个企业是一个大循环，企业各部门又各有自己的循环。如图 7-2(a)所示。大循环是小循环的依据，小循环是大循环具体的和逐级贯彻落实的体现。

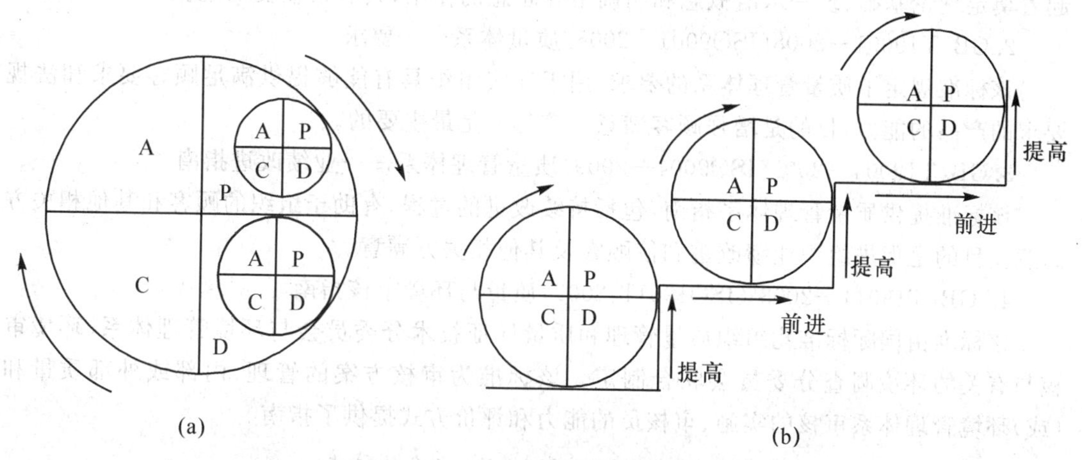

图 7-2　PDCA 循环特点示意图

(3)PDCA 循环不是在原地转动，而是在转动中前进，每个循环结束，质量提高一步。如图 7-2(b)所示。

(4)循环的关键是在 A 阶段，它是标准化的基础，是指导下一循环的依据。

第三节　质量管理体系标准

随着市场经济的不断发展，产品质量越来越成为市场竞争的焦点。为了更好地推动企业建立完善的质量管理体系，实施充分的质量保证，建立国际贸易所需要的关于质量的语言和规则，国际标准化组织(ISO)于 1976 年成立了 TC176(质量管理和质量保证技术委员会)，着手研究制定国际间遵循的质量管理和质量保证标准。

1987 年，ISO/TC176 首次发布了 ISO9000 系列标准，我国于 1988 年等效采用 ISO9000

族标准，发布了GB/T10300系列标准。为了更好地与国际接轨，我国于1992年10月开始等同采用ISO9000族标准，发布了GB/T19000系列标准。1994年国际标准化组织发布了修订的(第二版)ISO9000族标准。2000年12月15日ISO正式发布再次修订的(第三版)ISO9000、ISO9001和ISO9004标准。之后，我国于2000年12月28日正式发布了GB/T19000—2000、GB/T19001—2000 、GB/T19004—2000，分别等同采用ISO9000—2000、ISO9001—2000、ISO9004—2000)。2008年11月15日，ISO发布了最新的(第四版)ISO9000族标准。2008年12月30日，我国发布了GB/T19001—2008版(等同于第四版的ISO9000族标准)，并于2009年3月1日起正式实施。

一、GB/T19000—2008族(ISO9000—2008族)标准的构成和特点

(一)GB/T19000—2008族(ISO9000—2008族)标准的构成

1. GB/T19000—2008(ISO9000—2005)质量管理体系——基础和术语

该标准主要对质量管理中所涉及的术语，例如什么是质量、什么是质量控制等进行概念解释和界定；提出了八项质量管理原则；对质量管理体系作了12条基础说明。该标准主要起着奠定理论基础、统一术语概念和明确指导思想的作用，具有很重要的地位。

2. GB/T19001—2008(ISO9001—2008)质量体系——要求

该标准规定了质量管理体系的要求，用于证实组织具有能够提供满足顾客要求和法规要求的产品的能力，目的是增强顾客满意。该部分是最主要的。

3. GB/T19004—2009(ISO9004—2009)质量管理体系——业绩改进指南

该标准提供质量管理体系指南，包括持续改进的过程，有助于组织的顾客和其他相关方满意。目的是促进组织业绩改进和使顾客及其他相关方满意。

4. GB/T19011—2003 (ISO19011:2002)质量与环境审核指南

该标准由国际标准化组织质量管理和质量保证技术分委员会与环境管理体系、环境审核与有关的环境调查分委员会联合制定。该标准为审核方案的管理、内部或外部质量和(或)环境管理体系审核的实施、审核员的能力和评价方式提供了指南。

(二)GB/T19000—2008族(ISO9000—2008族)标准的特点

(1)标准的结构与内容更好地适应于所有产品类别、不同规模和类型的组织。

(2)采用“过程方法”的结构，同时体现了组织管理的一般原理，有助于组织结合自身生产和经营活动采用标准来建立质量管理体系，并重视有效性的改进与效率的提高。

任何得到输入并将其转化为输出的活动均可视为过程。为使组织有效运行，必须识别和管理许多内部相互联系的过程。通常，一个过程的输出将直接形成下一个过程的输入。系统识别和管理组织内使用的过程，特别是这些过程之间的相互作用，称为过程方法。

图7-3是该标准中所提出的过程方法模式的一个概念图解，该图给出了组织进行质量管理的循环过程，从“管理职责”过程开始，逆时针进行过程循环，首先在“管理职责”中，对管理者规定了要求，在“资源管理”中涉及资源的提供、人力资源、设施及工作环境等要素；在“产品实施”过程中，确定并实施各过程；后继通过“测量分析和改进”对过程和过程结果进行分析、认可、纠正和改进，最后通过管理评审向管理职责提供反馈，以实现质量管理体系的持续改进；从水平方向的四个箭头所指示的逻辑关系看，该过程模式同时也实现从识别需要到

评定需要是否得到满足的所有活动过程的总体概括。

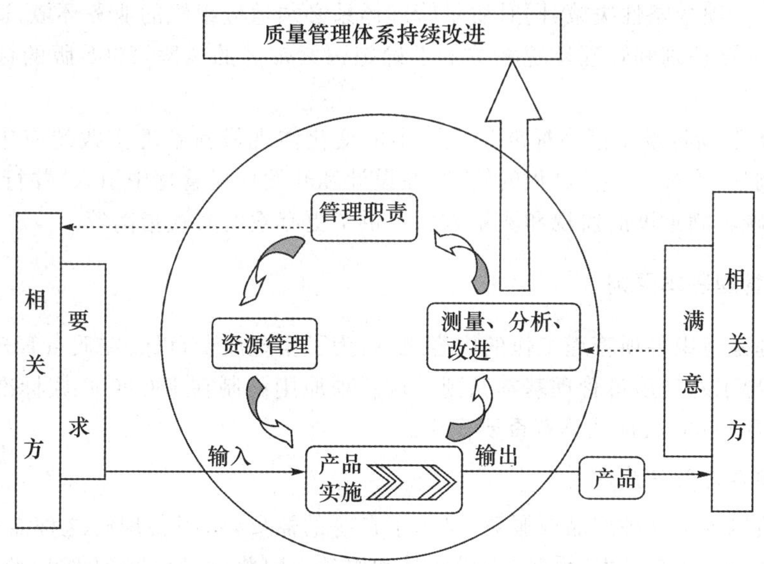

图 7-3　过程方法的概念图解

(3)质量管理八项原则在标准中得到充分的体现。八项质量管理原则是在总结质量管理实践经验的基础上用高度概括的语言所表述的最基本最通用的一般规律,可以指导组织在一定时期内通过关注顾客的需求预期而达到改进其总体业绩的目的,它可以作为组织文化的一个重要组成部分。

(4)对标准要求的适应性进行了更加科学与明确的规定,在满足标准要求的途径与方法方面,提倡组织在确保有效性的前提下,可以根据自身经营管理的特点做出不同的选择,给予组织更多的灵活度。

(5)更加强调管理者的作用,最高管理者通过确定质量目标,制定质量方针,进行质量评审以及确保资源的获得和加强内部沟通等活动,对其建立、实施质量管理体系并持续改进其有效性的承诺提供证据,并确保顾客的要求得到满足,旨在增强顾客满意。

(6)突出了"持续改进"是提高质量管理体系有效性和效率的重要手段。

(7)强调质量管理体系的有效性和效率,引导组织以顾客为中心并关注相关方的利益,关注产品与过程而不仅仅是程序文件与记录。

(8)对文件化的要求更加灵活,强调文件应能够为过程带来增值,记录只是证据的一种形式。

(9)将顾客和其他相关方满意或不满意的信息作为评价质量管理体系运行状况的一种重要手段。

(10)概念明确,语言通俗,易于理解、翻译和使用,术语用概念图形式表达术语间的逻辑关系。

(11)强调了 ISO9001:2008 作为要求性标准,ISO9004:2009 作为指南性标准的协调一致性,有利于组织业绩的持续改进。

(12)增强了与环境管理体系标准等其他管理体系标准的相容性,从而为建立一体化的管理体系创造了有利条件。

(13)强调质量管理体系与战略管理、业务环境和商业模式的关系。指出采用质量管理体系是企业的一项战略性决策,同时质量管理体系必须适应组织的业务环境,适应业务环境的动态变化,应该识别和管理环境相关的不确定因素带来的风险,2008 版的标准更加突显了风险管理思想。

(14)2008 版新标准中诸多标准条款要求的变化体现最新管理实践的应用和更有效的实践指南。例如,重视"外包"过程的管理,在设计和开发项目管理中引入"并行工程"的项目管理理念,在顾客满意度的监视和测量方面提供了更有效的实践指南等。

二、质量管理基本原则

质量管理是组织各项管理工作的内容之一,为了实现质量目标,在质量管理理论和实践的基础上,提出了八项质量管理基本原则。这八项原则编制在 ISO9000 族标准中,对学习、理解和使用 ISO9000 族标准具有重要作用。

(一)以顾客为关注焦点

顾客之所以购买某种产品或服务,是基于自身的需要,组织要理解这种需要和期望,并针对这种理解和需要来开发、设计、提供产品和服务。因此,任何一个组织应始终关注顾客,把顾客的要求放在第一位。还要认识到市场是变化的,顾客是动态的,顾客的需求和期望也是不断发展的。因此,组织要及时调整自己的经营策略和采取必要的措施,以适应市场的变化,持续地满足顾客不断发展的需求和期望,还应超越顾客的需求和期望,使自己的产品或服务处于领先的地位。

(二)领导作用

一个组织的领导者具有决策和领导一个组织的关键性作用。最高管理者的领导作用、承诺和积极参与,对建立并保持一个有效的和高效的质量管理体系是必不可少的。领导者应以既定目标为中心,将员工组织团结在一起,鼓舞和推动员工向既定目标努力前进。为此,领导者应赋予员工职责内的自主权,为其工作提供合适的资源,充分调动员工的积极性,发挥员工的主观能动性,鼓舞、激励员工的士气,增强员工的集体意识,提高员工的工作能力,使员工产生成就感和满足感。

(三)全员参与

组织的质量管理是通过组织内各职能各层次人员参与实施的,不仅需要最高管理者的正确领导,还有赖于组织的全员参与,过程的有效性直接取决于各级人员的意识、能力和主动精神。为提高质量管理活动的有效性、确保产品质量能满足并超越顾客的需求和期望,就要重视对员工进行质量意识、职业道德、以顾客为关注焦点的意识和敬业精神的教育,激发员工的积极性和责任感。当每个人的积极性、主观能动性、创造性等都能得到充分发挥并能实现创新和持续改进时,组织将会获得最大的收益。以人为本是全员参与的基础和保证。

(四)过程方法

为使组织有效地运行,必须识别和管理众多相互关联的过程。系统地识别和管理组织所应用的过程,特别是这些过程之间的相互作用,就是"过程方法"。过程方法的目的是获得持续改进的动态循环,并使组织的总体业绩得到显著的提高。组织采用过程方法,是对质量管理的每个过程考虑其具体的要求,从而有效地使用资源、降低成本、缩短周期。在应用过程方法时，必须对每个过程，特别是关键过程的要素进行识别和管理。

（五）管理的系统方法

要想对过程系统实施控制，确保组织预定目标的实现，就需要建立质量管理体系，运用系统管理的方法对各个过程实施控制。系统地分析有关的数据、资料或客观事实，确定要达到的优化目标；然后通过系统工程，设计或策划为达到目标而应采取的各项措施和步骤，以及应配置的资源，形成一个完整的方案；最后在实施中通过系统管理取得高效性和高效率。在质量管理中采用系统方法，就是要把质量管理体系作为一个大系统，对组织质量管理体系的各个过程加以识别、理解和管理，以达到实现质量方针和质量目标。

（六）持续改进

持续改进是"增强满足要求的能力的循环活动"。最高管理者要积极推动持续改进项目；全体员工也要积极参与持续改进的活动。持续改进是永无止境的，因此持续改进应成为每一个组织永恒的追求、永恒的目标、永恒的活动。

（七）基于事实的决策方法

有效的决策需要领导者用科学的态度，以充分占有和分析有关信息为基础，做出正确的决断。应充分重视统计分析技术在决策和质量管理中的作用，当输入的信息和数据足够且能准确地反映事物的真实性时，依照这一方法形成的决策方案应是可行或最佳的，是基于事实的有效的决策。

（八）与供方互利的关系

供方向组织提供的产品对组织向顾客提供的产品产生着重要的影响，其高质量的产品为组织给顾客提供的高质量的最终产品提供保证，因此处理好与供方的关系，影响到组织能否持续稳定地提供顾客满意的产品，还影响到组织对市场的快速反应能力。而组织市场的扩大，则为供方增加了提供更多产品的机会，所以双方是相互依存的。良好的合作交流将使双方增强创造价值的能力，优化成本和资源，从而使双方受益。

八项质量管理原则之间是相互联系和相互影响的。"以顾客为关注焦点"是主要的，是满足顾客要求的核心。为了"以顾客为关注焦点"，必须进行"持续改进"，才能不断地满足顾客的要求。而进行"持续改进"，又必须依靠"领导作用"、"全员参与"和"与供方互利的关系"来完成，所采用的方法则是"过程方法"、"管理的系统方法"和"基于事实的决策方法"。

三、GB/T19000(ISO9000)族系列标准与全面质量管理的比较

全面质量管理是以质量为中心的现代企业管理的一种方式，它是指企业为了保证提高产品质量，综合运用一整套质量管理思想、体系、手段和方法进行的系统管理活动。其特点是"三全"管理（全面、全过程、全员的管理）和树立四个基本观点，即全面质量的观点、为用户服务的观点、预防为主的观点、用数据说话的观点。

GB/T19000(ISO9000)族系列标准是企业为了实现其质量方针，必须建立的使之有效运行的质量体系。通过对质量环的分析，找出影响产品和服务质量的技术、管理及人的因素，并使其在建立的质量体系中永远处于受控状态，以减少、消除、特别是预防质量缺陷，保证满足顾客的需要和期望，并保护企业的利益。质量体系能被全体职工所理解并行之有效，是保证实现企业规定的质量方针和目标。具体比较见表7-1。

表 7-1 ISO9000 与全面质量管理的比较

<table>
<tr><th colspan="2">项 目</th><th>全面质量管理</th><th>ISO9000 系列标准</th></tr>
<tr><td rowspan="5">共同性</td><td>管理目标一致</td><td colspan="2">为了实现企业质量方针和目标，以最经济的手段，生产出用户满意的产品</td></tr>
<tr><td>理论基础一致</td><td colspan="2">朱兰质量螺旋曲线、质量环</td></tr>
<tr><td>管理思想一致</td><td colspan="2">系统管理思想；预防为主；一切让数据说话；一切为用户服务；质量经济性及质量控制思想</td></tr>
<tr><td>基本要求一致</td><td colspan="2">企业领导是关键；质量培训是保证；系统管理是根本</td></tr>
<tr><td>经营思想一致</td><td colspan="2">为了满足用户期望，在激烈竞争中求生存、求发展</td></tr>
<tr><td rowspan="5">差异性</td><td>执行方式不同</td><td>企业自愿采用，不具有强制性</td><td>是推荐性标准，但在特定环境下会转换成强制性标准</td></tr>
<tr><td>侧重点不同</td><td>以人为核心，通过提高人的素质来提高工作质量，从而达到保证或提高工程质量的目的</td><td>建立质量体系，重视对过程的控制，取得质量体系认证，从而生产出用户满意、企业获利的产品（工程）</td></tr>
<tr><td>作用上有差异</td><td>提高企业整体素质，健全各项管理制度，以质量管理带动企业各项管理工作，以实现企业的质量方针和目标</td><td>企业建立质量体系，取得质量体系认证，得到用户信任</td></tr>
<tr><td>管理体系有差异</td><td>针对企业的质量管理体系</td><td>在合同环境下，为实施外部质量保证而建立的质量保证体系</td></tr>
<tr><td>质量要求</td><td>采用动态的质量标准，追求工作质量和工程质量的不断完善</td><td>质量标准在一定期限内保持相对稳定</td></tr>
<tr><td colspan="2">两者之间的关系</td><td colspan="2">(1)ISO9000 系列标准是在质量管理科学的基础上发展起来的，以标准形式阐述全面质量管理的原理、观点、方法、内容、要求和目的；
(2)贯彻 GB/T19000—ISO9000 系列标准不是放弃全面质量管理，而是推行全面质量管理工作向更深层次发展；
(3)GB/T19000—ISO9000 系列标准和全面质量管理，各有所长，相互补充，标准是人制定的，最终都要靠人去执行；
(4)全面质量管理是经营管理的方向，推行系列标准是为企业质量管理打下牢固基础，两者可以合二为一</td></tr>
</table>

四、建筑企业贯彻 GB/T19000(ISO9000)族系列标准和建立质量体系的意义

在我国处于深化改革、推进管理现代化的背景下，建筑企业贯彻 ISO9000 族系列标准，建立质量管理和质量保证体系，具有重大的现实意义。

(1)有利于企业加强内部管理，提高企业整体素质。建筑市场竞争十分激烈，如何提高企业的竞争能力——产品的质量，是每一个企业必须解决的问题。建立质量体系，可以最大限度地利用企业资源，发挥企业潜力，实现优质的工作质量和服务质量，从而企业的整体素质也会大大提高。

(2)有利于企业走向国际市场。ISO9000 族系列标准在世界上获得广泛的推广，是一种普遍的国际标准。贯彻执行 ISO9000 族系列标准，可使建筑企业的质量管理水平得到国际上的认可，获得国际建筑市场的“通行证”。

(3)有利于提高工程质量，促使企业走质量效益型道路。通过建立质量体系，对影响质量体系的所有因素，进行全面的控制，预防质量问题的发生，从而获得用户满意的工程质量。

(4)有助于企业的质量管理与国际接轨,促进质量管理的科学化、程序化、规范化。ISO9000族系列使世界各国有统一的语言和思想,促进管理检验的交流,对发展国际间合作有很大意义。

五、建筑企业质量管理体系的建立和实施

按照GB/T19000:2008(ISO9000)族标准,质量管理体系的建立和实施包括以下三个阶段:

(一)质量管理体系的策划和总体设计

企业的最高管理者应确保对质量管理体系进行策划,以满足质量目标的要求及质量管理体系的总体要求。通过对质量管理体系的策划,确定企业要采用的过程方法模式,从企业的实际出发进行体系的策划和实施。

(二)质量管理体系文件的编制

质量管理体系文件的编制应在满足标准要求、确保控制质量、提高企业全面管理水平的前提下,建立一套高效、简单、实用的质量管理体系文件。质量管理体系文件包括质量手册、质量管理体系程序文件、质量记录等。

(三)质量管理体系的实施

为保证质量管理体系的有效实施,要做到两个到位:一是认识到位,思想认识的不同影响到处理问题的方式和结果,企业各级领导对问题的认识直接影响到本部门质量管理体系的实施。因而对质量管理体系的建立与运行问题一定要达成共识。二是管理考核到位,这就要求根据职责和管理内容不折不扣地按质量管理体系运作,并实施监督和考核。

开展纠正和预防活动,充分发挥内审的作用是保证质量管理体系有效运行的重要环节。所谓内审是指由经过培训并取得内审资格的人员对质量管理体系的符合性和有效性进行验证的过程。对内审中发现的问题,要制定纠正及预防措施,进行质量的持续改进,内审作用的好坏与贯标认证的实效有着重要的关系。

六、质量认证

质量认证是指第三方依据程序对产品、过程或服务符合规定的要求给予书面保证(合格证书)。质量认证包括产品质量认证和质量管理体系认证两个方面。

(一)产品质量认证

产品质量认证按认证性质分为安全认证和合格认证。

安全认证是指对于关系国计民生的重大产品,有关人身安全、健康的产品,必须实施安全认证;合格认证是指按照《标准化法》规定的国家标准或行业标准的要求,对产品合格性进行的认证。

(二)质量管理体系认证

质量管理体系认证始于机电产品,目前已经拓展到各行各业。从目前的情况来看,除了涉及到安全和健康的领域产品认证必不可少之外,在其他领域中,质量管理体系认证的作用要比产品认证的作用大得多。质量管理体系认证具有如下特点:

(1)由具有第三方公正地位的认证机构进行客观的评价，作出结论，若通过则颁发认证证书。

(2)认证的依据是质量管理体系的要求标准，即 GB/T19001：2008，而不是质量管理体系的业绩改进指南标准(GB/T19004：2000)，更不能按照具体的产品质量标准。

(3)认证过程中的审核是围绕企业的质量管理体系要求的符合性和满足质量要求和目标方面的有效性来进行。

(4)认证的结论不是证明具体的产品是否符合相关的技术标准，而是质量管理体系是否符合 ISO9001：2008 质量管理体系要求标准，是否具有按规范要求保证产品质量的能力。

(5)认证合格标志，只能用于宣传，不能将其用于具体的产品上。

产品认证和质量管理体系认证的比较如表 7-2 所示。

表 7-2　产品认证和质量管理体系认证的比较

项　目	产 品 认 证	质量管理体系认证
对象	特定产品	企业的质量管理体系
获准认证条件	产品质量符合制定标准要求； 质量管理体系符合 ISO9001：2008 标准的要求	质量管理体系符合 ISO9001：2008 标准的要求
证明方式	产品认证证书、认证标志	质量管理体系认证(注册)证书、认证标记
证明的使用	证书不能用于产品；标志可以用于获准认证的产品	证书和标记均不能用于具体的产品
性质	自愿性、强制性	自愿性
其他	获得产品认证资格的企业一般无需再申请质量管理体系认证	获得质量管理体系认证资格的企业可以再申请特定产品的认证，但免除对质量管理体系通用要求的检查

第四节　质量管理工具

工程中的质量问题，决大多数都可用简单的统计分析方法来解决，只有广泛地采用统计技术才能使质量管理工作的效益和效率不断提高。常用的七种工具和方法是：调查表法、排列图法、分层法、因果分析图法、直方图法、控制图法和相关图法。这七种方法可在 PDCA 循环各阶段穿插使用。

一、常用几种质量管理工具

(一)调查表法

调查表又称检查表、核对表、统计分析表，用来系统地收集资料、积累数据和确认事实，并对数据进行粗略整理和分析的统计图表。主要用于在现场管理记录相关事实数据，具有较高的可靠性，以便事后分析之用。优点是避免了繁琐的文字陈述，对调查对象的表述简明易懂，多是通过精炼的数据来反映事实，而且各个调查项目之间的内在关系也能清楚地反映出来。因此，便于研究人员对数据进行统计分析，也便于对不同的调查对象进行比较分析。缺点是记录过于简单，如表 7-3 所示。

表 7-3　工程质量管理调查表

调查项目	调查内容	调查记录及见证资料		附件
		现场调查记录	见证资料	
现场质量管理制度	A 质量安全文件 B 项目经理部制度 C 质量安全记录	好□　中□　差□ 好□　中□　差□ 好□　中□　差□		
质量责任制	A 组织机构 B 质量职能分配 C 质量管理责任书	好□　中□　差□ 好□　中□　差□ 好□　中□　差□		
施工执行技术标准	A 适用的标准清单 B 发放登记台账 C 标准规范文本	好□　中□　差□ 好□　中□　差□ 好□　中□　差□		

(二)排列图法

排列图法又称主次因素排列图。它是根据意大利经济学家帕累托(Pareto)"关键的少数和次要的多数"的原理而产生的。常用来分析和找出影响产品质量的主次因素,是抓主要矛盾解决质量问题的有效方法。

排列图法有一个横坐标,表示影响质量的因素,有两个纵坐标,左边的一个表示频数,右边的一个表示累计频率。各影响因素大小以等宽的矩形表示,其高度表示频数大小,并根据右边纵坐标,画出累计频率曲线,又称帕累托曲线。

排列图的绘制步骤如下:

(1)按确定的质量问题进行调查,收集各影响因素的实测数据。

(2)对各影响因素实测数据按频数大小排队,计算各因素出现的频率及累计频率,如表 7-4 所示。

(3)绘制排列图,按适当的比例确定频数及累计频率纵坐标轴及各影响因素的直方图宽度。按照表 7-4 中各因素的排列序号依次画出直方图,并以累计频率值点绘出帕累托曲线,如图 7-4 所示。

表 7-4　某工地现浇混凝土构件尺寸质量不合格项目频数频率统计表

序号	项　目	频数	频率(%)	累计频率(%)
1	表面平整度	75	50.0	50.0
2	截面尺寸	45	30.0	80.0
3	平面水平度	15	10.0	90.0
4	垂直度	8	5.3	95.3
5	标高	4	2.7	98.0
6	其他	3	2.0	100.0
合计		150	100	

对排列图的分析:通常将帕累托曲线分成三个区域,累计频率在 80%以下的区域为 A 区,所包含的质量因素是主要因素;累计频率在 80%~90%的区域为 B 区,其所包含的因素为次要因素;累计频率在 90%~100%的为 C 区,其所包含的因素为一般因素。从图 7-4 中

可以看出，某工地现浇混凝土构件尺寸主要质量问题是表面平整度不够及截面尺寸偏差过大，次要因素是平面水平度不够，其他为一般因素。

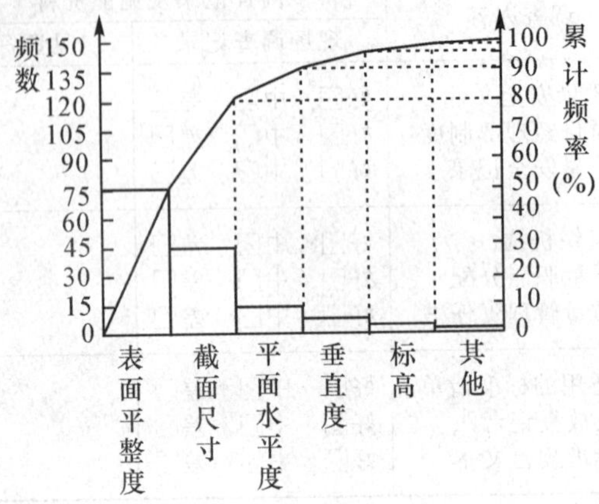

图 7-4 混凝土构件尺寸不合格点排列图

(三)分层法

在质量管理的统计分析中，排列图法有助于找出主要质量问题之所在。而在需要作进一步的分析时，往往采用分层法。分层法又叫分类法，是收集整理数据的基本方法，是把数据按照不同的目的加以分类。

现举例说明分层法的应用。

[例 7-1] 钢筋焊接质量的调查分析，共检查了 50 个焊接点，其中不合格 19 个，不合格率为 38%。存在严重的质量问题，试用分层法分析质量问题的原因。

现已查明这批钢筋的焊接是由 A、B、C 三个师傅操作的，而焊条是由甲、乙两个厂家提供的。因此，分别按操作者和焊条生产厂家进行分层分析，即考虑一种因素单独的影响，见表 7-5 和表 7-6。

表 7-5 按操作者分层

操作者	不合格	合格	不合格率(%)
A	6	13	32
B	3	9	25
C	10	9	53
合计	19	31	38

表 7-6 按供应焊条厂家分层

工厂	不合格	合格	不合格率(%)
甲	9	14	39
乙	10	17	37
合计	19	31	38

由表 7-5 和表 7-6 分层分析可见，操作者 B 的质量较好，不合格率 25%；而不论采用甲厂还是乙厂的焊条，不合格率都很高且相差不大。为了找出问题所在，再进一步采用综合分层进行分析，即考虑两种因素共同影响的结果，见表 7-7。

表 7-7　综和分层分析焊接质量

操作者	焊接质量	甲厂		乙厂		合计	
		焊接点	不合格率	焊接点	不合格率	焊接点	不合格率
A	不合格	6	75%	0	0	6	32%
	合格	2		11		13	
B	不合格	0	0	3	43%	3	25%
	合格	5		4		9	
C	不合格	3	30%	7	78%	10	53%
	合格	7		2		9	
合计	不合格	9	39%	10	37%	19	38%
	合格	14		17		31	

由表 7-7 的综合分层法分析可知，在使用甲厂的焊条时，应采用 B 师傅的操作方法为好；在使用乙厂的焊条时，应采用 A 师傅的操作方法为好，这样会使合格率大大的提高。由此可以看出，分层法是一种逐次分层、逐层分解去分析寻找解决质量问题的方法。

用什么样的因素作为分层或分类的依据要视具体情况而定。一般可参考下列原则：

(1)按不同的分部分项工程分；

(2)按不同的操作方法和工艺分；

(3)按操作班组或人员分；

(4)按操作时间分，如早、中、晚班等；

(5)按施工设备分；

(6)按所加工的原料分，如不同成分，不同供料单位、产地等。

(四)因果分析图法

因果分析图又叫特性要因图，按其表现形状又分为鱼刺图或树枝图。系日本质量管理专家石川馨教授所创。他指出："对于任何技术问题，关键在于整理出与之有关的因素，然后从重要的因素着手解决之。"在生产中经常会碰到很多问题，如"混凝土裂缝较多"，"砌砖质量不好"，"原材料质量不好"，"工艺水平很低"，"工人技术水平不高"等，它们之间互相影响，原因错综复杂。为了弄清原因，针对其重要原因制订对策，就有必要使用因果分析图。因果分析图原理如图 7-5 所示。

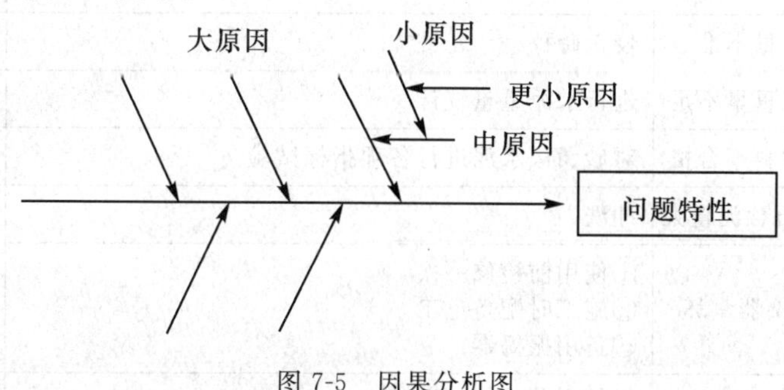

图 7-5　因果分析图

因果分析图法的步骤如下：

(1)决定特性。所谓特性就是需要解决的主要问题，放在主干箭头的前面。

(2)确定影响质量特性的大枝。即找出影响质量问题的主要原因(大原因)，一般是从

人、设备、材料、方法、环境等五个方面进行分析。

(3)进一步找出各个大原因中的各个子原因，即所谓的中原因和小原因。画出与各大原因相连的中、小细枝。

(4)发扬技术民主，反复讨论，补充遗漏的因素。

(5)针对影响质量的因素，有的放矢地制定对策，并落实解决问题的人和时间，通过对策计划表的形式列出，限期改正。

如针对混凝土强度不足的原因分析见图 7-6。混凝土强度不足的对策计划表如表 7-8 所示。

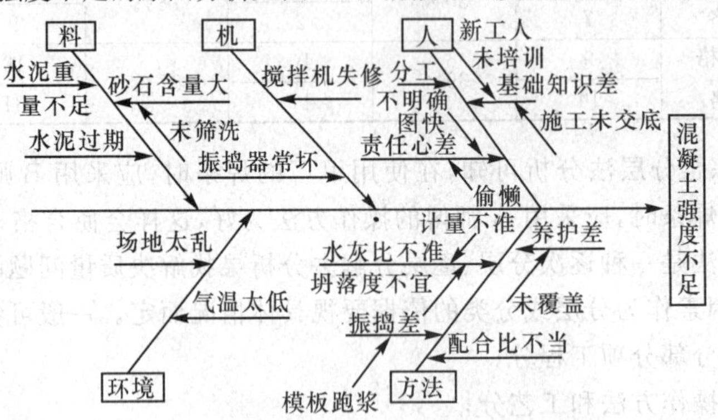

图 7-6　混凝土强度不足的因果分析图

表 7-8　混凝土强度不足的对策计划表

项目	序号	质量产生原因	采取的对策	执行人	完成时间
人	1	分工不明确	根据个人特长、确定每项作业的负责人及各操作人员职责、挂牌示出		
	2	基本知识差	①组织学习操作规程 ②搞好技术交底		
方法	3	配合比不当	①根据数理统计结果，按施工实际水平进行配比计算 ②进行实验		
	4	水灰比不准	①制作试块 ②捣制时每半天测砂石含水率一次 ③捣制时控制坍落度在 5cm 以下		
	5	计量不准	校正磅秤		
材料	6	水泥重量不足	进行水泥重量统计		
	7	原材料不合格	对砂、石、水泥进行各项指标试验		
	8	砂、石含泥量大	冲洗		
机械	9	振捣器常坏	①使用前检修一次 ②施工时配备电工 ③备用振捣器		
	10	搅拌机失修	①使用前检修一次 ②施工时配备检修工人		
环境	11	场地乱	认真清理，搞好平面布置，现场实行分片制		
	12	气温低	准备草包，养护落实到人		

（五）频数分布直方图

任何生产过程在相同的工艺条件下，加工出来的产品质量并不完全相同，反映为各个产品质量的数据存在差异。这是与产品相关的人、材料、设备、环境、方法等因素对产品质量所产生影响的综合表现。质量差异特征的规律性，有助于我们掌握产品质量在生产过程中的波动性和离散性，从而采取预防及控制措施。

1. 频数直方图的绘制方法

频数直方图就是反映质量数据波动特征的一种图。分析对象是一道工序或者某一范围和期间内的产品质量特性计量值。一般抽取 50～100 个某项质量指标的数据值，按一定的组距分成若干组，画出以组距为底边，以落入各组范围内的数据个数（频数）为高度的若干个直方，这些直方构成的图就叫频数分布直方图。

（1）收集数据

［例 7-2］ 某建筑施工工地浇筑 C30 混凝土，为对其抗压强度进行质量分析，共收集了 50 份抗压强度试验报告单，经整理如表 7-9 所示。

表 7-9 数据整理表（N/mm^2）

序号	抗压强度数据					最大值	最小值
1	39.8	37.7	33.8	31.5	36.1	39.8	31.5*
2	37.2	38.0	33.1	39.0	36.0	39.0	33.1
3	35.8	35.2	31.8	37.1	34.0	37.1	31.8
4	39.9	34.3	33.2	40.4	41.2	41.2	33.2
5	39.2	35.4	34.4	38.1	40.3	40.3	34.4
6	42.3	37.5	35.5	39.3	37.3	42.3	35.5
7	35.9	42.4	41.8	36.3	36.2	42.4	35.9
8	46.2	37.6	38.3	39.7	38.0	46.2*	37.6
9	36.4	38.3	43.4	38.2	38.0	42.4	36.4
10	44.4	42.0	37.9	38.4	39.5	44.4	37.9

（2）计算极差 R

极差 R 是数据中最大值和最小值之差，本例中：

$$x_{max}=46.2(N/mm^2)$$

$$x_{min}=31.5(N/mm^2)$$

$$R=x_{max}-x_{min}=46.2-31.5=14.7(N/mm^2)$$

（3）数据分组（包括确定组数、组距和组限）

组数 k 根据数据多少而定，一般数据个数在 50 个以内时分为 5～7 组，数据个数在 50～100 个时分为 6～10 组，数据个数在 100～250 个时为 7～12 组，数据个数在 250 个以上时分为 10～20 组左右。经验表明，组数太少会掩盖各组内数据的变动情况，组数太多会使各组的高度参差变化太大，从而看不出整体变化规律。一般可参考表 7-10 的经验数值确定。

表 7-10　数据分组参考值

数据总数 n	分组数 k	数据总数 n	分组数 k	数据总数 n	分组数 k
50～100	6～10	100～250	7～12	250 以上	10～20

本例中取 $k=8$

组距是组与组之间的间隔，也即一个组的范围。各组距应相等，于是有：

极差≈组距×组数

即 $R \approx h \cdot k$

因而组数、组距的确定应结合极差综合考虑，适当调整，还要注意数值尽量取整，使分组结果能包括变量值，同时也便于以后的计算分析。

本例中：$h=\dfrac{R}{k}=\dfrac{14.7}{8}=1.8\approx 2(\text{N/mm}^2)$

每组的最大值为上限，最小值为下限，上、下限统称组限。确定组限时应注意使各组之间连续。对恰恰处于组限值上的数据，其解决的办法有二：一是规定每组上（或下）组限不计在该组内，而应计入相邻较高（或较低）组内；二是将组限值较原始数据精度提高半个最小测量单位。

本例采用第一种方法划分组限，即每组上限不计入该组内。

首先确定第一组下限：

$$x_{\min}-\frac{h}{2}=31.5-\frac{2.0}{2}=30.5$$

$30.5+h=30.5+2=32.5$ 第一组上限：

第二组下限＝第一组上限＝32.5

$32.5+h=32.5+2=34.5$ 第二组上限：

以下以此类推，最高组限为 44.5～46.5，分组结果覆盖了全部数据。

(4)编制数据频数统计表

根据确定的组界值，分别统计落入各组内的数据个数（频数）。以统计的频数编制频数统计表，如表 7-11 所示。

表 7-11　频数统计表

组号	组限(N/mm²)	频数统计	频数	组号	组限(N/mm²)	频数统计	频数
1	30.5～32.5	丅	2	5	38.5～40.5	正 正	9
2	32.5～34.5	正一	6	6	40.5～42.5	正	5
3	34.5～36.5	正正	10	7	42.5～44.5	丅	2
4	36.5～38.5	正正正	15	8	44.5～46.5	一	1
合计							50

从表 7-11 中可以看出，浇筑 C30 混凝土，50 个试块的抗压强度是各不相同的，这说明质量特性值是有波动的。但这些数据分布是有一定规律的，就是数据在一个有限范围内变化，且这种变化有一个集中趋势，即强度值在 36.5～38.5 范围内的试块最多，可把这个范围

即第四组视为该样本质量数据的分布中心，随着强度值的逐渐增大和逐渐减小数据而逐渐减小。为了更直观、更形象地表现质量特征值的这种分布规律，应进一步绘制出直方图。

(5)绘制频数分布直方图

以横坐标表示分组的界值，纵坐标表示各组间数据的频数，以组距为底边，以频数为高度构成若干直方矩形图，并将频数标注在直方块顶端。如图 7-7 所示。

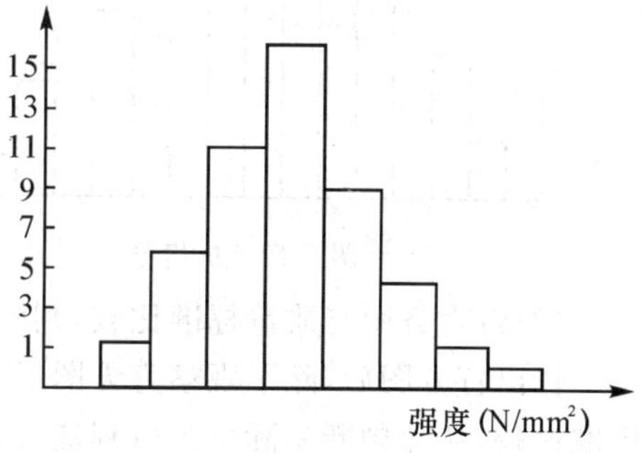

图 7-7　频数分布直方图

2. 频数直方图的观察分析

(1)观察直方图的形状、判断质量分布状态

频数直方图中间高，两边底，基本上是两边对称下降的“山”峰形状，如图 7-8 所示。如果按照直方图顶端变化的总体趋势，即大体穿过各直方的顶部作一条曲线，它很接近常见的概率分布曲线——正态曲线，如果数据量增大，就会更趋于标准的正态分布。这就说明质量特性值波动的规律是基本服从随机变量正态分布规律的，它是围绕着某中心值(数据算术平均值)波动，比中心值大很多或小很多的特性值出现的机会较少。这是符合产品过程中质量分布规律的。如果生产过程中出现异常现象，也必然会在直方图上有反映，如下列几种直方图都有异常：

①左(或右)缓坡型：主要是由于操作中对上限(或下限)控制太严造成的。见图 7-9。

②孤岛型：由于原材料一时发生变化或由不熟练工人替班操作出现的情况。见图 7-10。

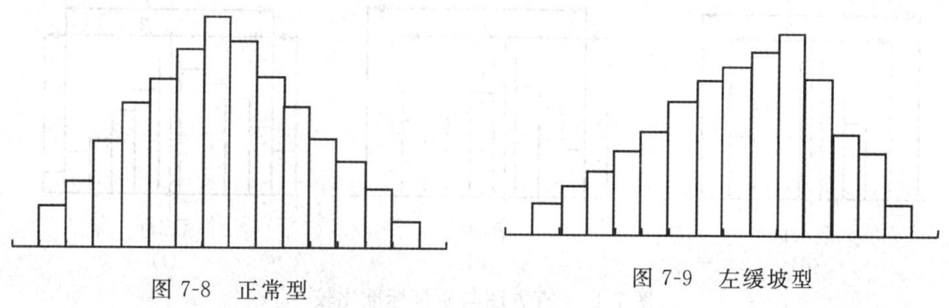
图 7-8　正常型　　图 7-9　左缓坡型

③双峰型：由两台不同型号设备，或两批不同原材料，两批不同的操作人员加工出来的产品而出现的直方图。见图 7-11。

④折齿型：数据分组分得过多时易出现的直方图。见图 7-12。

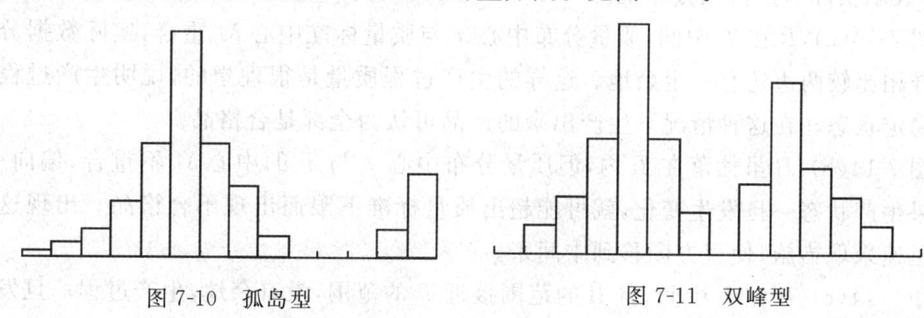
图 7-10　孤岛型　　图 7-11　双峰型

⑤陡壁型:搜集数据时,有意识的剔除了不合格产品数据作成的直方图。见图 7-13。

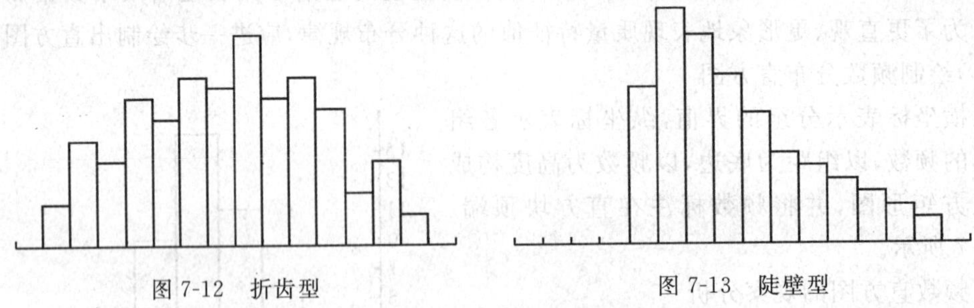

图 7-12　折齿型　　　　图 7-13　陡壁型

(2)将直方图与质量标准比较,判断实际生产过程能力

作出直方图后,除了观察直方图形状,分析质量分布状态外,再将正常型直方图与质量标准比较,从而判断实际生产过程能力。正常型直方图与质量标准相比较,一般有如图7-14所示六种情况。

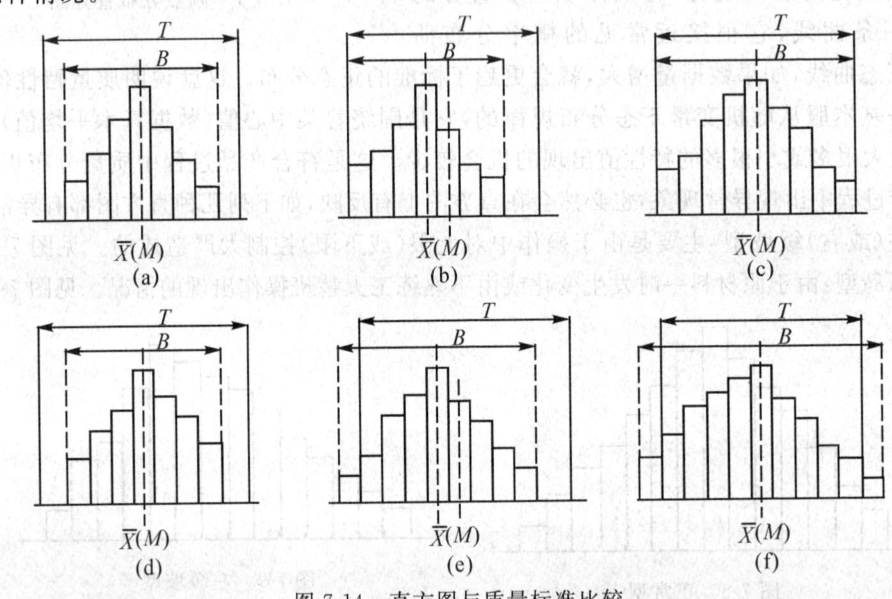

图 7-14　直方图与质量标准比较

图 7-14 中:

T—表示质量标准要求界限;

B—表示实际质量特性分布范围。

①图 7-14(a),B 在 T 中间,质量分布中心 $\overline{x}$ 与质量标准中心 M 重合,实际数据分布与质量标准相比较两边还有一定余地。这样的生产过程质量是很理想的,说明生产过程处于正常的稳定状态。在这种情况下生产出来的产品可认为全部是合格品。

②图 7-14(b),B 虽然落在 T 内,但质量分布中心 $\overline{x}$ 与 T 的中心 M 不重合,偏向一边。这样如果生产状态一旦发生变化,就可能超出质量标准下限而出现不合格品。出现这样情况时应迅速采取措施,使直方图移到中间来。

③图 7-14(c),B 在 T 中间,且 B 的范围接近 T 的范围,没有余地,生产过程一旦发生小的变化,产品的质量特性值就可能超出质量标准。出现这种情况时,必须立即采取措施,以缩小质量分布范围。

④图 7-14(d)，B 在 T 中间，但两边余地太大，说明加工过于精细，不经济。在这种情况下，可以对原材料、设备、工艺、操作等控制要求适当放宽些，有目的地使 B 扩大，从而有利于降低成本。

⑤图 7-14(e)，质量分布范围 B 已超出标准下限之外，说明已出现不合格品。此时必须措施进行调整，使质量分布位于标准之内。

⑥图 7-14(f)，质量分布范围完全超出了质量标准上、下界限，散差太大，产生许多废品，说明过程能力不足，应提高过程能力，使质量分布范围 B 缩小。

3.频数分布直方图的几个统计特征数

对频数分布直方图的数据分布状况还要进行特征定量分析，以便根据抽样数据特征值去推断总体特征值。根据数理统计原理，尚应计算以下几项统计特征值：

(1)样本均值$\overline{X}$

样本均值$\overline{X}$是反映所得数据群体中心位置特征值，亦即样本数据群体的算术平均值：

$$\overline{X}=\frac{1}{n}\sum_{i=1}^{n}x_i \tag{7-1}$$

(2)样本标准偏差 S

它是用以反映抽样数据离散特征的，又叫离差或均方差。计算公式是：

$$S=\sqrt{\frac{\sum_{i=1}^{n}x_i^2-n\overline{X}^2}{n-1}} \tag{7-2}$$

(3)变异系数 C_v

S 是反映数据波动的大小，一般而言，测量较大的数据时，绝对误差较大；测量较小的数据时，绝对误差较小。考虑到这一点，我们引入变异系数。变异系数 C_v 是用来反映离差相对波动大小的。在质量特征数据中，即反映了质量波动的相对大小。用下式计算：

$$C_v=\frac{S}{V} \tag{7-3}$$

产品质量特性的这三个统计特征值，可以用来作为判别质量好坏的依据。如建筑工程中混凝土质量的好坏判别，美、英、日等都是分别以 C_v 和 S 作为判别的等级标准，我国目前尚无这方面的统一标准。表 7-12 是湖南大学混凝土力学性能科研小组提出的混凝土施工管理水平指标，可供参考。

表 7-12　混凝土施工控制水平等级表

施工管理等级	甲(优秀)	乙(良好)	丙(一般)	丁(不良)
标准偏差 S(0.1 N/mm²)	<25	25～35	35～50	>50
变异系数 C_v	<0.10	0.10～0.15	0.15～0.20	>0.20

4.频数直方图的应用

(1)直接分析图形，判断质量分布状况

由绘出的直方图直接观察是否属于正态分布的山峰型。如果不是，看接近“孤岛型”、“双峰型”、“陡壁型”、“折齿型”或其他哪种异常型式，判别属于什么样的质量问题类型。

(2)判断工序能力

工序能力是指一道工序在工作状态稳定的情况下对质量的保证能力。

产品质量特性值的波动是服从正态分布规律的，当样本的数据量足够大时可以认为是围绕样本均值$\overline{X}$波动的。波动的离散程度则由样本标准差S来反映。由概率论知识可知正态分布子样出现范围的概率如下：

①子样落在$[\overline{X}-S,\overline{X}+S]$区间内的概率是68.27%；

②子样落在$[\overline{X}-2S,\overline{X}+2S]$区间内的概率是95.45%；

③子样落在$[\overline{X}-3S,\overline{X}+3S]$区间内的概率是99.73%。

图7-15为这一概率分布范围的示意图。

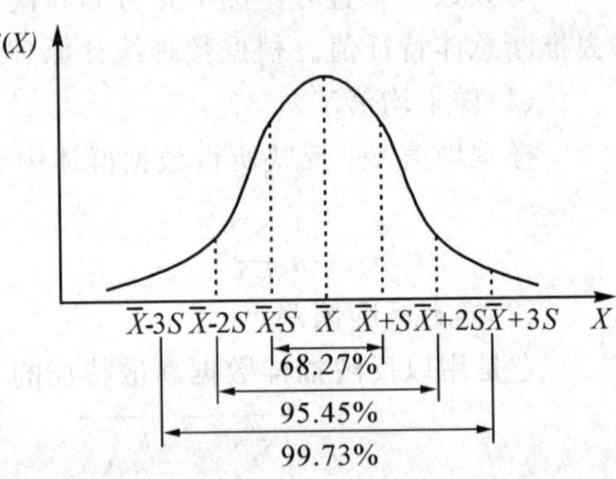

图7-15 子样分布概率范围示意图

这一子样分布概率为我们判断工序能力提供了理论依据。对于一个稳定生产的工序其产品质量特性值的波动在$\overline{X}+3S$的范围内出现的概率是99.73%，也就是说绝大部分的样本质量数据不会越出这一范围，仅有千分之三(实为0.27%)以下的产品有可能超越这一范围，由概率论的知识我们知道这样小概率的事件在一次抽样中几乎不会发生的。因此对于一个处于稳定生产的工序，我们可以抽取足够多的产品，测定其所具有的质量特征数据，求出样本均值$\overline{X}$和标准偏差S，以及$\overline{X}+3S$为工序质量上界TU；$\overline{X}-3S$为工序质量下界TL。如果工序生产的产品质量特性值超出这一上下限界，就要引起注意，应检查工序生产过程是否出现了异常。在这里，工序产品质量自身波动的范围实质是$6S$，这样一个波动范围是否满足按照一定标准或要求制定的产品公差T的要求呢？这就是衡量一个工序是否有能力生产合格产品的基本标准之一。为此我们定义一个工序能力指数C_p，即：

$$C_p=\frac{T}{6S}$$

当$C_p=1$时，意味着工序的能力恰好满足公差的要求，但没有余地，随时有发生不合格产品的可能，要加强管理。如图7-16所示。

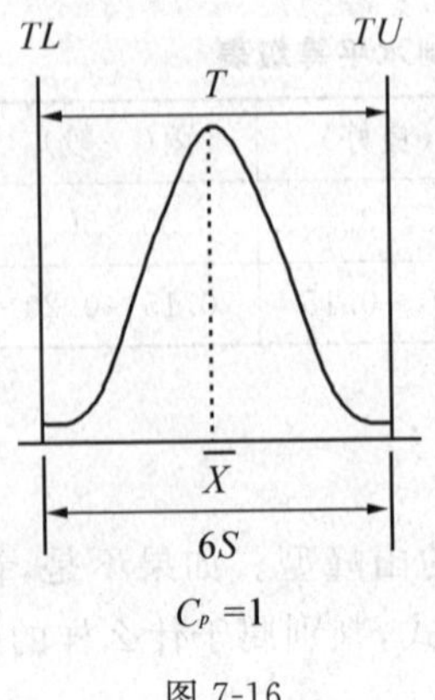

图7-16

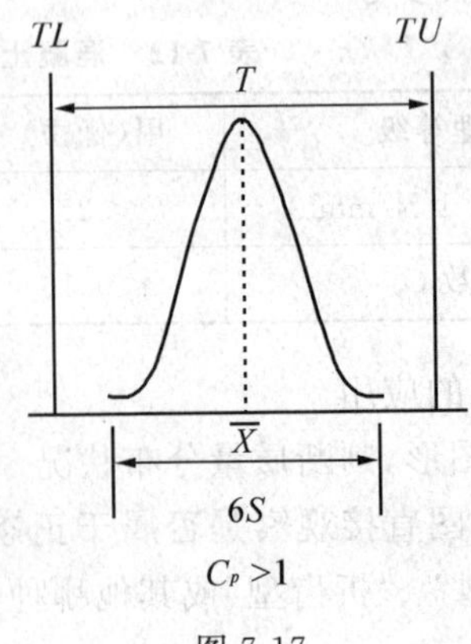

图7-17

当 $C_p>1$ 时，意味着工序的能力不仅满足公差的要求，而且有一定余地，一般当 $C_p=1.33$时，工序能力较为理想，如过大则可能是设备或工艺精度过高，经济性较差。如图 7-17 所示。

当 $C_p<1$ 时，意味着工序能力不能满足公差要求，会产生不合格品，应停止生产，检查原因。如图 7-18 所示。

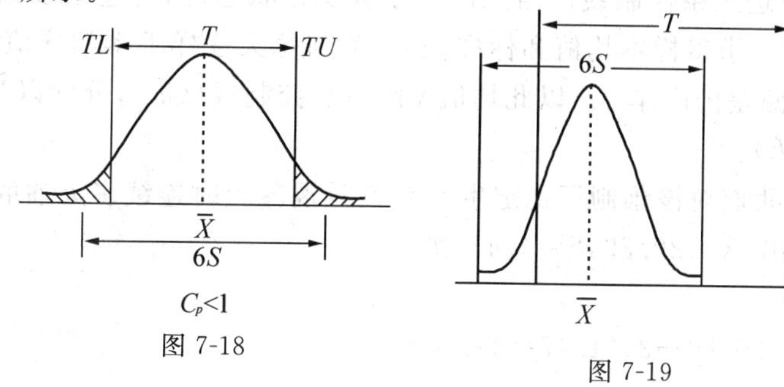

图 7-18　　图 7-19

上述情况是在频数分布的质量中心$\overline{X}$与公差范围的中值相符合或很接近的情况下，对工序能力指数的计算方法。如果两者差得很大，质量分布中心偏向公差上界或偏向下界，说明必须从技术、工艺、设备、材料等方面着手，改变工序的质量分布中心，使之与公差中值接近。如图 7-19 所示，$6S<T$，但质量分布中心偏向公差下界，说明该工序整体的质量尚偏低，必须采取措施，提高整体质量分布中心值$\overline{X}$，使之与公差中值接近，工序能力才能满足要求。

（六）控制图法

控制图又叫管理图。是美国休哈特博士 1924 年首先提出的。控制图是用于观察分析生产过程中质量的波动情况和变化趋势的。前面所叙述的排列图法、因果分析法、频数直方图等所反映的质量情况是静态的，而控制图则提供了质量动态变化的数据，使质量情况的变化图示化，易于观察，为及时采取控制质量措施提供了动态的信息。这种方法在质量管理中广泛用于连续生产和大批生产，是常用统计方法中很重要的一种。

1. 控制图的形式及绘制方法

控制图按照所控制的质量特征值的不同有多种。一般常用的有样本均值$\overline{X}$控制图和极差 R 控制图。极差 R 是指一组数据中最大值与最小值之差。下面我们通过一个例子来说明这两种控制图的绘制方法和原理。

［例 7-3］　某混凝土构件厂，为了掌握所用 C30 混凝土强度质量波动的情况，每天检测五个数据，先后连续测了 12 天，如表 7-14 所示，试建立控制图。

我们将每天测试的五个数据，分别算出平均值$\overline{X}$和极差值 R，记入表 7-14 的下部两行中。然后以时间日期为横坐标，平均值$\overline{X}$和极差值 R 为纵坐标，分别画出$\overline{X}$控制图和 R 控制图。如图 7-20 所示。从图中可以看出$\overline{X}$，R 是随着日期不同而变动的，这就反映出了质量状态变化的趋势，我们随时可看到产品的动态变化。但是这种质量波动是否处于正常呢？为此我们在曲线图中引进几条控制线。

首先，按照质量要求的公差上下界值引进两条标准差上、下限线（TU，TL），在此例中，参照钢筋混凝土施工验收规范，可定 $TL=0.85R=0.85\times29.40=24.99$。另外根据经济性考虑，混凝土也没有必要超标号过多，可定 $TU=1.2R=1.2\times29.40=35.28$。

这两条标准差上下限值表明只要每日抽检的数据均值没有超出这两条线，产品质量基本是处于合格正常状态。这是从公差标准出发进行的产品质量控制。这尚不能灵敏地反映对工序质量变化的控制。从图中也可看出强度波动范围距离上下标准界限还有较大的余地，这只说明产品质量较好，对于工序质量的控制应用产品质量离散特征标准偏差 S 和均值 $\overline{X}$ 来控制。为此引进三条控制线。当工序处于较稳定状态时，可连续多天抽取足够多样本数据按公式 7-1，7-2 求得样本均值和标准偏差，为与每天取样求得的均值 $\overline{X}$ 相区别，此样本平均值作 $\widetilde{X}$，标准偏差仍记作 S。以此均值 $\widetilde{X}$ 作中心控制线（CL），分别以 $\widetilde{X}\pm 3S$ 值作上、下控制线（UCL，LCL）。

如此例中，假定我们对该预制厂稳定生产 C30 号混凝土时连续多天抽取了足够多的数据（100 个左右），求出，$\widetilde{X}=29.89$，$S=1.47$，则：

$CL=\widetilde{X}=29.89$

$UCL=\widetilde{X}+3S=29.89+3\times 1.47=34.30$

$LCL=\widetilde{X}-3S=29.89-3\times 1.47=25.48$

以此在图上标出三条虚线，见图 7-20。由于这三条控制线是由工序处于稳定状态时抽取的数据计算而来的，而按正态分布规律落在 $\widetilde{X}\pm 3S$ 范围之内的概率是 99.73%，所有检测数据都应落在这两条控制线（UCL，LCL）之内。因此以后逐日检测的数据如落在检测范围之外，则表明工序有异常因素存在。

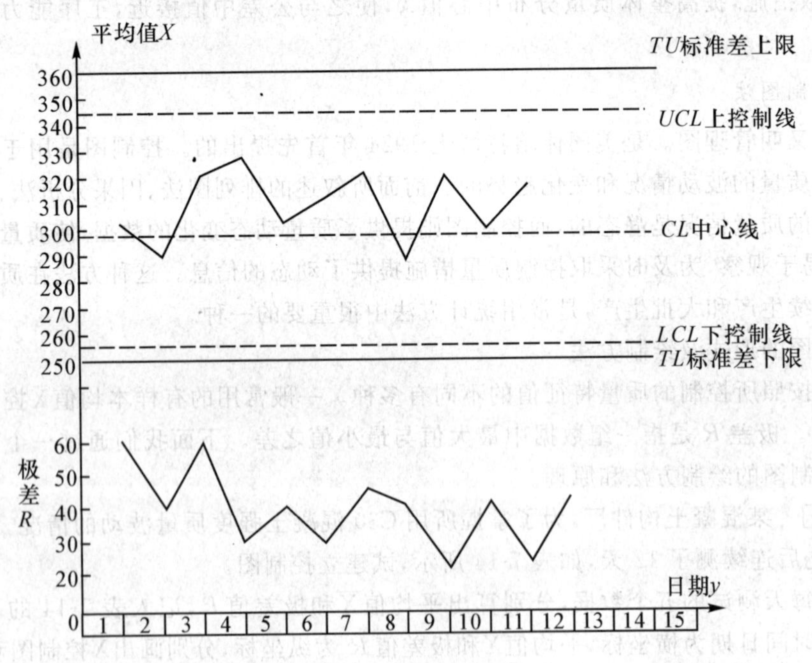

图 7-20 $\overline{X}$—R 控制图

应注意的是，不要把上下控制界限同工差标准上下界限混淆起来。一般情况下，当观查产品质量是否合格时，应当用标准上下限 TU 和 TL；而观察工序是否有异常时，则应用上下控制界限 UCL 和 LCL。

表 7-13 正态分布概率系数表

K_ε	.=0	1	2	3	4	5	6	7	8	9
0.0	.5000	.4960	.4290	.4880	.4840	.4801	.4761	.4721	.4681	.4641
0.1	.4602	.4562	.4522	.4483	.4443	.4404	.4364	.4325	.4286	.4247
0.2	.4207	.4168	.4129	.4090	.4052	.4013	.3944	.3936	.3897	.3859
0.3	.3821	.3784	.3745	.3707	.3669	.3632	.3594	.3557	.3520	.3483
0.4	.3446	.3409	.3372	.3336	.3300	.3264	.3228	.3192	.3156	.3121
0.5	.3085	.3050	.3015	.2981	.3946	.2912	.2877	.2843	.2810	.2776
0.6	.2743	.2709	.2676	.2643	.2611	.2578	.2546	.2514	.2483	.2451
0.7	.2420	.2389	.2358	.2327	.2296	.2266	.2236	.2206	.2177	.2148
0.8	.2119	.2090	.2061	.2033	.2005	.1977	.1949	.1922	.1894	.1867
0.9	.1841	.1814	.1788	.1762	.1736	.1711	.1685	.1660	.1635	.1611
1.0	.1587	.1562	.1536	.1515	.1492	.1469	.1446	.1423	.1401	.1379
1.1	.1357	.1335	.1314	.1292	.1271	.1251	.1230	.1210	.1190	.1170
1.2	.1151	.1131	.1112	.1093	.1075	.1056	.1038	.1030	.1003	.1985
1.3	.0968	.0951	.0934	.0918	.0901	.0885	.0869	.0853	.0838	.0823
1.4	.0808	.0793	.0778	.0764	.0749	.0735	.0721	.0708	.0694	.0681
1.5	.0668	.0655	.0643	.0630	.0618	.0666	.0592	.0582	.0571	.0559
1.6	.0548	.0537	.0523	.0516	.0505	.0495	.0485	.0475	.0465	.0455
1.7	.0446	.0436	.0427	.0418	.0409	.0401	.0392	.0384	.0375	.0367
1.8	.0359	.0351	.0344	.0336	.0429	.0322	.0314	.0307	.0301	.0294
1.9	.0287	.0281	.0274	.0268	.0262	.0256	.0250	.0244	.0239	.0233
2.0	.0228	.0222	.0217	.0212	.0207	.0202	.0197	.0192	.0188	.0183
2.1	.0179	.0174	.0170	.0166	.0162	.0158	.0154	.0150	.0146	.0143
2.2	.0139	.0136	.0132	.0129	.0125	.0122	.0119	.0116	.0113	.0110
2.3	.0107	.0104	.0102	.0099	.0096	.0094	.0091	.0089	.0087	.0084
2.4	.0082	.0080	.0078	.0075	.0073	.0071	.0066	.0068	.0066	.0064
2.5	.0062	.0060	.0059	.0057	.0055	.0054	.0052	.0051	.0049	.0048
2.6	.0047	.0045	.0044	.0043	.0041	.0040	.0039	.0038	.0037	.0036
2.7	.0035	.0034	.0033	.0032	.0031	.0030	.0029	.0028	.0027	.0026
2.8	.0026	.0025	.0024	.0023	.0023	.0022	.0021	.0021	.0020	.0019
2.9	.0019	.0018	.0018	.0017	.0016	.0016	.0015	.0015	.0014	.0014
3.0	.0013	.0013	.0013	.0012	.0012	.0011	.0011	.0011	.0010	.0010

表 7-14 某混凝土构件厂 C30 混凝土强度实测值

时间(天) 数据	1	2	3	4	5	6	7	8	9	10	11	12
一	33.32	30.87	28.42	33.32	28.91	31.36	28.42	30.38	28.91	29.89	28.42	29.40
二	31.36	27.93	33.32	32.34	27.93	30.87	33.32	31.36	28.42	33.32	28.91	24.30
三	27.44	29.99	34.30	31.85	29.89	29.89	32.34	29.89	27.44	32.34	29.40	31.36
四	29.50	26.46	30.38	32.83	29.89	27.93	30.87	33.32	26.46	34.40	30.38	30.38
五	28.42	28.42	31.36	29.89	32.34	30.38	28.91	34.30	27.93	29.40	31.36	33.32
$\overline{X}$	29.99	28.71	31.56	32.05	29.89	30.09	30.77	31.85	27.83	31.85	29.69	31.75
R	5.88	4.41	5.88	3.43	4.41	3.43	4.90	4.41	2.45	4.90	2.94	4.90

有时当公差的界限较小，或工序能力相对不足时，计算求得的上下控制线会在公差标准线外，这时只有以公差标准线来严格控制工序质量，尽量减少不合格率。或者改进工序生产能力，以适应公差标准的要求。

2.控制图的判断

引起质量波动的因素主要是人、材料、设备、工艺、环境等。它们又可分为两类：一类是不可避免的偶然性因素，如操作人员前后操作上的微小差别，材料的微小差异，设备操作在加工精度允许范围的微小差异等，这些是不可避免的，它们对质量波动的影响很小，是标准所允许的正常波动，它们在控制图上反映出来是随机分布在中心线两侧附近，越接近上下控制界限点子越少；另一类是异常的，呈某种规律的系统性因素。例如设备过度磨损，更换使用了不合格的材料，机器有某些故障，操作人员不能严格遵守操作规程等，都有可能出现系统的质量问题，在控制图上的点子往往反映出较明显的规律变化，尽管这些点子不一定超出了界限，但它们体现了一种不正常的变化趋势。以下可作为判断有异常的参考。

(1)点子在中心线一侧，连续出现七次以上者，见图 7-21。

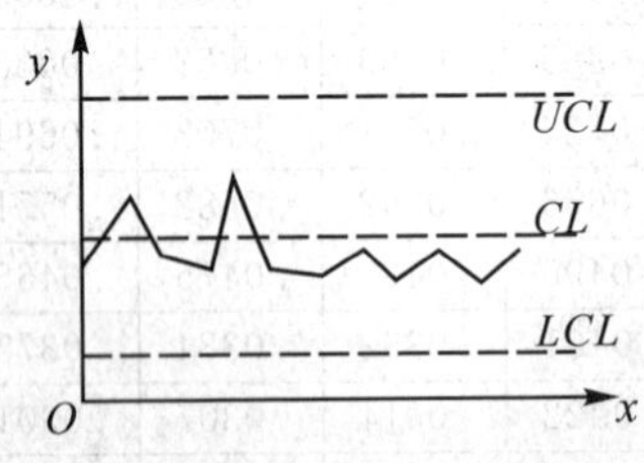

图 7-21 连续七点大中心线一侧

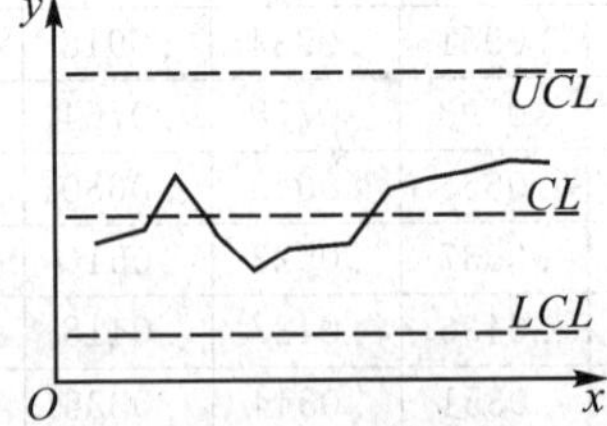

图 7-22 连续七点上升

(2)连续几个点子上升或下降者。见图 7-22。

(3)点子在中心线一侧多次出现，如连续 11 个点，至少有 10 个点在同一侧者。见图 7-23。

(4)点子保持周期性变动者。见图 7-24。

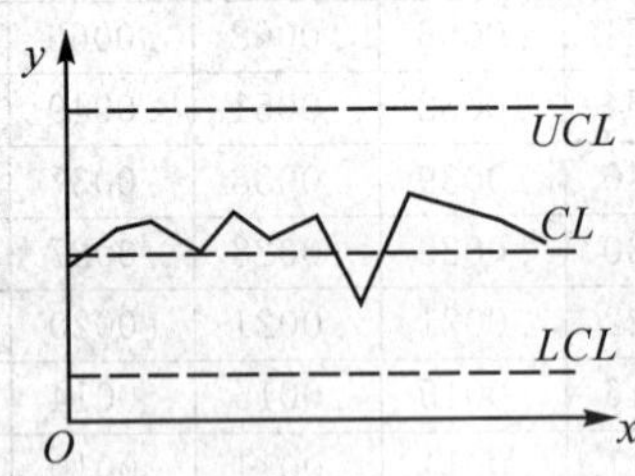

图 7-23 点子在中心线一侧多次出现

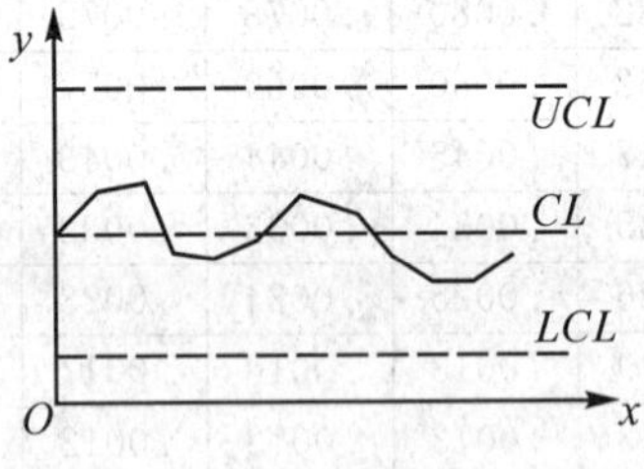

图 7-24 点子呈周期性变动

(5)连续三点中有两点在 $\pm 2S$ 横线以外出现。见图 7-25。

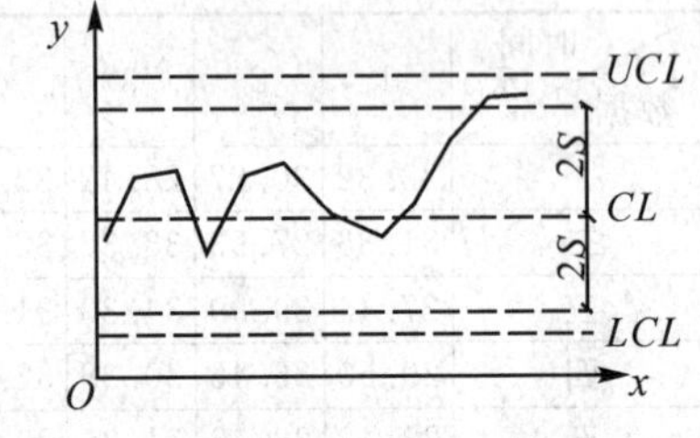

图 7-25 连续三点中有两点在 $\pm 2S$ 横线外

(七)相关图法

为了进一步认识质量波动的原因，有必要研究质量与某些影响因素之间可能存在的一些量的关系。从数学的观点来看，我们要研究的是一个变量(质量特性)与另一个或几个变量(影响质量的因素)之间的关系。变量之间的关系大致可分为两类：一类是确定的关系，如某种型钢的抗拉强度(N_y)

与载面积(F)的关系。这种确定性的关系可用函数式表达:$N_y=f(F)$,因此又称作函数关系。另一类是变量间存在一定关系,但并非十分确定,像混凝土强度与水泥标号之间的关系,混凝土的抗渗能力与容重之间的关系等。如抗渗能力有随着容重的增大而增强的总趋势,但同样容重的混凝土,其抗渗能力也不一定完全一样。反之,抗渗能力一样的混凝土,其容重也不一定完全一样。像这类至少有一个是随机变量的变量间的关系称为相关关系。相关关系虽不是确定性的,但在大量的观察下,往往呈现出一定的规律性,若将有相关关系的两个变量的对应观察值作为直角平面上点的坐标,并把这些点标在平面上,这样的图称为散布图,从散布图上大致可以看出两个变量之间的统计规律性,例如图 7-26 及图 7-27 分别是混凝土抗渗能力与混凝土容重,混凝土抗压强度与混凝土搅拌时间关系观察值散布图。

从图 7-26 可以看到,散点大致围绕一条直线散布,而图 7-27 的散点则大致围绕一条曲线散布,这就是变量间统计规律性的一种表现。前者可用一线性函数来近似地描述,后者则可用一曲线函数来描述,这样的函数称为回归函数。如果回归函数是一个线性函数,则称变量间是线性相关的。研究两个因素间的相关关系称为一元回归分析,研究多个变量间的相关关系称多元回归分析。这里,我们将主要介绍用一元回归分析方法作相关图。研究变量间的相关关系,确定回归函数,以及由此得知某质量特性与某影响因素之间的变化关系,达到预测和控制质量特性的目的,这就是质量管理中相关图分析的内容。

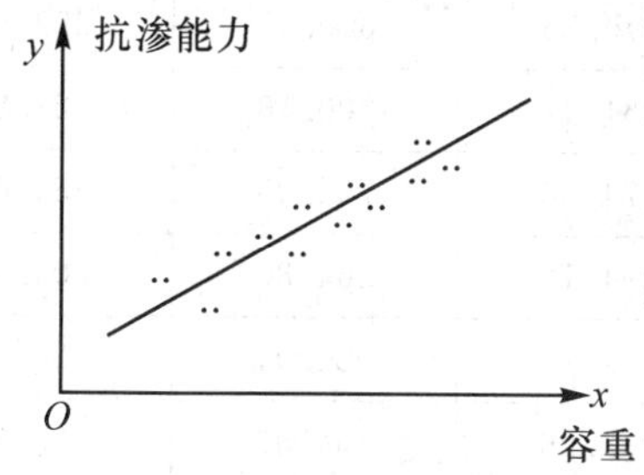

图 7-26 混凝土抗渗能力与容重相关图

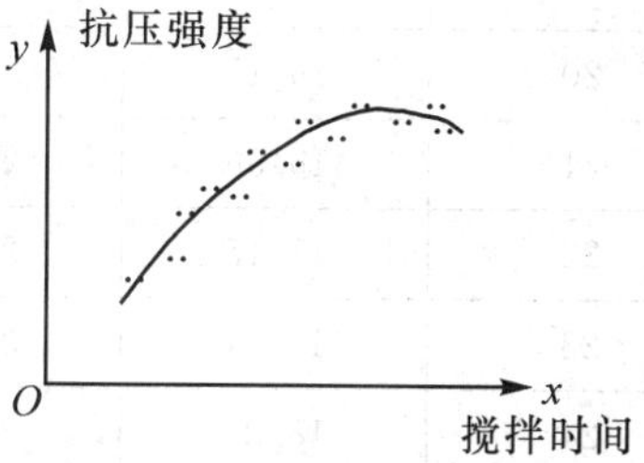

图 7-27 混凝土抗压强度与搅拌时间相关图

[例 7-4] 某重要工程为加强对施工过程中混凝土强度质量的控制,进行了 80℃热水加速养护试件法(试件入密封模后静置 1 小时,然后在 80℃热水中养护 6 小时,取出再静置 1 小时,然后测定其抗压强度 R_j,早期强度 R_j 与同时取样的标准 28 天养护试件强度 R_{28} 的对比实验,按照准备采用的某厂生产的不同标号水泥,用不同的水灰比配制,共取得了 30 组试验数据,如表 7-15 所示。试确定加速养护早期强度 R_i 与 R_{28} 相关关系。

表 7-15 单位:MPa

组号	$x_i(R_j)$	$y_i(R_{28})$	x_i^2	y_i^2	x_iy_i
1	7.35	15.68	54.02	245.86	115.25
2	7.74	17.64	59.94	311.17	136.57
3	8.23	16.66	67.77	277.56	137.15
4	8.82	16.17	77.79	261.47	142.62
5	9.80	19.70	96.04	388.01	193.04
6	10.09	19.11	101.89	365.19	192.90

续表

组号	$x_i(R_j)$	$y_i(R_{28})$	x_i^2	y_i^2	$x_i y_i$
7	10.78	19.60	116.21	384.16	211.19
8	11.27	20.09	127.01	403.61	226.41
9	11.37	19.11	129.23	365.19	217.24
10	11.76	17.64	138.30	311.17	207.45
11	12.15	19.11	147.67	365.19	232.22
12	12.25	22.05	150.06	486.20	270.11
13	12.84	23.03	164.81	530.38	295.66
14	13.72	23.32	188.24	544.01	320.01
15	14.11	20.09	199.15	403.61	283.51
16	14.50	19.89	210.37	395.77	288.50
17	14.70	23.52	216.09	553.19	345.74
18	15.29	23.42	233.72	548.59	358.08
19	15.68	25.48	245.86	649.23	399.53
20	16.17	26.46	261.47	700.13	427.86
21	16.56	27.44	274.30	752.95	454.46
22	17.15	29.40	294.12	864.36	504.21
23	17.64	30.38	311.17	922.94	535.90
24	18.23	29.40	332.26	864.36	535.90
25	18.62	29.50	346.70	870.13	549.25
26	19.31	28.91	372.72	835.79	558.14
27	19.89	28.42	395.77	807.70	565.39
28	20.48	31.36	419.51	983.45	642.32
29	21.07	30.38	443.94	922.94	640.11
30	21.56	33.32	464.83	1110.22	718.38
$\sum$	$\sum x_i$	$\sum y_i$	$\sum x_i^2$	$\sum y_i^2$	$\sum x_i y_i$
	429.14	706.29	6640.98	17424.55	10705.22

解：(1)绘制散布图。先设定坐标轴，以横轴 X 表示加速养护所得的早期强度 R_j，以纵轴 Y 表示标准养护 28 天后的强度 R_{28}，然后绘散布图。如图 7-28 所示。由散布图上可以看出 R_j 和 R_{28} 有较明显的线性相关关系。

(2)求回归函数。因为变量间是线性相关，所以回归函数标准形式为：

$y=A+Bx$。按回归分析法得出 A、B 两系数如下：

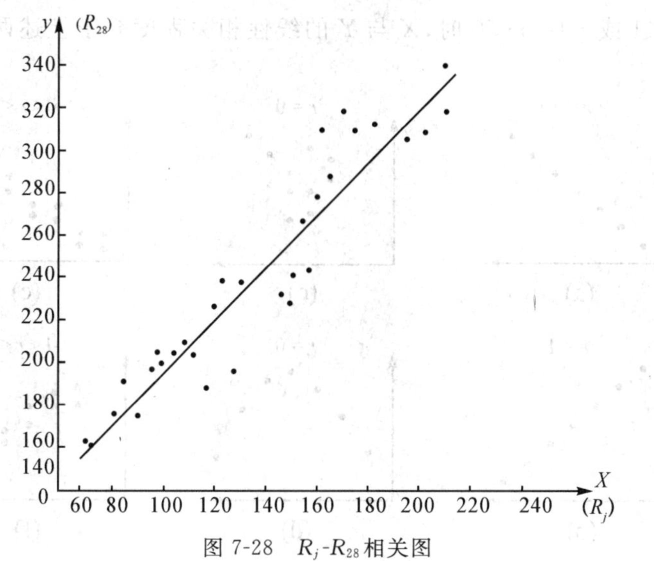

图 7-28 R_j-R_{28} 相关图

$$B=\frac{n\sum xy-\sum x\times\sum y}{n\sum x^2-(\sum x)^2} \tag{7-4}$$

$$A=\frac{\sum y-B\sum x}{n} \tag{7-5}$$

式中 n 为数据组数。

计算时可采用表 7-15 的形式逐项计算，表中最下一行即计算中所需的 $\sum x$，$\sum y$，$\sum x^2$，$\sum y^2$，$\sum xy$ 等；代入公式中即可求出：

$$B=\frac{30\times10705.22-429.14\times706.29}{30\times6640.98-(429.14)^2}=1.1985$$

$$A=\frac{706.29-1.1985\times429.14}{30}=6.3989$$

则回归函数为：$y=6.3989+1.1985x$

即相关方程式为：$R_{28}=6.3989+1.1985R_j$（Mpa）

(3)相关显著性检验

从数理上讲，只要有几组数据，都可以用上法求出一条回归直线，但这些点本身相关的程度如何呢？Y 与 X 是否真的有线性相关关系？这就要进行相关显著与否的检验，一般常用相关系数法检验。相关系数(r)计算式为：

$$r=\frac{n\sum xy-\sum x\times\sum y}{\sqrt{[n\sum x^2-(\sum x)^2]\times[n\sum y^2-(\sum y)^2]}} \tag{7-6}$$

$$r=\frac{30\times10705.22-429.14\times706.29}{\sqrt{[30\times6640.98-429.14^2]\times[30\times17424.55-706.29^2]}}=0.9518$$

则按照数理统计规律，相关系数检验时，有下述几种情况：

①当 $r=1$ 或 $r=-1$ 时，即所有点都在一直线上，X 与 Y 为完全线性相关，见图 7-29(a)，(b)；

②当 $r=0$ 时，X 与 Y 完全线性无关，见图 7-29(c)，(d)；

③当 $0<r<1$ 或 $-1<r<0$ 时，X 与 Y 的线性相关程度介于上述两种情况之间，见图7-29(e)，(f)。

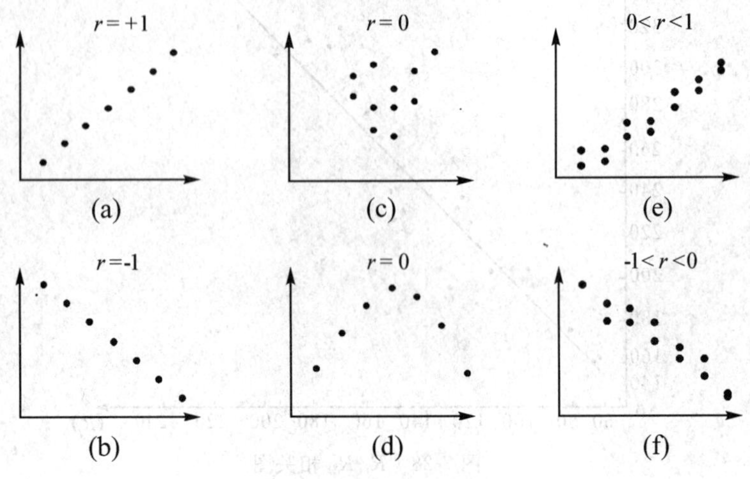

图 7-29　相关系数检验图

所以 r 是一个可以用来衡量 Y 与 X 线性相关程度的量。因为观察值是随机的，当数据点的散布接近于直线，即 $|r|$ 接近于 1 时，在实际问题中就可以认为 Y 与 X 是线性相关了。怎样作出线性相关的结论，决定于 $|r|$ 接近 1 时的程度。根据对 r 的概率性质的研究已经编制出相关系数的临界值 r_c 表，见表 7-16。当由样本数据算出的 r 值大于临界值，即 $r>r_c$，就可认为 Y 与 X 存在线性相关关系，或者说线性相关关系显著。当算出的 r 值小于等于临界值，即 $r<r_c$ 则认为 Y 与 X 不存在线性相关关系，或者说线性相关关系不显著。

表 7-16　相关系数表

$n-2$ \ a	0.05	0.01	$n-2$ \ a	0.05	0.01
1	0.997	1	18	0.444	0.561
2	0.950	0.99	19	0.433	0.549
3	0.878	0.959	20	0.427	0.537
4	0.811	0.917	21	0.413	0.526
5	0.754	0.847	22	0.404	0.515
6	0.707	0.834	23	0.396	0.505
7	0.666	0.798	24	0.388	0.496
8	0.632	0.765	25	0.381	0.487
9	0.602	0.735	26	0.374	0.478
10	0.576	0.708	27	0.367	0.470
11	0.553	0.684	28	0.361	0.463
12	0.532	0.661	29	0.355	0.465
13	0.514	0.641	30	0.349	0.449
14	0.497	0.623	35	0.325	0.418
15	0.482	0.606	40	0.304	0.393
16	0.468	0.590	45	0.288	0.372
17	0.458	0.575	50	0.273	0.354

具体应用时，要事先给定一个置信度值 α，置信度 α 是表明这种相关检验的结果可能是错误的概率有多大，如 $\alpha=0.05$，表示此时按相关系数作出的检验有 5%的不可靠程度，或者说有 95%的可靠度。如 $\alpha=0.01$，则可靠度有 99%，一般常用的就这两种置信度水平。

给定置信度 α 值后，以样本数据组 n 减去 2 即($n-2$)去查表即可得 r_c。

如此例中，$n=30$，$n-2=28$，如给定 $\alpha=0.01$，则查表有：$r_c=0.463$。

现 $r=0.9518$，即 $r > r_c$ 故 80℃热水加速养护所得早期强度 R_j 与标准 28 天养护强度 R_{28} 是显著相关的。前面所得回归直线方程确实可以表达变量间的线形相关关系。

根据 $R_j \sim R_{28}$ 相关方程式，我们可以在施工过程中及早判断混凝土的质量，否则至少要等 28 天才能对混凝土质量进行评定。特别是此法只需 8 个小时就可提供判断依据，每班后即当日内便可推估混凝土质量，因而可以及时预报施工过程中的质量状况，及时调整配比和确定混凝土的施工配置强度，有利于加强质量管理。如：假定某班浇灌 C20 号混凝土，所取一组热养是试件测定：$R_j=10.1$，代入相关方程求得：$R_{28}=6.3989+1.1985\times10.1=18.50$ MPa，这说明混凝土 28 天强度可能达不到 C20，因此必须采取调整施工配制强度或查寻工序是否有其它异常原因。那么，R_j 究竟应达到多大才能满足要求呢？同样利用相关方程，直接以 $R_{28}=20$MPa 代入：

$$R_j=\frac{20-6.3989}{1.1985}=11.3(5\text{MPa})$$

即加速热养试件 $R_j\geqslant11.35$MPa 时，混凝土 28 天后强度可满足要求。

二、新七种质量管理工具简介

(1)关联图。即关系图法，是用箭头把各种因素及主要问题的因果关系连接起来的图，用以明确因果关系，便于拟定解决措施。

(2)KJ 图。即将处于混乱状态的语言文字资料，利用其内在的相互关系加以归类并整理，然后找出解决问题的方法。主要方法为 A 型图解法。

(3)系统图。即树形图，把达到目的(目标)所需要的手段、方法按系统展开，然后利用此系统图掌握问题全貌，明确问题重点，寻求达到目的的最佳手段和措施的方法。

(4)矩阵图。借助数学上的矩阵形式，把问题之间有对应关系的诸因素排列成行列形式，根据矩阵图的特点进行分析确定关键性因素，再寻找解决问题的手段方法，适用于多因素分析。

(5)矩阵数据分析方法。与矩阵图类似，但各要素可定量表示，可形成一个分析数据的矩阵，采用“主成分分析法”。

(6)矢线图。即箭头图法，是计划评审法在质量管理中的具体应用，主要用于安排质量计划的时间和进度。

(7)PDPC 法。即过程决策程序图法，对于事态发展各种设想的可能结果，运用 PDPC 法可确定达到最佳结果途径，然后制定相应计划措施保证最佳实现。

思考题

1. 质量管理经历了哪几个发展阶段？为什么要进行质量管理？

2. 全面质量管理的要点是什么？

3. PDCA 循环是什么？各阶段的主要内容是什么？

4. 试述 GB/T19000—ISO9000 系列标准与全面质量管理的关系。

5. 混凝土的设计强度为 $30N/mm^2$，从某工地随机抽样的 46 个 150×150×150 立方试块强度如下（单位：N/mm^2）：30.5，32.4，33.5，34.2，34.9，35.7，36.0，36.1，36.9，37.2，37.7，37.9，38.2，38.6，38.6，39.1，39.5，39.8，40.2，40.2，40.5，41.1，41.3，41.6，41.6，41.7，41.8，41.9，42.0，42.1，42.5，42.8，43.0，43.3，43.9，43.9，44.2，44.8，45.0，45.9，46.1，47.2，47.9，49.5，49.7，51.1。试计算平均值、标准差和变异系数，并给出直方图和频率分布曲线。

6. 某混凝土构件厂在一个时期抽查了 1000 块预制板，其中 139 块板存在不同的质量问题，如下表所示。请计算出频率数累计频率，画出排列图，并绘出累计频率曲线。

序号	项　目	块数
1	强度不足	78
2	表面蜂窝麻面	30
3	局部有裂缝	15
4	端部随裂缝	10
5	折断	6

第八章　建筑企业安全管理

第一节　概　述

一、安全管理的内涵

安全管理是识别和分析人类社会生产活动中可能存在的各种危险源,并采取有效措施控制和消除危险,预防和减少事故发生的动态管理过程。安全管理的内涵包括两个方面,一个是识别和分析危险源,另一个是控制和消除危险源,两者相辅相成,缺一不可。从安全管理的主体和层次来看,可分为宏观安全管理和微观安全管理。宏观安全管理指的是国家安全管理的相关部门和组织机构通过制定法律,从宣传、监督和检查等方面入手,对社会生产活动过程中的安全问题进行规范和管理,是微观安全管理的指导准则。微观安全管理则是从企业的角度出发,指的是企业为了实现安全生产的管理目标,通过运用现代安全管理理论和方法进行相关的计划、组织和控制活动的动态过程。企业安全管理作为企业生产管理的重要组成部分,涉及生产要素中的人、物、环境的状态控制和管理。

二、建筑企业安全管理

建筑企业安全管理是安全管理的理论和方法在建设生产过程的具体应用,主要指在建设项目实施过程中,运用现代安全管理方法和技术对人、物、环境等要素进行具体的控制和管理,以消除人的不安全行为和环境的不安全状态,有效保证项目的顺利进行。由于建设项目具有作业场所固定化、施工周期长、工种复杂等特点,建筑企业的安全管理问题具有多样性,不安全因素也复杂多变。建筑企业的安全生产管理难度较大,事故发生率也较高,加强安全管理,确保项目安全实施在建筑企业管理工作中显得尤为重要。建筑企业在进行安全管理的过程中,要注意以下几个方面:

(一)安全管理要融入生产管理当中

安全管理是企业生产管理的重要组成部分,两者的密切联系是进行共同管理的基础。将安全管理融入建设生产管理过程中,要明确各机构和人员的安全管理责任,建立安全生产责任制,实现安全和生产管理目标的统一。

(二)安全管理要贯彻预防为主的方针

在建设过程中贯彻"安全第一、预防为主"的方针,能够及时地发现不安全因素,在事故发生之前予以控制并消除,比起事故型的安全管理模式,能更有效地减少事故的发生几率。

(三)安全管理要坚持"三全"动态管理

建筑企业的安全管理涉及项目实施中的方方面面,并且贯穿于项目全过程,应该是一切

与项目建设过程有关人员的共同责任，安全管理要在生产活动过程中进行全员、全方位、全过程的动态管理，才能适应变化的生产环境，实时消除潜在的危险因素。

（四）安全管理的最终目的是保护劳动者的安全与健康

建筑企业在项目实施过程中通过科学的管理手段来消除人的不安全行为和环境的不安全状态，其最终目的是保护劳动者的安全与健康。因此安全管理要明确目的，以人为本，在充分重视人员健康安全的前提下，尽量减少不必要的经济损失。

第二节　职业健康安全管理体系标准

一、OHSAS18000 系列标准的产生背景

OHSAS18000 全称为 Occupational Health and Safety Assessment Series 18000，即职业健康安全评估系列标准，是 20 世纪 80 年代在国际上得到一致认可的安全及卫生管理系统验证标准，与 ISO9000 和 ISO14000 系列标准共同组成企业建立现代管理体系的三大重要指导准则，从不同角度规范了企业的生产过程。ISO9000 系列标准从维护消费者利益的角度出发规范企业的生产质量，ISO14000 系列标准从社会公众利益的角度出发，规范企业生产活动对社会环境的影响，而 OHSAS18000 系列标准则是从职工和相关方的利益角度出发，规范企业生产活动对人员健康安全的影响。

OHSAS18000 系列标准的产生一方面是企业自身发展的需要，另一方面与国际一体化进程的加速有关。随着经济的快速发展以及市场化程度的加深，企业必须采取更为科学的现代化管理方式，才能在竞争日益激烈的环境中持续生存和壮大。在充分重视质量管理工作的同时，建立职业健康安全管理体系不仅能够大幅度提升企业的社会形象，提高企业竞争力，而且能够预防和减少生产过程中由于职业健康安全问题带来的重大损失。一些国际著名的企业率先建立了企业内部职业健康安全管理体系，为 OHSAS18000 系列标准的制定奠定了基础。随着国际社会日益关注和重视企业生产过程的职业健康安全问题，部分发达国家开始推行职业健康安全管理体系。如 1996 年英国颁布了 BS8800《职业安全卫生管理体系指南》，此后美国也制定了《职业安全卫生管理体系指导性文件》，日本和澳大利亚等国家也纷纷制定了与职业健康安全相关的标准。国际一体化进程的加快，促进了职业健康安全管理体系的标准化。在各国关于制定职业健康安全标准的呼声下，1999 年，英国标准协会(BSI)、挪威船级社(DNV)、瑞士通用公证行(SGS)等 13 个国际知名的标准制度研究和认证机构联合提出了职业健康安全评价系列标准，即 OHSAS18000 系列标准。我国于 2001 年 11 月，在借鉴该系列标准的基础上，发布了 GB/T28001—2001《职业健康安全管理体系——规范》。

二、OHSAS18000 系列标准的主要内容

OHSAS18000 系列标准包括 OHSAS18001《职业健康安全管理体系——规范》和 OHSAS18002《职业健康安全管理体系——OHSAS18001 实施指南》两部分。前者规定了该体系的一般要求和基本要素，为组织建立和实施职业安全健康管理体系提供规范化和标准化的指导，为组织内部和外部的职业健康安全管理体系审核和认证提供准则；后者为建立和实

施职业健康安全管理体系提供可操作的建议和指南，使组织通过资源配置、职责分配以及对作业、程序和过程的不断评价，有序处理各项事务，确保达到职业健康安全的目标。

OHSAS18000 系列标准提出了以 PDCA 循环为基础的职业健康安全管理体系模式，把体系中的计划、组织、实施、检查和监控等活动以文件化的目标和程序表现出来，其管理体系模式如图 8-1 所示。

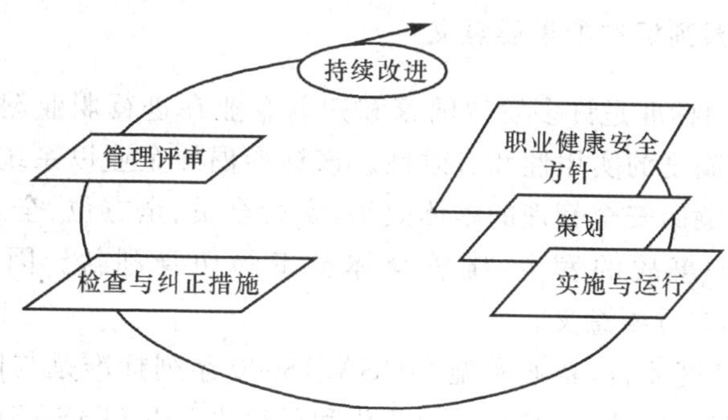

图 8-1　职业健康安全管理体系模式

企业建立职业健康安全管理体系首先要明确指导方针，然后在此基础上有针对性地进行策划，进一步付诸实施和运行。运行过程中要对体系进行检查与纠错，发现运行中的问题，并分析和解决问题。最后依照管理评审的标准对企业整个体系的建立和运行进行评价，进一步调整目标和方案。如此循环，持续改进，最终实现有效预防和控制职业健康安全事故的发生，提升企业的综合管理水平。

三、OHSAS18000 系列标准的管理理念

OHSAS18000 系列标准对安全的定义包括两个方面内容，一个是保证生产过程中人员的健康安全，另一个是保证各个生产环节过程的安全。因此企业要建立完善的职业安全健康管理体系，不仅要重视人员的教育和培训，还要在生产过程的各个环节重视危险源的预防和控制。OHSAS18000 系列标准中蕴含的管理理念主要有以下四个方面：

（一）突出领导者的引导作用

企业在建立和完善职业健康安全管理体系的过程中，应充分重视组织的领导者，特别是高层领导者的引导作用。OHSAS18000 系列标准强调，组织的最高领导层要制定职业健康安全方针，并保证体系建立运行过程中的资源配置和有效支持。

（二）强调生产过程危险源的识别和控制

OHSAS18000 系列标准提倡预防为主的安全管理模式，在生产过程中注重危险源的识别、控制和消除。标准中许多条款都明确指出要通过系统化的风险管理模式实时预防和监控危险源，切实保证全体员工的安全和健康。

（三）实行动态化的管理

OHSAS18000 系列标准提出的职业健康安全管理体系模式包括方针、策划、实施与运行、检查与纠正、管理评审以及持续改进等 6 个部分，强调要通过各个过程循环往复的动态管理来发现建立和实施体系过程中的问题，使体系得以不断改进和完善。

（四）重视人员的教育和培训工作

OHSAS18000系列标准中规定企业全体员工都应该认真理解职业健康安全方针，明确自己在岗位中的安全责任与义务，强调企业要对职业健康安全管理工作相关的管理人员和员工进行教育和培训，让全体人员掌握相应的知识和技能。

四、OHSAS18000系列标准的重要意义

OHSAS18000系列标准是许多发达国家和知名企业在进行职业健康安全管理过程中的成功经验总结，具有高度的实用性和有效性。该标准倡导企业以系统的观点看待健康安全管理工作，重视职业健康安全管理的整体效果，实行全员、全方位、全过程的管理，以预防为主，最大限度地减少事故的发生，维护全体员工的切身利益。因此，企业实施OHSAS18000系列标准具有重要意义。

从外在的竞争力角度而言，企业实施OHSAS18000系列标准是与国际接轨的表现，促使企业实现职业健康安全管理的标准化、规范化和现代化。以OHSAS18000系列标准为指南，能够更为充分地吸收和借鉴国际上的先进管理经验和技术，有效提高企业安全管理和综合管理能力，对企业树立良好的社会形象、提高自身竞争力具有极大的促进作用。

从内部的管理绩效角度而言，职业健康安全管理体系是完善企业现代管理制度建设的重要方面。企业通过实施OHSAS18000系列标准一方面能够提高全体员工的安全意识，在工作中落实责任，使企业顺利开展职业健康安全管理工作，另一方面通过科学高效的组织以及自我完善的机制，能够有效预防和控制企业生产过程的安全事故，提高生产效率，最大程度地减少因职业健康和安全问题所产生的负面经济影响，增强企业的发展动力和凝聚力。

第三节 建筑企业安全生产管理体系

目前，我国建筑企业的安全管理大多属于“经验型”和“事后型”，这种类型的安全生产管理模式带有明显的缺点：企业安全意识不强、安全管理模式落后、安全管理人员专业素质低、安全设施投入不够、企业安全教育机制不完善、企业安全教育投入不足等。这些缺点也是造成我国建筑企业安全生产事故频发的原因。因此，为了提高我国建筑企业的安全生产管理水平，首先必须培养建筑企业的安全文化，确立企业的安全目标和责任，塑造企业管理人员的安全意识，然后再运用先进的安全生产管理模式，配以高素质的安全生产管理人员和完善的安全生产环境，为安全生产管理提供有力的技术管理支撑，最终建立良好的安全生产管理秩序。

一、建筑企业安全生产管理组织形式

根据住建部有关规定：“安全生产管理机构是指建筑施工企业及其在建设工程项目中设置的负责安全生产管理工作的独立职能部门。建筑施工企业所属的分公司、区域公司等较大的分支机构应当各自独立设置安全生产管理机构，负责本企业（分支机构）的安全生产管理工作。建筑施工企业及其所属分公司、区域公司等较大的分支机构必须在建设工程项目中设立安全生产管理机构。”因此，我国的建筑企业安全管理一般分为三个层次：公司、建设工程施工项目经理部、班组。其中，建筑施工企业的法定代表人对本企业的安全生产工作负有全面责任。建设工程施工项目经理部作为企业具体的安全生产管理机构主要负责贯彻实施国家有关安全施工的方针政策、法令、法规和上级有关规定,协助企业决策层对安全生产进行日常管理,并负责安全生产检查。班组作为建筑施工企业的操作层,是整个建筑施工企业安全生产管理体系中的基础环节,应该严格执行安全生产规章制度,服从安全监督人员的指导,遵守操作规程。

由于我国的建筑施工企业大多进行劳务分包,因此建筑企业班组操作层的工作基本由分包单位承担,所以承包单位与分包单位之间也形成了一定的安全生产组织管理体系。具体为承包人负责审查分包人的安全施工资格和安全生产保证体系,并负责在施工中监督、检查分包人的安全生产日常工作。分包人负责施工现场的安全生产,遵守承包人的安全生产制度,服从承包人的安全生产管理,及时向承包人汇报伤亡事故并协助承包人进行事故调查。

二、建筑企业安全生产责任制度

安全生产责任制是企业各级领导、各个部门、各类人员在他们所规定的职责范围之内对安全生产应负责任的一种制度。安全生产责任制应该充分体现责权利相统一的原则,实现对企业安全生产管理人员有效的约束和激励,为企业安全生产管理体系的有效运转奠定基础。

(一)企业主要建筑施工相关人员岗位责任制

1.企业主要负责人(董事长、法定代表人、经理)

企业主要负责人对本企业的安全生产工作负全面领导责任,负责组织制定年度和特殊时期的安全生产目标计划;负责组织建立专职安全生产管理机构及规章制度;负责组织制定、实施本企业的生产安全事故应急救援预案等。

2.企业主管生产的副经理

企业主管生产的副经理主要负责组织建立专职安全管理机构和安全生产管理制度;组织实施企业安全生产目标和安全生产计划;负责组织企业的安全生产宣传教育工作及定期的安全检查;按时组织安全生产工作会议,及时向企业主要负责人汇报等。

3.企业技术负责人(总工程师)

企业技术负责人对企业的施工安全生产工作负技术领导责任,组织安全技术交底工作;对分部分项工程安全技术措施和专业性强的施工方案进行严格审查;对企业使用的新材料、新技术、新工艺、新设备从技术上负责。

4.项目负责人(项目经理)

项目经理是施工现场安全生产的第一责任人,对施工现场的安全生产负全面领导责任。依据工程项目的规模特点,建立安全生产管理专职机构及其规章制度;负责对项目部人员进行安全生产教育培训工作;按时对施工现场进行安全检查,发现问题及时采取措施进行整改,预防安全生产事故的发生;组织制定生产安全事故的应急救援预案,制定预防措施及处理方案等。

5.项目技术负责人(项目主任工程师)

项目技术负责人对项目的安全生产负技术管理责任;负责项目的安全技术交底工作;对项目中使用的新材料、新技术、新工艺、新设备从技术上负责,组织编制相应的安全技术措施

和操作过程，并对生产工人进行安全技术培训；参加安全生产检查。

6. 安全员

负责对施工现场的安全生产条件和安全生产行为实施监督检查，监督各项安全管理制度和技术措施的执行情况；编写分部分项工程安全技术交底；参加安全生产事故的调查分析，并负责上报和对事故进行统计归档工作；负责收集整理施工现场安全工作的基础性资料，建立健全资料档案。

(二)企业相关职能部门安全责任

1. 质量安全部门

贯彻执行国家、地方政府及企业关于安全生产和劳动保护法的各项规章制度，组织编制各项安全生产制度、方案、措施、预案及交底，对各工程的施工组织设计中的安全技术措施进行审查；参加事故调查处理，制定危险品和有毒材料的管理和保卫制度等。

2. 技术部门

严格根据国家安全技术规定、规程和标准组织编制和审批施工组织设计中的安全技术措施，编制适合企业自身的安全技术生产规程；审批建设工程设计中的安全防护措施，对施工现场存在的重大安全隐患提出决定性整改意见。

3. 财务部门

按照安全生产需要，评估安全生产的资金投入，把审定的安全生产所需经费列入年度预算，并落实检查安全经费的使用情况；负责安全生产奖罚款的收付工作；办理企业职工工伤保险和工程项目意外保险。

4. 物资部门

根据年度安全资金使用计划制定相关安全防护用品和机械设备的采购计划，保证安全保障用品和机械设备的正常使用和周转灵活；制定所有机械设备的安全技术操作规程和管理制度。

(三)建筑企业安全教育培训制度

建筑企业安全教育培训具有普遍性、长期性和专业性等特点。安全教育培训是安全施工生产的重要条件，必须从企业每一个员工身上抓起，将安全生产管理作为一项长期性的工作来做，才能减少安全事故的发生，同时也要具备很强的专业性，既要教授系统的管理知识以对现场进行管理，也要教授技术性知识来解决施工中遇到的各种难题。

安全教育培训的内容包括：

1. 安全态度教育培训

主要通过向企业人员讲解国家的安全法规和安全规章制度，使他们树立安全生产价值观，增强他们的安全意识。

2. 安全知识教育培训

分为安全管理知识教育培训和安全技术知识教育培训两方面。安全管理知识培训讲授安全管理组织结构、管理体制、基本安全管理方法、系统安全工程理论，以及对安全事故的预测和计划管理。安全技术知识培训侧重于生产技术过程、作业方式、工艺流程和安全防护等方面知识的讲解。

3.安全技能教育培训

安全技能培训是指对职工按照实际生产过程中的标准化作业要求来进行培训，并进一步巩固安全意识。

(四)建筑企业安全检查与验收

安全检查是发现不安全行为和不安全状态的重要途径，是消除事故隐患、落实整改措施、防止事故伤害、改善劳动条件的重要方法。

安全检查的形式按照检查时间的不同有定期检查、日常检查、突击检查等，按照检查项目的不同有专业性安全检查、群众性安全检查、季节性安全检查等。

1.安全检查的要求

(1)每种安全检查都应有明确的检查目的、检查项目、内容及标准，根据检查要求调配相应的专业人员。特殊过程、关键部位应重点检查。

(2)严格按照检查评分表的格式进行记录，记录要做到真实、详细，特别是对隐患的检查记录更要做到详实可靠，如隐患的位置、危险程度、处理意见等。

(3)安全检查评价要用定性定量相结合的分析方法，分析项目没有达标的原因，并提出整改意见，受检单位应根据安全检查评价报告及时制定改进措施。

(4)整改是安全检查的最终目的，也是安全检查重要的组成部分。受检单位应在规定的时间内进行整改，并反馈整改结果，安检单位将组织进行复查。

2.安全检查的内容

安全检查的内容主要是查思想、查制度、查机械设备、查安全设施、查安全教育培训、查操作行为、查劳保用品使用、查伤亡事故的处理等。按照《建筑施工安全检查标准》(JGJ59—99)规定，通过17张安全检查评分表对安全事故集中的10个方面进行安全检查，分别为：安全管理检查评分表、文明施工检查评分表、落地式外脚手架检查评分表、悬挑式脚手架检查评分表、门型脚手架检查评分表、挂脚手架检查评分表、吊篮脚手架检查评分表、附着式脚手架(整体提升脚手架或爬架)检查评分表、基坑支护检查评分表、模板工程检查评分表、“三宝”、“四口”防护检查评分表、施工用电检查评分表、物料提升机(龙门架、井字架)检查评分表、外用电梯(人货两用电梯)检查评分表、塔吊检查评分表、起重吊装检查评分表、施工机具检查评分表。

3.安全事故隐患的整改和处理

对于在安全检查中发现的安全事故隐患由安全检查负责人签发安全事故隐患整改通知单，受检方按照“四定”原则，即定整改责任人、定整改措施、定整改完成时间、定整改验收人进行整改和处理，待整改完成后，由安全检查负责人组织进行复查；对于在安全检查中发现的重大危险性隐患，检查人员应立即责令停工，生产管理人员必须立即停止施工，待整改验收合格后方可恢复施工；逾期不整改销案者，应依据相关规定给予处罚，若由此引发安全事故，可依法追求相关责任人的相关法律责任；安全生产管理人员应对安全事故隐患进行跟踪检查，并保存验证记录。

4.建筑企业安全验收

建筑企业安全验收制度秉持“验收合格才能使用”的原则，对施工现场的安全技术方案、安全技术措施、各种施工设施和安全防护设施进行安全验收。所有验收项目在使用前必须经过安全检查，确认合格并进行安全验收、使用安全交底后方可使用。

第四节　建筑企业安全事故管理

一、安全事故概念及特性

事故从广义的角度讲就是使系统或人有目的的行动遭受阻碍或中止，可能导致人员受到伤害，或财产受到损失的非预谋性意外事件。对于建筑企业，安全事故是指生产经营单位在生产经营活动(包括与生产经营有关的活动)中突然发生的，伤害人身安全和健康，或者损坏设备设施，或者造成经济损失，导致原生产经营活动(包括与生产经营活动有关的活动)暂时中止或永远终止的意外事件。

安全事故包含一定的特性：

(1)因果性。任何一种事故都是由相互联系的多种因素共同作用的结果，因此找出事故发生的原因，搞清事故前后的因果关系，对于预防此类事故的重复发生具有重要意义。

(2)随机性。由于导致事故发生的原因非常复杂，往往包括许多偶然因素，因而事故的发生具有随机性质，事故发生前人们无法准确地预测事故发生的时间、地点以及事故后果的严重程度，这给事故的预防带来一定的困难。

(3)潜伏性。事故是一种动态事件，它开始于危险的激化，并以一系列原因事件按一定的逻辑顺序流经系统而造成的损失。因此，安全事故表面上看是突发，实际上由于系统(人、机、环境)等的变化，系统存在着安全隐患，一旦有触发因素，安全事故就会发生。

(4)可预防性。在一定范围内安全事故也是遵循统计规律的。而且事故的发生是有前因后果的，通过安全检查，发现安全隐患，然后采取整改措施，可以有效地避免安全事故的发生，这也是避免安全事故发生的直接手段。

二、安全事故分类

安全伤亡事故的分类有很多种，从不同方面反映了事故的特点，但是应用较广泛的有以下几种：

(一)按事故严重程度分类

(1)特别重大事故：是指造成30人以上死亡，或者100人以上重伤(包括急性工业中毒，下同)，或者1亿元以上直接经济损失的事故。

(2)重大事故：是指造成10人以上30人以下死亡，或者50人以上100人以下重伤，或者5000万元以上1亿元以下直接经济损失的事故。

(3)较大事故：是指造成3人以上10人以下死亡，或者10人以上50人以下重伤，或者1000万元以上5000万元以下直接经济损失的事故。

(4)一般事故：是指造成3人以下死亡，或者10人以下重伤，或者1000万元以下直接经济损失的事故。

(二)按照事故原因分类

按照《企业职工伤亡事故分类标准》(GB 6441—1986)将企业工伤事故分为20类。分别为物体打击、车辆伤害、机械伤害、起重伤害、触电、淹溺、灼烫、火灾、高处坠落、坍塌、冒顶片帮、漏水、放炮、瓦斯爆炸、火药爆炸、锅炉爆炸、容器爆炸、其他爆炸、中毒和窒息以及其他伤害等。

(三)按受伤害程度分类

此种分类是按照损失的工作日数量来衡量的,损失的工作日是指受伤害者丧失劳动能力(简称失能)的工作日。损失的工作日数量可参考有关规定(如GB6441—86)计算或选取。

(1)轻伤:指损失1个工作日以上(含1个工作日),105个工作日以下的失能伤害。

(2)重伤:指损失105个工作日(含105个工作日)以上的失能伤害,最多不超过6000个工作日。

(3)死亡:指损失工作日定为6000个工作日,这是根据我国职工的平均退休年龄和平均死亡年龄计算出来的。

三、安全事故理论与分析方法

(一)事故致因理论

防止事故发生,需要掌握事故发生的原理,了解事故是怎样发生的,为什么会发生。事故致因理论探讨事故致因因素及其相互关系,找出事故发生的规律,识别、发现并且消除导致事故发生的必然原因,控制和减少偶然原因,从而将发生事故的可能性降低到最小。

1.事故频发倾向理论

事故频发倾向是指个别容易发生事故的、稳定的、个人的内在倾向。1919年英国格林伍德(M. Greenwood)和伍兹(H. H. Woods)通过统计分析发现工厂中存在着事故频发倾向者。1939年,法默(Famer)和查姆勃(Chamber)明确提出了事故频发倾向的概念,认为事故频发倾向者的存在是工业事故发生的主要原因。但也有许多研究表明,事故的发生不仅与个人因素有关,而且与生产条件、工人的工作经验、熟练程度有关,明兹(A. Mintz)等因此提出事故遭遇倾向,即某些人员在某些生产作业条件下容易发生事故的倾向。当人员素质不符合生产操作要求时,人在生产操作中就会发生失误或不安全行为,从而导致事故发生。

2.事故因果连锁理论

1931年,美国工程师海因里首先提出了著名的事故因果连锁理论,用以阐述导致事故发生的各种因素及与事故之间的关系。他提出的事故因果连锁过程包括5个因素:遗传和社会环境、人的缺点、人的不安全行为或物的不安全状态、事故、伤害,就像多米诺骨牌,一旦第一张倒下,就会导致第二张、第三张直至第五张一次倒下,最终导致事故和相应的损失。而控制事故发生的可能性及减少伤害和损失的关键环节在于消除人的不安全行为和物的不安全状态,即抽去第三张骨牌就有可能避免第四和第五张骨牌倒下。这一理论被广泛应用于安全生产管理中。建设工程施工现场要求施工前施工人员必须认真检查施工机具和安全防护设施,并且保证施工人员处于稳定的工作状态,正是这一理论在工程施工安全管理中的具体体现。

3.系统致因理论

反映现代安全观点的事故因果模型认为事故因果连锁中一个最重要的因素是安全管理失误,轨迹交叉理论认为如果管理上出现缺陷,就会导致人的不安全行为和物的不安全状态,当人的不安全行为和物的不安全状态在各自发展轨迹中,在一定时间和空间发生了交

叉,伤害事故就会发生。为了从根本上预防事故,必须追究事故的基本原因,其次是查明不安全行为或不安全状态的直接原因。还有研究认为操作人员的不安全行为和生产作业活动中的不安全状态等现场失误,与企业领导者及事故预防工作人员的管理失误是分不开的。

系统模型认识到了作业者、机器和工作环境之间不可分割的联系。为有效预防和控制事故的发生,应为作业者提供大量准确可靠的信息并增加培训,以提高其决策的有效性,降低风险,同时保证机器设备的可靠性并提供一个良好环境,建立一个"人—机—环境"协调工作及操作可靠的安全生产系统。

(二)事件树分析方法

事件树是决策树分析方法在灾害分析上的应用,是一种既能定性分析又能定量分析的方法。树形图从作为危险源的初始事件出发,根据后续事件或安全措施是否成功作分支,最后到灾害事件的发生为止。

事件树图的绘制是根据系统简图由左至右,将系统内各个事件按完全对立的两种状态(如成功、失败)进行分支,在表示各个事件的节点上,一般表示成功事件的分支向上,表示失败事件的分支向下,每个分支上注明其发生的概率,最后再和表示系统状态的输出连接起来。事件树分析主要应用于以下几种情况:

(1)搞清楚初期事件到事故的过程,系统地图示出种种故障与系统成功、失败的关系。

(2)提供定义故障树顶上事件的手段。

(3)可用于事故分析。

(三)故障树分析方法

故障树分析(Fault Tree Analysis, FTA)与事件树分析法相反,是从事故开始,按生产工艺流程及因果关系,逆时序地进行分析,最后找出事故的起因。它可以做定性或定量分析,揭示事故起因和发生的各种潜在因素,便于对事故发生进行系统预测和控制。

故障树由各种事件符号和逻辑门组成,事件之间的逻辑关系用逻辑门表示。

(1)故障树的符号及意义

故障树的符号分为事件符号和逻辑符号,前者代表各种事件;后者表示事件之间的逻辑关系,又称"逻辑门"。常用符号及意义见表8-1。

表8-1 故障树分析常用符号及其意义

类型	名 称	符 号	意 义
事件符号	矩形符号	▭	表示顶上事件或中间事件,是通过逻辑门作用的,由一个或多个原因而导致的故障事件
	圆形符号	○	表示基本事件,代表不要求进一步展开的基本引发故障事件
	屋形符号	⌂	表示正常事件,即系统在正常状态下发挥正常功能的事件
	菱形符号	◇	表示省略事件,因该事件影响不大或情报不足,而没有进一步展开的故障事件
	椭圆形符号	⬭	表示条件时间,代表施加于任何逻辑门的条件或限制

续表

类型	名　称	符　号	意　　义
逻辑符号	或门		代表一个或多个输入事件发生，即发生输出事件的情况
	与门		代表全部输入事件发生时，输出事件才发生的逻辑关系
	禁门		表示输出事件由单输入事件所引起，但在输入造成输出之间，必须满足某种特定的条件。

(2)建树原则

故障树树形结构正确与否，直接影响到故障树的分析及其可靠程度。故障树的事件方框图内填入故障内容，说明什么样的故障，在什么样的条件下发生。为了成功地构建故障树，还要遵循以下基本原则：

直接原因原理(细部思考法则)。编制故障树时，首先从顶上事件分析，确定顶上事件的直接、必要和充分的原因。将这直接、必要和充分原因事件作为次顶上事件(即中间事件)，再来确定它们的直接、必要和充分的原因，这样逐步展开，确保故障树严密的逻辑性。

完整门规则。在对某个门的全部输入事件中的任一输入事件作进一步分析之前，应先对该门的全部输入事件作出完整的定义。

非门门规则。门的输入应当是恰当定义的故障事件，门门之间不得直接相连。

(3)故障树分析步骤

①确定所分析的系统。即确定系统所包括的内容及其边界范围。

②熟悉所分析的系统。包括系统性能、运行情况、操作情况即各种重要参数等，必要时要画出工艺流程图及布置图。

③调查系统发生的事故。调查分析过去、现在和未来可能发生的故障，同时调查本单位及外单位同类系统曾发生的事故。

④确定故障数的顶上事件。即确定所要分析的对象事件，将易于发生且后果严重的事故作为顶上事件。

⑤调查与顶上事件所有有关的原因事件。

⑥故障树作图。按建树原则，从顶上事件开始，一层一层往下分析各自的直接原因事件，根据彼此间的逻辑关系，用逻辑门连接上下层事件，直到所要求的分析深度。

⑦定性分析。分析该类事故的发生规律和特点，找出控制事故的可行性方案，并从故障数结构上、发生概率上分析各基本事件的重要程度，以便按轻重缓急分别采取对策。

⑧定量分析。确定各基本事件的故障率或失误率；求取顶上事件发生的概率，将计算结果与通过统计分析得出的事故发生概率进行比较。

⑨安全性评价。根据损失率的大小评价该类事故的危险性。

四、安全事故的报告、调查和处理

(一)安全事故的报告

安全生产事故的报告遵循逐级上报的原则，必要时，安全生产监督管理部门和负有安全

生产监督管理职责的有关部门可以越级上报事故情况。

事故发生后,事故现场有关人员应当立即向本单位负责人报告;单位负责人接到报告后,应当于1小时内向事故发生地县级以上人民政府安全生产监督管理部门和负有安全生产监督管理职责的有关部门报告;安全生产监督管理部门和负有安全生产监督管理职责的有关部门接到事故报告后,应当依照规定逐级上报事故情况,并通知本级人民政府、公安机关、劳动保障行政部门、工会和人民检察院。特别重大事故、重大事故应逐级上报至国务院。

(二)安全事故的调查

安全事故调查分析的主要内容包括:

(1)事故发生单位概况:主要描述工程概况以及本次工程参与各方基本情况与工作关系。

(2)事故发生经过和事故救援情况:记录事故发生之后进行的伤员施救情况;通过事故现场摄影、事故图绘制、与工人交谈访问等方式获得的物证、人证资料,尽量详尽描述事故发生经过,为下一步的事故原因分析积累详实可靠的数据。

(3)事故造成的人员伤亡和直接经济损失:以现场采集的数据资料为依据,结合有关规定,计算本次事故的损失额度,得出损失报告。

(4)事故发生的原因和事故性质:在分析事故原因时,从直接原因入手(设备、环境的不安全状态和人的不安全行为),逐步深入到间接原因(一般可以理解为管理和技术方面的缺陷)进行分析,找出事故的主要原因,待掌握事故的全部原因后,分清主次,进行事故性质分析和责任认定。

(5)事故责任的认定以及对事故责任者的处理建议:根据事故调查所认定的事实,确定直接责任人和领导责任人,并根据他们在事故发生中的作用确定主要责任人。依据事故后果和相关法规提出责任人的处理意见。

(6)事故防范和整改措施:根据事故原因的分析和事故责任的认定提出整改措施,防止此类事故再次发生。

(三)安全事故的处理

事故的处理应该遵循的“四不放过”原则,即事故原因没有查清不放过;事故责任者没有严肃处理不放过;职工群众没有受到教育不放过;防范措施没有落实不放过。

思考题

1.建筑企业在安全管理过程中有哪些方面要注意?

2.OHSAS18000 系列标准蕴含有哪些管理理念,该标准有何重要意义?

第九章　建筑企业信息和知识管理

第一节　建筑企业管理信息

一、信息的内涵

信息是人们对数据有目的地加工处理后所得到的结果，它的表现形式要根据人们的需求情况来确定。信息是一切管理活动的基础。建筑企业的国际化进程、激烈的国际化竞争和日益增强的国内竞争压力，要求企业必须对各种信息做出迅速有效的反应。企业的信息管理能力不仅决定了它在市场中的竞争地位，而且决定了企业自身的生存与发展。住建部下发的《2011—2015 年建筑业信息化发展纲要》明确指出，要高度重视信息化对建筑业发展的推动作用，通过统筹规划、政策导向，进一步加强建筑企业信息化建设，不断提高信息技术应用水平，促进建筑业技术进步和管理水平提升。

从广义上讲，凡能描述一定客观事物，帮助人们沟通的所有符号，包括文字、数据、语言、图像、声音、图表、手势等，都称为信息。这里所讨论的信息，仅局限于与企业经济管理活动相关的那一部分。它的基本特性有：

(1)真实性。信息是人们决策和行动的依据。因此，信息必须反映事物或现象的本质及其内在联系，真实和准确是信息的基本特征。缺乏这一特征，不能成为信息。

(2)层次性。信息的层次性是与管理的层次性相对应的。按不同管理层次的需要，信息可分为不同的等级，一般分为战略级、战术级和执行级。不同级别的信息，在其内容、来源、精度、加工方法、使用频率、使用寿命和保密程度上都不尽相同。

(3)不完全性。由于人的感官以及各种测试手段的局限性，对信息资源的开发和识别难以做到全面。对信息的收集、转换和利用不可避免有主观因素存在，这就使信息存在不完全性的一面。

(4)可压缩性。人们可以对信息进行概括和归纳，使其精炼和浓缩，并保留信息的本质。根据信息的可压缩性，人们可以把那些无用的、不重要的和冗余的信息去掉，而保留那些对决策或行动有价值的信息。

(5)可扩散性。可扩散性是信息的一种本性，它总是力图通过各种渠道和手段向外扩散。人们往往在推动信息有利传播的同时，还要利用各种手段阻止信息的不利扩散。

(6)再生性。用于某种目的的信息，可能随着时间推移而失去了原有的价值。但是对于另外一种目的，它可能又显示出了新的价值。信息的再生性可以使人们从别人认为无用的信息中提炼出对自己有用的信息，这也是人们收集信息的重要手段。

(7)价值性。信息是有价值的。因为信息要对人们的行为产生影响，会引起人们决策行动的变化，由这种变化所增加的收益减去获得信息的成本，就是信息的价值。

二、建筑企业管理信息的分类

管理信息是信息的一种，它是指能够反映企业经营活动在时间和空间上变化程度的信息资料。它通过数字、文字、图表等形式来反映企业生产经营活动中的运行情况，并通过它来沟通和协调各个环节之间的联系，以便实现对整个企业的有效控制和管理。它的分类如表 9-1 所示。

表 9-1 管理信息的分类

分类依据	分类名称	说明
按收集的工作制度化程度	系统化信息	即按规定的制度、形式、时间和方向收集与传递的信息，如企业的会计资料
	非系统化信息	偶然、不定期地获取得到，往往反映企业经营的一些偶发性或突发性情况，如某些事故的直接汇报等
按来源分	外部信息	反映企业经营的外部环境，如市场信息、政策调整等
	内部信息	反映企业内部拥有的经营条件及其利用能力，如库存情况等
按反映内容的时态分	历史性信息	反映企业过去经营活动的信息，如企业档案
	现时性信息	反映企业目前行为活动情况及环境特征，如现时点的材料消耗数据等
	预测性信息	在利用上面各种信息的基础上，对企业未来状态进行预先描述的信息
按稳定程度分	固定信息	在一定时期内保持相对稳定不发生变化的信息，如工作标准、政策环境等
	变动信息	反映企业经营动态活动的信息，如生产作业进度、某时期的劳动生产率等
按表述形式与特点分	定性信息	用文字对企业现状及变化规律的描述，如各种文档报告
	定量信息	用数据从量的方面对企业活动的一种描述，包括各种消耗等数据资料
按所属职能部门分	质量信息	反映企业的质量情况，包括计划与实际
	技术信息	反映企业的技术状况
	成本信息	反映企业为获得产品的支出情况
	财务信息	反映企业的资金运作情况
	合同信息	反映合同对企业的约束情况

三、管理信息的独有特征

管理信息除具有信息的一般特性外，还具有以下一些独有的特点：

(1)时效性。企业的生产经营活动和外部环境都是在不断变化的，管理信息也要随着时间的推移发生变化，新出现的信息必然部分或全部地取代原有的信息。

(2)目的性。管理信息能反映生产经营过程的运行情况，因而可以帮助人们认识和了解生产经营过程中出现的问题，为各种决策提供科学的依据。对任何管理信息的收集和整理，都是为某项具体的工作服务的，具有明确的目的性。

(3)系统性。任何信息都是信息源中有机整体的一部分,脱离整体与系统而孤立存在的信息,不能认为是真正的信息。企业规模越大,产品工艺越复杂,其信息量也越大。对这些大量的信息,单靠人工处理已很难适应现代化管理的需要,因此必须用计算机来管理企业的信息。

四、管理信息的收集与加工

(一)信息的收集

(1)全面收集。企业的信息管理部门为了加强对企业的全面管理,需要全面、系统、连续地收集信息。这项工作一般由企业常设的信息管理部门来完成。

(2)专项收集。为了解决某个专门的管理问题,有针对性地在某段时间内收集与这个问题有关的信息,它的收集通过以下几步进行:确定收集内容;选择适当的信息源(直接或间接);选择恰当的方法。

(二)信息的加工

(1)鉴别。判断初始信息的真伪,剔除虚假的信息。

(2)分类。将初始信息按一定标准,如时间、地点或使用目的,分门别类。

(3)分等。将每一类信息按对使用者的重要程度,分成若干等级,排列成序。

(4)计算。按一定方法对数据信息进行处理,得到符合管理需要的再生信息。

(5)比较与分析。在分类的基础上将不同信息相互对比并分析其一致或不一致的原因,它主要有两种方式:①不同时点的信息比较,找出客观事物的发展趋势;②同时点或其他相关信息的比较,揭示客观事物的相互联系。

(6)编写。将处理后的信息结果以一定方式(图形、文字等)加以描述,供管理者使用。

第二节　信息管理

信息管理是一个现代化的组织机构实现其组织目标的前提,它为管理或经营工作提供指令或依据。其实质就是根据信息的特点,有计划地组织信息沟通,使决策者能及时、准确地获得所需要的信息,达到正确决策的目的。为了达到这一目的,就要把握信息管理的各个环节,并做到:了解和掌握信息来源,对信息进行分类;掌握和正确运用信息管理手段(如计算机);掌握信息流程的不同环节,建立信息管理系统。

一、信息系统

信息系统是指对数据进行收集、存储、加工整理并能提供使用信息的系统。具体地说,它是由一定的人、设备以及信息处理过程、程序所组成的从内涵和外源两个方面提供有关信息的一个结构性综合体,涵盖了现代电子技术、管理科学、决策科学和信息科学等多门学科。信息系统主要研究系统中信息传递的逻辑顺序与数学模型,并利用计算机研究这些信息和描述数学模型的方法和手段。其结构如图 9-1 所示。

信息系统的基本功能或任务可以归纳为以下几方面:

(1)数据的收集和整理。一个信息系统对信息的处理过程,需要预先对数据进行收集和

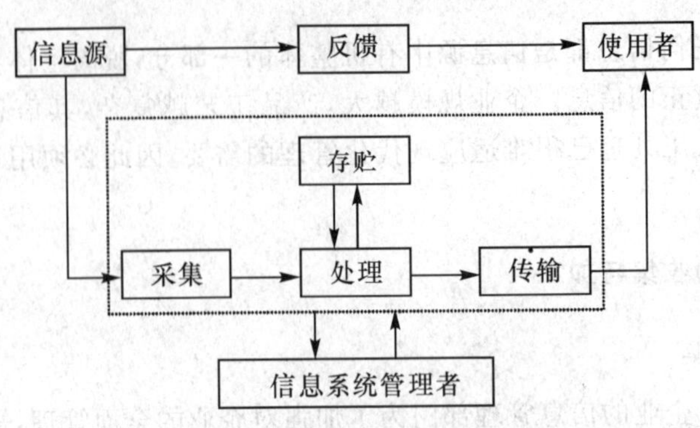

图 9-1　信息系统的构成

整理，使其转化成信息系统的基础，否则，信息加工将毫无意义。

（2）信息的加工。进入信息系统的数据需要加工处理，才能产生有用的信息。对信息（数据）的加工处理，是信息系统的核心功能。

（3）信息的存储。信息系统的加工功能，不仅把数据转换为信息，而且还把数据存储起来，供以后使用。数据（信息）的存储包括物理保存和逻辑组织两方面工作。将信息保存好，并将其组织成合理的结构，对信息的存取速度有直接关系。

（4）信息的传递。在信息的使用中，为了让使用者方便地使用信息，经常要遇到数据传递问题。数据传递速率及准确程度是一个信息系统的重要指标。

（5）信息的输出。建立信息系统的目的是为了给系统的使用者提供需要的信息。信息输出的形式或格式是否易读易懂，直观醒目，是评价信息系统的主要指标之一。

二、管理系统

管理系统是由人、物质、设备、资金、工作、信息六大要素构成的有目的性和组织性的人造系统，是一个复杂的动态系统。上述信息系统则作为管理系统的一个关键子系统，为管理提供信息支持和决策支持，是管理系统工作的基础；另一方面，管理系统的结构功能又受到信息系统的影响和制约，两者相辅相成、相互依赖，其关系如图 9-2 所示。

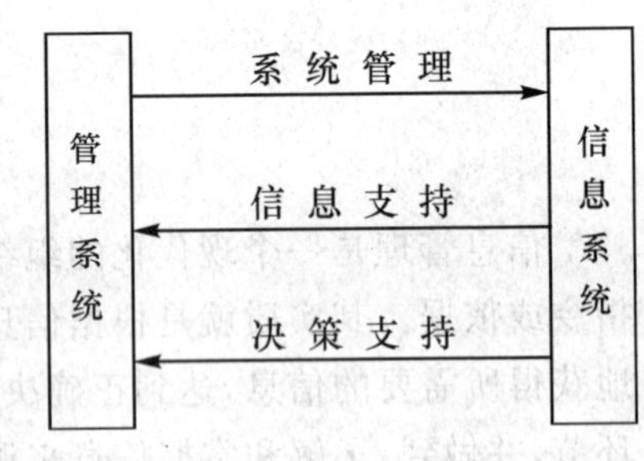

图 9-2　信息系统与管理系统关系图

三、信息管理的主要工作

对企业信息的管理过程，实质上是对企业生产经营活动信息流的管理过程。信息管理工作的主要内容包括信息收集、信息处理、信息贮存和信息传输四个环节，其核心是全面正确地把握信息管理的各个环节，正确应用信息管理的手段，对信息源、信息流、信息载体以及信息接收进行系统、严格、细致、综合的管理。其主要工作如下：

（1）信息收集。主要指原始信息的获得，包括：确定企业的信息需求；规划信息收集的途径、方法、程序；组织实施收集工作。

（2）信息处理。即对大量的原始信息进行筛选、分类、排列、比较和计算，使之系统化、条理化，提高信息的可靠性与适应性。

(3)信息存贮。即信息积累。指将加工整理后的信息(包括部分暂不使用的内容)全部存贮起来，供以后参考备用，常用方式有两种：手工建立信息资料档案；使用计算机将信息资料编码储存。

(4)信息传输。即信息的传递流动过程，包括：建立有一定容量的信息通道；明确规定合理的信息流程。

四、企业管理信息系统的构成

管理信息系统(Management Information System，简称 MIS)是一门新兴科学。它是近年来随着管理科学、信息科学、计算机科学与通讯技术的不断发展和相互交融逐渐形成的一门综合性、边缘性学科。管理信息系统作为现代化管理的重要手段和标志，已经成为管理活动中必不可少的一个组成部分。

管理信息系统是用系统思维的方法以计算机和现代通讯技术为基本信息处理手段和传输工具，能为管理决策提供信息服务的人机系统。企业管理信息系统是以整个企业生产经营活动为对象的复杂系统，包括各职能子系统，如财务、合同、技术等要素子系统，还包括企业经理的经营决策子系统，如图 9-3 和图 9-4 所示。

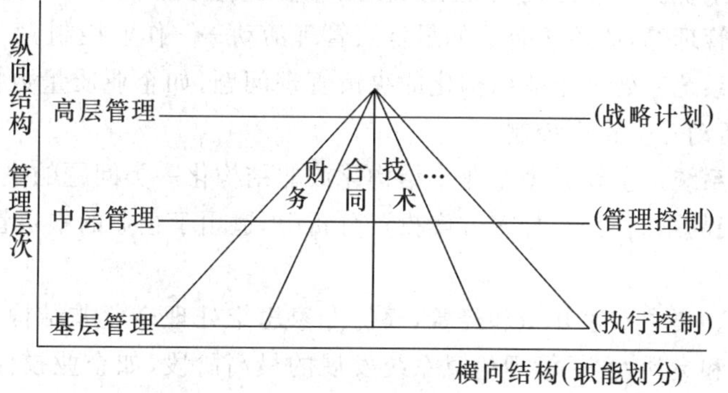

图 9-3　企业管理信息系统与管理活动关系示意图

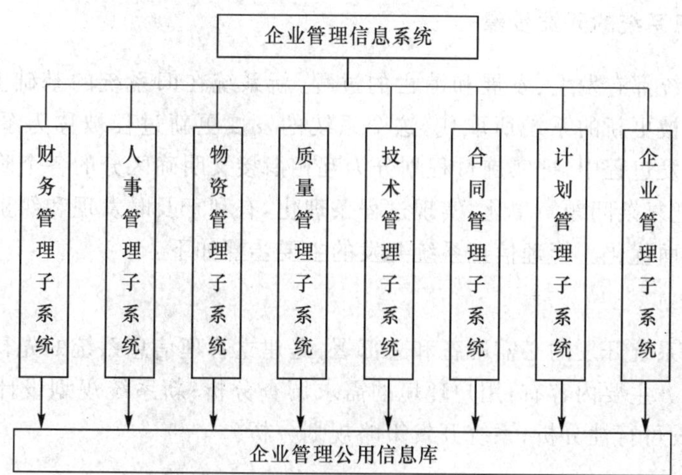

图 9-4　企业管理信息系统的构成

第三节　建筑企业管理信息系统

一、管理信息系统中的计算机系统

管理信息系统主要由硬件、软件、数据库、运行规程以及系统工作人员构成的。硬件包括计算机和有关的各种设备，主要完成输入、输出、通讯、存储数据和数据处理等功能。软件分系统软件和应用软件两类。系统软件主要用于计算机的管理、维护、控制以及程序的装入和编译等功能；应用软件是完成具体管理功能，提供信息的程序，如财务管理软件、工资核算软件等。数据库是系统中数据文件的逻辑组织，它包括了所有应用软件使用的数据。运行规程是对系统的使用要求，它包括用户手册、操作手册和运行手册等内容。系统的工作人员主要包括系统的分析人员、设计人员、系统实施人员、操作人员、系统的管理人员和数据准备人员等。计算机系统在不同管理系统中的作用和影响是有区别的，计算机系统所支持的管理活动层次可分为事务处理系统、管理信息系统、决策支持系统和专家系统。

(1)事务处理系统。主要处理企业基层作业活动形成的基本文件，如仓库管理中的入库通知单、技术文档管理等，适用于企业的最低层管理活动——作业控制。

(2)管理信息系统。处理企业结构化的决策管理问题，如企业质量数据分析等，适用于企业的中层管理活动——管理控制。

(3)决策支持系统。主要处理企业半结构化或非结构化一类问题的决策，是管理信息系统到专家系统发展的中间阶段，如多方案投资分析等，适用于企业的中层管理控制活动或企业的高层管理。

(4)专家系统。集中专家知识和经验，模仿专家思维处理企业非结构化的决策问题，具有启发性、直观性和灵活性，是管理信息系统发展的最高阶段，如企业投标决策中的标价确定等问题，适用于高层管理。

二、管理信息系统的开发步骤

任何一个系统都有发生、发展和消亡的过程，新系统在旧系统的基础上产生、发展、老化、淘汰，最后又被更新的系统所取代，这个系统的发展更新过程被称为系统的生命周期。在工程项目的开发过程中，把实施过程划分为互相衔接又明确区分的各个阶段，借以实现管理控制，有利于把复杂问题简单化，实现过程条理化，有利于及时发现和纠正差错，保证工程质量和投资的全面优化。管理信息系统开发的主要步骤如下：

(一)总体规划

总体规划是系统开发的必需准备和总部署，是建立管理信息系统的先行工程，它是在系统开发前进行的。主要内容有：用户环境的需求调查分析；新系统规划设计；新系统实施初步计划；系统开发可行性分析；系统开发策略规划分析。

（二）系统分析

系统分析是系统开发的关键阶段，又称新系统逻辑设计。逻辑设计是指在逻辑上构造新系统的功能，即解决新系统“做什么”的问题。主要步骤如下：

(1)问题提出。对所开发系统在管理工作中的重要性和所要解决的问题进行论述。

(2)可行性研究。现行系统的初步调查；不同方案的提出和比较；开发费用的估计。

(3)系统调查。现行系统的详细调查；输入、输出、文件的收集和整理。

(4)初步模型的确立。给出最理想的系统模型；在技术、经济环境的约束下修正模型。

（三）系统设计

系统设计是在系统分析的基础上，根据系统分析阶段所提出的新系统逻辑模型，建立起新系统的物理逻辑，具体地说，就是根据新系统逻辑模型的主要功能和要求，结合实际的设计条件，详细地确定出新系统的结构，为系统实施阶段准备好全部必要的技术资料和有关文件。系统设计分成两个阶段进行：

(1)详细设计。处理逻辑的设计；文件设计；输入输出设计。

(2)编写各种说明。对程序的详细要求说明；系统的用户界面说明。

（四）系统实施

系统实施是继系统规划、系统分析、系统设计之后又一个重要阶段。它将按照系统设计选定的方案具体实施。这一阶段的主要任务概括如下：

(1)编程。选择合适的高级语言编制程序。

(2)调试。单项程序调试；几个模块的联合调试；用户界面的调试。

(3)人员培训。对参与管理人员进行培训，使掌握该程序的特点和使用方法。

(4)系统转换。

（五）系统运行与维护

新系统在试运行成功后，进入系统转换步骤，接下来就进入到系统运行维护阶段，这标志着目标系统开发已经结束，计算机管理信息系统已经建成。

(1)正常运行。系统的正常运转；系统的维护。

(2)系统评价与系统补充。

三、开发实例

图 9-5 所示为某建筑企业管理信息系统总体功能结构图。图 9-6 和图 9-7 所示为某建筑企业经营管理和工程管理子系统流程图。

建筑企业管理信息系统
系统维护
管理子系统
数学模型
系统扩充
系统再生
系统修改
经营管理
工程管理
劳动管理
物资管理
设备管理
财务管理
确定型
风险型
不确定型
数学模型
数学规划
概率论
对策论
模拟模型
作业安排
排队论
事故模拟
系统文件
用户文件
历史文件

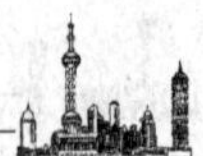

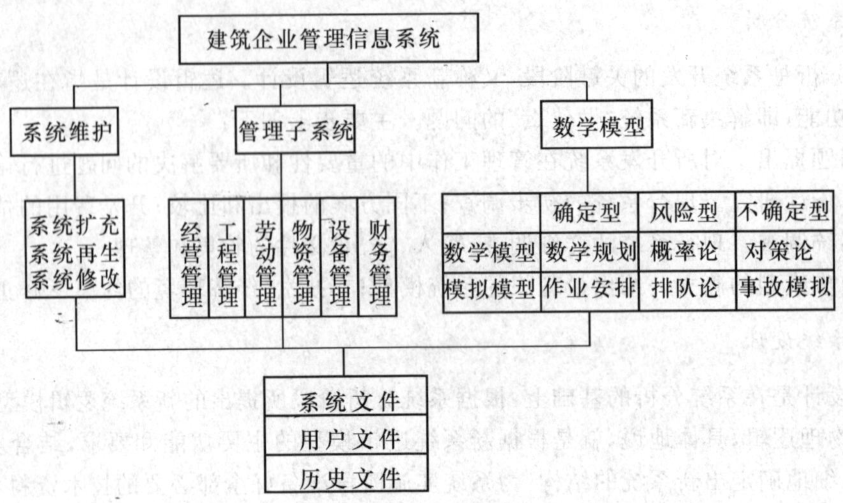

图 9-5　建筑企业管理信息系统功能结构图

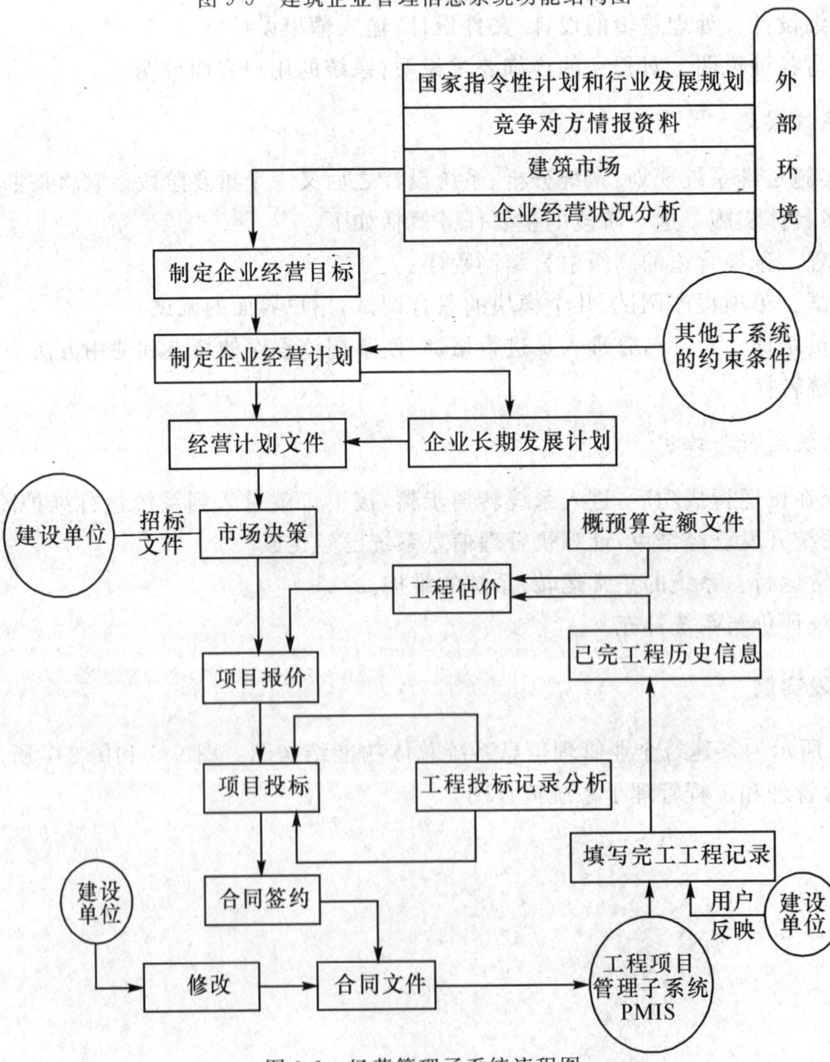

国家指令性计划和行业发展规划
竞争对方情报资料
建筑市场
企业经营状况分析
外部环境
制定企业经营目标
制定企业经营计划
其他子系统的约束条件
经营计划文件
企业长期发展计划
建设单位
招标文件
市场决策
概预算定额文件
工程估价
已完工程历史信息
项目报价
项目投标
工程投标记录分析
填写完工工程记录
用户反映
建设单位
合同签约
建设单位
修改
合同文件
工程项目管理子系统PMIS

图 9-6　经营管理子系统流程图

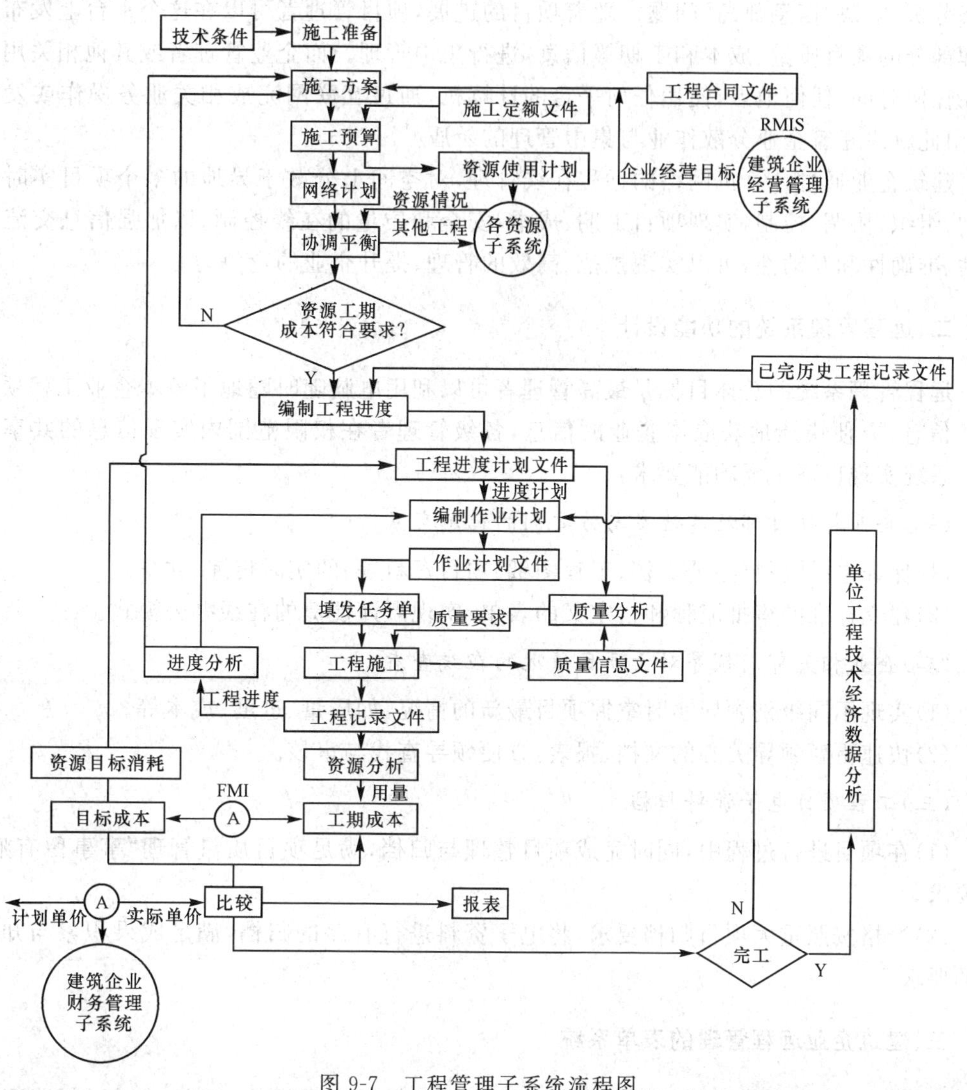

图 9-7　工程管理子系统流程图

第四节　建筑企业远程管理系统

一、建筑企业远程管理概念

对于建筑企业来说，其产品的复杂性决定了管理者在企业和工程项目管理中不可避免地会遇到很多问题，而对这些问题做出快速反应并进行及时解决便成为了项目乃至企业能否成功的一个重要因素，这是因为对问题的快速解决有助于节省工期、减少返工费用、节约成本等。

随着计算机技术、通讯技术和网络技术的飞速发展，在工程项目中实时地分析问题和解决问题已经成为可能。有效的解决方案是建立一个基于 Internet 的建筑企业工程项目协同管理平台，对工程项目实施动态管理，以各部门管理数据信息为基础，对企业管理过程进行

动态分析，解决“信息孤岛”问题。随着项目的进展，项目管理者可以在这个平台上发布其所管理部分的项目质量、成本和工期等信息，进行集中管理。而企业管理者或其他相关用户可以在任何时间、任何地点，使用任何平台的计算机，通过互联网完成相关业务操作或发布指令，由此解决建筑企业分散作业与集中管理的矛盾。

建筑企业通过计算机网络的远程在线管理，对空间上分散于异地的多个项目实时进行计划、组织、协调、控制，实现项目工期、成本、安全和质量的在线控制，以加强信息交流的及时性、准确性和互动性，可以实现规范、高效的管理，提升企业的竞争力。

二、远程管理系统的功能设计

远程管理系统的总体目标是最高管理者可以利用电脑随时随地了解本企业工程项目的任何信息，方便快捷地获取本企业的信息，各级管理者在权限范围内实现信息的共享和传递。系统实现以下主要功能要求：

(一)企业与项目部及其他参与方之间的信息交互

(1)保证电子资料(办公文档、工程图纸、项目资料等)的实时传递、共享。

(2)建立标准的审批流程和自定义的表单，实现严谨便捷的在线办公模式。

(二)企业相关部门领导对于项目情况的在线查看

(1)实现不同级别领导实时掌握项目最新的情况，如质量、进度、成本等。

(2)快速更新领导关心的文档、报表，方便领导查找与审核。

(三)工程项目电子资料归档

(1)在项目进行过程中，同时完成项目整理与归档，满足项目质量管理“事事留有痕迹”的要求。

(2)严格按照重大项目归档要求，将电子资料进行有序的归档，满足成果积累与知识管理的要求。

三、建筑企业远程管理的表单系统

表单(form)是各种表格、票据和报表的统称。包括政府机构、医院、银行、制造型企业等在内的各行各业都需要设计和生成各种各样的表单。表单在传统方式应用环境中都是以纸作为媒介，也就是说在使用之前必须将表单印刷到纸张上。激烈的市场竞争使业务种类的改进和扩展速度加快，对预印表单提出了挑战。20世纪90年代以后，电子表单广泛使用，其技术实质是强调快速传输(比如从邮寄的几天变成几分钟甚至实时)、节约劳动(不必反复打印和录入表单)，从而提高效率和节约成本。电子表单显著不同于传统电子文档只能作为静态和割裂的信息、图片和图形等载体存在，可以是电子的、常见的和便于使用的几乎任何类型的文档，比如经常见诸于电子政务领域的网上申报、审批、内部办公、政务信息采集、报送等用到的电子文档，实质都可以应用XML文档技术，不仅保留了纸张文档的最佳特性，如熟悉的外观和感受，同时还增加了功能强大的商业逻辑功能，如数据验证和路由指令。这些功能在提供给人们必要的数据访问和交互功能的同时，还可以使政府与公众应用程序进行更有效的交互操作。由于电子表单在其内容组织、表现和交互上变得更具柔性，得以使传统的电子文档与应用系统实现真正意义上的融合。

企业在对业务活动进行标准化管理分析后，会总结出一定数量的工作表单，每张表单都会设置特定格式的具体项目和填写内容，而工作表单的流转处理，可以按照工作流来执行。所谓工作流(work flow)就是工作流程的计算模型，即将工作流程中的逻辑和规则在计算机中以恰当的模型进行表示并对其实施计算。工作流要解决的主要问题是：为实现某个业务目标，在多个参与者之间，利用计算机，按某种预定规则自动传递文档、信息或者任务。简单地说，工作流就是一系列相互衔接、自动进行的业务活动或任务。员工按权限从定义好流程的工作表单中选定具体的某个表单，填写第一步流程，提交后就启动了流转过程。流转处理中需要参考岗位和权限数据，通过对工作流数据的控制操作，生成工作列表。通过权限控制要求每个人可以在界面中只对自己负责的部分进行填写和审批操作，确保工作流程准确、流畅、快速地进行。

由工作流原理知道，虽然施工企业拥有各式各样的表单，表单千变万化，但它们之间也拥有共同点，就是"表单内容＋动作名称"。因此，建筑企业可以创建适合自身远程管理需要的表单系统。这个表单系统是一个通过定制即可实现对不同数据的增加、修改、删除、查询、内容展示与数据统计等功能的定制开发平台。可根据用户需求通过定制构建不同的业务系统如：成本管理、采购管理、人事管理、网上申报数据的采集、数据的查询与展示、网上调查与统计等；也可以同工作流系统结合作为表单和数据的处理部分；或对已存在业务系统进行改造和功能扩充，如：用户原来存在一个应用系统，需要在原有系统的基础上添加新的功能。表单系统还可以随时根据用户的要求增加/删除字段、统计、汇总、数据导进/导出，可以根据用户的需求高效地存储数据和重建任何版本的数据，提高项目管理系统开发的效率，降低复杂度。

第五节　建筑企业知识管理

知识与信息之间既有区别，又有密切联系。信息是以有意义的形式加以排列和处理的数据，是有目的、有意义、有用途的数据。知识是对信息进行深加工，经过逻辑或非逻辑思维，认识事物的本质而形成的经验与理论，知识管理的目标就是力图能够将最恰当的知识在最恰当的时间传递给最恰当的人，以便使他们能够做出最后的决策。

由于建筑企业的生产过程是以工程项目为单位的，那些从个别项目中获得的、可以有效应用于其他项目的知识很有可能会丢失。在一些小型建筑企业中，很少完整地通过记录来保存企业的工程实践。而大多数知识都蕴含在公司关键人员的个人理解与领会里。知识管理原则的应用，可以使建筑企业共享到更多关于建筑施工操作的实践中，并使这些程序标准化，从而提高劳动生产率和质量水平。

一、项目各阶段的知识管理

在项目生命期的各段时间里，需要和使用的知识也是各具特点的，不同性质的项目其阶段的划分也各不相同。但都要经过寻找、发现知识源；获取显性知识；组织沟通以共享隐性知识这三个环节。

可以按下面六个阶段来研究项目各阶段的知识管理：

(一)概念形成阶段

显性知识还不能很好地组织起来，人们运用的还是隐性知识与人际关系，但这些却形成了项目的一般概念，构成了项目有关各方共享知识和日后工作的基础。这个阶段可能产生有关项目最初的但极有价值的知识。知识管理工作可能还得不到正式的人力和预算安排，只是少数人在进行，但应完整地进行如下的工作：

(1)从现场收集与项目有关的文件与信息，最好建库保存。

(2)将所有与项目有关的讨论与沟通信息记录下来，从而获得隐性知识。

(3)建立初始的数据库。

(4)建立有关的名词术语目录。

(5)向项目相关者解释知识管理，建立共享知识的文化氛围。

(二)项目环境分析阶段

需要辨认对项目有影响的所有因素的知识：

(1)与项目有关的经济、政治、法律、社会和地理知识。

(2)专业知识(如水资源、卫生等)。

(3)战略信息(当地权威机构的支持、合作伙伴情况等)。

(4)组织管理方面的知识。这些知识可能分散在各处，可以通过建立知识路线图的方法予以组织。

(三)目标和范围确定阶段

专家的隐性知识起到主导的作用，这是建立共识和决策的过程，一方面需要大量显性知识，另一方面迫切需要直觉和现场经验。这时需要建立电子或纸面的文档库，以及有关专家的信息(隐性知识的源泉)。

(四)项目详细规划、资源配置、项目批准阶段

由于进行工作分解、进度安排与资源配置时使用的多半是显性知识，需要使用相应的软件(如将显性知识外化的知识管理系统)，但仍旧需要保持隐性知识的来源，如专家联系表。

(五)项目实施、控制阶段

知识管理的任务一方面是要及时提供所需的知识，并检验其正确性；另一方面要收集、记录项目进行中产生的知识，并及时改进知识管理系统。这时的知识管理系统，特别需要把显性知识与隐性知识进行有机的集成。该阶段会生成许多新知识，应该不失时机地收集起来，否则时过境迁，这些知识财富就会流失。

(六)项目评价和推广阶段

这个阶段应该特别强调学习功能，因为这时已经可以总结项目的经验和教训，并把结果推广出去。除了可见诸文字的显性知识外，还应该利用各种方式收集隐性知识，使其转化为可以传播的知识。

在项目管理过程中，不但要使用现有的知识，而且在解决新问题时还会创造新的知识。每个项目的实施进程中，总会有一些新知识产生，项目结束后组织解散和人员变动会使这些知识流失，所以要特别注意新知识的收集。

二、项目管理中的知识集成

项目管理过程是一个隐性知识与显性知识、个人知识与组织知识之间不断转化和不断创新的过程。项目管理中知识集成的目标是在项目管理中最大程度地获取、积累、传递、共享和利用知识，使每个员工在最大限度上贡献知识的同时，也能享用他人的知识，高效、优质地完成项目管理的任务。

项目管理中知识集成的主要特点是：

(1)从项目组外集成项目管理所需的知识和信息，帮助项目组进行有效的管理。

(2)在项目组内集成项目管理所需的和新产生的知识和信息。

(3)充分利用信息技术和知识集成技术，建立以知识和信息为基础的知识型组织和知识集成平台，促进知识和信息交流共享，培养项目组成员间的知识共享能力，创造知识和信息共享环境，提高项目组成员间知识创新的能力。

(4)将项目中积累的知识资源进行整理和规范化，以用于以后的类似项目，使项目管理知识得以继承和重用。

图 9-8 描述了项目管理中知识集成系统的主要功能，说明如何通过软件来支持项目管理中知识的获取、传递、利用、交流创新以及评价，较好地辅助项目管理中知识集成系统的实施。

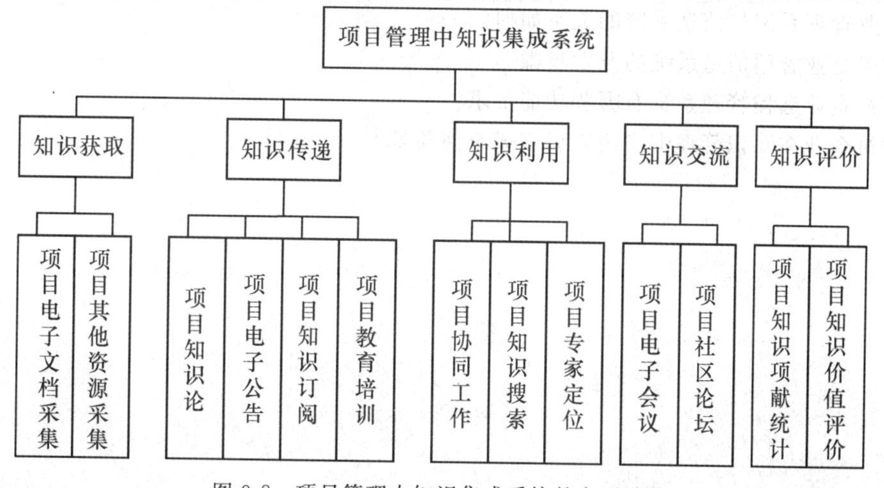

图 9-8 项目管理中知识集成系统的主要功能

知识集成系统中的知识获取模块主要从以下两个方面获取知识：一方面是对现有的一些显性知识的采集，如通过收集企业现有研究资料、客户资料、竞争对手资料，并创建电子文档输入到知识仓库；另一方面是对隐性知识的挖掘和捕获，如项目开发部门或雇佣专家在内部创造和开发过程中获得的经验，用户反馈信息的分类、分析和提炼，然后形成对组织有价值的知识，并录入到知识仓库。

在知识应用前，知识应分配给需要知识的人。项目管理中知识集成系统的知识传递模块通过项目知识推送、项目电子公告等主要功能子模块，利用页面浏览、电子邮件、文件传输等方式来实现知识的传递和分配。

知识利用是知识集成的目的。项目管理中知识集成系统的知识利用模块提供了项目协同工作、项目知识搜索、项目专家定位等功能子模块，主要用于支持知识利用功能。其中项

目专家定位是指项目运作过程中，可能遇到各种各样问题难以解决时，对拥有特定领域知识的专家进行准确、全面的查找和定位，可以方便用户与这一领域的专家直接进行交流，实现经验、技巧等各种知识的共享，加快项目的进程。

项目管理知识集成系统中的知识交流模块提供了项目电子会议、项目社区论坛等知识交流创新的良好场所，可以帮助用户实现知识共享和知识创新。其中，项目电子会议是指在存在时差和空间距离的情况下，通过召开电子会议来实现异地协作，最终使用户可以很容易地获取所需的知识，方便与专家交流，及时有效地解决许多问题。在项目社区论坛中，用户可就某个共同感兴趣的主题进行交流和共享，更好地进行知识创新。

为更好地更新和发展企业的知识仓库，也为鼓励员工将自己的知识在项目内供他人共享，需要对知识进行正确有效的评价。项目知识贡献统计功能包括系统自动评估发表文章的数量、质量等，以此来评估员工对知识库建设所做的贡献。项目知识价值评价功能包括在知识库的发展过程中对某一知识内部共享率的评价、在增进整个知识库积累方面的评价以及对知识创新度的评价等。

思 考 题

1.管理信息的主要特征及作用是什么？

2.企业管理系统与信息系统的关系如何？

3.简述企业管理信息系统的开发步骤。

4.建筑企业远程管理系统有哪些功能要求？

5.建筑企业在知识管理中实施知识集成有何益处？

第十章　建筑企业材料与机械设备管理

第一节　材料管理

一、基本概念

建筑企业的材料管理，就是对企业施工生产过程所需要的各种材料的计划、订购、运输、储备、发送和使用等所进行的一系列组织和管理工作。搞好材料管理工作，有利于企业合理使用和节约材料，保证并提高建筑产品质量，降低成本，加速资金周转，增加企业盈利。加强材料管理是改善企业各项技术经济指标和提高经济效益的重要环节。

（一）材料管理的意义

施工生产过程，同时也是材料消耗的过程，材料是生产要素中最重要的组织要素，加强材料管理是生产的客观要求，同时材料管理水平的高低还直接影响到企业的生产、技术、财务、劳动、运输等方面活动，对企业能否顺利完成生产任务，满足社会需要，增加利润均有重要的影响。概括而言，材料管理具有以下几方面的意义：是保证施工生产顺利进行的先决条件；是提高工程质量的重要保障；可以降低工程成本；可以加速流动资金周转，减少流动资金占用；有利于提高生产率；有利于带动现场管理水平的提高。

（二）材料管理的特点

建筑生产的技术经济特点使得建筑企业的材料管理工作具有一定的特殊性和复杂性。具体表现为：

（1）材料供应的多样性和多变性，建筑材料品种规格繁多，共有 23 个大类，1856 个品种，25445 个规格。

（2）材料消耗的不均衡性，受季节性影响，同一工程，施工阶段不同，其所需材料的品种也不同。

（3）受运输方式和运输环节的影响，建筑材料的量大，常以万吨计算，其运输任务远非企业运输力量所能及，因而还要受到社会运输环节的制约。

（三）材料管理的任务

材料管理的任务，主要包括两方面，一方面是要保证生产任务的需要，另一方面要在保证生产的同时采取有效措施降低材料消耗，加速资金周转，提高经济效果。具体要做到：

（1）按期、按质、按量、适价、配套地供应施工所需的各种材料，保证生产正常有序地进行。

（2）经济合理地组织材料供应，减少储备、改进保管、降低消耗。

（3）监督与促进材料的合理使用和节约使用。

（四）材料管理的内容

建筑企业的材料管理工作，主要是指做好材料计划的供应、保管和使用的组织和管理工作，具体内容见图10-1。

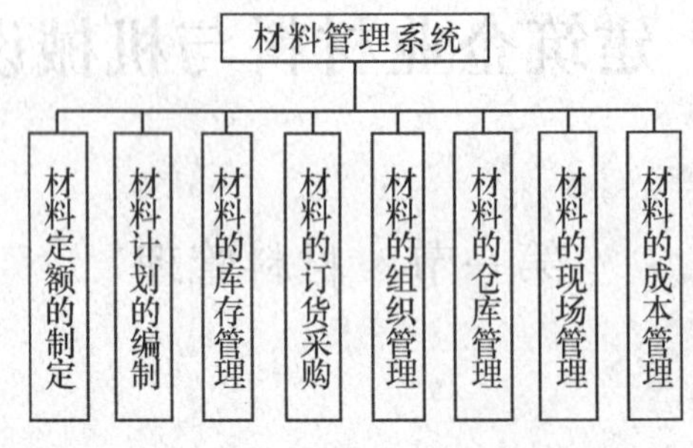

图10-1　材料管理的内容

（五）材料的分类

材料的分类，可以因分类标准和目的不同，分成许多类。各种分类各有依据，各有特点，各有作用。具体分类见表10-1。

表10-1　材料分类表

分类依据	材料分类	材料内容	特点
按材料在生产中的作用分类	主要材料	构成工程实体的各种材料，如钢材、水泥、木材、砖瓦、石灰、油漆、五金、水管、电线、暖气片等	便于制订材料消耗定额，进行成本控制
	结构件	包括金属、木质、钢筋、钢筋混凝土等预制的结构物和物件，如屋架、钢木门窗、RC墙板、砌砖和立柱等	
	周转使用材料	具有工具性的脚手架、模板、跳板等	
	机械零配件	机械设备用的各种零配件，如轴承、电机、轮胎、传动带等	
	其他材料	不构成工程实体，但工程施工或下属企业生产必需的材料，如燃料、油料、氧气、砂纸、棉纱头等	
按材料的自然属性分类	金属材料	包括黑色金属（如钢筋、型钢等）、有色金属（铜、铝、铅、锌等）材料等	便于根据材料的物理、化学性能分别储存保管
	木材	如粗、细木作用的木材、板方材等	
	硅酸盐材料	如水泥、砖、瓦、砂、石、玻璃等	
	五金制品	如铁钉、门窗小五金、预埋件等	
	电器材料	电器开关、电线等	
	化工材料	卷材、沥青、石棉瓦等	
按材料分配权限分类	国家统配材料	由国家计划主管部门分配的材料	便于编制材料申请计划和组织订货采购工作
	部管材料	由国务院各部主管分配的材料	
	地方材料	由省、市、县等各级地方政府主管部门分配的材料	
	市场供应材料	企业从商业部门购买的材料	
按材料在企业中的不同用途分类	工程用材料	包括各种工程用材料	利于企业按不同用途编制材料需用量和申请计划，分别使用和管理材料，进行成本核算
	维修用材料	包括各种维修用材料	
	试验用材料	各种试验仪器、试块制作材料等	
	劳动保护用材料	安全网、安全帽、安全绳等	
	生产管理用材料	电脑、复印机、打字机、电话、传真机等	

（六）材料的供应方式

1.包工不包料

建筑企业负责施工，工程用料全部由建设单位供应。建设单位根据工程需要的材料品种、数量，按隶属关系向国家或地方申请，组织订货、采购、运输、储存，按时按质按量拨给施工单位使用。

2.包工包料

施工单位根据用料品种、数量，向本地区物资分配部门申请、订货、采购、运输、储存、调剂、供应，并负责采购、运输的成本核算。

3.分别供料

在现行国家物资供应体制下，由建设单位、施工单位对工程用料分别组织供应和管理。建设单位对统配、部管物资按隶属关系申请、订货、运输、储备，按时按质按量拨给施工单位使用。施工单位负责地方材料的供应和管理，按规定进行申请、订购、运输、储存，按时按质按量供给工地使用。

4.建设单位供料

建设单位供料时，则材料由施工部门统一管理。

（七）材料定额

1.材料消耗定额

是指在一定的生产技术组织条件下，完成单位合格产品或某项生产任务所必须消耗的材料数量的标准。

(1)料消耗定额的组成

完成单位合格建筑产品所必需的材料总耗用量，由完成单位合格产品的净用量与合理的损耗量这两部分组成。用公式(10-1)表示如下：

$$\text{材料总耗用量}=\text{材料净用量}+\text{材料损耗量} \tag{10-1}$$

材料损耗量是指不可避免的损耗。例如：运输中在允许范围内不可避免的损耗、加工制作中的合理损耗及施工操作中的合理损耗。材料的损耗量按公式(10-2)计算：

$$\text{材料损耗量}=\text{材料总耗用量}\times\text{材料损耗率} \tag{10-2}$$

将公式(10-2)代入公式(10-1)，经整理后得公式(10-3)

$$\text{材料总耗用量}-\frac{\text{材料净用量}}{1-\text{材料损耗率}} \tag{10-3}$$

(2)材料消耗定额的分类

①概算定额。用于概略估算工程的主要材料消耗。一般是用万元定额和平米定额。前者用于编制申请主要材料的指标，后者用于编制备料计划。

万元定额，即每万元建筑安装工程量所消耗的材料数量。目前有两种：一种是以万元投资(或建安工作量)计算需要的材料；另一种是以万元投资(或建安工作量)计算实物工程量，再计算出材料的需用量。

平米定额，指单位建筑面积每平方米所消耗的材料物资数量。

②预算定额。它是按分部分项工程来计算和确定材料消耗量，分项较细，如每平方米砌砖，每平方米抹灰所需的材料数量。预算定额主要用于编制工程的材料需用、申请和供应计

划，是企业在材料管理中的主要定额。

③施工定额。内容与预算定额相同，但分项更细，更接近于实际耗用水平。它是编制作业计划中的工料预算、进行限额领料和考核工料消耗的依据。

(3)材料消耗定额的制订

为充分发挥材料消耗定额在施工生产中的积极作用，防止违背材料规律而造成不应有的损失，必须通过各种方法和手段对材料消耗规律进行研究。常用的基本方法有以下几种：

①实验法。它是在实验室内用实验方法测定某些材料消耗量来制订定额。该方法限于沥青、油漆、混凝土及砂浆等材料。

②计算法。它是利用图纸及其他技术资料，通过公式计算出材料消耗量来制订定额。该方法适用于容易用体积或面积计算的块状或片状材料，如钢材、木材、砖等。

③统计法。它是利用典型施工工程的完成数量及材料使用的原始记录，统计分析，计算出材料消耗量来制订定额。此法简单易行，容易掌握，应用范围广，但受定额人员的水平和统计资料准确程度的限制。

④测定法。即在现场进行观察和测定，将得到的数据分析整理，从而确定材料消耗定额。此法有较客观的科学性，但工作量大，测定结果受测量对象和测定方法的影响。

2.材料储备定额

又称材料库存周转定额，是指在一定的生产技术和组织管理条件下，为保证建筑施工正常进行所必需的经济、合理的储备材料标准量。材料储备定额的种类和计算公式如下：

(1)经常储备定额。也称周转储备定额。是指在前后两次材料入库(或进入现场)的间隔时间内，保证正常施工的材料储备量。其计算公式为：

$$\text{经常储备定额}=\frac{\text{平均每日}}{\text{需要量}}\times\left(\frac{\text{供应间}}{\text{隔天数}}+\frac{\text{检验入}}{\text{库天数}}+\frac{\text{使用前}}{\text{准备天数}}\right)$$

(2)保险储备定额。也称安全储备定额。它是为了预防材料运达误期或其他因素影响正常生产而建立的材料储备量。其计算公式为：

保险储备定额＝平均每日需要量×保险储备天数

(3)季节储备定额。它是为保证正常生产和克服某些物资供应的季节性影响而建立的材料储备量。其计算公式为：

季节储备定额＝季节储备天数(即季节中断天数)×平均每日需要量

(4)经济储备定额。通过合理确定订货批量，从而使材料的存储总费用达到最低的材料储备定额。其计算公式为：

$$\text{经济订货批量}=\sqrt{\frac{2\times\text{每批的订货量}\times\text{材料年需用量}}{\text{材料的单价}\times\text{每年保管费用}}}$$

(八)材料定额的管理

1.定额的制订

材料消耗定额是由国家指定机构制定和颁布的，具有权威性和法令性，企业不能任意修改，必须严格执行。材料储备定额是企业结合自身生产、库存水平制订的，针对不同项目工程，在不同时期应灵活制订调整定额指标。

2.定额的执行

定额的执行是定额管理的重要环节。企业的材料供应管理部门要坚持按材料预算确定材料需用量，编制材料储备及供应计划，要按施工定额组织内部材料供应和向基层施工队、班组发放材料，进行材料核算。执行中一定要严肃认真，并结合企业生产经营管理，改进操作方法，推广先进经验，做到及时有效的控制。

3. 定额的考核

企业应经常考核和分析定额的执行情况，积累有关资料，不断提高定额管理水平。考核与分析材料定额，应着重于库存与实际需用量的差异，经济性，材料的利用率，定额与实际消耗的差异以及非工艺性损耗的构成分析等。

4. 定额的修订

定额是在一定生产技术组织条件下制订的，定额制订后要保持相对稳定。但随着生产技术的发展，设计与施工工艺的改进，企业组织管理水平的提高，材料定额应得到及时的修订和补充。企业应根据实际情况，组织技术测定，制订企业定额，以利于加强内部管理。

二、库存控制

(一)库存控制规模——ABC 分类法

1. ABC 分类法原理

ABC 分类法是一种从种类繁多、错综复杂的多项目或多因素事物中找出主要矛盾，抓住重点，照顾一般的管理方法。建筑企业所需的材料种类繁多，消耗量、占用资金及重要程度各不相同。如果对所有的材料同等看待全面抓，势必难以管理好，且经济上也不合理。只有实行重点控制，才能达到有效管理。在一个企业内部，材料的库存价值和品种数量之间存在一定比例关系，可以描述为“关键的少数，次要的多数”。大约有 5%～10%的材料，资金占用额达 70%～75%；约有 20%～25%的材料，资金占用额大致为 20%～25%；还有 65%～70%的大多数材料，资金占用额仅为 5%～10%。根据这一规律，将库存材料分为 A、B、C 三类，如表 10-2 所示。

表 10-2　材料 ABC 分类表

分类	分 类 依 据	品种数占总品种数的(%)	资金占用的(%)
A 类	品种较少但需用量大、资金占用较高	5～10	70～75
B 类	品种不多、资金占用额中等	20～25	20～25
C 类	品种数量很多，资金占用比重却较少	65～70	5～10
合计		100(%)	100(%)

根据 ABC 三类材料的特点，可分别采用不同的库存管理方法。A 类材料是重点管理的材料，对其中的每种材料都要规定合理的经济订货批量，尽可能减少安全库存量，并对库存量随时进行严格盘点。把这类材料控制好了，对资金节省会起重要作用。对 B 类材料也不能忽视，应认真管理，控制其库存。对于 C 类材料，可采用简化的方法管理，如定期检查，组织在一起订货或适当加大订货批量等。三类材料的管理方法比较如表 10-3 所示。

表 10-3　ABC 分类管理方法

管理类型		材料的分类		
		A	B	C
价值		高	一般	低
定额的综合程度		按品种或按规格	按大类品种	按该类的总金额
定额的检查方法	消耗定额	技术计算法	写真计算法	经验估算法
	周转库存定额	按库存量的不同条件下的数学模型计算	同 A	经验估算法
检查		经常检查	一般检查	季或年度检查
统计		详细统计	一般统计	按金额统计
控制		严格控制	一般控制	金额总量控制
安全库存量		较低	较大	允许较高

2. ABC 分类法工作步骤

(1)计算每一种物资年累计需用量。

(2)计算每一种物资年使用金额和年累计使用金额，并按年使用金额大小的顺序排列。

(3)计算每一种物资年需用量和年累计需用量占各种物资年需用总量比重。

(4)计算每一种物资使用金额和年累计使用金额占各种物资使用金额比重。

(5)画出帕莱脱曲线图。

(6)列出 ABC 分类汇总表。

(7)进行分类控制。

帕莱脱曲线图与实际的 ABC 分类图，如图 10-2 所示。

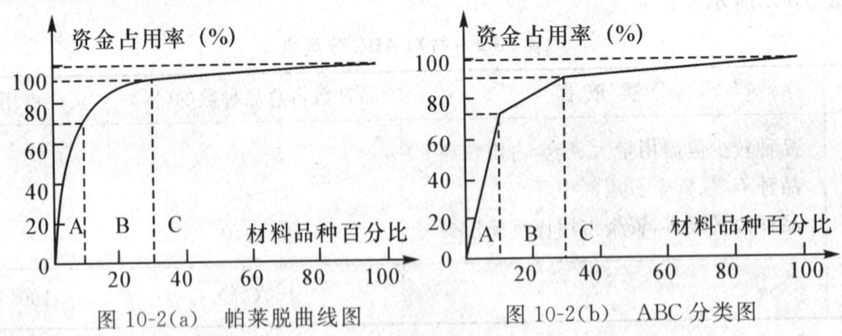

图 10-2(a)　帕莱脱曲线图　　图 10-2(b)　ABC 分类图

(二)库存管理

1. 库存量

包括平均库存量和安全库存量。平均库存量是一个库存的平均数，是库存模式的重要概念，根据进货次数和领用量不同，有：

(1)一次进货，逐渐等量耗用，平均库存量等于初期库存量的一半。

(2)一次进货，耗用不均匀，平均库存量等于曲线下面积除以耗用时间。

(3)多次等量进货，依次等量使用，平均库存量等于每批进货量的一半。

安全库存量是由于供货偶然发生运输或交货误期，或由于计划不周需要量突然增加，为保证生产不中断而建立的材料储备。

2.订货点与订货批量

(1)订货点。当实际库存量降到某一点时，必须着手进行材料的补充，否则就要缺货，这个点就是订货点。

(2)订货批量。当库存达到订货点时，所订材料的数量即为订货批量。

(3)订货提前期。一旦库存量降到订货点并安排了订货，材料订货至到货这段时间即为订货提前期。

3.库存控制方法

(1)定量订货法。即事先确定一个订货量，而订货时间不固定，当实际库存量降到订货点时，立即组织订货。

订货点＝平均每日需要量×订购时间＋保险储备量

(2)定期订货法。即事先确定订货时间（如每月几日订货），到时间就去组织订货，以保证一定库存数量的订货方法。

4.库存费用

(1)保管费用。即材料储存在仓库里所发生的费用。如仓库折旧、维修、照明、管理费等。

(2)订货费用。即订购材料时所发生的费用。每订货一次就会发生一次，如采购人员的工资、差旅费等。

(3)采购价格。

(4)缺货损失费。

5.库存管理目标

从库存费用的组成中可以分析出；从保管的角度看，订货次数多些就可减少库存量，由此可减少库存费用；从订货的角度看，订货次数少些，每次订货批量大些，可减少订货费用；从缺货的角度看，应增加库存量才能减少缺货造成的损失。因此，库存管理目标就是如何进行综合分析，使上述各类费用的总和最低。

6.库存规模控制

采用ABC分类法。

7.采购价格

指单位材料的售价，采购价格与订货数量有关，当订货数量超过一定限度时，可以在单价上得到优惠。

8.缺货损失

指由于供需脱节而停工、调整生产计划或组织加班等所造成的损失或增加的开支。

三、材料计划需用量确定方法

(1)投资概算定额计算法。以工程投资万元所需建筑安装材料需用量为依据。误差约±10%。该方法不能作为实物申请采购之用。

(2)实物工程定额计算法。根据国家或地区规定的施工预算定额，进行材料需用量计算。

(3)设计预算法。根据设计资料和设计图纸中规定的材料需用量(同时考虑合理损耗及边角余料)加以计算。此方法比较准确,所以普遍采用。

(4)同类工程对比法。在无定额、无设计资料的情况下,根据同类工程的实际消耗材料进行对比分析,计算材料需用量。

四、材料运输

材料运输是材料管理中的重要环节,由于建筑材料数量大、品种多、分布广、时间性强,材料运输费在材料费中占较大比例,因此,经济合理地组织材料运输,对保证施工生产的需要,降低材料成本有重要意义。组织材料运输,应搞好以下工作:

(一)合理选择运输方式

应根据建筑材料运量、运距和企业自身运输能力,以及专业化协作的原则,合理确定运输方式。

1.远距离材料运输

一般由生产单位或供应单位代办,根据供需合同,由生产单位或供应单位按月报送运输计划,确定最经济运输方式。如指定陆上运输一般由专业运输单位运至指定车站,通过火车运输到距工程所在地最近的货站或专用线,再由本地的联合运输部门运送到指定的仓库或工地。

2.本地区大宗材料运输

应根据月度材料供应计划,向专业运输单位编报月度材料运输计划,签订运输合同,按指定的起止装卸地点,由运输单位负责,直接送至仓库或工地,堆放整齐,点交验收。

3.零星材料和专用材料的运输

由企业配备相应的运输力量自行完成,如散装水泥、石灰膏、商品混凝土、构配件等。

(二)组织好材料装卸

材料装卸是材料运输的重要环节。讲求装卸方法,提高装卸质量,可减少材料损耗,保证材料及时供应。

(1)企业根据任务需要配备一定数量的起重、装卸技术工人和起重运输设备。

火车运输,材料到站后应及时进行抓站验收并组织力量卸车,防止积压。材料卸入站台的临时堆场后,要及时与有关计划分配人员、仓库保管人员联系,安排装卸运输力量,运到仓库或工地。对汽车装卸也要抓好数量、质量和损耗问题。

(2)为使材料在运输过程中损耗最小,同时为了易于装卸和充分发挥起重机械的能力,应讲求合理装箱,提高包装质量。

(3)为解决材料运输装卸中破损严重、乱堆乱放而引起纠纷的问题,企业与专业运输单位要签订经济合同,明确双方的经济责任。

(三)安排好材料调运

(1)事先掌握材料生产单位、供应仓库或车站到各个工地的运距,各种材料的运输单位,材料来源地的供应量及各工地需要量等信息,为制定调运计划做准备。

(2)应用线性规划理论,合理安排运输路线,使总运输费用最小。

(3)综合考虑影响材料运输的各个实际因素,制定运输及调运计划。

五、仓库管理

(一)材料的入库

(1)接货。由交通运输部门转运的材料,要根据有关部门的到货通知,到承运部门办理接货。

(2)验收。包括数量、品种、规格的验收;质量验收。

(3)办理入库手续。

(4)登账、立卡、建立材料档案。

(二)材料的保管

(1)分区分类。根据材料类别,合理规划材料摆放的固定区域。

(2)四号定位。统一按库号、架号、层号、位号四者来编号,并与账号编号统一。

(3)立牌立卡。对定位、编号的材料建立料牌和卡片,标明材料的名称、编号、到货日期和涂色标志,卡片上填写记录材料的进出数量和结余数量。

(4)五五摆放。根据各种材料的性质和形状,以"五"为计量基数,大的五五成方,小的五五成包,方的五五成行,短的五五成堆,薄的五五成层。

(三)材料的管理

(1)"十防"工作。为保证仓库安全和材料完好,在存储过程中要做好防锈、防尘、防潮、防腐、防磨、防水、防爆、防变质、防漏电、防震等工作。

(2)建立健全账卡档案。及时掌握和反映产、供、耗、存等情况,仓库和财会部门及供应部门建立定期对账制度,保证账卡物相等。

(四)材料的发放

(1)按质、按量、齐备、准时、有计划地发放材料,确保施工生产需要。

(2)严格发放手续,防止不合理领用。

(3)对多余材料及时办退库、转账和退料手续,节约使用材料。

(五)清仓盘点

(1)定期清仓盘点。由材料清仓盘点小组,按制度规定的时间对仓库材料进行全面清点。

(2)经常清仓盘点。由仓库管理人员每日通过收发料及时检查库存材料的账、卡、物是否相等,每月对有变动的材料进行一至二次的抽查。

(3)重点检查。一般在节假日前要组织安全检查;梅雨季节前后要组织质量和保养情况的检查;夏季前要组织防热措施检查;冬季前要组织冬防措施检查;大风雨前和灾害性气候时要组织紧急检查,以及根据工作中发现问题而决定的重点检查。

六、材料管理评价

材料管理评价,就是对企业材料管理状况进行分析,发现材料供应、库存、使用中存在的问题,分析并找出问题存在的原因,采取相应的对策措施,以达到改进材料管理工作的目的。材料管理评价的工作内容包括:

(一)材料供应情况分析

又称材料收入情况分析。要从供应数量、时间、品种规格的齐备情况等方面入手，找出影响材料正常供应的问题所在，以便及时解决，保证供应。具体分析包括：

(1)供应数量分析。比较一定时期的材料供应的计划需要量与同期的实际收入量，研究收入不足的原因，提出解决方法。

(2)供应时间分析。了解供应时间的不平衡状态及材料供应不能满足施工进度的原因，提出对策。

(3)进货品种规格情况分析。分析进货的品种规格是否齐全。

$$进货品种齐备率=\frac{实际进货品种数}{计划进货品种数}\times 100\%$$

(二)材料库存情况分析

目的是了解材料的周转情况和资金占用情况，以加速材料周转并减少资金占用。其分析方法有以下几种：

(1)周转率。即材料在一年内的周转次数，是衡量材料周转情况的指标；

$$材料周转率=\frac{1年}{平均每次周转时间}$$

(2)资金占用率。用于衡量库存材料的资金占用情况。

$$库存材料资金占用率=\frac{材料平均库存总价值(万元)}{年度建安工作量(万元)}\times 100\%$$

(三)材料消耗情况分析

通过不同类型的消耗定额与实际消耗进行比较，以定额为标准，分析研究材料消耗超定额的原因，作为改善材料消耗的依据。主要分析材料价格变动引起的材料成本节约或超支，并进行计划成本与实际成本的比较分析。

$$\begin{array}{c}材料成本节约\\或超支\end{array}=材料计划用量\times材料预算单价-材料实际用量\times材料实际单价$$

第二节　机械设备管理

一、基本概念

(一)机械设备管理的意义

机械设备是在企业生产中供长期、反复使用的，基本保持其原有实物形态和功能的劳动资料和物资资料的总称。它是企业生产经营活动的物资技术基础，是生产力中具有决定意义的因素，是质量的保证，是固定资产的重要组成部分。建筑企业的机械设备通常是指建筑企业拥有的，为施工生产服务的各种生产性机械设备。它包括起重机械、土方铲运机械、桩工机械、钢筋混凝土机械、木工机械以及各类汽车、动力设备、焊接切割机械、测试仪器等。采用机械化施工，是提高劳动生产率，加快施工速度的主要途径，是实现建筑工业化的重要环节。要充分发挥施工机械和机械化的优越性，就必须加强机械管理，按机械运转规律办

事，合理组织机械和配备人员，采用先进的施工技术和科学的管理方法，不断提高机械化施工水平。因此，机械设备的管理是企业管理的一个重要方面。

机械设备管理是对机械设备运动全过程的管理。即从选择机械设备开始，投入生产领域使用、磨损、补偿，直至报废退出生产领域为止的全过程管理。

一个企业拥有的机械装备的数量、适用性、先进性、配套情况以及管理水平，决定着这个企业的机械化施工水平。在一定时间内完成一定的工作量，使用机械的数量应该是越少越好，用少量的机械完成尽可能多的任务，这才是高水平。

（二）机械设备管理的任务

在设备寿命期内，机械设备管理的任务在于科学地选好、管好、养好、修好机械设备，保持较高的设备完好率和最佳技术状态，从而提高设备利用率和劳动生产率，稳定并提高工程质量，以求得最佳经济效益。

机械设备的运动全过程包括两种运动形态：一是机械设备的物质运动形态，包括设备选择、进厂验收、安装调试、使用维护修理、革新改造、封存保管、调拨报废和设备的事故处理等。二是设备的价值运动形态，即资金运动形态，包括机械设备的最初投资、折旧、维护费用、更新改造资金的来源、支出等。机械设备的管理应包括这两种运动形态的管理，因此，机械设备管理分成技术、经济、经营三个方面。技术侧面是对设备硬件所进行的技术和物理处理，是从物质运动的角度控制管理活动；经济侧面是设备经济价值考核，是从价值运动的角度控制管理活动；经营管理则是从“软件”措施方面加以控制，是从人的角度控制管理活动。这三个方面是设备管理的重要任务，缺一不可。它们的内容和关系如图 10-3 所示。

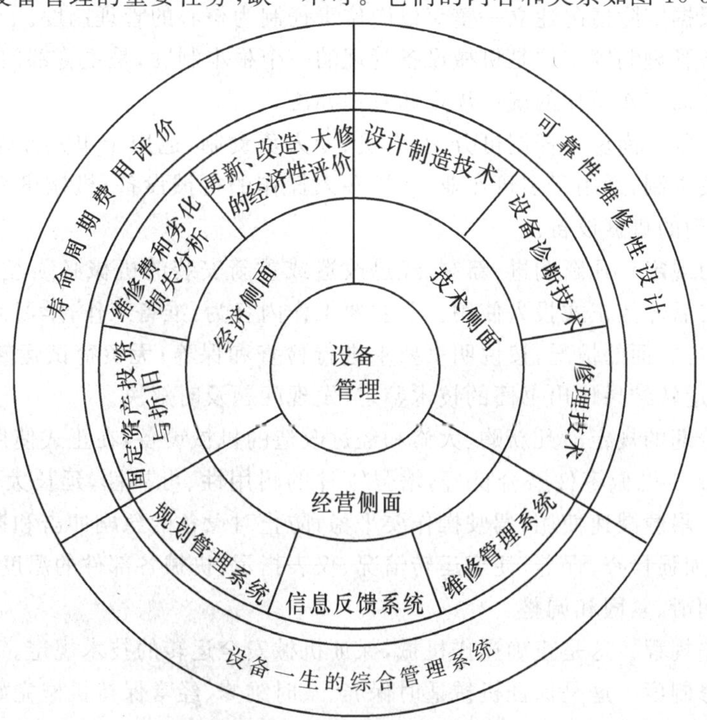

图 10-3　机械设备管理的内容和相互关系

(三)机械设备管理体制

机械设备管理体制反映企业内部生产关系,对施工机械的利用程度有决定性影响。机械设备管理体制的确定,要有利于施工生产,有利于发挥机械设备生产能力,有利于提高企业经济效益。具体要求如下:

(1)机械设备管理体制要与企业的施工管理体制相适应,与建筑企业组织体系相依托。

(2)为充分发挥机械设备的使用效率,必须按照专业化协作的原则,实行以集中管理为主,集中管理和分散管理相结合的办法。

(3)为方便施工,提高施工机械化水平,使设备得到充分利用,并发挥投资效益,要提高机械设备的完好率、利用率和效率。

①积极提高工厂化水平,使混凝土搅拌、构件制作、木材加工、钢筋铁件加工以及机械修理等集中到工厂进行。

②中小型常用机械设备,应由各施工单位分散管理和使用;应尽量减少自有设备,并相应增加租用设备。

③大型特殊机械设备要集中管理,统一调度;基础、土石方机械设备,按运量规划布点集中管理。有条件的企业,可建立机械施工公司和机管站,实行租赁制或承包制,加强协作生产。

(四)机械设备管理制度

建筑机械设备管理部门是建筑施工企业技术管理的重要部门之一,技术专业性强,必须配备一定比例的专业技术管理人员,并保持相对稳定,以满足机械设备管理工作具有较强连续性的要求,并根据实际情况建立一整套以岗位责任制为核心的管理制度。

(1)机械设备管理制度。这是机械设备管理的一个根本制度,是主管部门对机械设备的管、用、养、修各方面工作所作的统一规定和管理办法。

(2)岗位责任制。岗位责任制可分为:专机、专人负责制,适用于单人操作,一般作业的机械设备;机长负责制,适用于多班作业,一机多人操作的机械设备;机械班组负责制,适用于固定由班组管理的机械设备。

(3)试运转的规定。凡新购进、新制、经过改造或重新安装的机械必须经过检查、保养、试运转,鉴定合格后才能正式投入使用。其主要工作内容为:准备工作;学习研究、全面了解和掌握机械设备各方面的情况;按说明书要求进行检查和保养;无负荷试运转;有负荷试运转;根据检查、试运转结果作出书面的技术鉴定,发现问题及时解决。

(4)机械走合期的规定。凡新购、大修和经过改造的机械设备,在正式使用初期,必须按规定进行走合,以使机械零件磨合良好,增强零件的耐用性、可靠性,延长大修期和使用寿命。具体规定有:限载减速使用;驾驶操作要平稳,防止对设备的急剧冲击和振动;安排任务时,要留有余地;加强检查、保养,注意运转情况、仪表指示、机械各部件的温度变化以及连接件,并及时进行润滑、紧固和调整。

(5)技术操作规程。这是正确操作机械,保证机械安全运转的技术规定。

(6)保养维修制度。这是保证机械适时保养、及时维修、经常保持机械完好状态,延长机械使用寿命的制度。包括各种机械保修技术经济定额、进厂保修办法、保修计划的编制、执行和检查以及保修质量管理办法等。

(7)保养修理技术规程。这是关于机械保养维修作业内容、技术要求和质量标准的规定。

(8)交接班制度。机械双班或多班作业时，为避免情况不明、责任不清等影响生产和损坏机械，要建立交接班制度。交接班人员应该按照规定检查交接、办理交接手续、明确责任。

(9)机械事故处理制度。这是对机械发生事故后的处理要求和管理办法。

(10)机械定额管理制度。这是关于机械的技术经济定额的制定、修订、修正和考核的有关规定。主要包括：机械产量定额，燃料、动力、零件消费定额，维修费用定额，大修间隔期定额以及保修工时、工期定额。

(11)机械统计工作制度。这是对机械设备管、用、修工作统一规定的统计办法和要求。包括原始记录、统计台账、统计报表等三个方面。

(12)备品配件供应管理制度。这是对备品配件的计划、采购、验收、储存、保管、领发、记账等所规定的要求和办法。

(13)施工机械折旧和大修理基金的规定。这是合理提取机械折旧费用和大修理费用的统一规定，是保证施工机械更新改造和大修理资金来源及合理使用资金的办法。

(14)机械设备的改装、试验制度。

二、机械设备的装备

建筑企业的机械设备装备又称技术装备，是指企业通过购买或自制等方式，占用机械设备的情况。其目的是既要保证施工需要，又要使每台机械设备发挥最大效率，以达到最佳经济效益。总的原则是技术上先进、经济上合理、生产上适用。建筑企业机械设备的装备形式有三种：自行制造、购买和租赁。由于影响企业机械设备装备的因素很多，必须进行技术经济分析和企业内、外部条件的分析来决定采用何种形式的机械设备。

(一)技术条件

(1)生产效率。机械设备的生产效率以单位时间完成的产量来表示，也可用功率、速度等技术参数表示。原则上机械设备生产效率愈高愈好，但具体选择时，还应考虑与施工项目的生产任务相适应。

(2)可靠程度。这是指对工程质量的保证程度。一般以机械设备在规定的时间内，在规定的使用条件下，无故障地发挥规定机能的概率。

(3)易维修性。这是指维修的难易程度。维修性好一般是指设备结构简单、零部件组合合理、通用性和标准化程度高、容易检验、拆卸迅速、互换性好。

(4)节约程度。这是指能源和材料的消耗程度。尽可能选用能源消耗低、原材料加工利用程度高的设备。

(5)安全、环保性能。加强设备的安全性，防止和消除设备的“三废”污染，充分考虑设备的安全性和环保性是企业必须注意的大问题，同时防止人身事故的发生，也是保证施工顺利进行的条件。

(6)成套性。这是指机械设备要配套，应使设备在性能、能力方面相互配套。

(7)灵活性。根据机械使用特点，要求选用轻便、灵活、多功能、适应性强、结构紧凑、重量轻、体积小、拼装方便的机械设备等。

(8)专用性和通用性。专用机械一般是指大功率、大容量、大能力的大型机械，专业性强，适用于大工程、特殊工程需要。通用机械一般是指组装的多功能机械，适用于不同工程对象的不同要求。

(二)经济评价

1.投资回收期法

根据机械设备一次性投资费用和采用新设备后在各方面所带来的节约额,计算投资回收期。在其他条件相同的情况下,投资回收期最短的设备为最优设备。计算公式如下:

$$机械设备投资回收期(年)=\frac{投资额(元)}{采用新设备后的年节约额(元/年)}$$

2.年费用法

将机械设备的最初一次性投资和残值在整个寿命期内按一定的复利利率,换算成每年的维持费,得出不同设备的年总费用,据此进行比较、分析,选择费用最小的为最优设备。计算公式如下:

机械设备年费用=一次投资×资本回收系数-残值×偿债基金系数+年维持费

$$资本回收系数=\frac{i\cdot(1+i)^n}{(1+i)^n-1}$$

$$偿债基金系数=\frac{i}{(1+i)^n-1}$$

式中:i—年利率

n—设备寿命期(年)

[例10-1] 市场上有两种型号的机械设备可供选择,其费用支出如表10-4所示,试问采用何种型号设备为佳?

表10-4 费用支出表

设备型号	A	B
一次投资(元)	70000	100000
残值(元)	7000	10000
设备寿命(年)	10	10
年维持费(元)	25000	20000
年利率(i)	6%	6%

解:

$$资本回收系数=\frac{i\times(1+i)^n}{(1+i)^n-1}=\frac{0.06\times(1+0.06)^{10}}{(1+0.06)^{10}-1}=0.13587$$

$$偿债基金系数=\frac{i}{(1+i)^n-1}=\frac{0.06}{(1+0.06)^{10}-1}=0.07587$$

A型设备每年总费用:70000×0.13587-7000×0.07587+25000=33979.81(元)

B型设备每年总费用:100000×0.13587-10000×0.07587+20000=32828.30(元)

计算结果表明:B型设备的年总费用比A型设备少,故选B型设备。

3.综合评价法

机械设备的综合性评价可采用等级评分法进行。

[例10-2] 某建筑企业需购置一台施工机械,现有两种型号的机械可供选择,其资料如表10-5(3)、(6)栏内所示,试问采用何种设备为佳。

表 10-5 机械设备综合评价表

项 目	等级系数	甲型机械			乙型机械		
		资料数据	计分或评分	得分	资料数据	计分或评分	得分
(1)	(2)	(3)	(4)	(5)=(2)×(4)	(6)	(7)	(8)=(2)×(7)
生产效率 m^3/台班	10	40	6.7	67	60	10	100
价格(元)	10	25000	10	100	32000	7.2	72
年使用费(元)	9	14000	3.5	31.5	8500	10	90
使用年限(年)	7	10	10	70	8	8	56
安全性能	8	一般	6	48	较好	8	64
环保性	7	一般	6	42	一般	6	42
灵活性	6	较好	8	48	一般	6	36
节能性	8	较好	8	64	一般	6	48
方案得分				574.5			588

解:(1)确定等级系数

根据各项目指标的重要程度,用1～10分表示其等级系数。10分表示该项目指标最重要,1分表示不重要。本案例各项等级系数如表10-5(2)栏所示。

(2)对各项目指标,分别进行计分和评分

对于定量指标采用计分法。计分法是两个对比的定量指标相互对比而确定的相对分值。如"生产效率"项目的计分,乙型机械生产效率高,计10分,甲型机械生产效率低,计40×10/60=6.7(分);再如,"价格"项目的计分,甲型机械便宜,计10分,乙型机械价格贵,计10－10×(32000－25000)/25000=7.2(分)。其他"年使用费"使用年限项目可按同样办法计分。

对定性指标,可参照表10-6所列标准评分。

表 10-6 评分标准

好	较好、容易	一般	较差、较复杂	差
10	8	6	4	2

根据以上计分和评分方法,本例各项目的分值即可确定下来。如表10-5(4)、(7)栏所示。

(3)计算各项得分,项目得分＝项目等级系数 × 项目的计分或评分。

(4)计算两种机械方案的得分,方案得分 $= \sum$ 项目得分。

(5)根据方案得分多少,选择最优设备。本例甲型机械得分574.5,乙型机械得分588,故应选择乙型机械。

三、机械设备的使用、维护和修理

(一)机械设备的使用管理

机械设备的使用管理是设备管理的基本环节,只有正确、合理地使用机械,才能减轻机械磨损,保持机械的良好工作性能,充分发挥机械的效率,延长机械的使用寿命,提高机械使用的经济效益。机械设备的使用管理,应做以下几项工作:

(1)正确选配机械,合理组织机械施工。机械设备的选配应遵循切合需要、实际可能和经济合理的原则,根据工程特点,经济合理地为工程配好设备,同时又必须根据设备的性能和特点,合理地安排施工生产任务,避免“大机小用”、“精机粗用”以及超负荷运转现象。

(2)合理配备操作工人。多人操作或多班作业的机械设备,在指定操作人员的基础上,任命一人为机长,全面负责;一人使用保管一台机械或一人管理多台机械设备者,该人即为机长,对所管机械负责;掌握中小型机械设备的班组在机械设备和操作人员不能固定的情况下,应任命机(组)长对所管理的机械负责。

(3)建立和健全设备使用责任制。定人、定机、定岗责任制,实行操作证制度;严格执行设备使用的技术规定,如机械设备、技术试验规定,机械设备走合期限规定,冬季使用机械设备的规定。

(4)创造良好的环境和工作条件。工作场地宽敞、整洁、明亮、夜晚施工现场照明;配备必要的保护、安全、防潮装置,有些设备还需配备降温、保暖、通风等装置;建立润滑管理系统(即定人、定点、定质、定量、定期);配备必要的测量、控制和保险的仪表和仪器装置;开展设备竞争。

(5)建立机械设备技术档案。机械设备的原始资料,包括使用、保修说明书,附属装置及工具明细表,出厂检验合格证,易损零件图册等;机械技术试验和验收记录、交接清单;机械运行和消耗汇总记录;历次主要修理和改装记录及有关资料;机械事故记录及资料;其他有参考价值的技术资料。

(6)建立机械履历表,对机械维修情况作简要记载。

(二)机械设备的检查维护与修理

机械的管理、使用、保养、修理四个环节之间,存在着相互影响不可分割的辩证关系,管好、养好、修好的目的是为了使用。但只强调使用,忽视管理、保养、修理,则不能达到更好的使用目的。要做到科学的使用机械,不违反机械运转的自然规律。具体内容见表 10-7。

表 10-7 机械设备的检查、保养、修理要点

类别	方 式	要 点
检查	每日检查	每日交接班时由操作人员执行的检查,一般同日常保养结合起来,其目的是及时发现设备不正常状况
	定期检查	按照检查计划,在操作人员参与下,定期由专职人员执行,全面准确了解设备实际磨损情况,以决定是否进行修理
保养	日常保养	简称“例保”。操作人员在每日(班)开机前、使用间隙和停机后按规定项目和要求进行的保养作业,作业内容有:清洁、润滑、紧固、调整、防腐等
	强制保养	又称“定期保养”,是指每台机械设备运转到规定的时限(保养周期)时必须进行的保养,周期由设备的磨损规律、作业条件、维修水平及经济性所确定。大型机械设备可实行一至四级(三、四级由专业机修工进行,操作工参加)保养,其他一般机械为一至三级保养
修理	小 修	对设备全面清洗、部分解体、局部修理,以维修工人为主,操作人员参加
	中 修	指大修间的有计划有组织的平衡性修理,以整机为对象,解决动力、传动、工作部分耐用力不平衡问题
	大 修	对机械设备全面解体修理,更换所有零件,校调精度,以恢复原有生产性能,延长其使用寿命

（三）机械设备管理的考核指标

机械设备管理的考核指标体系是机械设备管理的重要内容，对于考核企业机械装备水平，施工机械化程度，以及企业在机械设备方面的综合管理水平、变化趋势，有着重要意义。具体指标如表10-8所示。

表10-8　机械设备管理考核指标

考核指标		计算公式
机械装备水平	技术装备率	$\text{技术装备率(元/人)}=\dfrac{\text{全年机械平均价值(元)}}{\text{全年平均人数(人)}}$
	动力装备率	$\text{动力装备率(千瓦/人)}=\dfrac{\text{全年机械平均动力数(千瓦)}}{\text{全年平均人数(人)}}$
装备生产率		$\text{装备生产率(\%)}=\dfrac{\text{全年完成的总工作量(元)}}{\text{机构设备的净值(元)}}\times100\%$
完好率、利用率、机械效率	完好率	$\text{日历完好率(\%)}=\dfrac{\text{报告期完好台日数}}{\text{报告期日历台日数}}\times100\%$ $\text{制度完好率(\%)}=\dfrac{\text{报告期完好台日数}}{\text{报告期日历台日数}}\times100\%$
	利用率	$\text{日历利用率(\%)}=\dfrac{\text{报告期完好台日数}}{\text{报告期日历台日数}}\times100\%$ $\text{制度完好率(\%)}=\dfrac{\text{报告期完好台日数}}{\text{报告期日历台日数}}\times100\%$
	机械效率	$\text{机械效率}=\dfrac{\text{报告期机械实际完成的实物工程总量}}{\text{报告期机械平均总能力}}$ $\text{机械效率}=\dfrac{\text{报告期内同种机械实作台班数}}{\text{报告期内同种机械平均台数}}\text{(台班/台)}$
主要器材、燃料等消耗率		$\text{消耗率}=\dfrac{\text{主要器材、燃料实际消耗量}}{\text{主要器材、燃料定额消耗量}}\times100\%$ $\text{单位消耗率}=\dfrac{\text{主要器材、燃料实际消耗量}}{\text{实际完成工程量}}\times100\%$
施工机械化程度		$\text{工种机械化程度(\%)}=\dfrac{\text{某工种工程利用机械完成的实物量}}{\text{某工种工程完成的全部实物量}}$ $\text{综合机械化程度(\%)}=\dfrac{\sum\left(\text{各工种工程用机械完成的实物量}\times\text{各该工种工程人工定额工日}\right)}{\sum\left(\text{各工种工程完成的总实物工程量}\times\text{各该工种工程人工定额工日}\right)}\times100\%$

四、机械设备更新

设备更新是指用技术性能更完善、效率更高、经济效益更显著的新型设备替换原有技术上不能继续使用，或经济上不合算的陈旧设备。进行设备更新是为了提高企业技术装备现代化水平，以提高工程质量和生产效率，降低消耗，提高企业竞争力。机械设备更新的形式分为原型更新和技术更新。

原型更新是指同型号的机械设备以新换旧。机械设备经过多次大修，已无修复价值，但尚无新型设备可替代，只能选用原型号新设备更换已陈旧的设备以保持原有生产能力，保证设备安全运行。

技术更新是指以结构更先进、技术更完善、效率更高、性能更好、能源消耗少、外观新颖

的设备来代替落后陈旧的设备，它是企业实现技术进步的重要途径。

机械设备的更新分析属于技术经济分析的范畴，本书对具体方法不再赘述，有兴趣的读者可以参阅有关的技术经济文献。

思考题

1. 建筑企业如何进行材料管理？
2. 机械设备管理的内容有哪些？

第十一章　建筑企业成本与财务管理

第一节　概　述

一、建筑企业成本管理的概念

建筑企业的成本管理，就是根据客观经济规律的要求，对建筑产品成本进行预测、计划、控制、核算、分析和检查等一系列科学管理工作的总称。成本管理的目的是在预定时间、预定质量的前提下，通过不断改善各项管理工作，充分采用经济、技术、组织措施和挖掘降低成本的潜力，以尽可能少的劳动消费，实现预定的目标成本。

二、建筑企业成本管理的特点

从广义上说，建筑企业成本管理是对整个建筑企业而言，从狭义上说，是对一个工程项目而言。建筑企业成本管理的主要内容和核心是对工程建设项目成本的管理。因此，我们在此着重研究对一个工程项目的成本进行管理，即从工程项目的角度研究如何进行建筑企业的成本管理。工程建设项目成本管理的主要特点有以下几点：

(1)工程建设项目成本管理是一个动态管理的过程。工程建设项目的建设周期往往很长，在整个建设过程中，又受到各种内部、外部因素的影响，工程建设项目的成本在整个建设过程中不断地发生变化。因此，工程建设项目成本管理必须根据时刻变化的内外部环境，不断地对成本进行组织、控制和调整，以保证工程建设项目成本的有效控制和监督。

(2)工程建设项目成本管理是一个复杂的系统工程。这主要由工程项目本身是一个复杂的系统所决定，从横向可把成本管理分为：工程项目投标报价、成本预测、成本计划、统计、质量、信誉等；从纵向可分为：组织、控制、核算、分析、跟踪和考核等，由此形成一个工程建设项目成本管理系统。

三、建筑企业成本管理的意义和任务

成本管理在建筑企业经营管理中占有重要的地位，成本管理的好坏，直接影响企业的经济效益。成本管理是企业活力的源泉，实行成本管理后，劳动者的利益和责任紧密地联系在一起，有利于调动职工的积极性，从而达到降低成本，提高经济效益，增强企业发展后劲之目的。实行建筑企业成本管理，可以使企业各部门、各单位之间建立相互连接、相互协作、相互制约的关系，从而理顺企业内部的经济关系。实行成本管理，要求企业各职能部门采用新的监测、控制手段来进行管理，从而促进了企业各项管理工作水平的提高。可以说，成本管理是建筑企业各项管理工作的焦点和源泉。

成本管理的基本任务是降低成本，实现利润，为国家提供更多的积累，为企业获得更大

的经济效益。

四、建筑企业工程成本

按照建设部2003年10月颁发的《建筑安装工程费用项目组成》(建标〔2003〕206号)规定,建筑企业工程成本由直接费、间接费和税金组成。

(一)直接费

直接费由直接工程费和措施费组成。

1. 直接工程费

直接工程费是指施工过程中耗费的直接构成工程实体的各项费用,包括人工费、材料费、施工机械使用费。

(1)人工费:指直接从事建筑安装工程施工作业的生产工人开支的各项费用,包括生产工人基本工资、工资性补贴、生产工人辅助工资、职工福利费、生产工人劳动保护费等。

(2)材料费:指施工过程中耗用的构成工程实体的原材料、辅助材料、构配件、零件、半成品的费用。

(3)施工机械使用费:指施工机械作业所发生的机械使用费以及施工机械安拆费和场外运费。

2. 措施费

措施费是指完成工程项目施工,发生于该工程施工前和施工过程中非工程实体项目的费用。包括:环境保护费、文明施工费、安全施工费、临时设施费、夜间施工增加费、二次搬运费、冬雨季施工增加费、大型机械设备进出场及安拆费、施工排水费、施工降水费、地上地下设施、建筑物的临时保护设施费、已完工程及设备保护费、混凝土、钢筋混凝土模板及支架费、脚手架费等。

(二)间接费

间接费由规费和企业管理费组成。

1. 规费

它是指政府和有关权力部门规定必须缴纳的费用,包括工程排污费、社会保障费、住房公积金、危险作业意外伤害保险等。其中社会保障费包括养老保险费、失业保险费、医疗保险费。

2. 企业管理费

它是指建筑安装企业组织施工生产和经营管理所需费用。内容包括:管理人员工资、差旅交通费、办公费、固定资产使用费、工具用具使用费、工会经费、职工教育经费、劳动保险费、财产保险费、财务费、税金等。

(三)税金

建筑安装工程税金是指国家税法规定的应计入建筑安装工程费用的营业税、城市维护建设税和教育费附加。

根据中华人民共和国住房与城乡建设部与国家质量监督检验检疫总局联合发布的国家标准《建设工程工程量清单计价规范》GB50500—2008,建筑安装工程费用组成(工程造价)由分部分项工程费、措施项目费、其他项目费、规费和税金组成,如表11-1所示。该费用组成与“206号”文件在内容上没有实质性差异，但更符合建筑安装工程在工程交易和工程实施阶段工程造价的组价要求，从工程成本的角度说，应该扣除其中的利润部分。

表11-1 《建设工程工程量清单计价规范》中建筑安装工程造价组成

<table>
<tr><td rowspan="26">建筑安装工程造价</td><td rowspan="5">分部分项工程费</td><td>人工费</td></tr>
<tr><td>材料费</td></tr>
<tr><td>施工机械使用费</td></tr>
<tr><td>企业管理费</td></tr>
<tr><td>利润</td></tr>
<tr><td rowspan="10">措施项目费</td><td>安全文明施工费(含环境保护、文明施工、安全施工、临时设施)</td></tr>
<tr><td>夜间施工费</td></tr>
<tr><td>二次搬运费</td></tr>
<tr><td>冬雨季施工</td></tr>
<tr><td>大型机械设备进出场及安拆费</td></tr>
<tr><td>施工排水费</td></tr>
<tr><td>施工降水费</td></tr>
<tr><td>地上地下设施、建筑物临时保护设施费</td></tr>
<tr><td>已完工程及设备保护费</td></tr>
<tr><td>专业工程的措施项目费(建筑工程:混凝土、钢筋混凝土模板及支架脚手架费)</td></tr>
<tr><td rowspan="5">其他项目费</td><td>暂列金额</td></tr>
<tr><td>暂估价</td></tr>
<tr><td>计日工</td></tr>
<tr><td>总承包服务费</td></tr>
<tr><td>其他:索赔、现场签证</td></tr>
<tr><td rowspan="5">规　费</td><td>工程排污费</td></tr>
<tr><td>工程定额测定费</td></tr>
<tr><td>社会保障费(养老保险费、失业保险费、医疗保险费)</td></tr>
<tr><td>住房公积金</td></tr>
<tr><td>危险作业意外伤害保险</td></tr>
<tr><td>税　金</td><td>营业税、城市维护建设税、教育费附加</td></tr>
</table>

五、建筑企业成本管理

(一)建筑企业成本管理的内容

建筑企业成本管理是建筑企业管理系统中的一个子系统，这一系统的具体工作内容包括:成本预测、成本计划、成本控制、成本核算、成本分析、成本考核。建筑企业在成本管理过程中，对所发生的各种成本信息，通过有组织有系统地进行预测、计划、控制、核算和分析等一系列工作，促使企业内部各要素按照一定的目标运行，使企业的实际成本能够控制在预定的计划成本范围内。

(1)成本预测。确定降低成本目标，即确定成本降低率，为编制降低成本计划确定方向。

(2)成本计划。根据确定的成本目标编制实施计划，以确定计划期内工程的计划成本。

(3)成本控制。在工程施工的整个过程中，通过对工程成本形成的预防、监督和及时纠正发生的偏差，将施工成本费用限制在成本计划范围内，以降低成本。

(4)成本核算。以施工图预算所列单位工程为依据，具体内容为:人工费核算；材料费核

算;机械使用费的核算;措施费的核算;间接费的核算;工程结算。

(5)成本分析。找出成本升降的原因,总结经营管理经验,制定切实可行的改进措施,不断提高企业经营管理水平和经济效益。成本分析具体分为综合分析和单位工程分析。综合分析有:实际成本与计划成本进行比较;所属单位之间进行比较;与上年同期降低成本进行比较;单位工程成本的比较。单位工程分析有:人工费的分析;材料费的分析;机械使用费的分析;措施费的分析;间接费的分析;技术组织措施完成情况的分析。

(6)成本考核。施工项目完成后,对施工项目成本形成中的各责任者,按施工项目成本目标责任制的有关规定,将成本的实际指标与计划、定额、预算进行对比和考核。

(二)建筑企业成本管理的程序

建筑企业成本管理的程序是指从成本估算开始,经编制成本计划,采取降低成本的措施,进行成本控制,直到成本核算与分析为止的一系列管理工作步骤,如图 11-1 所示。

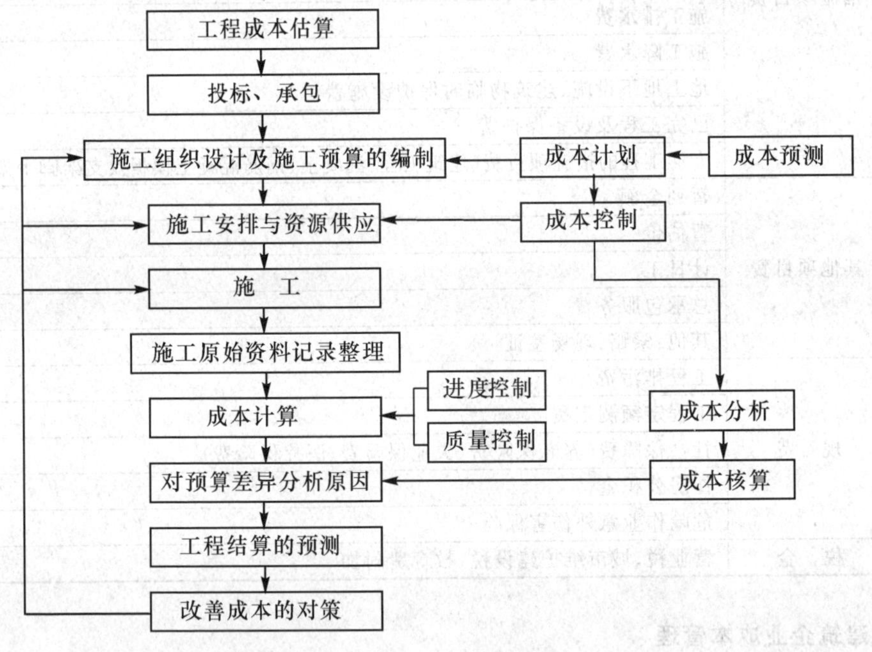

图 11-1 建筑企业成本管理程序

第二节 成本预测

一、成本预测的概念

成本预测是指通过取得的历史数字资料,采用经验总结、统计分析及数学模型的方法对成本进行判断和推测。通过成本预测,可以为建筑企业经营决策和制定成本计划等提供依据。它是企业科学管理的一项重要工具。

二、成本预测的作用

(一)成本预测是投标决策的依据

建筑企业在选择投标项目的过程中,往往需要根据项目是否盈利、利润多少等诸因素确定是否对工程投标。这样在投标决策时就要估计项目成本的情况,通过与施工图预算的比较,才能分析出项目是否盈利及利润的多少。

(二)成本预测是编制成本计划的基础

计划是管理的第一步,因此编制可靠的计划具有重要的意义,但要编制出可靠的计划,必须对项目未来的实施作出科学的预测。在编制成本计划之前,要收集有关项目成本、市场情况和施工消耗等资料,对项目进展过程中的物价变动等情况和项目成本作出准确的预测,从而保证项目成本计划不脱离实际,切实起到控制成本的作用。

(三)成本预测是成本管理的重要环节

成本预测是在分析项目实施过程中各种技术、经济要素对成本升降的影响基础上,推算出成本水平变化的趋势及其规律性,预测项目的实际成本。它是预测与分析的有机结合,是事后反馈与事前控制的结合。通过成本预测,有利于及时发现问题,找出成本管理中的薄弱环节,采取措施,控制成本。

三、成本预测的步骤

(一)制订预测计划

制订预测计划是预测工作顺利进行的保证。预测计划的内容主要有:组织领导及工作布置,配合的部门,时间进度,收集资料范围等。如果在预测过程中发现新情况或发现计划有缺陷,则可修订计划,以保证预测工作的顺利进行并取得较好的预测结果。

(二)收集整理预测资料

根据预测计划,收集预测资料是预测的重要条件。预测资料应包括横向和纵向两个方面的数据:横向资料是指同类项目的成本资料,通过分析同类项目与实施项目之间的差异,对实施项目的成本作出准确的估计;纵向资料是指各成本项目的历史数据,据以分析它们的发展趋势。预测资料的准确与否,直接关系到预测质量的好坏。因此,对收集的各种预测资料应进行细致的检查与整理,去伪存真,以保证预测资料的完整性、连续性和真实性。

(三)选择预测方法

预测方法一般有定量和定性两种。定性方法主要有专家会议法、主观概率法和特尔菲法等,它们是根据各方面的信息、情报或意见,进行推断预测;定量方法主要有移动平均法、指数平滑法和回归分析法等。

(四)成本初步预测

主要根据定性预测的方法及一些横向成本资料的定量预测,对成本进行初步估计,这一步的结果往往比较粗糙,需要结合现在的成本水平进行修正,才能保证预测成本结果的准确。

（五）影响成本水平的因素预测

影响工程成本水平的因素主要有：物价变化，劳动生产率，物料消耗指标，项目管理办公费用开支等。可根据近期内其他工程的实施情况，本企业职工及当地分包企业情况、市场行情等，推测未来哪些因素会对工程项目成本产生影响以及影响的结果如何。

（六）成本预测

根据初步预测和影响因素预测结果，确定该项目的成本情况，包括人工费、机械费和措施费等。

（七）分析预测误差

预测不可避免会存在一定的误差。预测误差的大小，反映预测的准确程度，如果预测误差较大，就应分析误差产生的原因，并积累经验。

第三节　成本计划

一、建筑企业成本计划的概念及意义

建筑企业成本计划是指建筑企业根据确定的成本目标，编制实施计划，以确定计划期内工程的计划成本。它是在成本预测的基础上进行的，它以货币形式预先规定了工程项目实施过程中的劳动消耗的计划总水平。通过与项目总投资（或中标额）比较来确定企业实现的计划成本降低额与降低率。并将它按成本管理层次、成本项目以及项目进展的诸阶段进行成本计划的分解，并制定各级成本实施方案。

建筑企业成本计划是建筑企业成本管理的一个主要环节，是实现降低企业成本的指导性文件，同时也是建立企业成本管理责任制、开展经济核算和控制生产费用的基础。

二、成本计划的编制原则和依据

（一）编制原则

(1)严格遵守国家的财经政策，严格遵守成本开支范围，不准乱挤成本，严格遵守成本计算规定，明确成本发生期，防止多计、漏计和少计成本，采用合理的方法和程序核算各项成本费用。

(2)从企业实际情况出发，制定切实可行的降低成本措施。

(3)降低成本以技术组织措施作保证，以技术经济定额为标准。

(4)要依靠群众，挖掘内部潜力，找出降低成本的有效途径。

（二）编制依据

施工计划指标与其他计划指标，施工图，定额资料，工程施工组织设计，降低成本的技术组织措施，施工图预算和施工预算等。

三、建筑企业成本计划的内容

建筑企业成本计划应包括两大部分，即控制计划方案和保证体系。

(一)成本控制计划方案

它主要是对项目实施过程中的劳动消耗作出一个数量和总价的控制，对于难以预见的费用和难以确定的消耗也要作出一个总的控制线，作为编制控制计划的依据。该方案包括以下内容：

(1)材料成本控制计划。包括主要材料、贵重材料的消耗量和价格，以及周转材料。

(2)机械设备控制计划。主要是机械设备的数量和应控制的使用维修费用。

(3)施工机具控制计划。一是新购机具的折旧摊销，二是施工机具使用费用。

(4)劳务费成本控制计划。主要是合理安排进出场时间，减少和控制非生产用工，提高工效，综合考虑用工单价。

(5)临时工程费用计划。主要是临时水电设施、加工场地及仓房的合理使用。

(6)管理费用成本计划。主要包括管理人员工资、奖金、办公费、差旅费、业务招待费等。

(二)保证体系

保证体系主要包括三项内容：

(1)责任制度。即规定计划的制定者和执行者对成本计划的制定、执行、调整应负有的责任和义务。

(2)检查制度。检查的目的在于帮助计划的落实和执行。检查制度应对信息反馈和措施调整作明确的规定。

(3)工作方法与手段。如确定限额领料的材料种类，控制成本的主要方法和途径，必要的奖罚制度等。

四、建筑企业成本计划的编制方法

建筑企业可以根据自身的实力、资源市场单价以及市场供求及竞争状况编制施工图预算价格，扣除利润和税金部分可以作为制定成本计划、控制工程成本的依据。《建筑工程施工发包与承包计价管理办法》(建设部令第107号)规定，施工图预算、招标标底、投标报价的计价方法可采用工料单价法和综合单价法。

(一)工料单价法

工料单价法是传统的定额计价模式下的施工图预算编制方法。计算出分部分项工程量后乘以工料单价，合计得到直接工程费，汇总后再加措施费、间接费、利润和税金生成工程承发包价。

按照分部分项工程单价产生的方法不同，工料单价法又可以分为预算单价法和实物单价法。

1.预算单价法

预算单价法就是采用地区统一单位估价表中的各分项工程工料预算单价乘以相应的各分项工程的工程量，求和后得到包括人工费、材料费和施工机械使用费在内的单位工程直接工程费，再根据规定的费率乘以相应的计费基数计算措施费、间接费、利润和税金，汇总得到该单位工程的施工图预算造价。

2.实物单价法

根据施工图计算的各分项工程量分别乘以地区定额中人工、材料、施工机械台班的定额

消耗量,分类汇总得到单位工程所需的全部人工、材料、施工机械台班消耗数量,然后乘以当时当地人工工日、各种材料和施工机械台班单价,求出相应的人工费、材料费和机械使用费,再加上措施费,就可以计算该工程的直接工程费、措施费、间接费等其他费用计算方法与预算单价法相同。

(二)综合单价法

综合单价法是指分部分项工程单价综合了直接工程费及其以外的多项费用。按照单价综合的内容不同,可以分为全费用综合单价和清单综合单价。

1.全费用综合单价

单价中综合了分部分项工程人工费、材料费、机械费、管理费、利润、规费、有关文件规定的调价、税金以及一定范围的风险等全部费用。

2.清单综合单价

单价中综合了人工费、材料费、施工机械使用费、企业管理费、利润,并考虑了一定范围的风险费用,但未包括措施费、规费和税金,是一种不完全单价。

第四节　成本控制

一、成本控制的概念和意义

成本控制是指在项目成本的形成过程中,对生产经营所消耗的人力、物力资源和费用开支,进行指导、监督、调节和限制,及时纠正已经发生和将要发生的偏差,把各项费用控制在计划成本之内,以保证项目成本目标的实现。

工程项目的一次性决定了项目管理的一次性,它的管理对象只有一个工程项目,且将随着项目建设的完成而结束其历史使命。在施工期间,项目成本能否降低,有无经济效益,得失在此一举,没有回旋余地,有很大的风险性。为了确保项目有盈余,成本控制不仅必要,而且必须做好。在市场经济中,项目的成本控制不仅在项目控制中,而且在整个企业管理中都有着重要的地位。人们追求企业的经济效益、经济成就通常是通过项目的效益和成就来实现的。而项目的效益通常通过盈利的最大化和成本的最小化来实现。

二、成本控制的原则

(一)全面控制原则

1.成本的全员控制

企业成本是一项综合性很强的指标,它涉及企业中各个部门、单位和班组的工作业绩,也与每个职工的切身利益有关。因此,企业成本的高低需要大家关心,人人参与。

2.成本的全过程控制

成本的全过程控制是指从一个具体项目的施工准备开始,经工程施工,到竣工交付使用后的保修期结束的各个阶段的每一项经济业务,都要纳入成本控制的范围。

(二)重点控制原则

即要把成本控制的重点放在施工阶段上。

(三)目标管理原则

目标管理是贯彻执行计划的一种方法，它把计划的方针、任务、目的和措施等逐一加以分解，提出进一步的具体要求，并分别落实到执行计划的部门、单位直至个人。

(四)节约原则

其主要指人力、财力、物力的节约。这是提高经济效益的核心，也是成本控制的一项最主要的基本原则。

(五)例外管理原则

例外管理是西方国家现代管理常用的方法，它起源于决策科学的“例外”原则，目前一般用于成本目标的日常控制。

在工程项目建设过程的诸多活动中，有一些不经常出现的问题，我们称之为“例外”问题。这些例外问题，往往是关键性的问题，对成本目标的顺利完成影响很大，必须引起高度重视，进行重点检查，深入分析，并积极采取相应的措施加以纠正。

(六)责、权、利相结合原则

首先要把成本控制责任分解到各部门、各单位和各班组，从而形成一个成本控制责任网络。其次，还应明确各部门、各单位和各班组所享有的成本控制的权利。最后将成本控制的责任和权利与分配挂钩，实行有奖有罚制。

三、成本控制的内容

(一)以项目成本形成过程为控制对象

根据对项目成本实行全面、全过程控制的原则，具体控制内容如下：

(1)在工程投标阶段，应根据工程概况和招标文件，进行成本预测，提出投标决策的意见。

(2)施工准备阶段，应结合设计图纸的自审、会审和其他资料编制实施性施工组织设计，通过多方案的技术经济比较，从中选择经济合理、先进可行的施工方案，编制明细而具体的成本计划，对项目成本进行事前控制。

(3)施工阶段，以施工图预算、施工预算、劳动定额、材料消耗定额和费用开支等标准，对实际发生的成本进行控制。

(4)竣工交付使用及保修阶段，应对竣工交付过程中发生的费用和保修费用进行控制。

(二)以项目的职能部门、施工队和生产班组为控制对象

成本控制的具体内容是日常发生的各种费用和损失。这些费用和损失，都发生在各个部门、施工队和生产班组。因此，成本控制也应以部门、施工队和生产班组为控制对象。

(三)以分部分项工程作为控制对象

为了把成本控制工作做得扎实、细致，落到实处，还应以分部分项工程作为成本控制的对象。

(四)以经济合同为控制对象

建筑企业的经济业务都要以经济合同为纽带建立契约关系，以明确双方的权利和义务。

各项合同金额之和超过了预算收入，就意味着成本亏损，反之，就能降低成本。

四、成本控制的措施

（一）组织措施

组织措施是主动成本控制的关键。为了实现成本控制的目标，需要在项目管理班子中设立专门的成本管理人员，明确各自的责与权，以成本计划表的形式细化工作流程。对于遇到的技术难点，及时组织专家进行论证，选择合理的解决方案。本着“精简、节约、效能”的原则，精简管理机构，减少管理层次，提高工效和质量。

（二）经济措施

经济措施是成本控制的重要手段。通过制定合理的奖惩机制，达到鼓励节约、防范浪费的目的。例如，鼓励设计人员对已完成的方案进行成本优化，设计委托方对因此给设计人员带来的额外工作和进度延迟给予适度的经济补偿。

（三）技术措施

成本控制的技术措施有很多。例如，对设计方案、施工方案进行技术经济分析和成本优化；采用先进技术，提高劳动者的技术装备程度、操作技术熟练程度和科学文化水平；加强材料管理，制定合理的材料消耗定额，有计划、合理、综合地使用材料；合理地组织施工机械的配套使用，充分发挥现有机械的使用效能，提高单位时间内生产效率，切实落实施工机械设备的管理制度等。

（四）合同措施

合同措施是现代经济社会实现成本控制的重要途径。不同的合同形式对于成本的风险控制会有很大的影响。成本管理人员必须熟悉相关的法律文件，参与到合同的制订、审查、谈判等过程，实施全过程的合同管理。

第五节　成本的集成控制

一、成本集成控制的概念

建筑企业成本控制的核心是项目成本控制，即在项目成本的形成过程中，对生产经营所消耗的人力、物力资源和费用开支，进行指导、监督、调节和限制，及时纠正将要发生的偏差，把各项生产费用，控制在计划成本的范围之内，以保证成本目标的实现，并尽可能将实际成本费用降到最低。要做好成本控制，首先需要建立项目成本控制系统，这个系统应能让管理者观察当前的成本水平，将其与计划目标相比较，进而制定改进措施将成本控制在允许范围之内。综观现有的成本控制系统，大多存在滞后性的缺点，即成本控制系统所提供的信息是已完成工作的信息，无法做到成本的事前控制和动态控制。

造成成本控制系统滞后性的主要原因有两个：一是所采用的成本控制模型单纯考虑了成本这个目标，而忽略了进度和质量。众所周知，成本、进度和质量是项目管理的三大目标，三者之间存在着相互影响、相互制约、相互促进的关系，对任何一个目标的控制必然会影响到其他目标的实施，因而，对成本的控制，应同时考虑进度和质量，即成本控制模型应是综合

考虑这三个目标的一个集成控制模型;二是系统缺乏预测功能,不能利用现有的信息,对未来成本实施的情况作出估计和预测,从而采取有效的措施进行控制或纠偏。

为了解决这个问题,主要的方法是将成本和进度、质量等项目管理要素集成起来,建立施工项目成本动态控制系统,利用计算机进行集成动态控制。

二、成本与进度和质量的关系

工程项目成本由直接成本和间接成本所组成,直接成本主要由工程项目各工序的人工费、材料费和机械使用费构成;间接成本主要包括企业的施工组织和经营管理费用,它属于全部工程而不属于某个工序。直接成本和间接成本都随工期的变化而变化,但变化的方向是不同的。缩短工期,一方面由于工人需要加班赶工,从而导致加班费用、材料费用等的增加,另一方面由于投入的劳动力的增加造成工作面的拥挤,或工人连续加班造成疲劳程度的增加,而导致工人劳动生产率的下降。这些均会使项目的直接费用上升;同时,工期的缩短又使企业的施工组织和经营管理费用下降。因此,由直接成本曲线和间接成本曲线迭加而成的工程项目成本曲线是一个马鞍形曲线,如图 11-2 所示。曲线的最低点就是对应于最优工期的最低成本。

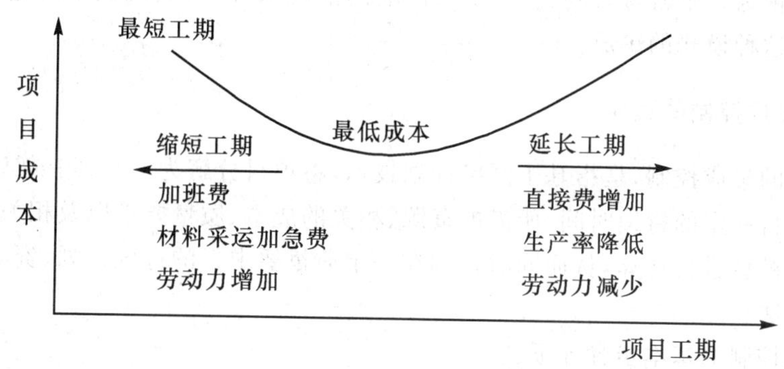

图 11-2　成本与进度的关系

项目实施过程中任何质量管理的活动均需要花费一定的人力和物力,这种花费将以质量成本的形式来表现。质量成本是指为使产品达到一定的质量标准所发生的一切费用,包括为了保证及提高产品质量所支出的费用和因未达到相应的质量标准所造成的损失及处理质量缺陷所发生的费用。质量成本由故障成本、鉴定成本和预防成本三部分构成。故障成本又包括内部故障成本和外部故障成本。内部故障成本通常是指在施工过程中,由于产品(工程)本身存在的缺陷而带来的经济损失与处理缺陷所花费的费用总和;外部故障成本是指工程交付使用以后,发现质量缺陷进行弥补所发生的一切费用。鉴定成本是指在产品(工程)一次验收合格的情况下,鉴定产品(工程)质量所发生的一切费用。预防成本是指为了预防产生不良产品,使故障成本和鉴定成本降到最低限度所需花费的费用。

质量和成本的关系如图 11-3 所示。随着质量标准的提高,预防成本和鉴定成本相应增加,而故障成本则相应下降。由这三条成本曲线迭加成的质量成本曲线呈马鞍形。其最低点为相应于最低成本的质量标准。

实行项目集成控制的原因主要基于以下两个方面:其一是成本、进度和质量是相互制约、相互影响的,不能将其割裂开来进行控制;其二是具体实践工作中,不大可能实现成本、

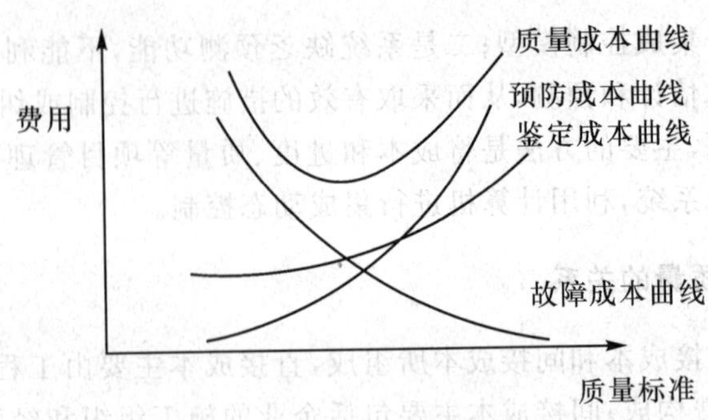

图 11-3 成本和质量的关系

进度、质量的最优化配置，对于目标的倾向性是现实存在的，如：在施工过程中，可能强调质量要素，兼顾成本和进度，或同等地关注成本或质量，兼顾进度等等。

成本的集成控制是目前项目管理发展的趋势。许多优秀的项目管理软件，如 PROJECT 和 P3 等，大多提供了成本与进度的集成。其中成本与进度的集成理论与实践已经较为完善，但由于成本与质量的关系较为复杂，它们的集成尚处于研究阶段。常用的处理方法是将质量要素视为一个常量，即在一定质量标准的前提条件下，实现成本与进度的集成，本书将主要讨论这种模式的集成。

三、成本集成控制的程序

所谓成本的集成控制，是指基于网络计划技术，将项目分解为一系列有前后逻辑关系的工序并赋予各自一定的持续时间、所需的资源、相关的成本、质量要求以及相关的质量成本，通过对该网络模型进行计算，从而同时得到在一定质量要求下的进度计划、资源安排计划和成本控制的方法。

成本集成控制的基本步骤如下：

(1)应用工作分解结构(WBS)方法，对项目进行分解，建立项目成本集成控制模型。

(2)应用组织分解结构方法(OBS)方法，对管理组织进行分解，并落实人员职责，建立责任分配矩阵。

(3)通过对网络计划的建立、跟踪、调整，并利用赢得值原理实现对成本的集成控制。

四、成本集成控制模型的建立

成本集成控制模型是通过 WBS 方法将项目分解为一系列相互有逻辑关系的工作序列，并对这些工作分别赋予相应的资源、成本等要素，具体见图 11-4 所示。该模型主要包括以下几个要素：为完成项目所应进行的一系列工序；工序之间的逻辑关系；工序的作业时间；完成工序所需的各种资源(主要是机械设备和劳动力)；完成工序所需的成本(包括固定成本和资源成本)。当组成项目的各个工序都赋予了时间、资源和成本后，整个项目的集成控制模型也就建立起来了。

成本集成控制模型的建立主要采用工作分解结构 WBS(Work Breakdown Structure)方法，WBS 是由美国国防采购办最早提出的对项目进行分解的方法，其核心内容是将项目分解成互相独立、互相影响、互相联系的项目单元。WBS 主要包括如下要素：

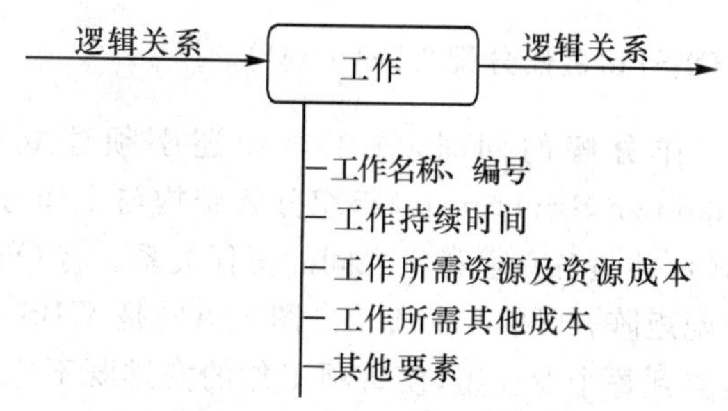

图 11-4　成本集成控制模型

(一)工作结构

通常用树形或概要的形式来表达。

(二)工作包的定义

上述工作结构中的最低层次的项目单元称为工作包,对工作包的定义就是对工作包有关成本、进度、质量、持续时间等要素进行描述。这一步实际上也是项目成本动态集成控制系统模型的建立过程。

(三)项目单元间的逻辑关系

项目单元间的逻辑关系主要通过网络计划的建立形成。

(四)编码

编码有助于项目参与者对项目单元的表示和描述,保持各项目单元前后之间的联系,便于计算机数据和信息处理。

工作分解结构必须和施工企业自身的特点和项目具体的特点相结合,综合考虑到拟采用的施工方案等要素,由上到下,由粗到细进行分解,分为项目、子项目、任务、子任务、工作包等层次,形成树型或概要型结构。

常见的施工项目分解方法如下:

1. 按实施过程进行分解

对于一个完整的施工项目来说,必然有一个实施的全过程,按实施过程进行分解则得到项目的实施活动。常见的施工项目分为如下实施过程:准备工作、土方及地基基础工程、主体工程、机械和电器安装、附属设施、装饰工程、竣工验收等。

2. 按平面或空间位置进行分解

对于一个项目、子项目可以按几何形体分解。

3. 按功能进行分解

功能是建好后应具有的作用,它常常是在一定的平面和空间上起作用的,所以有时又被称为“功能面”。工程项目的运行实质是各个功能作用的组合。一般房屋建筑都具备建筑和主体结构这两个主要功能,而其他的功能与建筑的用途有关。

4. 按要素进行分解

一个功能面分为各个专业要素,分解时必须有明显的专业特征。

在对项目进行结构分解时,这些方法的选择是有针对性的,应符合工程的特点和项目自身的规律性,以实现项目的总目标。

五、组织分解结构(OBS)和责任分配矩阵(RAM)

在进行施工项目工作分解的同时，施工企业还必须建立相应的组织分解结构OBS(Organization Breakdown Structure)。组织分解结构与工作分解结构相对应，由施工企业各专业科室组成，显示的是各专业科室之间的责任关系。将OBS与WBS结合起来，就可以建立项目的责任分配矩阵，如图11-5所示。图中纵向是WBS，横向是OBS，WBS中的每项工作都一一对应落实到每个专业组，使每项工作的安排既不遗漏也不重复。矩阵图中的交叉点，就是项目管理和科室管理相统一的管理控制点。也就是说，在这一点上所包含的工作任务，既是项目管理要完成的目标，也是专业部室管理要完成的目标。在这一点上，具体的进度安排和资源分配是由该点的责任者即专业负责人进行的。所以专业部室的管理者，也成了完成该项任务和控制人工时的管理者。这种矩阵式的责任关系，避免了我们常遇到的专业部室把人派到项目组去之后就撒手不管的现象，也避免了不集中办公时项目经理控制不住项目进展的现象。

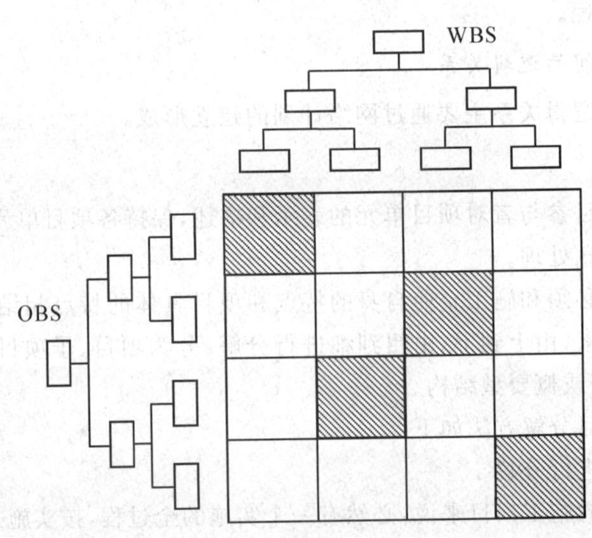

图11-5　责任分配矩阵

六、成本与进度集成原理

上文通过图11-2已经反映出成本与进度是相互联系、相互制约的。令C表示成本，S表示进度，成本和进度实质上是一种映射关系：$C=F(S)$，只要这种映射关系明确下来，则成本和进度就可以轻易地集成起来。现实过程中，成本和进度的映射关系十分复杂，它们受到工作类型、规模、外部环境等因素的影响，要想准确地将这种映射关系用数学解析式表达出来是十分困难的。我们可以做到的就是根据工程实际的情况将这种映射关系近似地表达出来，并能够在实施过程中调整修正它。目前不少优秀的项目管理软件都提供了许多项目常见的映射关系，以供管理人员根据实际情况进行选择，甚至可以自定义。下面将对这些常见的关系进行讨论，并重点分析一种最简单，也是应用较广的关系——线性关系。

(一)线性关系

线性关系是众多映射关系中最简单的一种,但是其应用却是十分宽泛。一些较为简单、规模较小、工期不长的工序通常符合或近似符合这种关系。线性关系的函数形式为 $C=KS$(K 为常数),如图 11-6(a)所示。一旦确定了常数 K,就可以利用这种关系进行现状分析和将来的预测。

[例 11-1]　某开挖槽沟工作,总工期是 10 天,总成本为 2000 元,假设每天完成的总成本均相等。

①假设第五天末,开挖进度按计划完成,则完成了多少成本?

②假设第五天末,开挖进度只完成计划的 25%,则照此进度,要多少天才能完成整个工作,共需花费多少成本?

解:问题①的实质是在获得实际进度信息的情况下,分析成本的现状。

首先建立线性映射关系 $2000=10\times K$,那么 $K=200$(元/天),

则第五天末的成本为:$C=200\times 5=1000$(元)。

问题②的实质是在获得实际进度信息的情况下,预测将来的成本和进度。

首先预测工期 $S=5/25\%=20$(天),

则整个工作完成的成本为:$C=20\times 200=4000$(元)。

(二)其他关系

虽然只要将项目分解到最小的工序,成本和进度就大致符合线性关系,但是由于施工过程的复杂性,可能会存在其他的一些映射关系,常见的有以下几类:

1. 前轻后重型

这种类型的工作前面成本投入较少,后面投入较大。如图 11-6(b)所示。

2. 前重后轻型

这种类型的工作前面成本投入较大,后面投入较少。如图 11-6(c)所示。

3. 双峰分布型

这种类型的工作成本投入有两个集中点,其他各点的投入都较少。如图 11-6(d)所示。

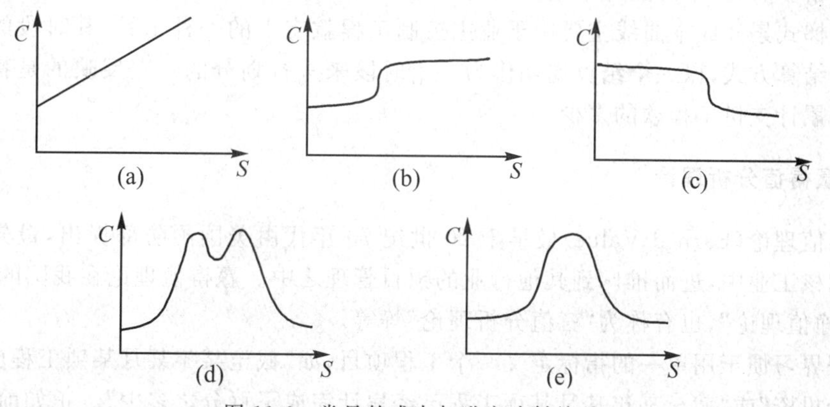

图 11-6　常见的成本与进度映射关系

4. 钟型分布型

这种类型的工作在中间成本集中投入,工作刚开始和工作收尾时的投入都较少。如图 11-6(e)所示。

（三）成本分析图形

成本控制必须借助于许多图形工具，常见的成本分析图形有以下几种：

1. S型曲线

S型曲线是描述累计完成的成本与进度之间的关系。通常建设项目施工前期和后期成本投入较少，曲线较为平缓，中间投入较集中，曲线较为陡峭。因而整条曲线呈现"S"形状，故此得名。S型曲线既可反映计划成本或合同成本的预计完成情况，也可以反映实际成本的实际完成情况。该图形也是赢得值分析所用到的主要工具之一。

2. 成本闭合曲线

成本闭合曲线实际上是两条S型曲线的叠加。因为S型曲线既可以按照最早时间绘制，也可以按照最迟时间绘制，这两条曲线在进度等于零和进度等于工期这两点上是重合的，形成了一个封闭型的图形，因其形状类似香蕉，故也称"香蕉图"。成本闭合曲线一般用于计划和预测，它实际上描述了各个时点上成本变化的一个范围。因为如果按照最早时间组织施工，各工作的进度一般比较紧迫，管理难度较大，相应的资源投入和管理费用都较多，绘制出的S型曲线位于上方，它定义了成本的上限值；而如果按照最迟时间组织施工，各工作的进度就比较平缓，相应的投入较之前者要少的多，绘制出的曲线位于下方，它定义了成本的下限。如果没有其他外部因素的干扰（如工程量的增加或价格的上涨等因素），实际的成本应该介于这两条曲线之间。

3. 成本动态曲线

成本动态曲线是各个时期完成成本的直方图，它所反映的是各个时段投入成本的大小。正如前文所述，建设项目的成本投入具有中间集中、两头分散的特点，成本动态曲线表现为类似于正态分布的一种形状。成本动态曲线同样可以表现计划完成和实际完成情况。如果将计划和实际的成本动态曲线绘制于同一张图中，可以清楚地看到各个时期成本的超支和节约情况。

4. 阶梯式累计成本曲线

阶梯式累计成本曲线是S型曲线的一种变化。S型曲线信息的采样点比阶梯式累计成本曲线要密和多，如果每隔一个结算周期采样一次，则S型曲线就将与阶梯式累计成本曲线吻合。阶梯式累计成本曲线主要用于业主控制工程款支出的一种工具，其时段的划分是按照工程款结算方式，以一个结算周期作为一个时段来进行划分的。它反映的是特定的结算周期业主累计支付工程款的多少。

七、赢得值分析理论

赢得值理论（Earned Value）最早于20世纪70年代由美国国防部提出，最先应用于国防工业和核工业中，进而推广到其他行业的项目管理之中。赢得值理论在我国的译法很多，有称为"挣值理论"，也有称为"三值分析理论"等等。

工程界习惯于用单一的指标定义一个工程项目，如"截至某年某月某项工程已经累计完成了多少投资"或"截至某年某月某项工程已经累计完成了百分之多少"。正如前文所述，这样的定义存在一定的片面性，其致命问题是将成本、进度等因素割裂开来，从而不能全面描述一项工程的成本和进度完成情况。合理的表述应该是采用三个指标来定义一项工程，这三个指标就是赢得值理论的三个基本参数。

（一）计划工作量的预算成本（Budgeted Cost of the Work Scheduled，BCWS）

BCWS 是指项目实施过程中项目计划要求完成的工作量所需的预算费用。BCWS 主要是反映进度计划应当完成的工作量，而不是反映按计划应消耗的费用。

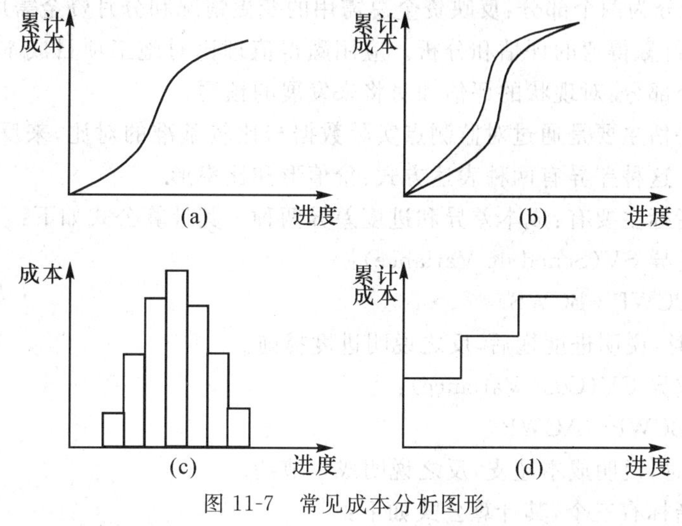

图 11-7　常见成本分析图形

计算公式为：

BCWS＝计划工作量×预算定额

（二）已完工作量的预算成本（Budgeted Cost of the Work Performed，BCWP）

BCWP 是指项目实施过程中按某阶段实际完成工作量及预算定额计算出来的费用，就是所谓的赢得值。

计算公式为：

BCWS＝已完工作量×预算定额

（三）已完工作量的实际成本（Actual Cost of the Work Performed，ACWP）

ACWP 是指项目实施过程中某阶段实际完成的工作量所消耗的费用。ACWP 主要是反映项目执行的实际消耗指标。

这三个指标各自包含了成本和进度的信息，利用它们，就可以实现成本和进度的集成。

应用赢得值理论进行施工项目成本集成动态控制的基本步骤如下：

(1)首先建立比较基准。比较基准的建立主要通过初始网络计划的建立，对各工序赋予资源和成本，对网络计划进行调整和优化，确定工期、时间参数以及资源和成本的分配计划。将这些数据作为与实际完成情况进行对比的基础。

(2)其次建立跟踪报告制度。在建立比较基准以后，就可以进行项目的跟踪控制，其主要方法就是将实际数据与比较标准进行比较，以此来判断项目实际完成情况。而建立跟踪报告制度的目的就是能够使施工企业系统全面地收集项目实施过程中的各种数据，数据采集、传递的主要载体就是报表。根据美国国防部在《成本—进度控制系统准则》中的规定，共有 4 种报表：合同资金需用表（CFSR）、成本完成情况表（CPR）、成本进度状况表（C\SSR）、承包商成本数据表（CCDR）。对承包商而言，一般小型项目只需要 CFSR、C\SSR 两种报表，大型项目需要 CFSR、CPR、CCDR 三种报表。这些报表中最关键也是最常用的是 CPR

报表，该报表共分为五个表式，分别为：WBS 汇总计划完成情况表、OBS 汇总计划完成情况表、完成情况测量基准表、劳动力负荷情况表，以及问题分析表。C\SSR 报表实际上是一种简化的 CPR 报表，适用于小型项目。CCDR 报表仅适用于大型项目，主要提供给政府部门用。CFSR 报表分为两个部分：反映资金总需用的变更情况和分月资金需用计划。

(3)最后进行赢得值的评估和分析。应用赢得值理论对施工项目成本进行集成动态控制主要分为两个部分：对现状的评估和对将来发展的预测。

对现状的评估主要是通过对监测点实际数据与比较基准的对比，来反映实际完成情况与计划的差异。这种差异有两种表达方式：价值形和比率形。

价值形的指标主要有：成本差异和进度差异两种。其计算公式如下：

项目进度差异 SV(Schedule Variance)：

SV＝BCWP－BCWS

当 SV＜0 时，说明进度拖后，反之说明进度提前。

项目成本差异 CV(Cost Variance)：

CV＝BCWP－ACWP

当 CV＜0 时，说明成本超支，反之说明成本节约。

比率形的指标有三个，其计算公式如下：

实际成本效率 CPIe＝BCWP/ACWP

实际进度效率 SPIe＝BCWP/BCWS

实际成本指数 CPIp＝ACWP/BCWP

对未来发展情况的预测主要是根据现在完成的情况，在假定承包商不采取任何措施的情况下，竣工时成本和进度的情况。目前常用的有四种方法，分列如下：

(1)用 CPIe 估计竣工成本

EAC＝BAC/CPIe

(2)用未完工工作指数 TCPI 估计竣工成本

TCPI＝未完工作量/剩余金额＝(BAC－BCWP)/(BAC－ACWP)

该指数表示如果该工程要在竣工时不超预算，承包商必须以 TCPI 效率工作。

(3)数字法估算 EAC(最低价法)

EAC＝BAC－BCWP＋ACWP

其实质是承认超支额，但要求今后要按原计划效率工作，估算值较低。

(4)累计 CPI×SPI 估算 EAC(最高价法)

EAC＝(BAC－BCWP)/(CPIe×SPIe)＋ACWP

将这四种方法的估算结果与承包商自身的估计相结合，可以大致地预测将来的发展情况。

赢得值的三个基本参数均是时间的函数，为此可以绘制出三条曲线，将三条曲线绘制在同一张坐标图上，就可以进行各种偏差的分析预测。如图 11-8 所示。

八、施工企业成本动态集成控制的实现要点

施工企业要进行成本的动态集成控制，主要应该抓好以下环节的改进和完善工作。

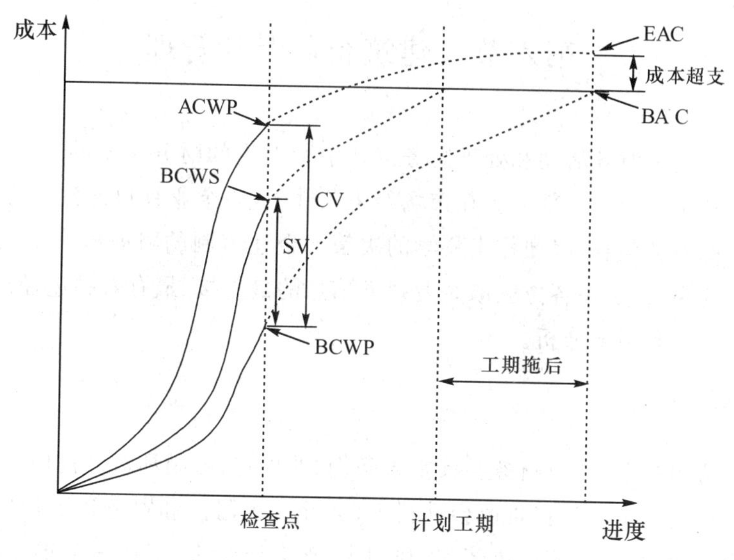

图 11-8　赢得值原理曲线

（一）建立和完善企业内部工作分解结构和组织分解结构

工作分解结构是现代项目管理的核心工具，建立一套有效的工作分解结构是施工企业能否科学系统地管理工程项目的前提条件。企业建立工作分解结构必须以信息论、控制论和系统工程为理论基础，通过长期的项目管理活动的实践，加以提炼和升华。

（二）建立完善企业内部施工定额，注意对造价信息的收集整理和利用

目前许多西方发达国家均没有统一的定额体系，工程项目的计价主要以发达的市场信息和施工企业内部的施工定额。我国的施工企业要想在日趋激烈的市场竞争中站住脚，要想早日与国际接轨，必须重视有关造价信息的收集整理和利用，根据企业自身的特点，建立相应的施工定额体系。

（三）充分利用计算机等先进的软硬件设施，以实现科学的管理项目

施工企业项目管理由于相关因素众多，需要收集和处理的信息量巨大，所以利用计算机等先进的软硬件设施进行项目管理是项目管理发展的趋势。目前国内外已经有了许多优秀的项目管理软件。许多项目管理软件均提供了造价和进度的集成管理。例如在国内外许多大型工程项目中得到应用的P3软件，适用于小型项目管理的PROJECT软件等。国内项目管理软件的普及程度还远远不够。因而施工企业必须尽快地改变观念，充分利用这些先进的项目管理工具，以更好地管理项目。

综上所述，我国目前施工企业项目管理水平与发达国家相比，尚有一段差距。而要弥补这些差距，尽快地与国外接轨，首先必须改变传统的观念，积极引进国外先进的项目管理理念和方法，做好企业施工定额、WBS、造价信息等基础工作，并充分利用计算机等先进的项目管理工具。只有这样，才能提升企业项目管理水平，以更好地适应国内外日趋激烈的市场竞争。

第六节　建筑企业财务管理

财务管理是组织财务活动和处理财务活动中所发生的财务关系的一项经济管理，是建筑企业管理的一个重要组成部分。在市场经济条件下，与企业有利害关系的各方，都迫切地需要获取企业的财务信息，以便作出科学的决策。企业编制的财务报表全面反映企业的财务状况和经营成果，是有关各方获取企业财务信息的最直接、最有效的途径。本节主要介绍建筑企业财务报表和财务分析。

一、常用财务报表

建筑企业应当按照《企业财务会计报告条例》的规定，编制和对外提供真实、完整的财务会计报告。企业的财务会计报告由会计报表、会计报表附注和财务情况说明书组成。企业对外提供的会计报表包括：资产负债表、利润表、现金流量表、资产减值准备明细表、利润分配表、股东权益增减变动表、分部报表和其他有关附表。这里主要介绍资产负债表、资产减值准备明细表、利润表、利润分配表和现金流量表。

(一)资产负债表

资产负债表是反映企业某一特定日期财务状况的会计报表，它是根据资产、负债和所有者权益(或股东权益)之间的相互关系，按照一定的分类标准和一定的顺序，把企业一定日期的资产、负债和所有者权益各项目予以适当排列，并对日常工作中形成的大量数据进行高度浓缩整理后编制而成。表明企业在某一特定日期所拥有或控制的经济资源、所承担的现有义务和所有者对净资产的要求权。

资产负债表可以反映某一日期的资产总额、负债总额以及结构，表明企业拥有和控制的经济资源以及未来需要用多少资产或劳务清偿债务；资产负债表还可以反映所有者权益的情况，表明投资者在企业资产中所占的份额，了解所有者权益的构成情况；资产负债表还能够提供进行财务分析的基本资料，如通过资产负债表可以计算流动比率、速动比率等，以了解企业的短期偿债能力等。

我国资产负债表按账户式反映，即资产负债表分为左方和右方，左方列示资产各项目，右方列示负债和所有者权益各项目，资产各项目的合计等于负债和所有者权益各项目的合计。账户式资产负债表能反映资产、负债和所有者权益之间的内在关系，并达到资产负债表左方和右方平衡。同时，资产负债表还提供年初数和期末数的比较资料。我国资产负债表的基本格式如表11-2所示。

表 11-2　资产负债表

编制单位：　　　　20××年 12 月 31 日　　　　单位：元

资　　产	年初	期末	负债和所有者权益（或股东权益）	年初	期末
流动资产：			流动负债：		
货币资金			短期借款		
短期投资			应付票据		
应收票据			应付账款		
应收股利			预收账款		
应收利息			应付工资		
应收账款			应付福利费		
其他应收款			应付股利		
预付账款			应交税金		
应收补贴款			其他应交款		
存货			其他应付款		
待摊费用			预提费用		
一年内到期的长期债权投资			预计负债		
其他流动资产			一年内到期的长期负债		
流动资产合计			其他流动负债		
长期投资：					
长期股权投资					
长期债权投资					
长期投资合计					
			流动负债合计		
固定资产：			长期负债：		
固定资产原价			长期借款		
减：累计折旧			应付债券		
固定资产净值			长期应付款		
减：固定资产减值准备			其他长期负债		
固定资产净额					
工程物资					
在建工程			长期负债合计		
固定资产清理			递延税项：		
			递延税款贷项		
固定资产合计					
			负债合计		
			所有者权益（股东权益）：		
			实收资本（或股本）		
无形资产及其他资产			资本公积		
无形资产			盈余公积		
长期待摊费用			其中：法定公益金		
其他长期资产			未分配利润		
无形资产及其他资产合计					
递延税项：					
递延税款借项			所有者权益（股东权益）合计		
资产合计			负债和所有者权益（或股东权益）总计		

另外，为了反映各项资产减值准备的计提及其增减变动情况，《企业会计制度》还要求企

业编制“资产减值准备明细表”，通过“资产负债表”和“资产减值准备明细表”可以反映各项资产的账面余额，以及各项资产期初计提减值准备余额、本期计提的减值准备、本期转回各项资产减值准备等动态情况。“资产减值准备明细表”根据“短期投资跌价准备”、“坏账准备”、“存货跌价准备”、“长期投资减值准备”、“固定资产减值准备”、“无形资产减值准备”等科目的记录分析填列。

(二)利润表和利润分配表

利润表是反映企业一定期间生产经营成果的会计报表。利润表把一定期间的营业收入与其同一会计期间相关的营业费用进行配比，以计算出企业一定时期的净利润(或净亏损)。通过利润表的收入、费用等情况，能够反映企业生产经营的收益和成本耗费情况，表明企业生产经营成果；同时，通过利润表提供的不同时期的比较数字(本月数、本年累计数、上年数)，可以分析企业今后利润的发展趋势及获利能力，了解投资者投入资本的完整性。由于利润表是企业经营业绩的综合体现，又是进行利润分配的主要依据，因此是会计报表中的主要报表。

利润表是通过一定的表格来反映企业的经营成果。由于不同的国家和地区对会计报表的信息要求不完全相同，利润表的结构也不完全相同。但目前比较普遍的利润表的结构有多步式利润表和单步式利润表两种。我国一般采用多步式利润表格式，如表11-3所示。

表11-3　利润表

编制单位：　　20××年12月31日　　单位：元

	本月数	本年累计数
一、工程结算收入		
减：工程结算成本		
工程结算税金及附加		
二、工程结算利润		
加：其他业务利润		
减：管理费用		
财务费用		
三、营业利润		
加：投资收益		
营业外收入		
减：营业外支出		
四、利润总额		
减：所得税		
五、净利润		

利润分配表是反映企业一定期间对实现净利润的分配或亏损弥补的会计报表，是利润表的附表，说明利润表上反映的净利润的分配去向。通过利润分配表，可以了解企业实现净利润的分配情况或亏损的弥补情况，了解利润分配的构成，以及年末未分配利润的数额。我国利润分配表的基本格式如表11-4所示。

表 11-4　利润分配表

编制单位：　　　　　　　　　　20××年度　　　　　　　　　　单位：元

项　　目	本年实际	上年实际
一、净利润		
加：年初未分配利润		
其他转入		
二、可供分配的利润		
减：提取法定盈余公积		
提取法定公益金		
三、可供投资者分配的利润		
减：应付优先股股利		
提取任意盈余公积		
应付普通股股利		
转作股本的普通股股利		
四、未分配利润		

通过利润表各项数据可以很容易地计算出企业的工程结算利润、营业利润、利润总额和净利润，其计算公式如下：

工程结算利润＝工程结算收入－工程结算成本－工程结算税金及附加

营业利润＝工程结算利润＋其他业务利润－期间费用

利润总额＝营业利润＋投资收益＋营业外收入－营业外支出

净利润＝利润总额－所得税

（三）现金流量表

现金流量表是以现金为基础编制的财务状况变动表。资产负债表、利润表和现金流量表，这三张表分别从不同角度反映企业的财务状况、经营成果和现金流量。资产负债表反映企业一定日期所拥有的资产、需偿还的债务，以及投资者所拥有的净资产的情况；利润表反映企业一定期间内的经营成果，即利润或亏损情况，表明企业运用所拥有的资产的获利能力；现金流量表反映企业一定期间内现金的流入和流出，表明企业获得现金和现金等价物的能力。我国现金流量表的基本格式如表 11-5 所示。

表 11-5　现金流量表

编制单位：　　　　　　　　　　20××年度　　　　　　　　　　单位：元

项　　目	金　额
一、经营活动产生的现金流量：	
销售商品、提供劳务收到的现金	
收到的税费返还	
收到的其他与经营活动有关的现金	
现金流入小计	

续表

项　　目	金　额
购买商品、接受劳务支付的现金	
支付给职工以及为职工支付的现金	
支付的各项税费	
支付的其他与经营活动有关的现金	
现 金 流 出 小 计	
经营活动产生的现金流量净额	
二、投资活动产生的现金流量：	
收回投资所收到的现金	
取得投资收益所收到的现金	
处置固定资产、无形资产和其他长期资产所收回的现金净额	
收到的其他与经营活动有关的现金	
现 金 流 入 小 计	
购建固定资产、无形资产和其他长期资产所支付的现金	
投资所支付的现金	
支付的其他与经营活动有关的现金	
现 金 流 出 小 计	
投资活动产生的现金流量净额	
三、筹资活动产生的现金流量：	
吸收投资所收到的现金	
借款所收到的现金	
收到的其他与筹资活动有关的现金	
现 金 流 入 小 计	
偿还债务所支付的现金	
分配股利、利润和偿付利息所支付的现金	
支付的其他与筹资活动有关的现金	
现 金 流 出 小 计	
筹资活动产生的现金流量净额	
四、汇率变动对现金的影响	
五、现金及现金等价物净增加额	

二、主要财务指标

企业掌握的资金是重要的可利用资源，企业经营者要经营它、用好它，对之实施策划、运用、控制和监督，使资金的使用发挥最大的效益。企业财务经营通常可从分析企业资金的获利能力、偿债能力、可流动性等方面进行。通常的财务状况分析指标如表 11-6 所示。

表 11-6　财务状况分析指标

指标名称	计算公式
一、获利能力指标	
1.销售利润率	利润额/销售总额
2.总资产回报率	税后利润/总资产
3.资本净值回报率	税后利润/企业净值
二、偿债能力指标	
1.变现能力指标	
流动比率	流动资产/流动负债
速动比率	(流动资产－存货)/流动负债
2. 资产负债率	负债总额/资产总额
三、经营能力指标	
1.存货周转率	销售总额/平均库存总额
2.固定资产周转率	销售总额/固定资产值
3.净值周转率	销售总额/(总资产－总负债)

(一)获利能力指标

把企业的会计期的利润额与销售额、总资产、企业净值作比例计算，可得出企业的获利能力水平，并可与同行相比较。根据社会发展的规律，企业总是由低往高发展，从劳动密集向技术密集和资本密集型发展，表现在获利能力上，平均利润率呈下降的趋势是必然的。问题是产品永远在革新，技术不断在进步，哪个企业在哪些方面能拔得头筹，它就可以取得超额利润。竞争机制促使企业和社会不断进步，在这种机制的环境中经营企业，就要掌握好企业获利能力指标。

(二)偿债能力指标

1.变现能力指标

变现能力表示了企业在出现特殊情况下的偿债能力，其主要功能在于提供公司清偿短期债务的能力。它一般有两个：流动比率和速动比率。

流动比率是流动资产总额与流动负债总额之比，它是衡量企业清偿其短期负债能力的一个比较粗略的指标，一般来说，流动比率大，表示偿债能力强，但从资金利用角度来说，流动比率过高可能是存货积压或滞销，也可能是经营中现金未能充分利用。流动比率过低，说明企业短期负债过多，企业短期偿债能力较差，一般的水平为 2.0，才能确保债权人的安全。

速动比率又称酸性试验比率，是速动资产与流动负债的比率，是反映企业快速清偿其流动负债能力的指标。速动资产包括流动性较强的现金、短期投资、应收账款、应收票据等，所以速动比率较流动比率能更透彻地对偿债能力进行量度。该比例过高，表明企业持有闲置(不能盈利)的现金余额；过低则表明企业可能会面临清偿到期账单、票据的某些困难。一般认为速动比率的满意数值范围为 1.0～1.7。

2. 资产负债率

资产负债率是一个反映企业长期偿债能力的指标，其主要作用在于衡量企业借债务来融通的程度。它通常可用企业的负债总额与资产总额的比率表示，或用企业税前毛利对贷款利息的比例表示。它说明企业已筹措的借入资金的安全程度和财务上的支持能力。

从债权人方面讲，由于关心贷款的安全程度，一般希望比率低一些。如果比率过高，说

明企业负债多，债权人承担的风险就会加大。从企业所有者方面讲，由于举债筹集的资金与投资人投入的资本在经营过程中起相同作用，投资人希望资产负债率大一些，这样企业投资人就可以达到用较少的自有资金取得较多盈利的目的。

改革开放以来，越来越多的建筑企业经理已经认识到建筑企业积累资金扩大再生产的重要性。通过筹资和利润积累，扩大自己的生产能力，从而使这些企业在市场竞争中连连得胜不断壮大。这里面也包括了一定程度的负债经营。

（三）经营能力指标

经营能力指标是指衡量企业使用资源的效率。在一般工商企业，主要为销售的业绩与各个财产账户或投资额的比较。

1.存货周转率

即销售额与库存货物之比，反映了企业货物在一定时间（例如一年）内的周转次数。在通常情况下，存货周转越快，说明企业占用资源利用的效率越高，盈利的可能性也越大。如果存货周转率放慢，则表明企业的流动资产在存货上呆滞起来，不能更好地供生产经营之用，企业的存货积压不仅会增加资金成本，还会加大风险。提高存货周转率，加快存货周转是改善企业经营的重要途径。

2.固定资产周转率

即销售额与固定资产的比例。该指标反映了企业使用生产能力的程度。其周转次数越高，则表示该企业越能充分地使用其生产能力。销售额越高，则摊入单位产品的成本相对越低，企业经营良好。

3.净值周转率

即销售额与企业净值（＝企业总资产－总负债）之比。该指标说明企业实际占用资本的利用程度，越高越说明企业充分利用了自有资金。

（四）偿债准备指标

偿债准备指标的作用在于表示企业的财务费用与偿付能力之间的关系。此类指标的计算和应用方法很多，所以没有在表11-6中一一列出。其基本内容为企业的负债与偿付能力之比。世界范围的会计发展在近40年来的一个重要方面是重视现金流量的预先计算和分析。把分析即将到期的支付能力的比例、总体偿债的比例以及现金流量的平衡等作为企业正常运营的一个重要环节，不但企业财务部门要掌握，经理也要懂得并掌握。从企业外部来说，也要对一个企业投入贷款资金时，以及在以后的跟踪管理中需要不断对该企业的偿债能力进行评估，才能对企业的财务风险有一个预防和准备的概念。

上述指标体系需从不同的角度理解。企业外部据此分析对企业投资或放款的信任度，企业内部据此掌握企业资金的正常运转。在企业内部，会计部门主要负责准确地计算指标，提出初步的应变措施。企业经理则应在专业部门提供的数据的基础上，跟踪考虑相应的对策，提出优化和应变举措。当指标过高或过低超过警戒线时，就应及时采取措施。

三、财务报表分析

财务报表分析是指以已有的企业财务报表为基础，对企业财务状况与经营成果进行从个别到总体的分析。财务报表分析的核心问题是衡量和评价企业的偿债能力、获利能力和创造现金流量能力。

财务报表分析的方法，一般有比较分析法和比率分析法。

(一)比较分析法

又称趋势分析法，将连续数期财务报表上有关项目按金额或选用某一年为基期进行比较，计算趋势百分比，从而揭示财务状况和经营成果的变化和发展趋向。

按百分比编制的比较财务报表，按其编制方法不同，又分为横向分析和纵向分析。

1. 横向分析

横向分析是指将两期或数期的财务报表相同项目进行比较分析，主要通过编制比较财务报表进行。比较财务报表研究同一个项目在不同期间变动的情况，列出财务报表各项目前后两期或数期的金额，并计算其增减变动金额和百分比，以便发现某种趋势。

2. 纵向分析

纵向分析是指对同一期间财务报表中的不同项目间的关系进行对比分析。主要通过编制共同比报表进行。共同比报表将财务报表上的某一关键项目的金额定为100%，而将其余项目换算为对关键项目的百分比，以显示各项目的相对地位，便于不同时期财务报表相同项目的比较。

(二)比率分析法

在同一期间的财务报表上，有一些项目彼此之间存在着一定的关系，可用来组成某种比率，以表明企业某一方面的情况，这种分析就是比率分析。据调查，企业年报中出现频率较高的财务比率包括：每股收益、每股股利、每股账面价值、营运资本、权益报酬率、利润率、实际税率等，这说明盈利能力比率和与投资相关的比率最为流行。除此之外，常用的还有清偿能力比率，包括流动比率、速动比率、杠杆比率等；活力比率，包括存货周转率、应收账款周转率、固定资产周转率、总资产周转率等；现金流量比率，包括现金与负债总额比率、全部资产现金回收比率、销售现金比率、再投资比率等。

通过一系列的比率分析得到企业财务状况的每一个方面，然后综合起来得到企业整体财务状况和管理状况的分析，可以反映出企业怎么样、有什么问题。要想进一步分析为什么是这样、可以怎样改进，可以采用杜邦分析法，用层层分解的思路，从一个比率出发，通过一个关系体系将许多不同的比率和数据联系在一起，分析造成某个结果的具体因素和提高将来财务成果的途径。

第七节　资本经营

在市场经济条件下，企业经营包括产品经营和资本经营。随着社会主义市场经济的不断深化，资本经营在整个企业经营中起着越来越重要的作用。我国建筑企业历来不重视企业的资本经营，根本原因在于长期的计划经济基本建设体制下，建筑企业只是基建的一个施工环节，同时由于定价等原因，企业长期处于积累程度不高、无资本经营状态。这种现象必须克服，否则建筑企业将不能适应当前的市场经济。

一、资本经营的概念

什么是资本经营？我们先来研究企业的资本是怎么运行的。从资金运动的角度看，企

业为从事某项营利事业而筹集资本，把它投入运营。其中一部分用于固定资产投资，另一部分作为流动资金运转。当资金在运转过程中，出现资金不足时，企业可以以各种方式筹集资金，例如举债。短期举债的主要来源是银行借款。长期举债可通过银行借款或发行企业债券。企业的资金随着企业的经营而不断运动着。此外，企业针对所在地的法规规定和本企业的各种需要还作了许多资金的准备。例如，坏账损失准备、企业发展生产基金、以前年度未分配的利润、职工福利基金等。作为企业经理就要在本企业的会计师等专业人士的配合下把这些资金运用好、调度好。这就是企业的资本经营。

二、自资经营与负债经营

在我国经济体制改革中，有一个严重的问题一直困扰着企业经营者，这就是企业资产负债率过高，在建筑业尤其如此。现在我国提出大中型国有企业应把资产负债率降低到50%，即在企业的资产中应有一半是自有的。这就从经营的理论上提出了自资经营和负债经营的问题。

负债经营和自资经营各占的比重多少是企业选择其财务结构的问题。企业拥有自有资金是资本净值，其中又包括股本金、资本盈余和累计盈余。按照公司法规定，股本金又可分为普通股和优先股等种类。真正意义上的投资者是普通股股东。累计盈余又可分为企业发展生产的积累资金和未分配利润等。外借资金是企业负债，包括长、短期负债和应付款与应收款之差的余额。

(一)负债经营的计算

现在可用公式来分析负债经营结果的值。资本的投资报酬率为：

$$y=\frac{(EBIT-B\cdot i)(1-t)}{S} \tag{11-1}$$

设：$A=S+B$

$d=B/A$

$X=EBIT/A$

则(11-1)式可写成：

$$y=\frac{(X-d\cdot i)(1-t)}{1-d} \tag{11-2}$$

式中：y—资本投资报酬率；

$EBIT$—付息付税前利润，即营业利润；

A—资产总值；

B—负债；

i—贷款利率；

t—税率；

S—资本净值；

d—资产负债率；

X—资产的营业利润率。

上述公式，在市场经营条件下，属不确定的性质，X 和 y 均为随机变量，其获利能力可假设为正态分布，由此可求得它的平均期望值和标准差。

$$\bar{y}=\frac{1-t}{1-d}(\bar{X}-d\cdot i) \tag{11-3}$$

$$\sigma(y)=\frac{1-t}{1-d}\sigma(X)$$

这里，标准差是衡量概率分配的分布幅度的一种计算单位。从企业财务经营的观点看，就是度量风险的计算单位。

标准差大，表示盈亏变动的幅度大。如果投资者不愿意多承担风险，即便是期望的营业利润率和资本获利率很高，该贷款方案也不可取。

标准差影响坏账概率的大小。所谓坏账概率，是资本投资报酬率等于或小于零的概率，从长期的观点看，这种概率可视为破产概率。

(二)负债经营的优缺点

1. 优点

负债经营可利用式(11-3)对负债比的偏微分导数观察。

$$\frac{\partial \bar{y}}{\partial d}=\frac{1-t}{(1-d)^2}(\bar{X}-i) \tag{11-4}$$

该式表明负债经营的前提是：

$$\bar{X}>i$$

即平均的期望营业利润率大于贷款利率时有利可图。否则，负债经营是有害无利。假设式(11-4)成立，再观察式(11-4)对负债比的二次偏微分导数

$$\frac{\partial^2 \bar{y}}{\partial d^2}=\frac{2(1-t)}{(1-d)^3}(\bar{X}-i)>0 \tag{11-5}$$

说明期望的投资报酬率是资产负债率的加速倍增函数，即负债经营对资本投资报酬率期望值有加速扩大的作用。当资产负债率上升时，假定期望的营业利润率不变，投资报酬率就会加速增加。图11-9显示了上述关系。

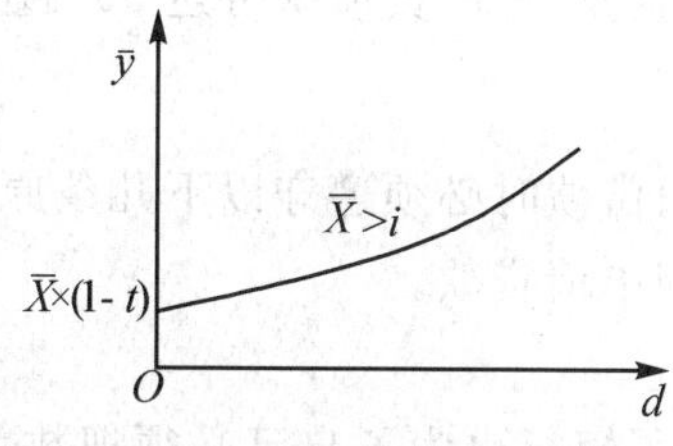

图11-9　资产报酬率与资产负债率的关系

[例11-2]　假设期望的营业利润率 X 为20%，利率 i 为12.5%，所得税率 t 为40%，那么，当资产负债率 d 为0时，投资报酬率 y 的计算公式是：

$$y=(X-d\cdot i)(1-t)/(1-d)=0.12=12\%$$

当资产负债率为0.5时，

$$y=(0.2-0.5\times 0.125)\times 0.6/0.5=0.165=16.5\%$$

而当资产负债率为0.8时，则

$$y=(0.2-0.8\times 0.125)\times 0.6/0.2=0.3=30\%$$

可见，当期望的营业利润率大于0时，负债经营比例越高，投资者越能有厚利。这里需

要特别指出的是此情况会引诱企业经营者空壳经营，往往不知不觉走上债台高筑的境地。

2.缺点

负债经营有时有厚利可图，但风险随之大增。坏账防线的加速增加与投资回报曲线的急速上升呈同样的曲率。

负债经营好似一个迷幻剂，具有很大的投机性，有时会引诱企业经营者孤注一掷。所以企业家千万不能只看到利，而忽视负债具有之害。一旦祸害临头，悔之已晚。此时，他要承担企业营业亏损和贷款利息双重负担。在市场经济条件下，高负债往往会导致企业经营失败，甚至破产。

(三)选择适当的财务结构

选择适当的企业财务结构对于建筑企业来说尤其重要。因为我们建筑产业有无本经营的不良传统，带有小型施工队的管理习惯和劳务承包的影响。盈利时，大量瓜分完毕；亏损时，减工资度难关，没有自主开拓市场的能力。但是，负债经营有时也有利可图，这也是无可厚非的。而且各行各业有各自的财务结构，对负债经营不能一概而论。选择适当的财务结构应考虑以下几点：

(1)根据产业的总的利润趋势决定企业的资产负债率。当产业在成长阶段，利润呈上升趋势，企业可适当提高资产负债率；反之，则要慎重。又当本企业几年来经营利润稳定，有保障，这时企业可适当提高资产负债率；反之，则要慎重。

(2)根据金融市场的形势、利率的高低来选择。为维持同等的财务能力，当贷款利率提高时，则应降低资产负债率；反之，可提高。

(3)根据同行业竞争的情形。竞争激烈的行业，企业应适当降低资产负债率。

(4)参考同行业的一般水平。行业协会定期公布的行业平均水平，对企业领导有重要参考价值。一般土建企业资产负债率较高，可达80%～85%。技术含量较高的建筑企业，如基础工程、机械施工、安装工程等企业，资产负债率可达50%左右。

(四)举债的原则

借债必须考虑如何归还，因而借债时必须遵守以下几条原则：

(1)资本投资的支出须凭计划申请贷款。

(2)短期周转须凭票据抵押。

(3)具备合格的财务报表，为了银行也为了自己必须把数字搞准。

(4)编制并随时掌握资金的流程。

(5)必须保留适当的可变现资产。

三、项目融资

从广义上讲，为建设一个新项目或者收购一个现有项目，或者对已有项目进行债务重组所进行的一切融资活动都可以被称为项目融资。从狭义上讲，项目融资(project financing)是指以项目的资产、预期收益或权益作抵押取得的一种无追索权或有限追索权的融资或贷款活动。这里提到的项目融资仅指狭义上的概念。

BOT项目融资方式是指政府通过特许权协议，授权外商或私营商进行项目(主要是基础设施和自然资源开发)的融资、设计、建造、经营和维护，在规定的特许期(通常为10～30

年)内向该项目的使用者收取费用,由此收回项目的投资、经营和维护等成本,并取得合理的回报,特许期满后将项目(一般是免费)移交给政府。在我国,BOT 是政府通过与外商或私营商签订特许权协议吸引外资或民间资本加快国内基础设施建设的一种手段。

BOT 对建筑企业而言,也是资本经营的一种方式。政府或项目公司的股东都或多或少地为项目提供一定程度的支持,银行对政府或项目公司股东的追索权是有限的,因此 BOT 项目融资通常是有限追索权的融资。另外,BOT 项目的债务不计入项目公司股东的资产负债表,这样项目公司股东可以为更多项目筹集建设资金,受到了股本投标人的广泛欢迎。

最常用的 BOT 项目融资模式有 3 种最基本的形式:

(1)BOT(Build-Operate-Transfer,建造—经营—移交)。项目公司没有项目的所有权,只有建设和经营权。

(2)BOOT(Build-Own-Operate-Transfer,建造—拥有—经营—移交)。项目公司既有经营权又有所有权,政府允许项目公司在一定条件下将项目资产为了融资的目的抵押给银行,以获得更优惠的贷款条件,从而降低项目的产品/服务的价格,但特许期一般比基本的 BOT 稍长些。

(3)BOO(Build-Own-Operate,建造—拥有—经营)。项目公司不必将项目移交给政府,即为永久私有化,目的是鼓励项目公司从全寿命期的角度合理建设和经营设施,提高项目产品/服务的质量,追求全寿命期内总成本的降低和效率的提高,使项目的产品/服务价格更低。

但 BOT 在实际运用的过程中,出现了很多演变的形式,例如:

(1)BT(Build-Transfer,建造—移交)。政府在项目建成后向民营机构通过一次性支付或分期支付的方式购回项目。对承包商而言,BT 项目风险比 BOT 的大。这种安排可应用于建设任何基础设施,包括关键设施。因为出于安全或战略的考虑,有些关键设施必须由政府直接经营,例如铁路、通信、监狱等设施。

(2)BOOST(Build-Own-Operate-Subsidy-Transfer,建造—拥有—经营—补贴—移交)。

(3)ROT(Rehabilitate-Operate-Transfer,修复—经营—移交)。

(4)BLT(Build-Lease-Transfer,建造—租赁—移交)。

(5)ROMT(Rehabilitate-Operate-Maintain-Transfer,修复—经营—维护—移交)。

(6)ROO(Rehabilitate-Own-Operate,修复—拥有—经营)。

(7)TOT(Transfer-Operate-Transfer,移交—经营—移交)。民营资金购买某个项目资产的经营权,购买者在约定时间内通过经营该资产收回全部投资和得到合理的回报,再将项目无偿交给原产权人。TOT 的风险比 BOT 小,增加了资金来源。

(8)SOT(Supply-Operate-Transfer,供应—经营—移交)。

(9)DBOT(Design-Build-Operate-Transfer,设计—建造—经营—移交)。

(10)DOT(Develop-Operate-Transfer,发展—经营—移交)。

(11)OT(Operate-Transfer,经营—移交)。

(12)OMT(Operate-Manage-Transfer,经营—管理—移交)。

(13)DBFO(Design-Build-Finance-Operate,设计—建造—融资—经营)。

(14)DCMF(Design-Construction-Manage-Finance,设计—施工—管理—融资)。

第八节　建筑企业上市融资

上市公司最大的特点在于可利用证券市场进行筹资，广泛地吸收社会上的闲散资金，从而迅速扩大企业规模，增强产品竞争力和市场占有率。因此，股份有限公司发展到一定规模后，往往将公司股票在交易所公开上市作为企业发展的重要战略步骤。从国际经验来看，世界知名的大企业几乎全是上市公司。因此，公司上市对于企业的发展来说具有极其重要的战略意义。上市可以实现企业资产的证券化，大大增强资产流动性，公司股东和管理层可以通过出售部分股权获得巨额收益，给公司带来财富效应、广告效应等。上市后公司并购的手段得到拓宽，可以发行股票将上市股份作为支付手段进行并购。截至2011年10月7日，沪深两股市所有上市企业达2457家，其中建筑企业有51家，约占2%。51家建筑企业中，41家从事土木工程建筑业，10家从事装修装饰业。

一、建筑企业上市的意义

(一)企业上市的利弊分析

任何事都是利弊共存，只有充分认识它，才能正确把握权衡，引导企业健康发展。企业上市就是这样一把双刃剑。

1.企业上市的积极作用

(1)实现原始投资人的价值提升。企业一旦实现上市，就可以给原始投资人带来双重收益。第一收益是账面收益；第二是原始投资人转让股票等方式带来的收益。

(2)低成本融资。企业的发展需要充足的资本，企业获得资本的方式主要有三种：一是企业自身利润的积累，二是向债权人借贷，三是向投资人募集资本。向投资人募集股本是相对低成本的融资方式。从时间成本上讲，股权融资比利润积累要节约时间；从财务成本上说，股权融资比债权融资降低成本。

(3)获得资本市场上的强大收购能力。企业发展壮大过程中，为了打败竞争对手、兼并产业链资源等战略上的考虑，需要实施兼并收购。需要资金、人才、技术等各方面的实力，而企业上市，则使得企业获得资本市场上强大的收购能力。换股收购、定向增发、要约收购等规范的资本市场操作方式，大大增强了收购方对于被收购方的吸引力。

(4)提高企业的信用。企业的信用是企业在市场经济活动中对外交易的基础。信用较强的企业，对外借贷，供货以及开展合作都可以更加容易达成交易，降低交易成本，从而获得更强的竞争力，由于上市企业治理规范、管理科学、融资要容易，所以容易获得较高的信用评价。

(5)增强企业凝聚力。企业的竞争，本质上是人才的竞争。企业员工的归属感和荣誉感会得到提升，对企业的信心也大为增加。上市稳定了现有的员工，同时也有利吸引人才的流入。因此，企业上市有利于提升企业的人才竞争。

(6)提升企业的知名度和美誉度。上市能够增加企业的形象品牌竞争力，有利于获得消费大众的好感，改善公共关系。

2.企业上市的风险

(1)公司控制权的削弱。一方面，股东从原有的单纯控制或绝对控制公司，转化为相对控股。另一方面来自资本市场上并购的压力。向公众发行的股份，有可能被收购方收购，从而与原有控股股东争夺控制权。控制权的削弱，是每一个步入资本市场的企业都应该考虑的问题。

(2)公司上市需要付出成本。公司上市不仅是一个融资的过程，也是一个不断付出成本的过程。这样的成本主要来自三个方面：首先，公司为了满足上市条件而花费的成本，例如资产债务重组的成本、雇用职业经理人的成本、为满足企业业绩要求而增加的前期财务成本、规范公司治理结构建立的成本等。其次，公司为上市而花费的直接成本，例如投资银行的财务顾问费用，保荐人和主承销商的保荐费用，资产评估事务的评估费用，财务公关公司的公关费用，证券监督部门缴纳的审核费用等。最后，企业为了维系上市而花费的费用，例如每年需要向交易所缴纳的上市费用，聘请常年法律顾问和审计师的费用等。

(3)公司上市引起监管增加。为了保护投资者的利益，各国立法机构都制定了完备的法律法规对公司上市行为进行监管，并建立了包括证券监督机构、证券交易所、投资者诉讼在内的一系列监管体制。上市公司不得不花费大量的精力来应付监管，进行信息披露，建立复杂的公司治理机构，建立内部和外部的监察体系。一旦出现问题，需要聘请律师和专家进行解释和应对。如果处理不当，就会引发调查和诉讼，甚至可能导致公司破产。总之，公司上市引起的监督管理增加，也是企业上市的重要风险。

(4)商业信息可能被竞争者知悉。出于保护投资者的目的，监管要求上市公司对公司的重大信息进行披露，包括重要的财务数据、重大交易、股本变化、盈利和预算等进行公开披露。一些不便公布的商业信息也被公开，一旦被竞争者知道，可能会给企业造成不利的影响。

(二)上市是建筑企业发展到一定阶段后必然的选择

目前，建筑企业大多在内地上市。截至 2011 年 10 月 7 日，已有 51 家建筑企业在沪深股市上市。而在 2009 年 8 月，内地上市建筑企业是 38 家。短短两年时间，增加了 13 家建筑企业上市。同时，还有不少建筑企业也在积极筹备上市事宜。

建筑企业上市后，整体实力大为加强。上市后企业可以有更多的资金投资到基建、房地产等领域，同时也可以为建筑企业参与国内外重大项目提供充足的资金支持，这对建筑企业的发展将会有很大的帮助。另外，上市后建筑企业可以通过直接投资等方式，可以更大程度地参与下属企业的经营活动，对下属公司的控制会更加有效。

建筑企业上市融资可以为企业插上发展之翼。建筑企业要做大，实体是基础，但是在实体达到一定规模后，下一步的发展就要借助资本运作的力量，否则很难寻求更大发展。现代工程承包的竞争，已不再局限于企业的信誉、报价(成本)、施工能力、质量、规划设计与管理等方面。资金的筹集，债务的担保能力、出资(投资)能力作为特殊的竞争因素已成为各施工企业强有力的竞争武器，其运用的力度将越来越大。特别对大型的、资金需要量大的建设项目，承包商的这种财务能力往往成为能否中标的决定性因素，这个因素不管在国内还是国外，其影响力都是一样的。可以说，未来的建筑市场竞争就是拥有雄厚资本实力的建筑企业之间的竞争，而缺乏资本实力的企业不可能成为市场投资主体和竞争主体。目前在国际上比较活跃的建筑企业都是大型的上市公司，比如日本大成、法国西宝等。中国的企业走出国门，如果要在参与国际竞争时取得更大的优势，企业上市是一堂必修课。

二、建筑企业上市途径

（一）上市方式

1. 首发股票上市(IPO)

首发上市是指按照有关法律法规的规定，公司向证券管理部门提出申请，证券管理部门经过审查，符合发行条件，同意公司通过发行一定数量的社会公众股的方式直接在证券市场上市。

2. 买壳上市 (RTO)

买壳上市是指在证券市场上通过买入一个已经合法上市的公司(壳公司)的控股比例的股份，掌握该公司的控股权后，通过资产的重组，把自己公司的资产与业务注入壳公司，这样，无须经过上市发行新股的申请就直接取得上市的资格。

3. 借壳上市

上市公司的母公司通过将主要资产及业务注入到已上市的子公司中，实现母公司的间接上市。

买壳上市和借壳上市属于间接上市。公司上市，不论是在国内还是境外，主流都是直接上市。以买壳方式上市，很难说壳里有没有"垃圾"或"地雷"，也许"买壳"的付出还要远远大于"建壳"的花费。

（二）上市地点的选择

交易所多样化的特点，为不同融资需求、不同行业的企业提供了个性化的选择。从世界范围来看，规模较大、影响力较大的证券交易所基本上分布在北美、欧洲和亚洲。

1. 海外上市

属高科技、高成长的创新型企业可以选择在纳斯达克上市；资源性的、传统类型的企业包括石油、矿业、铁路、金融、保险等比较稳健的企业，纽约股票交易所是个比较好的去处；公司发展非常平稳，有稳定的分红作为对股东的回报的企业，首选伦敦证券交易所，其次是纽约股票交易所；中小企业可以考虑新加坡资本市场。海外上市融资最好要有独特的题材，要有符合海外投资人心理与接受习惯的卖点。

2. 香港上市

特点介于高成长和稳健发展之间的企业，可以选择在香港股票联交所上市。

3. 大陆上市

规模较大、发展稳健的企业多选择在上海证券交易所上市；中小企业、高成长创新型企业应选择在深圳交易所上市。

从目前建筑企业、房地产企业上市的情况来看，大多选择在大陆或香港上市，在海外上市的很少。

（三）上市流程

1. 沪深股市上市流程

一般要经历股份有限公司设立、上市辅导、发行申报与审核、股票发行与挂牌上市等阶段。企业申请发行股票，必须先发起设立股份公司。股份公司的设立是否规范，直接影响到发行上市的合规性。股份公司在提出首次公开发行股票申请前，应聘请辅导机构进行辅导。

辅导期至少为一年。发行申报与审核阶段完成检验公司是否达到申请公开发行股票的基本条件、为股票发行申请文件的制作做好准备、制作股票发行申请文件、股票发行审核等四项工作。股票发行与挂牌上市阶段主要包括路演、主承销商摇号抽签、中签投资者收取新股认购款、验资、拟定股票代码与股票简称、签订上市协议书、披露上市公告书、挂牌交易等。

2.海外上市流程

海外上市一般要经历上市规划、引进策略投资者、申请上市、招股挂牌等四个阶段。我国的非国有企业在境外上市，一般采用海外红筹的方式进行，即由企业的投资者(或实际控制人)在境外注册一个为此上市目的而成立的海外控股公司(通常是在英属维京群岛、开曼群岛、百慕大群岛成立的税收豁免型公司或香港公司)。通过海外重组，将企业权益(包括股权或资产)的全部或实质性部分注入该公司，并以该公司为主体在海外上市。

上市流程复杂，涉及法律、财务、会计、公司治理等领域，要聘请专业的投资公司协助完成。

思　考　题

1. 试述承包成本、计划成本、实际成本之间的关系。

2. 建筑企业如何进行成本管理？

3. 建筑企业为什么要进行成本预测？其步骤如何？

4. 建筑企业如何对成本进行有效控制？

5. 成本与质量、进度的关系如何？

6. 试述资产负债表、损益表和现金流量表之间的区别。

7. 已知某项目工程量为100m^3，承包商与业主商定的合同价格为100元/m^3，计划5天完成，实际做到第三天时，承包商完成了75m^3，共支出了8000元，假设计划实际工程量与计划工程量相等，且承包商每天完成的工程量相等。

问题：(1)计算第三天的BCWP、BCWS、ACWP；

(2)计算第三天的SV和CV；

(3)计算第三天的CPI_e、SPI_e和CPI_p；

(4)按教材所讲述的四种方法估计未来施工情况。

8. 已知某项目利润率为20%，贷款利率为12.5%，所得税税率为40%，目前有以下三个投资方案：(1)自有资金100万元，不负债；(2)自有资金100万元，负债100万元；(3)自有资金100万元，负债400万元。

问题：(1)分别计算以上三个方案的资本投资报酬率；

(2)根据以上计算结果，说明负债经营的优缺点；

(3)若采用第三种方案，则项目利润率至少为多少时，项目才能保持不亏？

9.简述建筑企业上市的利与弊。

第十二章 预测技术

第一节 概 述

建筑企业管理过程中，需要大量的基础数据和信息，而这些数据和信息大多来自于预测。例如企业要对未来的建筑市场需求情况做出预测，以使企业能够制定合适的发展战略。再比如企业需要对拟承接的工程项目进行分析，分析将来工程实施过程中成本和收益的情况，以决定是否承接该项目等等。因而，预测技术是建筑企业管理人员必须掌握的一项管理技术和方法。从这个意义上讲，有必要系统阐述一下预测技术的基本理论和方法。此外，预测技术是一门交叉性的学科，它综合了系统科学、计算机科学、数学等多门学科知识，任何一门学科上的理论突破都将给预测技术带来新的变革。因而本书在阐述预测技术传统理论方法的同时，还将介绍一些最新的预测方法，希望能给读者一些新的感知和启发。

一、预测的概念及分类

预测是对事物未来的科学预计和推测。预测本身不是目的，而是一种手段，一种通过对已知信息的分析，找出事物发展规律，推测事物未来发展的手段。尽管预测提供的信息并不十分完美，甚至可能存在一定程度的偏差，但它可以使事物发展的不确定性趋于最小，从而为能够正确决策提供支持和保障。

预测按照其分析对象可以分为社会发展预测、科学预测、技术预测、经济预测、市场需求预测等；按照预测的时间界限可以分为近期预测、短期预测、中期预测和长期预测；按照预测方法来分可以分为定性预测和定量预测两大类。

二、预测的基本步骤

(一)确定预测目标

预测结果最终服务于决策，因而预测的目的主要根据决策的要求来确定。具体包括：预测的内容、预测的结果、精确度的要求和预测期限(预测结果距现在的时间)。

(二)收集、分析资料

资料是预测的依据，资料的详尽和准确是决定预测结果质量的关键。收集资料的种类和数量取决于预测的目标。具体包括：预测对象本身发展的历史资料，对预测对象发展变化有影响的各种因素的历史和现状资料。预测资料的主要来源有：国家政府部门和经济管理部门公布的各种计划和统计资料；各种信息情报中心的交流资料；各类研究单位、学术团体、高等院校的研究成果；报纸、杂志、网络等传播媒体的调查报告；企业内部的原始记录等等。

（三）选择预测方法

预测的方法有许多，各种方法都有各自的特点和适用范围。在选择预测方法时应注意根据预测目标的要求和具体工作条件，本着高效、经济、实用的原则，选择合适的预测方法。必要时可以同时选择几种预测方法，将其预测结果进行对比分析，选取其中最为合理的结果，或综合这些预测结果。

（四）建立预测模型，利用模型进行预测

根据选用的方法和相关的资料建立相应的预测模型，并对所建立的模型进行分析、评价和检验，确保其能够真正反映事物发展规律。常用的定量预测模型有因果关系模型和时间关系模型两类。

1.因果关系模型

这是指预测对象与影响因素之间因果关系的数学模型，$y=f(x)$，简称为 $y \leftarrow x$ 型。它分析影响因素对预测对象的因果演变过程，以回归预测为代表。

2.时间关系模型

这是指预测对象与演变过程之间时间关系的数学模型，$y=f(t)$，简称为 $y \leftarrow t$ 型。它用于研究预测对象的发展过程及其趋势，以平滑预测为代表。

预测模型通常用数学解析式来表达，但是由于工程实际中遇到的问题往往影响因素众多、映射关系复杂，很难用数学解析式来表达，对于此类问题的预测是目前预测技术研究的主要方向。近年来提出的计算机仿真算法、进化算法、神经网络算法都是解决这类问题的很好工具。

（五）预测结果的分析

由于建立的模型是对实际问题的近似模拟，加之计算和预测过程中产生的误差，就使得预测结果与实际结果会产生一定的偏差。同时定量预测方法不可能反映与对象有关的全部信息，尤其是那些难以量化的因素，因此需要对预测结果作进一步的分析、考察。通常的办法是根据常识和经验去检验和判断结果的合理性，必要时需要其他办法对预测结果加以修正，增加可信度。对于效果较差的预测结果需要重新选择预测方法，建立模型进行新的预测。

第二节　定性预测方法

定性预测方法主要通过征集意见来实施。请有关方面对需要预测的问题发表意见，加以综合判断得到预测结果。常用的定性预测方法有抽样调查法和专家调查法等。

一、抽样调查法

抽样调查法是在所研究的总体中抽取一个有代表性的样本进行调查，并通过统计推断对总体量值及其误差作出估计和判断的一种方法。这种方法被广泛用于市场需求数据的取得上。抽样调查的基本步骤是：

（一）问卷设计

问卷也称调查表，问卷设计是抽样调查的重要环节。问卷的设计要立足于被调查者的

角度，设身处地地考虑问题的类型、措词以及问题的顺序。问题的提问形式可以是封闭式的，即事先拟定好可能的答案，由被调查者选取；也可以是开放式的，即被调查者可以自由地根据自己的意愿回答问题。

(二)抽样调查，统计分析

抽样的方法有随机抽样和非随机抽样两类。随机抽样时研究对象的每个个体被抽取的机会相等，所得样本统计量为一随机变量，可以通过概率统计方法估计对象总体的均值、误差及估计值的置信区间，但操作复杂，成本较高。随机抽样的方法主要有单纯随机抽样、分层抽样和分群抽样。非随机抽样比较方便，所需费用较少，但研究对象每个个体被抽取的概率不可知，无法进行误差分析。非随机抽样的方法有配额抽样、判断抽样、滚动抽样和偶然抽样。

(三)推理预测

通过抽样调查获取预测基础资料，再结合其他相关知识和信息，就可以对预测对象作出预测。

二、专家调查法

专家调查法是运用一定的方法，将专家们个人分散的经验和知识汇集成群体的经验和知识，进而对事物的未来作出主观预测的过程。常用的有专家个人判断、专家会议和德尔斐法。下面主要介绍德尔斐法。

德尔斐法最早由美国兰德公司于20世纪50年代首先用于预测中，主要是通过匿名函询的方式，采用一系列简明的调查征询表向专家们进行调查，并通过有控制的反馈，取得尽可能一致的意见，对事物的未来作出预测。德尔斐法实际上是一个由被调查的专家集体交流信息的过程，具有匿名性、反馈性和收敛性等特点。德尔斐法的实施有以下几个步骤：

(一)组成调查工作组

首先应该建立一个调查小组，组织整个调查预测工作。小组的人数视预测工作量大小而定，一般在10～20人左右。调查小组成员需要具备专业知识、统计和数据处理知识。调查小组的主要工作包括：对预测过程作出计划，选择专家，设计调查表，组织调查，对调查结果进行汇总处理作出预测。

(二)选择专家

专家的选择是德尔斐法预测的一项重要工作。选择什么样的专家，主要依据预测对象的性质。选择的专家包括对预测问题的有关领域或学科有一定专长或有丰富实践经验的人，也应包括一些边缘学科、社会学方面的专家。专家的人数视预测问题的规模而定，一般20～50人为宜，不要少于20人。

(三)以函询方式向专家索取预测信息

调查工作组通过向专家函寄调查表的方式索取预测信息。函寄调查表时应对预测目的和填表要求作出充分说明，还应向专家提供有关资料和背景材料。调查小组把调查表汇总后，经过综合整理，把结果反馈给有关专家，同时发出下一份根据需要内容有所变动的调查表，如此多次反复，直到意见趋于一致为止。

（四）调查结果的汇总处理

调查结果汇总以后，需要进行统计处理。一般认为，专家意见的概率分布一般符合或接近正态分布，这是对专家意见统计处理的重要理论依据。

1.对定量调查结果的处理

当预测结果需用数量（包括时间）表示时，一般采用“四分位值法”处理。“四分位值法”是对主观数量估计进行数据处理的常用方法之一。如：60个专家对某种新材料正式投产的时间进行预测。有10个专家估计在2004年，有10个专家估计在2005年，20个专家估计在2006年，10个专家估计在2007年，10个专家估计在2008年。对这些数据进行“四分位值法”处理，如图12-1所示。

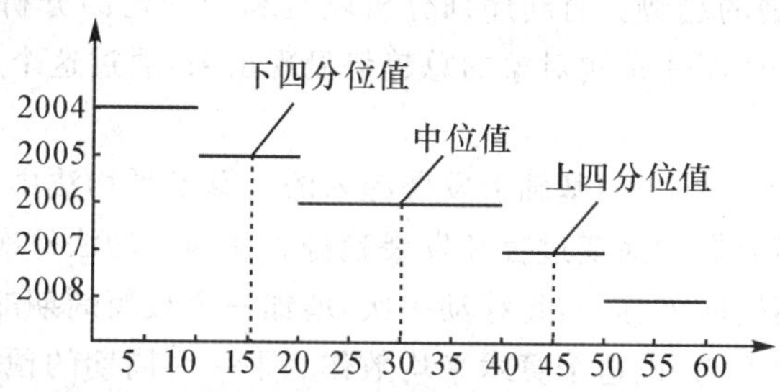

图12-1　四分位值法处理统计数据

在图12-1中，横坐标上最大数为60，从坐标原点出发，沿横坐标分别在15（即60的1/4）、30（即60的1/2）、45（即60的3/4）处作三条垂线，与表示预测年份的横线的交点分别为下四分位值、中位值和上四分位值。中位值可看作是调查结果的期望值（本例中为2006年），上下两个四分位点之间的区域为四分位区间（本例中为2005－2007），其大小表示专家意见的离散程度，四分位区间越小，说明专家意见的集中程度越高，预测结果的可信度越大。在调查过程中，可以根据四分位区间的大小决定是否需要进行下一轮意见征询。

2.对评分、排序调查结果的处理

在征询专家意见时，常常需要请专家对某些事项的重要性进行评分或排序，对于这类意见，可以采取总分比重法进行处理，即用各事项的得分在总得分中所占比重衡量其相对重要程度。

对于评分方式回答的问题，各事项的总分比重由下式直接求得

$$B_j = \frac{\sum_{i=1}^{n} b_{ij}}{\sum_{j=1}^{m}\sum_{i=1}^{n} b_{ij}} \tag{12-1}$$

式中：B_j 为第 j 个事项的总分比重；

b_{ij} 为第 i 个专家对第 j 个事项的评分；

n 为给出答案的专家数；

m 为参加评分的事项数。

对于排序方式回答的问题，需要事先给出各排序位置的得分，然后再用式（12-1）求出各事项的总分比重。

德尔斐法简单易行、用途广泛、成本较低，在大多数情况下可以得到比较准确的预测结

果，尤其适用于那些缺乏足够资料的问题，例如对某些长期的复杂社会、经济、技术问题的预测，对某些无先例事件和突发事件的预测等等。但由于德尔斐法是建立在专家主观判断的基础上，预测结果受专家的学识、兴趣和心理状态的影响较大，从而使得预测结果不够稳定。

第三节　移动平均预测法

移动平均法是通过时间序列分析进行预测的一种简便方法。所谓时间序列是指某一变化按时间顺序排列起来的一组连续观察值，且相邻观察值的时间间隔是相等的。例如，某企业某产品历年的销售量就是一个时间序列。时间序列由于受到各种因素的影响变化不定，往往不太容易找出其发展的趋势。时间序列分析就是利用一定的分析方法，将影响预测对象的各种偶然因素排除，从而使预测对象的总趋势显现出来，通过这个趋势外推预测未来的情况。

移动平均法是在算术平均法的基础上发展起来的。算术平均法由于对不同时期的数据没有区别对待，反映不出数据的演变过程和发展趋势。移动平均法每次将最近的 N 个周期的数据进行算术平均，逐期向前移动，每移动一次，增加一个最新周期的数据，同时舍去最旧周期的数据，再进行算术平均，以这个算术平均数作为下一个周期的预测值。

一、一次移动平均

一次移动平均也称简单移动平均，它主要适用于历史数据的变化呈水平模式的问题（如图 12-2(a)）所示。

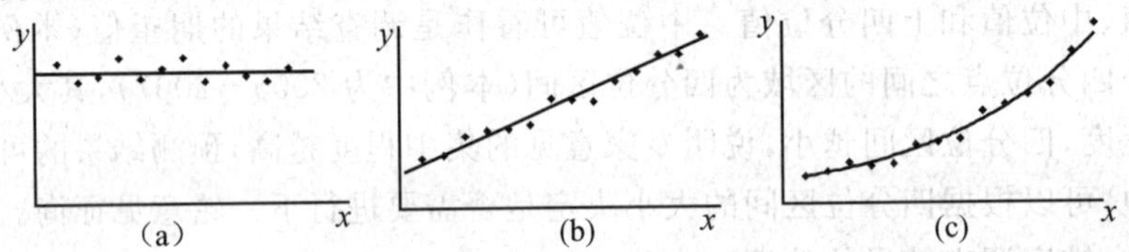

图 12-2　基本数据模式

设预测对象的时间序列为 $y_t(t=1,2,3,\cdots,m)$，一次移动平均值的计算公式为

$$M_{t-1}^{[1]}=\frac{1}{n}(y_{t-1}+y_{t-2}+\cdots+y_{t-n})$$

$$M_t^{[1]}=\frac{1}{n}(y_t+y_{t-1}+\cdots+y_{t-n+1})=M_{t-1}^{[1]}+\frac{1}{n}(y_t-y_{t-n}) \tag{12-2}$$

式中：$M_t^{[1]}$ 为第 t 周期的一次平均移动值；

n 为计算移动平均的周期数。

由式(12-2)可知，当 $n=1$ 时，$M_t^{[1]}=y_t$，移动平均序列就是原数据的实际序列；当 $n=$ 全部数据个数 m 时，移动平均值就是全部数据的算术平均数。

［例 12-1］　已知某产品 25 个月的销售量如表 12-1 所示，选取 $n=5$ 和 $n=10$ 进行移动平均分析。

$n=5$ 时

$$M_5^1=\frac{45+52+60+45+50}{5}=50.4$$

$$M_6^1=\frac{51+45+52+60+45}{5}=50.6$$

$n=10$ 时的计算同上，计算结果如表 12-1 所示。

表 12-1　一次移动平均值计算

周期号	实测数据	$n=5$	$n=10$	周期号	实测数据	$n=5$	$n=10$
1	50			14	43	55.0	53.1
2	45			15	52	57.4	53.8
3	60			16	85	63.2	57.2
4	52			17	98	65.4	61.0
5	45	50.4		18	90	73.6	65.7
6	51	50.6		19	97	84.4	69.7
7	60	53.6		20	86	91.2	74.3
8	43	50.2		21	91	92.4	77.8
9	57	51.2		22	83	89.4	77.4
10	40	50.2	50.3	23	97	90.8	82.2
11	56	51.2	50.9	24	86	88.6	86.5
12	87	56.6	55.1	25	89	89.2	90.2
13	49	57.8	54.0				

把计算结果绘于图 12-3 中，并分别将数据点用线连起来，得到两条代表数据演变过程和发展趋势的分析线。从图中可以观察到 n 的取值对移动平均值的计算结果影响是比较大的。

从图中可以看到前 15 个周期实测数据基本上在一个水平上下波动，其中第 12 个周期出现了一个特别高的数据（$y_{12}=87$），我们称之为“干扰”。它是某些特殊影响因素造成的。由于 y_{12} 的存在，使取 $n=5$ 的移动平均值在第 13 周期增加到 57.8，而取 $n=10$ 的移动平均值在第 12 周期增加到 55.1。这说明当 n 取值较小时，移动平均值对干扰的反应灵敏度比较高，而当 n 取值较大时，对干扰的反应灵敏度比较低。实测数据从第 16 周期开始出现了一个新的水平，$n=5$ 的移动平均值从第 16 周期起连续 4 个周期滞后于实测数据，到第 20 周期调整到新的水平。$n=10$ 的移动平均值则从第 16 周期起连续 8 个周期滞后于实测数据，直到第 24 周期才适应了新的水平。因此 n 的取值应考虑预测对象时间序列数据点的多少以及预测期限的长短。通常 n 的取值范围在 3～20 之间。

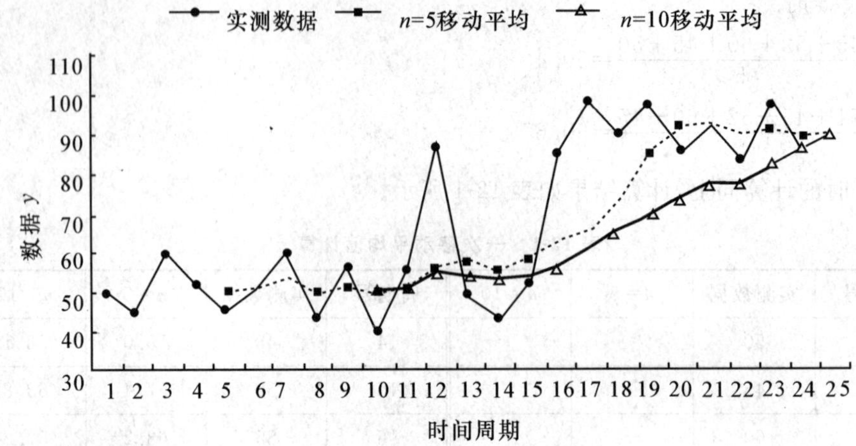

图 12-3　一次移动平均值分析线

二、二次移动平均

如果历史数据的变化呈线性模式(如图 12-2(b)所示),则要同时利用一次移动平均值和二次移动平均值,建立移动平均线性模型来预测。

所谓二次移动平均是指将一次移动平均值再一次进行移动平均,故又称为双重移动平均。

二次移动平均的计算公式为:

$$M_t^{[2]}=\frac{1}{n}(M_t^{[1]}+M_{t-1}^{[1]}+\cdots+M_{t-n+1}^{[1]})=M_{t-1}^{[2]}+\frac{1}{n}(M_t^{[1]}-M_{t-n}^{[1]}) \tag{12-3}$$

式中:$M_t^{[2]}$ 为第 t 周期的二次移动平均值。

如前所述,一次移动平均适用于历史数据呈水平变化的情况,如果数据具有线性上升趋势时,一次移动平均预测值与实际值相比较存在滞后偏差。在这种情况下,可以通过建立线性预测模型进行预测。

线性预测模型的一般形式为:

$$y_{t+T}=a_t+b_tT \tag{12-4}$$

式中:t 为目前的周期序号;

T 为由目前到预测周期的周期间隔数;

y_{t+T} 为第 $t+T$ 周期的预测值;

a_t 为线性预测模型的截距;

b_t 为线性预测模型的斜率。

a_t、b_t 由下式给出:

$$a_t=2M_t^{[1]}-M_t^{[2]}$$

$$b_t=\frac{2}{n-1}(M_t^{[1]}-M_t^{[2]}) \tag{12-5}$$

[例 12-2]　某建筑公司 15 个年份完成的年产值如表 12-2 所示,呈线性趋势。取 $n=5$,计算全部一次移动平均值和二次移动平均值。若目前为第 15 年末,建立移动平均线性预测模型,预测此后 3 年的年产值。

解:(1)一次移动平均值和二次移动平均值的计算结果列于表 12-2 中。

表 12-2　移动平均值的计算

年　份	产值(万元)　y_t	$M_t^{[1]}$　$n=5$	$M_t^{[2]}$　$n=5$
1	980		
2	1140		
3	880		
4	860		
5	780	928	
6	940	920	
7	820	856	
8	1130	906	
9	1160	966	915.2
10	1050	1020	933.6
11	1480	1128	975.2
12	1120	1188	1041.6
13	1280	1218	1104.0
14	1760	1338	1178.4
15	2300	1588	1292.0

(2)假设移动平均线性预测模型为：

$$y_{15+T}=a_{15}+b_{15}T$$

$$a_{15}=2\times1588-1292=1884$$

$$b_{15}=2\times(1588-1292)/(5-1)=148$$

则：$y_{15+T}=1884+148T$

(3)所求预测值为：

$$y_{15+3}=1884+148\times3=2328(\text{万元})$$

第四节　指数平滑预测法

指数平滑法是移动平均法的改进。其基本思路是：在预测研究中越近期的数据，所含有关预测对象未来状况的信息量也越大，时间序列中各数据的重要程度由近及远呈指数规律递减，对时间序列的平滑处理应采用加权平均的方法。

一、一次指数平滑

一次指数平滑的计算公式为：

$$S_t^{[1]}=\alpha y_t+(1-\alpha)S_{t-1}^{[1]} \qquad (12\text{-}6)$$

式中：$S_t^{[1]}$ 为第 t 周期的一次平滑值；

y_t 为第 t 周期的观测值；

α 为平滑系数，其值在 0 与 1 之间。

此公式为一递推公式，将其展开得到：

$$S_t^{[1]}=\alpha y_t+\alpha(1-\alpha)y_{t-1}+\alpha(1-\alpha)^2 y_{t-2}+\cdots+\alpha(1-\alpha)^{t-1}y_1+(1-\alpha)^t S_0^{[1]}$$

由上式可以看出，所有的历史数据均赋予了权重，由于 α 是 0 与 1 之间的一个数，$(1-\alpha)$ 也是一个 0 与 1 之间的一个数，因而 $\alpha,\alpha(1-\alpha),\alpha(1-\alpha)^2,\cdots$，呈指数递减的形式，这就是指数平滑的由来。

由上所述，α 实际是新旧数据权重的一个分配比例，α 值越大，则新数据在 $S_t^{[1]}$ 中的权重越大。α 的取值是影响预测效果的重要因素，一般要根据实际时间序列的特点和经验确定。如果时间序列的长期趋势比较稳定，应取较小的 α 值（如 0.05～0.20），如果时间序列具有迅速明显的变动倾向，则应取较大的 α 值（如 0.3～0.7）。

公式(12-6)是一个递推公式，需要设定一个初始值 $S_0^{[1]}$。当实际数据较多时，初始值对预测结果的影响不会很大，可以以第一个数据 y_1 作为初始值，如果实际数据较少（如 20 个以内），初始值的影响就比较大，一般取前几个周期的数据的平均值作为初始值。

二、二次指数平滑

二次指数平滑是对一次指数平滑值序列再作一次平滑。其计算公式为：

$$S_t^{[2]}=\alpha S_t^{[1]}+(1-\alpha)S_{t-1}^{[2]} \tag{12-7}$$

式中 $S_t^{[2]}$ 为第 t 周期的二次指数平滑值。

二次指数平滑也需要初始值，一般直接取 $S_0^{[2]}=S_0^{[1]}$，也可以取前几次一次指数平滑值的平均值作为二次指数平滑的初始值。

二次指数平滑适用于时间序列呈线性趋势的情况。此时在二次平滑处理的基础上可以建立线性预测模型：

$$y_{t+T}=a_t+b_tT \tag{12-8}$$

截距 a_t 与斜率 b_t 计算公式分别为：

$$a_t=2\,S_t^{[1]}-S_t^{[2]}$$
$$b_t=\frac{a}{1-a}(S_t^{[1]}-S_t^{[2]}) \tag{12-9}$$

［例 12-3］　已知某企业过去 15 个月的销售量数据如表 12-3 所示，建立预测模型，预测第 17 个月的销售量。

表 12-3　某企业过去 15 个月销售量数据

月序 t	1	2	3	4	5	6	7	8
销售量 y_t	10	15	8	20	10	16	18	20
$S_t^{[1]}\alpha=0.5$	10.5	12.8	10.4	15.2	12.6	14.3	16.1	18.1
$S_t^{[2]}\alpha=0.5$	10.8	11.8	11.1	13.1	12.9	13.6	14.9	16.5
月序 t	9	10	11	12	13	14	15	
销售量 y_t	22	24	20	26	27	29	29	
$S_t^{[1]}\alpha=0.5$	20.0	22.0	21.0	23.5	25.3	27.1	28.1	
$S_t^{[2]}\alpha=0.5$	18.3	20.1	20.6	22.0	23.6	25.4	26.7	

解:取平滑指数为 $\alpha=0.5$,设初始值为前 3 个周期的平均值：

$$S_0^{[2]}=S_0^{[1]}=\frac{1}{3}(y_1+y_2+y_3)=11.0$$

根据式(12-6)和(12-7)分别计算一次指数平滑值与二次指数平滑值,计算结果如表12-3所示。

其中：

$$S_1^{[1]}=\alpha y_t+(1-\alpha)S_0^{[1]}=0.5\times10+(1-0.5)\times11=10.5$$

$$S_1^{[2]}=\alpha S_1^{[1]}+(1-\alpha)S_0^{[2]}=0.5\times10.5+(1-0.5)\times11=10.8$$

预测模型的截距和斜率为：

$$a_{15}=2S_{15}^{[1]}-S_{15}^{[2]}=2\times28.1-26.7=29.5$$

$$b_{15}=\frac{\alpha}{1-\alpha}(S_{15}^{[1]}-S_{15}^{[2]})=\frac{0.5}{1-0.5}\times(28.1-26.7)=1.4$$

故可得到线性预测模型：

$$y_{15+T}=29.5+1.4T$$

则第 17 个月的销售量预测为：

$$y_{15+2}=29.5+1.4\times2=32.3$$

三、三次指数平滑

三次指数平滑是对二次指数平滑值序列再作一次平滑。其计算公式为：

$$S_t^{[3]}=\alpha S_t^{[2]}+(1-\alpha)S_{t-1}^{[3]} \tag{12-10}$$

式中 $S_t^{[3]}$ 为第 t 周期的三次指数平滑值。

三次指数平滑的初始值可以直接取 $S_0^{[3]}=S_0^{[2]}$,也可以取前几个二次指数平滑值的平均值。

在三次指数平滑处理的基础上可以建立非线性预测模型,公式如下：

$$y_{t+T}=a_t+b_tT+c_tT^2 \tag{12-11}$$

其中系数 a_t、b_t 和 c_t 的计算公式分别为：

$$\begin{aligned}
a_t&=3S_t^{[1]}-3S_t^{[2]}+S_t^{[3]}\\
b_t&=\frac{\alpha}{2(1-\alpha)^2}[(6-5\alpha)S_t^{[1]}-2(5-4\alpha)S_t^{[2]}+(4-3\alpha)S_t^{[3]}]\\
c_t&=\frac{\alpha^2}{2(1-\alpha)^2}(S_t^{[1]}-2S_t^{[2]}+S_t^{[3]})
\end{aligned} \tag{12-12}$$

[例 12-4]　已知某商品过去 11 年的年销售量数据如表 12-4 所示,用指数平滑法建立预测模型并预测第 12、13 年的销售量。

解:通过销售量数据的散点图(图 12-4)可以看出,实际数据呈非线性递增趋势,所以必须在三次指数平滑处理的基础上建立非线性预测模型。

本例中,实际数据序列变动趋势较为明显,平滑系数 α 不宜太小,取 $\alpha=0.3$。实际数据数目较少,取一次、二次指数平滑初始值为：

$$S_0^{[2]}=S_0^{[1]}=\frac{1}{3}(y_1+y_2+y_3)=\frac{1}{3}\times(225.2+249.9+263.2)=246.1$$

计算一次、二次指数平滑值 $S_t^{[1]}$、$S_t^{[2]}$ 如表 12-4 所示。取三次指数平滑初始值为：

表 12-4　某商品过去 11 年的年销售量数据

月序 t	0	1	2	3	4	5	6	7	8	9	10	11
销售量 y_t		225.2	249.9	263.2	293.6	318.9	356.1	363.8	424.2	466.5	582.0	750.0
$S_t^{[1]}\alpha=0.3$	246.1	239.8	242.9	249.0	262.3	279.3	302.4	320.8	351.8	386.2	445.0	536.5
$S_t^{[2]}\alpha=0.3$	246.1	244.2	243.8	245.4	250.5	259.1	272.1	286.7	306.2	330.2	364.6	416.2
$S_t^{[3]}\alpha=0.3$	244.5	244.4	244.2	244.6	246.3	250.2	256.7	265.7	277.9	293.6	314.9	345.3

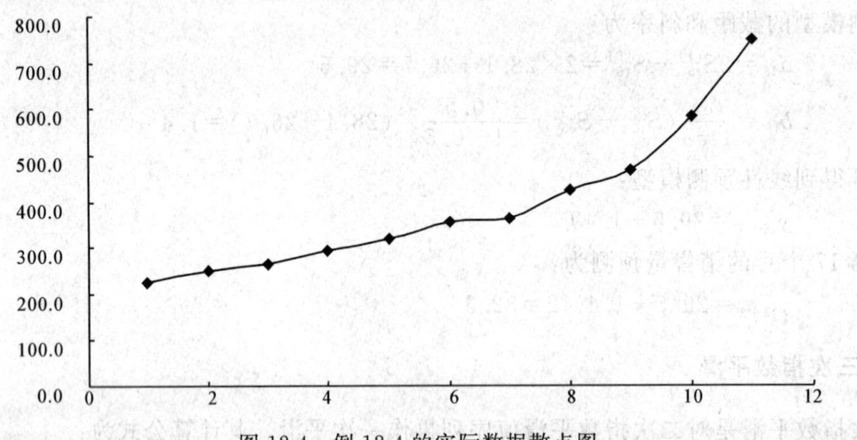

图 12-4　例 12-4 的实际数据散点图

$$S_0^{[3]}=\frac{1}{3}(S_1^{[2]}+S_2^{[2]}+S_3^{[2]})=\frac{1}{3}\times(244.2+243.8+245.4)=244.5$$

计算三次指数平滑值 $S_t^{[3]}$ 如表 12-4 所示。

建立非线性预测模型

$$y_{11+T}=a_{11}+b_{11}T+c_{11}T^2$$

其中系数：

$$a_{11}=3S_{11}^{[1]}-3S_{11}^{[2]}+S_{11}^{[3]}=3\times536.5-3\times416.2+345.3=706.1$$

$$b_{11}=\frac{\alpha}{2(1-\alpha)^2}\times[(6-5\alpha)S_{11}^{[1]}-2(5-4\alpha)S_{11}^{[2]}+(4-3\alpha)S_{11}^{[3]}]$$

$$=\frac{0.3}{2(1-0.3)^2}\times[(6-5\times0.3)\times536.5-2\times(5-4\times0.3)\times416.2+(4-3\times0.3)\times345.3]$$

$$=98.4$$

$$c_{11}=\frac{\alpha^2}{2(1-\alpha)^2}(S_{11}^{[1]}-2S_{11}^{[2]}+S_{11}^{[3]})$$

$$=\frac{0.3^2}{2\times(1-0.3)^2}\times(536.5-2\times416.2+345.3)=4.5$$

则第 12、13 年销售量预测值为：

$$y_{12}=y_{11+1}=706.1+98.4\times1+4.5\times1^2=809.1$$

$$y_{13}=y_{11+2}=706.1+98.4\times2+4.5\times2^2=921.1$$

第五节　回归分析预测法

回归分析预测法是利用回归分析方法，根据一个或多个自变量的变动情况预测与其有相关关系的某随机变量的未来值。进行回归分析预测需要建立描述变量间相关关系的回归方程。根据自变量的个数，回归分析预测法可以分为一元回归预测和多元回归预测；根据所研究问题的性质，可以分为线性回归和非线性回归。

一、一元线性回归预测法

一元线性回归预测适用于预测对象主要受一个相关变量影响且两者间呈线性关系的预测问题。其基本步骤如下：

(1)建立一元线性回归模型

设有一组反映预测对象和某变量之间关系的样本数据：

$x_1, x_2, \cdots, x_i, \cdots, x_n$

$y_1, y_2, \cdots, y_i, \cdots, y_n$

根据经验判断或观察分析(如通过作散点图观察)，两者之间确有较明显的线性相关关系，则可建立如下一元线性回归方程：

$y=a+bx$

式中：y 为因变量(预测对象)；

x 为自变量；

a、b 为回归系数。

(2)由已知样本数据根据最小二乘法原理求出回归系数

其计算公式为：

$$b=\frac{n\sum_{i=1}^{n}x_iy_i-\sum_{i=1}^{n}x_i\sum_{i=1}^{n}y_i}{n\sum_{i=1}^{n}x_i^2-(\sum_{i=1}^{n}x_i)^2}=\frac{\sum_{i=1}^{n}x_iy_i-\bar{x}\sum_{i=1}^{n}y_i}{\sum_{i=1}^{n}x_i^2-\bar{x}\sum_{i=1}^{n}x_i} \tag{12-13}$$

$$a=\frac{\sum_{i=1}^{n}y_i-b\sum_{i=1}^{n}x_i}{n}=\bar{y}-b\bar{x} \tag{12-14}$$

式中：n 为样本数据点数目，最好不少于 20；

x_i、y_i 为样本数据。

(3)计算相关系数 r，进行相关检验

$$r=\frac{n\sum_{i=1}^{n}x_iy_i-\sum_{i=1}^{n}x_i\sum_{i=1}^{n}y_i}{\sqrt{\left[n\sum_{i=1}^{n}x_i^2-(\sum_{i=1}^{n}x_i)^2\right]\left[\sum_{i=1}^{n}y_i^2-(\sum_{i=1}^{n}y_i)^2\right]}} \tag{12-15}$$

r 的取值范围为〔0,1〕。

当 $r=\pm1$ 时，观测数据全部落在回归直线上，这时称 x 与 y 完全相关；

当 $r=0$ 时，变量 x 与 y 不存在线性关系，这时称 x 与 y 不相关；

当 $r>0$ 时，变量 x 与 y 同向变化，这时称 x 与 y 正相关；

当 $r<0$ 时，变量 x 与 y 反向变化，这时称 x 与 y 负相关。

回归直线与数据点的拟合程度，决定了它在预测工作中的实用价值，因而 r 值关系到预测结果的可信程度。通常可以用计算得到的 r 值与相关系数临界值 r_0 相比较。r_0 是由样本数 n 和显著性水平 α 两个参数决定，实际工作中可由相关系数临界值表（表 12-5）查出。α 表示用线性方程在一定区间描述 x 与 y 的相关关系不可靠的概率，$1-\alpha$ 称为置信度，表示在一定区间用线性方程描述 x 与 y 关系的令人置信的程度。只有当 $|r|>r_0$ 时，预测模型在统计范围内才具有显著性，用回归方程描述 y 与 x 的关系才有意义。

表 12-5 相关系数临界值表

$n-2$ \ α	0.05	0.01	$n-2$ \ α	0.05	0.01
1	0.997	1.000	21	0.413	0.526
2	0.950	0.990	22	0.404	0.515
3	0.878	0.959	23	0.396	0.505
4	0.811	0.917	24	0.388	0.496
5	0.754	0.874	25	0.381	0.487
6	0.707	0.834	26	0.374	0.478
7	0.666	0.798	27	0.367	0.470
8	0.632	0.765	28	0.361	0.463
9	0.602	0.735	29	0.355	0.456
10	0.576	0.708	30	0.349	0.449
11	0.553	0.684	35	0.325	0.418
12	0.532	0.661	40	0.304	0.393
13	0.514	0.641	45	0.288	0.372
14	0.497	0.623	50	0.273	0.354
15	0.482	0.606	60	0.250	0.325
16	0.468	0.590	70	0.232	0.302
17	0.456	0.575	80	0.217	0.283
18	0.444	0.561	90	0.205	0.267
19	0.433	0.549	100	0.195	0.254
20	0.423	0.537	200	0.138	0.181

(4)求置信区间

当 $x=x_0$，由回归方程计算得到 y 的预测值 y_0。y_0 的值是不确定的，只能通过求置信区间判定在给定概率下 y_0 实际值的取值范围。在样本数为 n，置信度为 $1-\alpha$ 的条件下，y_0 的置信区间为：

$$y_0 \pm t(\alpha/2, n-2) \cdot S(y) \tag{12-16}$$

式中：$t(\alpha/2, n-2)$为自由度为$n-2$，置信度为$1-\alpha$的t分布临界值，通过查t分布表得到。

$S(y)$为经过修正的因变量y的标准差

$$S(y)=\sigma \cdot \sqrt{1+\frac{1}{n}+\frac{(x_0-\bar{x})^2}{\sum_{i=1}^{n}(x_i-\bar{x})^2}} \tag{12-17}$$

式中：

$$\sigma=\sqrt{\frac{\sum_{i=1}^{n}(y_i-\hat{y}_i)^2}{n-2}}$$

$$\bar{x}=\frac{1}{n}\sum_{i=1}^{n}x_i$$

(5)利用回归方程进行预测

[例 12-5]　某建设公司在过去20年里房屋建筑施工竣工面积和钢筋混凝土构件的需求量数据如表12-6所示，试建立预测钢筋混凝土构件需求量的回归方程。

表 12-6　某建设公司在过去 20 年里竣工面积和钢筋混凝土构件需求量数据

年份 i	y_i	x_i	x_iy_i	x_i^2	年份 i	y_i	x_i	x_iy_i	x_i^2
1	23	40	920	1600	12	43	71	3053	5041
2	24	42	1008	1764	13	44	74	3256	5476
3	25	45	1125	2025	14	47	77	3619	5929
4	28	46	1288	2116	15	48	80	3840	6400
5	29	51	1479	2601	16	49	83	4067	6889
6	33	54	1782	2916	17	54	85	4590	7225
7	34	56	1904	3136	18	51	90	4590	8100
8	36	60	2160	3600	19	57	96	5472	9216
9	37	64	2368	4096	20	60	111	6660	12321
10	38	66	2508	4356	合计	800	1360	58449	99568
11	40	69	2760	4761					

$$\bar{x}=\frac{\sum_{i=1}^{20}x_i}{n}=\frac{1360}{20}=68,\qquad \bar{y}=\frac{\sum_{i=1}^{20}y_i}{n}=\frac{800}{20}=40$$

注：表中：x_i为房屋建筑施工竣工面积，y_i为钢筋混凝土构件的需求量

解：根据表12-6的数据绘制散点图如图12-5。

由散点图可以看出，数据点的分布呈现线性。

假设回归方程为：

$$y=a+bx$$

$$b=\frac{\sum_{i=1}^{20}x_iy_i-\bar{x}\sum_{i=1}^{20}y_i}{\sum_{i=1}^{20}x_i^2-\bar{x}\sum_{i=1}^{20}x_i}=\frac{58449-68\times800}{99568-68\times1360}=0.57$$

$$a=\bar{y}-b\bar{x}=40-0.57\times68=1.24$$

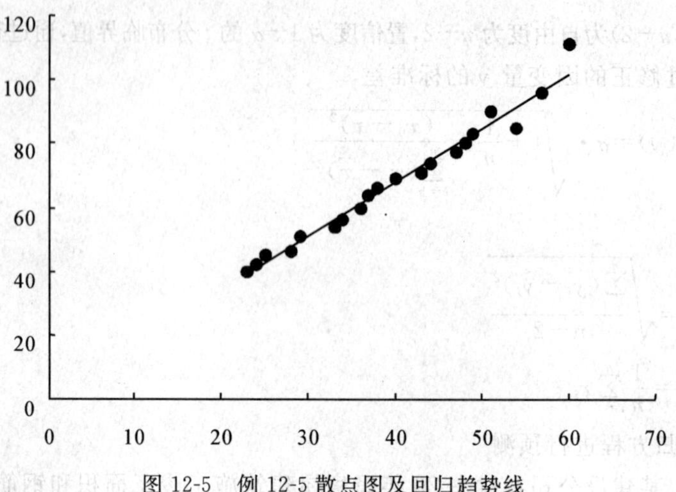

图 12-5　例 12-5 散点图及回归趋势线

则回归方程为：

$$y=1.24+0.57x$$

相关系数为：

$$r=\frac{n\sum_{i=1}^{20}x_iy_i-\sum_{i=1}^{20}x_i\sum_{i=1}^{20}y_i}{\sqrt{\left[n\sum_{i=1}^{20}x_i^2-\left(\sum_{i=1}^{20}x_i\right)^2\right]\cdot\left[n\sum_{i=1}^{20}y_i^2-\left(\sum_{i=1}^{20}y_i\right)^2\right]}}$$

$$=\frac{20\times58449-1360\times800}{\sqrt{(20\times99568-1360^2)\times(20\times34374-800^2)}}=0.987$$

查表 12-5，$n-2=18$，当 $\alpha=0.01$ 时相关系数的临界值为 0.561，本例中相关系数为 0.987＞临界值，所以本例中线性回归方程具有显著性，可用于预测。

二、多元线性回归分析

如果影响预测对象的因素不止一个，可以采用多元线性回归预测法。多元线性回归方程的一般形式为：

$$y=b_0+b_1x_1+b_2x_2+\cdots+b_mx_m \tag{12-18}$$

式中：$b_0,b_1,b_2,\cdots,b_m$ 为回归系数，由以下方程组求解得到。

$$\begin{cases}L_{11}b_1+L_{12}b_2+\cdots+L_{1m}b_m=L_{1y}\\L_{21}b_1+L_{22}b_2+\cdots+L_{2m}b_m=L_{2y}\\\cdots\\L_{m1}b_1+L_{m2}b_2+\cdots+L_{mm}b_m=L_{my}\end{cases} \tag{12-19}$$

式中：

$$L_{ij}=\sum_{t=1}^{n}(x_{it}-\bar{x}_i)(x_{jt}-\bar{x}_j)\qquad i,j=1,2,\cdots,m$$

$$L_{iy}=\sum_{t=1}^{n}(x_{it}-\bar{x}_i)(y_t-\bar{y})\qquad i,j=1,2,\cdots,m$$

$$\bar{x}_i=\frac{1}{n}\sum_{t=1}^{n}x_{it},\qquad \bar{y}=\frac{1}{n}\sum_{t=1}^{n}y_t$$

$$b_0=\bar{y}-\sum_{i=1}^{m}b_i \cdot \bar{x}_t$$

多元线性回归模型的相关性检验可通过计算全相关系数进行，计算公式为：

$$R=\sqrt{\frac{U}{L_{yy}}} \tag{12-20}$$

式中：

$$U=\sum_{i=1}^{m}L_{iy} \cdot b_i$$

$$L_{yy}=\sum_{t=1}^{n}(y_t-\bar{y})^2$$

R 值越接近于 1，回归模型的预测效果越好。

在置信度 $1-\alpha=0.95$ 的情况下，对应于自变量 $x_{i0}(i=1,2,\cdots,m)$ 的预测值 y_0 的置信区间近似为 $y_0 \pm 2S$。

其中：

$$S=\sqrt{\frac{Q}{n-k}}$$

$$Q=L_{yy}-U,\ k=m+1$$

三、化曲线为直线的回归问题

在实际问题中，如果两个变量之间不是线性的，则应该用一条曲线去拟合。首先应根据理论分析或过去积累的经验确定所要选择的曲线。也可以根据实际数据绘制的散点图，然后根据散点图的图形选择适当的曲线。在很多情况下，非线性回归问题可以通过变量替换的方法转化为线性回归问题，得到回归预测直线后，再用变量替换的方法得到所需的曲线方程。

［例 12-6］　变量 x 和 y 的实际数据如表 12-7 所示，试建立 x 和 y 回归方程。

解：根据表 12-7 所示的数据绘制散点图如图 12-6。从图形可以看出，曲线近似于双曲线。

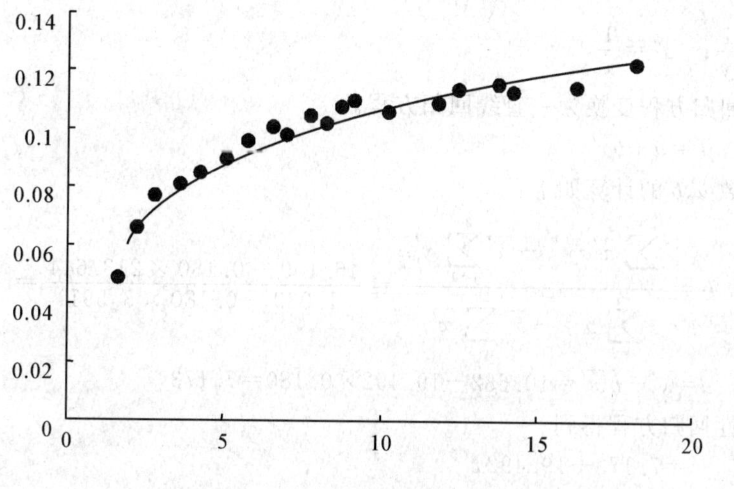

图 12-6　一元非线性回归分析

表 12-7 回归分析计算

数据点 i	y_i	x_i	y'_i	x'_i	$x'_i y'_i$	x'^2_i
1	0.049	1.650	20.408	0.606	12.369	0.367
2	0.066	2.240	15.152	0.446	6.764	0.199
3	0.077	2.780	12.987	0.360	4.672	0.129
4	0.081	3.600	12.346	0.278	3.429	0.077
5	0.085	4.220	11.765	0.237	2.788	0.056
6	0.090	5.060	11.111	0.198	2.196	0.039
7	0.096	5.760	10.417	0.174	1.808	0.030
8	0.101	6.530	9.901	0.153	1.516	0.023
9	0.098	7.000	10.204	0.143	1.458	0.020
10	0.105	7.750	9.524	0.129	1.229	0.017
11	0.102	8.260	9.804	0.121	1.187	0.015
12	0.108	8.750	9.259	0.114	1.058	0.013
13	0.110	9.140	9.091	0.109	0.995	0.012
14	0.106	10.230	9.434	0.098	0.922	0.010
15	0.109	11.820	9.174	0.085	0.776	0.007
16	0.114	12.450	8.772	0.080	0.705	0.006
17	0.116	13.720	8.621	0.073	0.628	0.005
18	0.113	14.200	8.850	0.070	0.623	0.005
19	0.115	16.200	8.696	0.062	0.537	0.004
20	0.123	18.110	8.130	0.055	0.449	0.003
	合计		213.644	3.591	46.109	1.039

$$\bar{x}=\frac{\sum_{i=1}^{20}x'_i}{n}=\frac{3.591}{20}=0.180;\qquad \bar{y}=\frac{\sum_{i=1}^{20}y'_i}{n}=\frac{213.644}{20}=10.682$$

故设回归方程为：$\frac{1}{y}=a+b\frac{1}{x}$

令 $y'=\frac{1}{y}$； $x'=\frac{1}{x}$

则上述回归方程变换为一直线回归方程。

$$y'=a+bx'$$

其中系数 a、b 的计算如下：

$$b=\frac{\sum_{i=1}^{20}x'_i y'_i-\bar{x}\sum_{i=1}^{20}y'_i}{\sum_{i=1}^{20}x'^2_i-\bar{x}\sum_{i=1}^{20}x'_i}=\frac{46.109-0.180\times 213.644}{1.039-0.180\times 3.591}=19.492$$

$$a=\bar{y}-b\bar{x}=10.682-19.492\times 0.180=7.173$$

代入线性回归方程得到

$$y'=7.173+19.492x'$$

将 y' 和 x' 变化为 y 和 x，则得到非线性回归方程

$$\frac{1}{y}=7.173+19.492\frac{1}{x}$$

第六节　其他预测方法

一、计算机仿真预测

所谓计算机仿真预测是根据预测对象构造一个用逻辑流程图形式表示的仿真模型，利用计算机运行仿真模型，模拟预测对象随时间变化的情况，确定预测对象变化规律，据以推测预测对象的未来发展趋势。

计算机仿真技术目前已被广泛应用于工程技术、科学试验、生产管理、军事领域、财政金融甚至社会科学领域。其主要被用于解决具有如下特点的问题：难以用数学模型精确描述的复杂随机系统；无法重复实施的问题；具有高度危险和风险的问题；成本过高的问题等。

计算机仿真预测的基本步骤有：

(一)预测对象的分析

其主要包括预测的目的和结果，预测对象的影响因素、预测对象所处的环境条件等。

(二)数据收集和统计检验

在仿真预测中，除了必要的仿真输入数据以外，还必须收集与仿真初始条件及与预测模型相关的数据。这些数据往往是符合某种概率分布随机变量的抽样结果。因此需要对预测对象及其影响因素作必要的统计调查，对数据进行统计检验，确定其概率分布及相应参数。

(三)建立仿真模型

仿真模型是指能够在计算机上实行并运行的模型，即逻辑流程图。构造仿真模型具有其本身的特点，它是面向问题和过程的建模方式。在离散系统的建模中，主要根据随机发生的离散事件，预测对象的实体流以及时间推进机制，按系统运行进程建立。

(四)仿真程序的编制及验证

建立仿真模型后，按所选用的计算机语言编制相应的仿真程序，并通过程序分块调试和整体运行的方式验证仿真程序。

(五)仿真模型的运行

仿真模型的每次运行可以看作是对预测对象的一次抽样，经多次独立仿真运行后，就可以得到仿真结果的分布规律

(六)预测仿真结果的分析

如前所述，仿真结果实质上是对预测对象若干次独立抽样，用子样的统计规律推断总体的统计规律。根据概率统计的知识，这种推断存在着统计误差。因而对预测仿真结果必须进行统计误差的分析，借此确定预测仿真结果的精确度和置信度。

计算机仿真预测与传统预测方法相比具有如下特点：不需要建立数学解析模型，这一点对于建筑企业这类的复杂随机系统而言尤其适合；预测结果不再是单一的一个数值，而是一种概率分布，这对于提高预测结果的可信度并进而提高决策的准确性具有很重要的作用；利用仿真模型，可以将预测和决策合二为一，不必等到预测结果出来再考虑建立决策模型进行决策了，例如在许多问题中，在预测结果的同时进行着方案的比选。

建筑企业管理是一个复杂的随机系统，它的运行受到政策、环境、气候、人员等众多因素的影响，这些因素往往是不确定的，是随机变化的。这使得计算机仿真技术在建筑企业管理中尤其适合。国外对于它的理论研究和实践应用已经十分广泛，例如通过它预测市场需求情况，从而确定拟建项目的规模；通过预测资源的需求量，确定企业的合理库存等等。国内无论在理论还是实践上，与国外的差距还很大，这也是本书要将这种方法介绍给读者的一个原因，希望能够引起读者的注意，将其应用于工程实际中。

限于篇幅，本书不再叙述计算机仿真预测的基本理论，而只是通过一个实例阐述其基本方法和应用。

[例 12-7]　某市拟建年产 50 万桶纯净水的项目，用计算机仿真的方法预测其净现值指标。

1. 相似工程历史信息（数据）的收集与统计

首先确定影响该项目净现值指标的主要因素，共有七个，分别为投资、残值、寿命、年收入、年支出、税率和贴现率。这七个参数均是随机的。为了获取它们的变化规律，收集了该市及周边省市年产 50 万桶纯净水的 10 个相似工程的相关资料，如表 12-8 所示。并对这些因素作统计分析，绘制频率直方图，以确定它们的概率分布，结果如表 12-9 所示。

表 12-8　年产 50 万桶纯净水相似投资工程历史资料

因　素	样本 1	样本 2	样本 3	样本 4	样本 5	样本 6	样本 7	样本 8	样本 9	样本 10
投资(万元)	2013	1924	2135	2064	1876	2022	2037	1999	2108	1991
残值(万元)	76	70	83	91	84	69	73	83	79	89
寿命(年)	6	6	7	8	6	7	6	6	8	7
年收入(万元)	870	810	756	856	838	793	825	795	841	819
年支出(万元)	154	183	123	170	109	128	203	137	151	172
税率(%)	27	27	28	28	28	28	28	28	29	29
贴现率(%)	11	10	10	9	9	9	9	8	8	7

表 12-9　风险因素信息统计结果

因　素	投　资			寿　命			残　值			年收入			
可能取值	1900	2000	2100	6	7	8	70	80	90	770	800	830	860
概率	0.2	0.5	0.3	0.2	0.6	0.2	0.3	0.5	0.2	0.1	0.3	0.4	0.2

因素	年支出				税率			贴现率				
可能取值	110	140	170	200	27	28	29	7	8	9	10	11
概率	0.2	0.4	0.3	0.1	0.2	0.5	0.3	0.1	0.2	0.4	0.2	0.1

2. 净现值数学模型的建立

净现值（NPV）模型

$$NPV(i)=\sum_{t=1}^{n}Y_t(1+i)^{-t}$$

式中：i 为基准折现率；

Y_t 为各年净现金流量。

$$Y_t=\begin{cases}\text{初始投资(负值)} & t=0\\ (\text{年收入}-\text{年支出}-\text{折旧})\times(1-\text{税率})+\text{折旧} & t\neq 0\end{cases}$$

折旧按直线法求得，其中第 0 年折旧 $D_0=0$；其他年份的折旧为 D_t＝(初始投资－残值)/使用寿命。

3.影响因素随机数的产生

由影响因素的统计分析得到其概率分布，采用事件序列仿真法模拟各随机变量。设随机变量 X 的可能取值为 $x_1,x_2,\cdots,x_n$，概率分别为 $p_1,p_2,\cdots,p_n$。则其仿真方法如下：

(1)产生[0,1]均布随机数 r；

(2)若 $\sum_{i=0}^{k-1}p_i<r\leqslant\sum_{i=0}^{k}p_i$，则 $U=x_k$，其中 $p_0=0$。

4.仿真模型的构造

净现值仿真模型框图如图 12-7 所示。

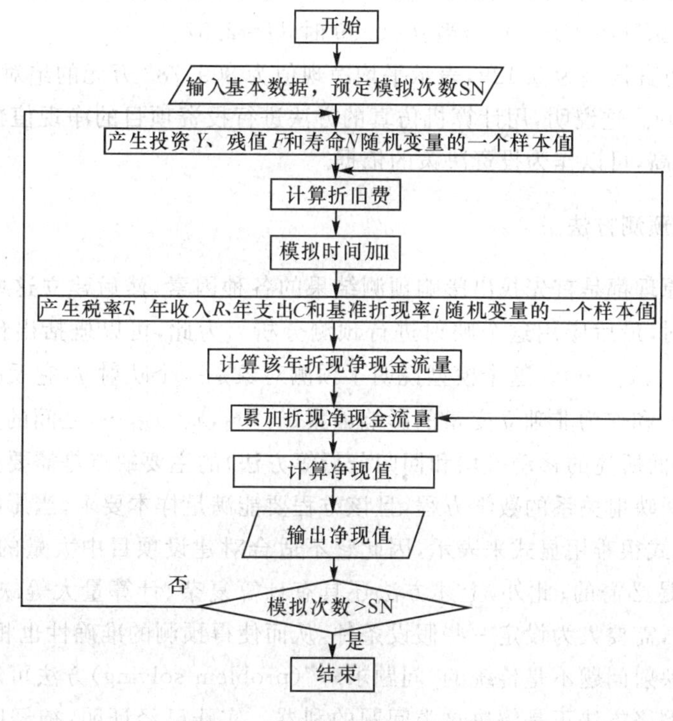

图 12-7　净现值的仿真程序框图

5.仿真结果及统计图

通过编制计算机程序上机模拟运算。设定模拟次数为 10000 次。仿真结果如图 12-8 所示。净现值呈正态分布，其均值和均方差分别为 809.783、199.572，从仿真结果来看，净现值指标均较好地符合要求，项目是可行的。另一方面，可以看出，模拟的绝对误差较小，均方差较大，这是由于本例中有 7 个影响因素同时影响评价指标，造成离差较大。这说明当前投资的风险较为复杂，需要对市场因素有更深入的分析，才能作出正确的决策。

6.精度分析

采用中心极限估计法估计模拟结果的精度，误差估计公式为：

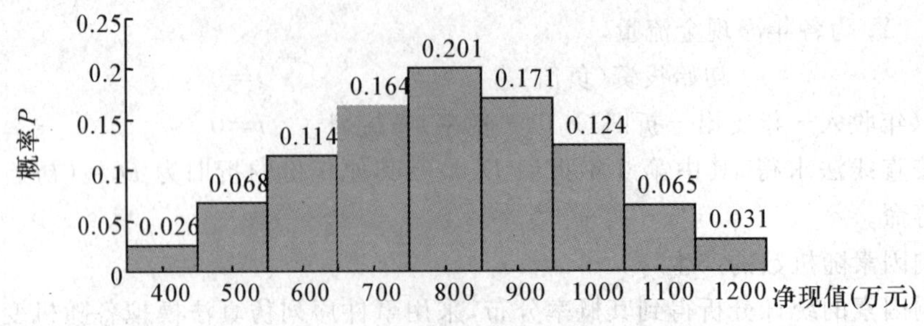

图 12-8 净现值模拟结果统计图

$$\varepsilon=U\frac{\delta}{\sqrt{N}}$$

式中：N 为模拟次数，本例中设定为 10000 次；

δ 为样本均方差；

U 为在给定置信度(本例设定为 0.99)下的标准正态分布上侧分位数。

计算公式为：$\Phi(U)=(\beta+1)/2$，当 $\beta=0.99$ 时，$U=2.57$。

净现值指标仿真误差为 5.129，表示平均净现值为 809.783 万元的绝对误差小于 5.129 万元的概率为 0.99。这说明，用计算机仿真的方法进行投资项目的净现值预测结果的精度较高，可信度也较高，可以作为投资决策的依据。

二、神经网络预测方法

预测的基本原理都是首先找出影响预测结果的各种因素，然后建立这些因素空间到预测对象空间的映射，最后应用这个映射进行预测分析。为此，可以概括出预测的一般性模型：$y=f(x_1,x_2,x_3,x_4,\cdots)$。这个模型说明了预测对象是一个映射 f，它反映的是作为独立变量的预测对象 y 和作为非独立变量的影响因素$(x_1,x_2,x_3,x_4,\cdots)$之间的关系。预测的传统解决方法(如前面所述的移动平均和回归分析等方法)的主要缺点是需要显式确定预测对象与影响因素之间映射关系的数学方程，且该方程要能满足样本要求，当影响因素空间是高维时，这样的关系式很难用显式来表示，因此它不适合对建设项目中大量的变量进行计算，而这些变量常常是必需的；此外，上述方法还具有计算复杂、计算量大等缺陷，在实际应用时，为求计算简便，需要人为设定一些假设条件，从而使得预测的准确性也相应降低。

高维非线性映射问题不是传统的“问题求解”(problem-solving)方法可解决的。近年来飞速发展的神经网络方法正是解决这类问题的利器。实践已经证明，神经网络对于如股票价格预测、系统识别、工程设计和形象识别等高维非线性映射问题均有较好效果。与传统方法相比，神经网络技术在预测实践中，尤其是工程实际中，表现出更好的性能和效率。

(一)神经网络的定义

神经网络是由大量的、同时也是简单的处理单元(或称神经元)广泛地互相连接而形成的复杂网络系统。它是在现代神经科学研究成果的基础上提出的，反映了人脑功能的许多基本特性，但它并不是人脑神经网络系统的真实写照，而只是对其作某种简化、抽象和模拟。神经网络的信息处理由神经元之间的相互作用来实现；知识与信息的存储表现为网络元件互连间分布式的物理联系；网络的学习和识别决定于各神经元连接权系的动态演化过程。

(二)神经网络的特点

神经网络是一个具有高度非线性的超大规模连续时间动力系统,其主要特征为连续时间非线性动力学、网络的全局作用、大规模并行分布处理及高度的鲁棒性和学习联想能力。同时它又具有一般非线性动力系统的共性,即不可预测性、吸引性、耗散性、非平衡性、不可逆性、高维性、广泛连接性与自适应性等。因此它实际上是一个超大规模非线性连续时间自适应信息处理系统。

(三)神经网络的应用

下面以某市多层住宅造价预测为例,阐述神经网络如何用于预测问题。

住宅工程的造价在不同程度上受到房屋的层数、层高、结构类型、基础类型、内装修、外装修、楼地面、建设年份、施工季节等影响,并且工程造价与这些影响因素之间表现出高度的非线性映射关系。如何表达这种映射关系成了造价预测的核心问题。

神经网络是一种隐式模型,它将系统的结构隐含于网络的权值当中,因此系统结构通常无法用“显式”表达出来。神经网络的一大优越性在于它能处理任意类数据,这是许多传统方法所无法比拟的。通过不断学习,能够从未知模式的大量的复杂数据中发现其规律。神经网络方法克服了传统分析过程的复杂性及适当选择模型函数形式的困难,它是一种自然的非线性建模过程,毋需分清存在何种非线性关系,给建模与分析带来了极大的方便。该方法用于工程造价预测时,一方面利用其映射能力,另一方面主要利用其泛化能力,即在经过一定数量的带噪声的样本的训练之后,网络可以抽取样本所隐含的特征关系,并对新情况下的数据进行内插和外推以推断其属性。

[例 12-8]　某市多层住宅造价预测

1. 输入向量的选取、量化和预处理

根据对某地区近年来建设的多层住宅的调查分析,确定了 8 个影响多层住宅投资的主要因素,它们是:房屋的基础类型、结构类型、层数、门窗形式、外墙装修、楼地面、屋面形式和建设年份。这些因素作为估算模型神经网络的输入向量,而整个工程的单方造价、每平米钢材用量、每平米水泥用量作为神经网络的输出。即建立一个八个输入节点,三个输出节点的径向基函数神经网络投资估算模型。由于工程特征往往是定性表述的,因而需要事先将其量化。具体的量化标准及神经网络的输入向量见表 12-10。

表 12-10　输入向量量化值表

I_1	基础类型	1—桩基础　　2—板式基础　　3—箱形基础
I_2	结构类型	1—混合结构　　2—现浇框架　　3—现浇与多孔板并存
I_3	层　数	5—五层　　6—六层　　6.5—底层为地下室车库的六层住宅
I_4	门窗形式	1—木门窗　　2—铝合金窗、木门　　3—塑钢窗、木门
I_5	外墙装修	1—面砖　　2—外墙涂料　　3—干粘石
I_6	楼地面	1—细石混凝土　　2—水泥砂浆
I_7	屋面形式	1—平屋面　　2—坡屋面
I_8	建设年份	1998—1998 年　　1999—1999 年

为了建立该地区多层住宅工程特征与投资的映射关系,共收集了 40 个样本。这 40 个样本分为两组,30 个样本用于系统的训练,10 个样本用于系统的测试。样本数据见表12-11所

示，其中神经网络的输入向量分别以符号 $I_1 \sim I_8$ 表示，输出向量以符号 $O_1 \sim O_3$ 表示。

表 12-11　原始数据样本库

类别/序号		输入向量								输出向量		
		I_1	I_2	I_3	I_4	I_5	I_6	I_7	I_8	O_1	O_2	O_3
训练样本	1	1.000	1.000	6.500	1.000	2.000	2.000	1.000	1997	581.780	25.440	176.860
	2	2.000	1.000	6.000	1.000	2.000	2.000	1.000	1999	560.900	23.100	169.300
	3	1.000	2.000	7.000	2.000	2.000	1.000	2.000	1999	623.000	28.120	210.000
	4	2.000	1.000	6.500	1.000	2.000	2.000	1.000	1999	579.500	23.600	173.800
	5	1.000	2.000	7.000	2.000	2.000	1.000	2.000	1998	611.600	26.200	195.400
	6	1.000	2.000	7.500	2.000	2.000	1.000	2.000	1998	670.300	32.800	200.700
	7	1.000	2.000	7.000	2.000	1.000	1.000	1.000	1998	648.000	29.500	187.000
	8	1.000	1.000	5.500	1.000	2.000	2.000	1.000	1998	529.000	21.700	173.700
	9	1.000	1.000	5.500	1.000	2.000	2.000	1.000	1998	521.000	21.000	170.800
	10	1.000	1.000	5.500	3.000	1.000	2.000	2.000	1999	533.500	22.300	178.520
以下省略……												
列最小值		1.000	1.000	5.500	1.000	1.000	1.000	1.000	1996	521.000	20.300	169.300
列最大值		2.000	3.000	7.500	3.000	3.000	2.000	2.000	1999	670.300	32.800	210.000
测试样本	31	1.000	3.000	6.500	2.000	3.000	1.000	2.000	1996	615.540	25.750	177.910
	32	1.000	2.000	6.000	1.000	1.000	2.000	2.000	1996	596.710	28.680	183.400
	33	2.000	1.000	7.000	3.000	2.000	2.000	1.000	1997	581.630	26.410	180.310
	34	1.000	2.000	6.500	2.000	1.000	1.000	2.000	1997	585.740	27.690	191.250
	35	1.000	1.000	6.000	1.000	2.000	1.000	2.000	1997	575.360	26.580	181.760
	36	2.000	1.000	6.000	2.000	2.000	1.000	2.000	1998	603.620	26.450	169.840
	37	1.000	2.000	6.500	3.000	1.000	2.000	2.000	1998	605.150	26.510	187.600
	38	1.000	1.000	6.500	2.000	2.000	2.000	1.000	1998	592.370	24.920	179.510
	39	2.000	2.000	6.000	2.000	2.000	1.000	2.000	1999	569.830	26.080	175.690
	40	1.000	3.000	6.500	3.000	1.000	2.000	1.000	1999	608.120	26.340	192.850

注：表中 O_1—单方造价（元）；O_2—每平米钢材用量（kg）；O_3—每平米水泥用量（kg）输入向量经预处理后得到如表 12-12 所示的矩阵。

表 12-12　估算模型样本初始化值

类别/序号		输入向量								输出向量		
		I_1	I_2	I_3	I_4	I_5	I_6	I_7	I_8	O_1	O_2	O_3
训练样本	1	−1.000	−1.000	0	−1.000	0	1.000	−1.000	−0.333	−0.186	−0.178	−0.629
	2	1.000	−1.000	−0.500	−1.000	0	1.000	−1.000	1.000	−0.466	−0.552	−1.000
	3	−1.000	0	0.500	0	0	−1.000	1.000	1.000	0.366	0.251	1.000
	4	1.000	−1.000	0	−1.000	0	1.000	−1.000	1.000	−0.216	−0.472	−0.779
	5	−1.000	0	0.500	0	0	−1.000	1.000	0.333	0.214	−0.056	0.283
	6	−1.000	0	1.000	0	0	−1.000	1.000	0.333	1.000	1.000	0.543
	7	−1.000	0	0.500	0	−1.000	−1.000	−1.000	0.333	0.701	0.472	−0.130
	8	−1.000	−1.000	−1.000	−1.000	0	1.000	−1.000	0.333	−0.893	−0.776	−0.784
	9	−1.000	−1.000	−1.000	−1.000	0	1.000	−1.000	0.333	−1.000	−0.888	−0.926
	10	−1.000	−1.000	−1.000	1.000	−1.000	1.000	1.000	1.000	−0.833	−0.680	−0.547
以下省略……												

续表

序号		输入向量								输出向量		
		I_1	I_2	I_3	I_4	I_5	I_6	I_7	I_8	O_1	O_2	O_3
测试样本	31	−1.000	1.000	0	0	1.000	−1.000	1.000	−1.000	0.266	−0.128	−0.577
	32	−1.000	0	−0.500	−1.000	−1.000	1.000	1.000	−1.000	0.014	0.341	−0.307
	33	1.000	−1.000	0.500	1.000	0	1.000	−1.000	−0.333	−0.188	−0.022	−0.459
	34	−1.000	0	0	0	−1.000	−1.000	1.000	−0.333	−0.133	0.182	0.079
	35	−1.000	−1.000	−0.500	−1.000	0	−1.000	1.000	−0.333	−0.272	0.005	−0.388
	36	1.000	−1.000	−0.500	0	0	−1.000	1.000	0.333	0.107	−0.016	−0.973
	37	−1.000	0	0	1.000	−1.000	1.000	1.000	0.333	0.127	−0.006	−0.101
	38	−1.000	−1.000	0	0	0	1.000	−1.000	0.333	−0.044	−0.261	−0.498
	39	1.000	0	−0.500	0	0	−1.000	1.000	1.000	−0.346	−0.075	−0.686
	40	−1.000	1.000	0	1.000	−1.000	1.000	−1.000	1.000	0.167	−0.034	0.157

2.径向基函数网络的训练

模型的输入值初始化之后，利用30个训练样本对径向基函数网络进行训练，训练误差曲线如图12-9所示。

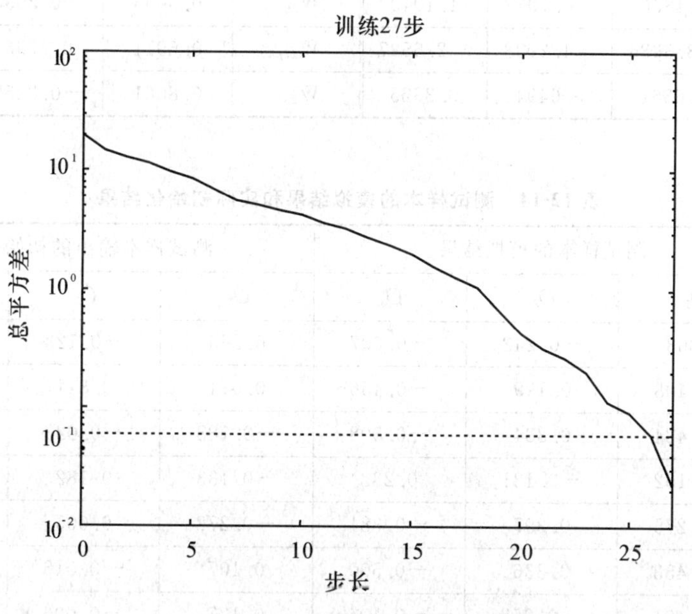

图12-9　径向基函数网络的训练误差曲线

设定径向基函数网络的训练误差指标为0.05，径向基函数的分布常数(*sc*)为1.0，得出图12-9所示的较为理想的误差曲线。该图表明，径向基函数网络的训练经过27步完成，由第二节所述的正交最小二乘法可知，网络所需的隐层神经元数目为28个。径向基函数网络隐含层权值$W_{ij}(i=1,2,\cdots,28;j=1,2,3)$如表12-13所示。

3.模型的泛化性能测试

投资估算模型的泛化性能测试由测试样本来完成。将10个测试样本的输入向量输入估算模型，模拟结果如表12-14所示。为便于比较，将测试样本输出向量的初始化值也列入表12-14中。

表 12-13　径向基函数网络隐含层权值 W_{ij}

W_{1j}	−0.6758	−1.1198	−0.3292	W_{15j}	0.7809	−0.7609	0.4698
W_{2j}	3.1973	3.5263	1.3724	W_{16j}	−0.0769	−0.7733	1.1766
W_{3j}	−0.6852	−0.6524	−0.8831	W_{17j}	0.9894	0.7025	2.2028
W_{4j}	0.3130	−1.1810	−0.1277	W_{18j}	0.1933	0.5132	−0.2938
W_{5j}	1.1216	0.2206	−0.9494	W_{19j}	0.1568	0.7234	0.4312
W_{6j}	−0.3997	−1.0453	−0.0667	W_{20j}	0.3422	−0.3270	0.9215
W_{7j}	0.1468	−1.0959	−0.1492	W_{21j}	−0.0107	−0.5151	−0.0860
W_{8j}	0.2238	−0.7341	−0.4429	W_{22j}	0.1712	−0.1310	0.1869
W_{9j}	0.5011	−0.4788	1.2609	W_{23j}	0.3857	0.0038	0.0722
W_{10j}	0.3490	−0.8561	0.2797	W_{24j}	0.4862	−0.0373	0.0095
W_{11j}	−0.1210	−0.1726	1.0473	W_{25j}	−0.1477	−0.0560	1.4355
W_{12j}	0.1866	−0.7977	1.1040	W_{26j}	0.5656	−0.2095	0.3618
W_{13j}	−3.3986	−4.2038	−2.6527	W_{27j}	0.6911	0.2796	−0.1135
W_{14j}	0.6361	0.6494	0.3325	W_{28j}	0.8061	−0.2255	0.4801

表 12-14　测试样本的模拟结果和实际初始化结果

	测试样本的模拟结果			测试样本输出的初始化值		
	O_1	O_2	O_3	O_1	O_2	O_3
1	0.303	−0.242	−0.007	0.266	−0.128	−0.577
2	−0.408	0.199	−0.456	0.014	0.341	−0.307
3	−0.434	0.334	−0.508	−0.188	−0.022	−0.459
4	−0.152	−0.131	0.232	−0.133	0.182	0.079
5	−0.275	0.397	−0.381	−0.272	0.005	−0.388
6	−0.453	0.336	−0.500	0.107	−0.016	−0.973
7	−0.491	−0.058	−0.104	0.127	−0.006	−0.101
8	−0.405	0.022	−0.564	−0.044	−0.261	−0.498
9	−0.448	0.328	−0.469	−0.346	−0.075	−0.686
10	−0.262	0.195	−0.036	0.167	−0.034	0.157

将表 12-14 中的数据反预处理后转化为实际测试样本的单方造价 O_1、每平米钢材用量 O_2 和每平米水泥用量 O_3。所得结果列入表 12-15 中，同时计算出 RBF 神经网络三个输出的相对误差。

表 12-15　测试样本模拟结果和实际值的比较

	测试样本的模拟结果			测试样本的实际值			相对误差(%)		
	O_1(元)	O_2(kg)	O_3(kg)	O_1(元)	O_2(kg)	O_3(kg)	O_1	O_2	O_3
1	618.269	25.038	189.508	615.540	25.750	177.910	0.44	−2.77	6.52
2	565.193	27.794	180.370	596.710	28.680	183.400	−5.28	−3.09	−1.65
3	563.252	28.638	188.470	581.630	26.410	180.310	−3.16	8.43	4.53
4	584.303	25.731	194.371	585.740	27.690	191.250	−0.25	−7.07	1.63
5	575.121	29.031	181.897	575.360	26.580	181.760	−0.04	9.22	0.08
6	561.834	28.650	179.475	603.620	26.450	169.840	−6.92	8.32	5.67
7	558.997	26.188	187.534	605.150	26.510	187.600	−7.63	0.14	−0.04
8	565.417	26.688	178.173	592.370	24.920	176.510	−4.55	7.09	−0.75
9	562.207	28.600	180.106	569.830	26.080	175.690	−1.34	9.66	2.51
10	576.092	27.769	188.917	608.120	26.340	192.850	−5.27	5.42	−2.04

由表 12-15 可知，用基于径向基函数神经网络的投资估算模型对测试样本进行造价资料的模拟，输出结果与实际值的相对误差最大为 9.66%。鉴于投资估算在规划阶段、可行性研究阶段、设计任务书阶段等的估算误差率可达±30%、±20%、±10%，因此本例所获得的结果符合要求。这说明该模型的泛化能力较好，可用于实际住宅工程造价的估算。

预测的其他方法还有很多，限于篇幅，本书只介绍以上两种方法，关于这两种方法详细的理论基础以及其他方法的介绍，有兴趣的读者可以查阅相关的文献。

思　考　题

1. 如果定义房价收入比为住宅总售价与家庭年收入之比，若某一地区住宅平均总售价为 P 元，家庭年收入为 Y 元，银行住房贷款利率为 i，还款期限为 n 年，首付款比例为 k，每年贷款偿还额占家庭年收入的比例为 m，

(1)推导出房价收入比的公式；

(2)若某城市 1991 至 2000 年家庭年收入统计如下表，用线性回归法预测 2005 年的家庭；

年收入(单位:元)

年 份	1990	1991	1992	1993	1994	1995
家庭年收入	9925	10640	12900	17625	26245	31505
年份	1996	1997	1998	1999	2000	
家庭年收入	36030	39480	42325	45425	48340	

(3)若要保证房价收入比为 6，则 2005 年房价应为多少？(计算结果保留两位小数)

2. 某商品去年各月在某市的销售量如下表所示，试分别用移动平均法和指数平滑法建立线性预测模型并预测今年 1 月和 2 月的商品销售量(取 $n=3,\alpha=0.6$)。

月份	1	2	3	4	5	6	7	8	9	10	11	12
销售量	8.8	9.3	10.2	11.2	12.1	12.7	12.8	13.3	15.1	16.8	18.3	17.8

3. 某市过去10年洗衣机的销售量如下表所示。用三次指数平滑法建立非线性预测模型，并预测第11年和第12年的销售量。

年份	1	2	3	4	5	6	7	8	9	10
销售量	858	806	795	821	859	888	907	982	1032	1117

4. 报童问题：一个报童从报刊发行处订报后零售，每卖出去一份报可赚0.2元，若订报后卖不出去，可以退回发行处，但每退回一份要赔0.4元，根据每天卖报情况，可以统计出每天卖出去 K 份报纸的概率 P_k 如下表所示。试建立此问题的仿真模型，并通过仿真确定使报童每天期望收益达到最大的订报数。

K(百份)	1	2	3	4	5	6	7	8	9
P_k	0.025	0.05	0.1	0.175	0.3	0.175	0.1	0.05	0.025

第十三章 决策技术

决策是针对某一问题,在调查研究、分析和预测的基础上,确定目标,拟定可行方案,借助于经验或科学的理论和方法,选择一个合理、满意方案的行为过程。建筑企业管理中许多问题都需要用到决策技术,例如企业在选择合适的经营策略,决定是否参加某项目的投标,确定合理的库存水平等等,可以说决策技术是建筑企业管理的一项核心技术。

朴素的决策思想古而有之,历史上不乏经典案例。在落后的生产方式下,决策主要凭借个人的知识、智慧和经验。但在当代技术经济高度发展的条件下,单靠人们的经验判断,已经很难作出十分准确的决策。所以必须应用数学分析的方法进行定量和定性相结合的分析,以提高决策的科学性。一般说,决策分析方法分为确定型决策方法、非确定型决策方法和风险型决策方法等三种。确定型决策是指作出一项抉择时,只有一种肯定的结局;不确定型决策指每项抉择将可能导出若干个可能结局,并且每个结局出现的可能性是未知的;风险型决策是指作出每项抉择时,可能有若干结局,但可以有根据地对各结局确定出现的概率。确定型决策的特点是在事物的客观条件完全肯定的情况下作出的决策,因而具有明确的规定性。一般常用的模型决策方法就是在事物自然状态完全肯定的情况下,按照一定的数学模型计算后加以择优的方法。确定型决策常用的模型有线性规划、临界分析法、经济批量模型、现值法、经济函数分析等。本书将不再详述,读者可以参考相关的文献。本书主要介绍不确定型决策和风险型决策。

第一节 不确定型决策

不确定型决策是指决策者对环境情况一无所知。决策者根据自己的主观倾向进行决策。决策者主观倾向不一样,决策结果也不尽相同。常见的主观倾向有:悲观主义、乐观主义、等可能性和最小机会损失四类。下面通过一个例子说明这四种主观倾向在决策中的应用。

[例 13-1] 某企业为适应市场对某产品的需求,决定扩大该产品的生产能力。拟定 3 个增产方案:A—改造原有生产系统,B—从国外引进高效自动生产系统,C—按专业化同其它系统协作。估计未来几年市场需求状况可能有高、中、低三种情况。上述三个方案在这三种市场需求情况下的收益值如表 13-1 所示。试问决策者如何作出决策。

一、悲观主义决策准则

悲观主义决策者一般会比较谨慎,首先分析各方案中最坏结果(即最小的收益值),然后再从中选出最好的方案。

首先,找出各方案的最小收益值,结果为 A:30,B:15,C:50。

然后,再在其中找出最好的方案——C:50。

即选择第 3 个方案“按专业化同其他系统协作”。

表 13-1　三种方案在三种市场需求情况下的收益值(万元)

方案＼需求	自然状态		
	需求高	需求中等	需求低
A	160	95	30
B	220	120	15
C	100	70	50

表 13-2　悲观主义决策准则

方案＼需求状况	自然状态			min
	需求高	需求中等	需求低	
A	160	95	30	30
B	220	120	15	15
C	100	70	50	50*

二、乐观主义决策准则

乐观主义决策者对未来比较乐观,不会轻易放弃任何一个可获得最好收益的机会。所以他首先会分析各方案中最好结果(即最大的收益值),然后再从中选出最好的方案。

表 13-3　乐观主义决策准则

方案＼需求状况	自然状态			max
	需求高	需求中等	需求低	
A	160	95	30	160
B	220	120	15	220*
C	100	70	50	100

首先,找出各方案的最大收益值,结果为 A:160,B:220,C:100。

然后,再在其中找出最好的方案——B:220。

即选择第 2 个方案“从国外引进高效自动生产系统”。

三、折中主义决策准则

折中主义决策者介于乐观主义和悲观主义之间。他在处理问题时既会抓住可能获得最大收益的机会,又会考虑可能面临的困难。因此引入一个乐观系数 α,$0\leqslant\alpha\leqslant1$,表示其乐观的程度。决策者首先计算各方案的折中收益值 H_i,然后再选取 H_i 最大的方案。

$$H_i=\alpha a_{i\max}+(1-\alpha)a_{i\min}$$

其中:$a_{i\max}$ 为第 i 个方案的最大收益值;

$a_{i\min}$ 为第 i 个方案的最小收益值。

表 13-4　折中主义决策准则($\alpha=0.3$)

方案＼需求状况	自然状态			H_i
	需求高	需求中等	需求低	
A	160	95	30	69
B	220	120	15	76.5*
C	100	70	50	65

首先,计算各方案的折中收益值,结果为:

A:160×0.3＋30×0.7＝69

B:220×0.3＋15×0.7＝76.5

C:100×0.3＋50×0.7＝65

然后,再在其中找出最好的方案——B:76.5,即选择第 2 个方案"从国外引进高效自动生产系统"。

四、等可能性决策准则

等可能性决策准则是 19 世纪著名的数学家 Laplace 提出的,他认为当一个人面临的各事件,若没有什么确切理由来说明这一事件比另一事件有更多发生机会时,只能认为各事件机会是均等的。即每一事件发生的概率均是 1/事件数。决策者首先计算各方案收益期望值,然后再从中选出最佳方案。

表 13-5　等可能性决策准则

方案＼需求状况	自然状态			H_i
	需求高	需求中等	需求低	
A	160	95	30	95
B	220	120	15	118.33*
C	100	70	50	73.33

首先,计算各方案的收益期望值,结果为:

A:(160＋95＋30)/3＝95

B:(220＋120＋15)/3＝118.33

C:(100＋70＋50)/3＝73.33

然后,再在其中找出最好的方案——B:118.33,即选择第 2 个方案"从国外引进高效自动生产系统"。

五、最小机会损失准则

所谓机会损失值是指当某一事件发生后,由于决策者没有选用收益最大的方案而形成的损失值。机会损失值 a'_{ij} 计算公式为:

$$a'_{ij}=\max_i(a_{ij})-a_{ij}$$

式中:a_{ij} 为第 i 个方案在第 j 个自然状态下的收益值。

决策者首先计算机会损失值,然后再从中找出最小机会损失值的方案作为最佳方案。

表 13-6 最小机会损失决策准则

方案 \ 需求状况	自然状态			H_i
	需求高	需求中等	需求低	
A	60	25	20	60
B	0	0	35	35*
C	120	50	0	120

首先决策者计算机会损失值，见表 13-5，然后找出各方案最大的机会损失值，结果为 A:60，B:35，C:120，最后再从中找出具有最小机会损失的方案——B:35，即选择第 2 个方案"从国外引进高效自动生产系统"。

第二节 风险型决策

风险型决策是指决策者对客观情况不甚了解，但对各事件发生的概率是已知的。风险型决策中一般采用期望值作为决策准则，常用的有最大期望收益决策准则和最小机会损失决策准则。

一、最大期望收益决策准则(Expected Monetary Value，EMV)

设有 n 个方案，m 种自然状态。各自然状态出现的概率为：

$$P = (p_1, p_2, \cdots, p_m)^T, \qquad \sum_{i=1}^{m} p_i = 1$$

各方案在各种自然状态下的损益值为：

$$B = (b_{ij})_{n\times m}$$

式中：b_{ij} 为第 i 个方案在第 j 种自然状态下的损益值，$1 \leqslant i \leqslant n, 1 \leqslant j \leqslant m$。

则第 i 个方案在所有自然状态下的期望收益是

$$\mathrm{EMV}(A_i) = \sum_{j=1}^{n} b_{ij} p_j, \qquad 1 \leqslant i \leqslant n \tag{13-1}$$

根据 EMV 准则，最优方案满足下式的方案

$$A_k:\mathrm{EMV}(A_k) = \max_i \mathrm{EMV}(A_i) \tag{13-2}$$

[例 13-2] 某公司拟开发一片新的住宅小区，有三种方案可供选择。A 方案以解困房为主，B 方案以中等标准的商品房为主，C 方案以别墅商品房为主。根据上年市场统计，三种商品房的销售概率分别为：0.48，0.44 和 0.08。不同的方案在不同自然状态下的概率、损益值如表 13-7 所示。

表 13-7 方案的期望值计算表

自然状态	解困型	中等型	别墅型	期望值
概 率	0.48	0.44	0.08	
方案 A	500	400	100	424
方案 B	300	500	200	380
方案 C	300	300	400	308

按照 EMV 准则，选择方案 A。

EMV 准则适用于一次决策多次重复的过程，因为它是平均意义下的最大收益。

二、最小机会损失决策准则(Expected Opportunity Loss, EOL)

与 EMV 类似，先计算各方案的期望损失值：

$$\mathrm{EOL}(A_i)=\sum_{j=1}^{m}a'_{ij}p_j \tag{13-3}$$

式中：a'_{ij} 为第 i 个方案在第 j 种自然状态下的机会损失值。

然后再从中选择期望损失值最小的方案最为决策方案。

$$A_k:\mathrm{EOL}(A_k)=\min_i \mathrm{EOL}(A_i) \tag{13-4}$$

三、贝叶斯决策

一般情况下，决策者不愿意冒很大风险按 EMV 准则确定方案或过于保守按 EOL 准则确定方案。而是希望通过收集更多的资料来改变对未来自然状态的认识，看看在获得新的资料条件下有无获得较大利润或较小损失的把握。因此，为了减少决策的风险，就要通过调查收集资料，进一步弄清决策期间各自然状态的发生概率。

贝叶斯公式可以通过进一步了解关于自然状态出现可能性的资料修改自然状态出现的概率。为此，决策者先要根据过去的资料、经验或估计确定自然状态出现的先验概率，然后根据调查或试验计算条件概率，利用贝叶斯公式计算出各自然状态出现的后验概率。

$$P(B_i \mid A)=\frac{P(A \mid B_i)P(B_i)}{\sum_{i=1}^{n}P(A \mid B_i)P(B_i)} \tag{13-5}$$

[例 13-3]　某对外承包公司要到海外某地开展业务，主观估计该地对本公司有需求的概率为 $P(D)=0.6$，无需求的概率 $P(\bar{D})=0.4$。为了查明情况，先派人前往开展小规模业务。根据以往经验和资料得知，凡是对本公司业务有需求的地区，小规模经营成功的概率为 $P(S|D)=0.95$，不成功的概率为 $P(F|D)=0.05$；凡是对本公司业务无需求的地区，小规模经营成功的概率为 $P(S|\bar{D})=0.15$，不成功的概率为 $P(F|\bar{D})=0.85$。求：派人进行小规模业务开展后，该地区对公司业务有需求和无需求的概率各是多少？

解：先计算小规模经营成功与不成功的概率

$$\begin{aligned}P(S)&=P(S|D)P(D)+P(S|\bar{D})P(\bar{D})\\&=0.95\times0.6+0.15\times0.4=0.63\end{aligned}$$

$$\begin{aligned}P(F)&=P(F|D)P(D)+P(F|\bar{D})P(\bar{D})\\&=0.05\times0.6+0.85\times0.4=0.37\end{aligned}$$

然后利用贝叶斯公式计算整个公司到该地去开展业务成功与不成功的后验概率。

小规模业务试探成功条件下公司成功的概率

$$P(D|S)=\frac{P(D)P(S|D)}{P(S)}=\frac{0.6\times0.95}{0.63}=0.905$$

小规模业务试探不成功条件下公司成功的概率

$$P(D|F)=\frac{P(D)P(F|D)}{P(F)}=\frac{0.6\times0.05}{0.37}=0.081$$

小规模业务试探成功条件下公司不成功的概率

$$P(\bar{D}|S)=\frac{P(\bar{D})P(S|\bar{D})}{P(S)}=\frac{0.4\times 0.15}{0.63}=0.095$$

小规模业务试探不成功条件下公司不成功的概率

$$P(\bar{D}|S)=\frac{P(\bar{D})P(F|\bar{D})}{P(F)}=\frac{0.4\times 0.85}{0.37}=0.919$$

第三节　效用理论在决策中的应用

一、效用和效用曲线

效用概念首先是由贝努利提出，他认为人们对拥有财富的真实价值的考虑与其财富拥有量之间呈现对数关系，而不是简单的线性关系，即并不是财富越多，效用越大。按照经济学的定义，效用(utility)是指消费者消费物品或劳务所获得的满足程度，并且这种满足程度纯粹是一种消费者的主观心理感觉。效用作为一个指标，衡量人们对某些事物的主观价值、态度、偏爱、倾向等等。在风险决策中，决策者对风险的态度决定了最终的决策结果。引入效用概念，可以将决策者对风险的态度进行量化，即构造反映决策者对风险态度的效用曲线。

例如，有一技术改造项目，要求按期完成，奖励办法有两个。一是发奖金 1000 元；二是进行抽奖，抽中了奖 2000 元，抽不中则不奖。这两个奖励办法的奖金期望值均是 1000 元，但在人们心目中的效用是不一样的。有些人可能会愿意采用第一种方式，因为可以稳拿 1000 元。另一些人可能喜欢第二个办法，因为抽中了可以获得 2000 元。在后一部分人的心目中，显然仅有 50%可能的 2000 元比稳拿的 1000 元效用更高。

风险决策中，常用效用函数或效用曲线来描述不同决策者的决策行为。效用函数的值域为[0,1]。效用值越大，与之对应的损益值所代表的方案越可取；反之越不可取。

图 13-1 为三种典型的效用曲线。

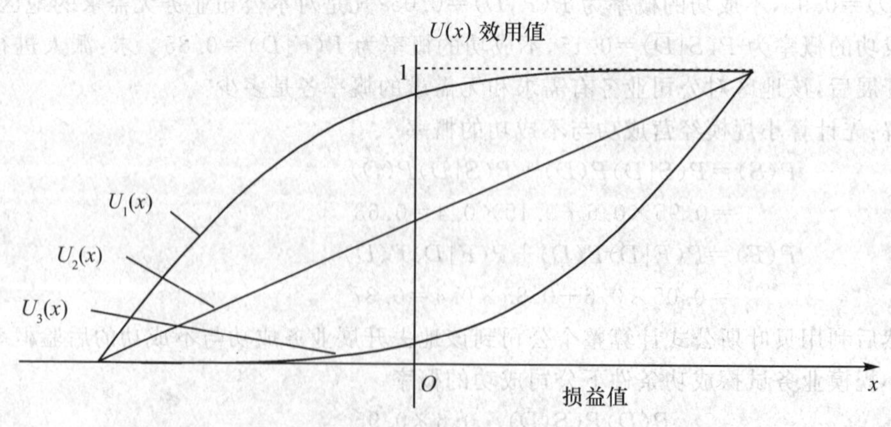

图 13-1　效用曲线图

效用曲线 $U_2(x)$，效用值与损益值成正比，决策者完全根据损益值大小作决策；

效用曲线 $U_1(x)$，与效用曲线 $U_2(x)$ 相比，当效用值相同时，$U_1(x)$ 的损益值小于 $U_2(x)$ 的损益值，说明决策者对收益反应迟缓，对损失反应灵敏，属于保守型。

效用曲线 $U_3(x)$，与效用曲线 $U_2(x)$ 相比，当效用值相同时，$U_3(x)$ 的损益值大于 $U_2(x)$ 的损益值，说明决策者对收益反应灵敏，对损失反应迟钝，属于冒险型。

二、效用曲线的确定

效用曲线因人而异，一般通过心理试验法确定。

例如对于上例奖金发放办法，首先对决策者连续发问。

第一轮："现有两个方案：A－以 100％的概率得到 1000 元；B－以 50％的概率得到 2000 元，50％的概率得到 0 元。您选择哪个方案？"

此时可画一个草图如图 13-2(a)所示。决策者认为，B 方案中的 2000 元效用最大，取为 1，0 元效用最低，取为 0。

对上述提问，若决策者选择 A 方案，则可将 A 方案的 1000 元改为 750 元，若决策者仍然选择方案 A，则继续减少方案 A 的奖金额，直到决策者认为两个方案都可以为止。假如经过数次试探后，决策者认为方案 A 的稳拿 500 元与方案 B 一样，则说明 500 元的效用与方案 B 的效用值相等，即：

$$U(500)=0.5\times1+0.5\times0=0.5$$

这样就得到效用曲线上的一个点(500，0.5)。

第二轮："现有两个方案：A－以 100％的概率得到 1000 元；B－以 50％的概率得到 2000 元，50％的概率得到 500 元。您选择哪个方案？"

此时可画一个草图如图 13-2(b)所示。假如经过数次试探后，决策者认为方案 A 的稳拿 1300 元与方案 B 一样，则说明 500 元的效用与方案 B 的效用值相等，即：

$$U(1300)=0.5\times1+0.5\times0.5=0.75$$

这样就得到效用曲线上的一个点(1300，0.75)。

第三轮："现有两个方案：A－以 100％的概率得到 250 元；B－以 50％的概率得到 500 元，50％的概率得到 0 元。您选择哪个方案？"

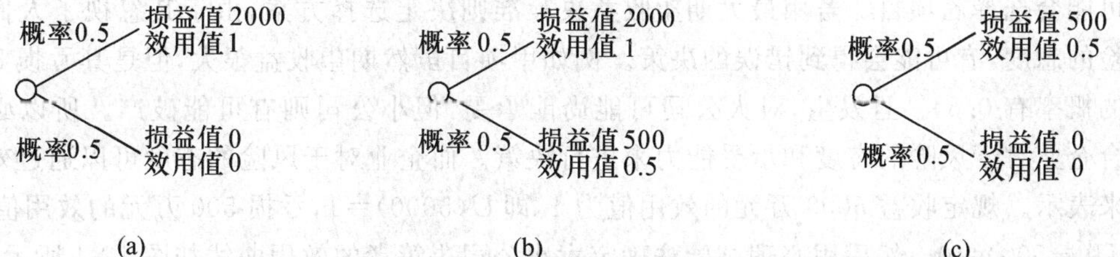

图 13-2 心理试验法确定效用值

此时可画一个草图如图 13-2(c)所示。假如经过数次试探后，决策者认为方案 A 的稳拿 200 元与方案 B 一样，则说明 200 元的效用与方案 B 的效用值相等，即：

$$U(200)=0.5\times0.5+0.5\times0=0.25$$

这样就得到效用曲线上的一个点(200，0.25)。

得到这些点后，可把它们连成效用曲线如图 13-3 所示。

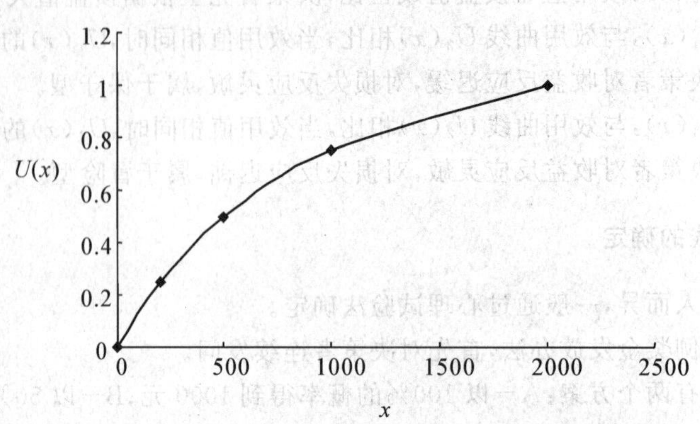

图 13-3 心理试验法最终确定的效用曲线

三、效用曲线决策实例

[例 13-4] 某建筑公司对甲、乙两个工程项目进行选择。如果选择甲项目，收益 5000 万元的概率为 0.2，收益 2500 万元的概率为 0.5，亏损 500 万元的概率为 0.3；如果选择乙项目，收益 3000 万元的概率为 0.3，收益 1500 万元的概率为 0.6，保本的概率为 0.1。甲、乙两个项目的收益及概率，如表 13-8 所示。

表 13-8 甲乙项目的收益及概率

甲项目		乙项目	
概率	收益	概率	收益
0.2	5000 万元	0.3	3000 万元
0.5	2500 万元	0.6	1500 万元
0.3	−500 万元	0.1	0 万元

假如上例中有大、小两家建筑承包公司面对同样的情况进行决策。此时，大公司由于其实力雄厚，能够承受一定的风险，可能会选择甲项目；小公司由于其规模小、抗风险能力弱，有可能会选择乙项目。若用最大期望收益决策准则决定选择方案，由于其忽视了人们对待风险的态度，有可能会得到错误的决策。例如甲项目虽然期望收益很大，但是其亏损 500 万元的概率有 0.3，一旦发生，对大公司可能尚能承受，但小公司则有可能破产。所以必须要结合企业对于风险的态度和承受能力来进行决策。而企业对于风险的态度可以通过效用曲线来表示。规定收益 5000 万元的效用值为 1，即 $U(5000)=1$，亏损 500 万元的效用值为 0。即 $U(-500)=0$。然后用心理试验法确定大小公司决策者的效用曲线如图 12-4 所示。

从效用曲线上可找出有关收益值的效用值。对大公司而言，甲项目的效用期望值为：$0.2\times1.0+0.5\times0.4+0.3\times0=0.4$；乙项目的效用期望值为：$0.3\times0.5+0.6\times0.3+0.1\times0.2=0.35$。可见甲项目的期望效用值比乙项目的期望效用值大，所以选择甲项目。对小公司而言，甲项目的期望效用值为：$0.2\times1+0.5\times0.7+0.3\times0=0.55$；乙项目的效用期望值为：$0.3\times0.8+0.6\times0.6+0.1\times0.6=0.66$。可见乙项目的期望效用值比甲项目的期望效用值大，所以选择乙项目。

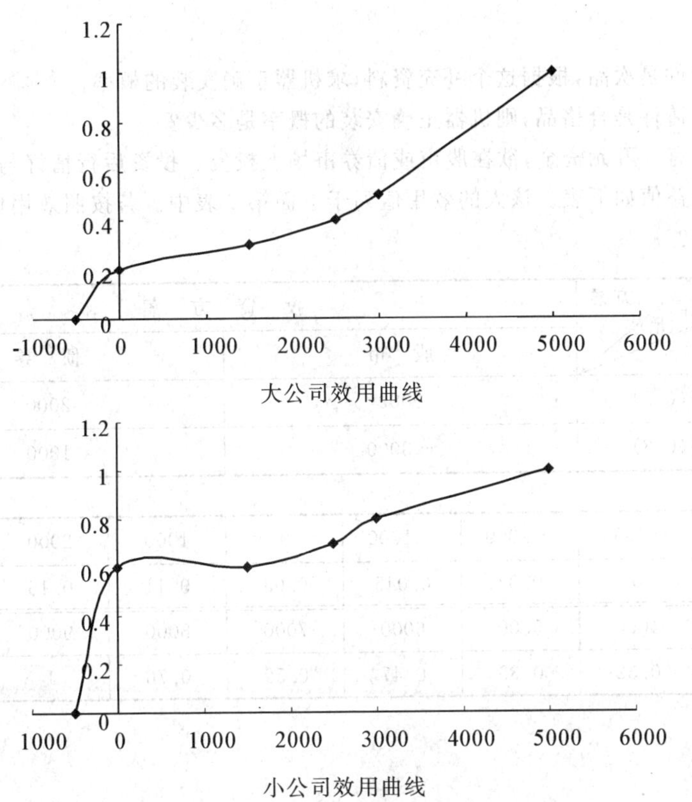

图 13-4 例 13-4 所确定的大、小公司效用曲线

思 考 题

1.某一决策问题的决策矩阵如下表所示,其中矩阵元素值为年利润。

方案 \ 事件 / 概率	E_1	E_2	E_3
	P_1	P_2	P_3
S_1	40	200	2400
S_2	360	360	360
S_3	1000	240	200

① 若各事件发生的概率未知,决策者是一个悲观主义者,则他会选择(　　　　)方案;

② 若各事件发生的概率未知,决策者是一个乐观主义者,则他会选择(　　　　)方案;

③ 若各事件发生的概率未知,决策者是一个介于乐观主义和悲观主义之间的人,取乐观系数为 0.3,则他会选择(　　　　)方案;

④ 若各事件发生的概率未知,采用折衷主义原则选择方案,当乐观系数为(　　　　)时,决策者会发现在 S_1 和 S_3 方案之间无法取舍;

⑤ 若 $p_1=0.2$, $p_2=0.7$,则用 EMV 准则,决策者会选择(　　　　)方案。

2.一台模铸机用于生产某种铝铸件。根据以前使用这种机器的经验和采用模具的复杂程度,这台机器正确安装的概率估计为 0.8。如果机器安装正确,那么生产出合格产品的概率是 0.9。如果机器安装不正确,则 10 个产品中只有 3 个是可以接受的。现在已铸造出第一个铸件,

检验后发现：

①第一个铸件是次品，根据这个补充资料，求机器正确安装的概率；

②若第一个铸件是合格品，则机器正确安装的概率是多少？

3. 某人手头有5万元资金，欲在股市或债券市场上投资。投资后行情好与不好的概率以及两种情况下的损益值如下表。该人的效用值列于下面第2表中。若按照效用值最大准则，此人应进行何种投资？

损益值(元)／方案／自然状态	投资方案	
	股市	债券
行情好(0.2)	9000	2000
行情差(0.8)	—3000	1000

损益值	—3000	—2000	—1000	0	1000	2000	3000
效用值	0	0.02	0.045	0.08	0.11	0.15	0.22
损益值	4000	5000	6000	7000	8000	9000	
效用值	0.32	0.39	0.47	0.59	0.76	1	

第十四章　企业评价方法

第一节　概　述

一、建筑企业评价的概念和内容

建筑企业是建筑市场竞争的主体，是推动建筑业发展的主要力量。从我国建筑业改革与发展战略的角度来看，建筑企业管理的重要任务是如何建立现代企业制度、如何尽快融入国际大市场。建筑企业要想改善经营，提高管理质量和水平，就有必要对其自身有一个清楚的认识，而这个认识来源于科学、客观的评价。因而建筑企业评价是建筑企业管理的一项重要内容，也是建立现代企业制度的一个基本环节。

传统的建筑企业评价主要局限于从会计和财务的角度，通过统计和计算各种财务指标(如：获利能力指标、流动性指标和现金流量指标等)来考察企业的财务现状。但是企业的评价并不等同于会计和财务评价，它所包含的内容应该是涵盖企业经营管理的各个方面。波特的竞争理论认为，企业成功的决定因素有两个：一是企业所在产业的吸引力；二是企业在该产业中的竞争地位。按照这一理论，完整意义上企业评价的内容应该包括：企业获利能力和成长性；企业产品成本及构成要素；产品差异化水平。

二、建筑企业评价原则

(一)一致性原则

考核指标应与现行的整个国民经济管理体制相适应，并符合党和政府有关方针政策。

(二)全面性原则

指标体系要涵盖国家对企业考核的基本内容，要同国民经济有关部门的指标体系互相适应、互相衔接；要能全面如实地反映企业基本特征、经营特点的主要方面。

(三)科学性原则

先对各项指标进行定性分析，明确其质的属性和内涵；再对其进行定量分析，以揭示其本质和规律。

(四)可回馈性原则

企业评价的目的是为了改善企业的经营管理，这就要求评价指标能揭示出企业经营管理活动中有哪些是阻碍了企业的提高，哪些促进了其发展。企业通过评价指标和评价结果，清楚自身的不足和优点，明确其改进的主要方向，从而有针对性地采取措施改善其经营管理工作。

(五)容错性原则

评价指标体系中不可避免地存在一些不确定性,如在评价过程中评价者的主观因素的影响,由于统计方法或计算精度所造成的评价信息不完备或带有噪音等等。这就要求评价指标的设置要有较好的容错性,即在所得评价信息不完备或带有噪音的情况下,也能得出较为准确的结论。

(六)责权利相结合原则

指标体系要适应企业管理的需要,切实反映企业经营管理的效果,考核结果应与企业的社会信誉评价和企业职工的经济利益挂钩,使考核指标具有生命力,充分体现责权利的要求。

三、评价因素和标准

衡量一个企业的优劣要有一套完善的评价标准,而评价标准要以评价指标为基准。常用的指标有投资、成本、费用、收益、利润、投资回收期、内部收益率、资源消耗,产品或服务的质量、效用、环境保护等等。因涉及企业评价的因素很多,在选择评价指标时不必把所有的因素都考虑进去,而应该把主要的、能反映一个企业优劣的因素选择为评价因素,把那些无关紧要的因素舍弃掉。当然,主要与次要之分因不同企业而异。某一评价因素对一些企业来说是主要的,而对另一个企业来说可能就是次要的。

企业评价因素确定之后,就要把这些因素量化成评价指标,并使用统一的尺度。但是,并不是所有的评价因素都容易量化,比如成本和费用容易量化,但是代价和收益就难以量化。

企业评价可能包含着经济、技术和生态环境等诸方面的因素,为了使评价过程系统化、条理化,必须建立一个评价指标体系。这个指标体系必须将企业内相互制约的复杂因素之间的关系层次化、条理化,并能够区分它们各自对评价结果的影响程度,以及对那些只能定性评价的因素进行恰当的、方便的量化处理。

评价指标体系通常可分为以几类:

(1)技术性指标,包括产品和服务的性能、寿命、可靠性、安全性等;

(2)经济型指标,包括成本、效益、建设周期、投资回收期等;

(3)社会性指标,包括社会福利、社会节约、综合发展等;

(4)环境保护指标,包括废物排放量、污染程度、生态环境平衡等;

(5)资源性指标;

(6)时间性指标。

以上各类指标又可以细分为若干小类指标,这些指标的全体构成了评价指标体系。

四、建筑企业评价的步骤

(1)明确评价目的和评价内容。

(2)确定评价因素。

(3)确定评价指标体系。

(4)制定评价准则。

(5)确定评价方法。

(6)单项评价。

(7)综合评价。

单项评价是就企业的某一具体方面进行详细的评价。单项评价不能解决最优方案的判定问题。

综合评价就是在各单项评价的基础上按照评价标准,对企业进行全面的评价。

五、建筑企业评价的方法

目前国内外使用的评价方法很多,一般可分为三类。第一类是定量评价方法,第二类是定性评价方法,第三类是定性和定量相结合的评价方法。

从评价因素的个数来划分,评价方法有单因素评价和多因素评价方法之分。单因素评价是在企业评价时只考虑一个因素,例如成本、利润、收益、产量、材料消耗等;而多因素评价则是在评价企业优劣时考虑两个或两个以上的因素,例如成本低质量好等。

本章主要介绍企业评价方法,即层次分析法(AHP 法)、模糊层次分析法(FAHP 法)、功效系数法,以及 ART 神经网络分类法。其他方法请参阅相关书籍。

第二节　层次分析法

一、层次分析法的概念

层次分析法(Analytic Hierarchy Process,简称 AHP 方法)是美国著名运筹学家、匹兹堡大学教授萨迪(T. L. Satty)在 20 世纪 70 年代提出的。它是处理多目标、多标准、多因素、多层次的复杂问题,可以进行定性与定量系统分析、决策分析、综合分析的一种方法。其核心是对决策行为、决策方案、决策对象等进行定量计算,以获得优劣排序,为决策者提供定量的决策依据。该方法作为一种有效的决策方法,于 20 世纪 80 年代引进我国后,迅速得到人们的重视,并在实际中得到广泛应用。

应用层次分析法,首先将所要分析的问题层次化,根据问题的性质和所要达到的总目标,将问题分解为不同的组成因素,并且按照这些因素之间的相互影响以及隶属关系以不同层次进行组合,形成一个多层次分析结构模型;然后,将该问题归结为最低层相对于最高层的比较优劣的排序问题。

二、层次分析法的基本步骤

层次分析法一般分为四个基本步骤,即对问题分层、构造两两比较判断矩阵、单准则排序和层次总排序。

(一)对问题分层

在对问题进行系统分析的基础上,将其分解成为由元素组成的各部分,并把这些元素按属性的不同分为若干组,形成不同层次。同一层次的元素作为准则对下一层次的某些因素起支配作用,同时它又受到上一层元素的支配。这种从上至下的支配关系形成了一个递阶层次,递阶层次结构称为评价指标体系。递阶层次结构的最高层称为目标层,它表示解决问

题的目的；中间层称为准则层，它是实现预定目标的中间环节；最低层称为方案层，它表示解决问题的各种措施和方案。如图 14-1 所示。

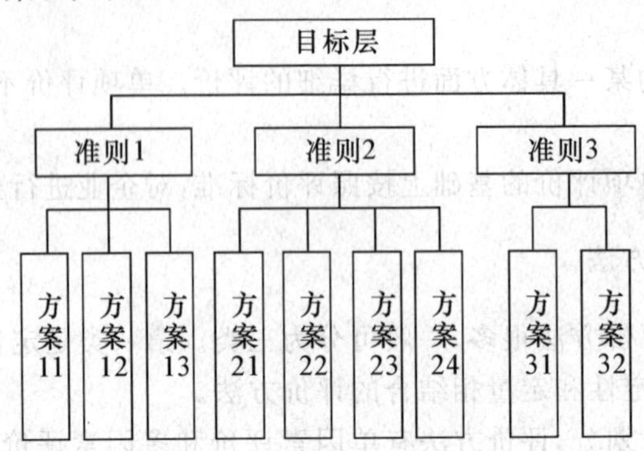

图 14-1　递阶层次结构图

（二）构造两两比较判断矩阵

在建立了递阶层次结构后，上下层之间元素的隶属或者支配关系就被确定。假定上一个层次的一个元素 $C_i(i=1,2,3,\cdots,i)$ 对下一层次的元素 $A_1,A_2,\cdots,A_m$ 有支配关系，可以建立以 C_i 为判断准则的元素 $A_1,A_2,\cdots,A_m$ 间的两两比较判断矩阵 A（见表 14-1）。

表 14-1　两两比较判断矩阵表

C_i	A_1	A_2	A_3	…	A_m
A_1	a_{11}	a_{12}	a_{13}	…	a_{1m}
A_2	a_{21}	a_{22}	a_{23}	…	a_{2m}
A_3	a_{31}	a_{32}	a_{33}	…	a_{3m}
…	…	…	…	…	…
A_m	a_{m1}	a_{m2}	a_{m3}	…	a_{mm}

A_{ij} 的含义是针对 C_i 而言，元素 A_i 相对于 A_j 的重要程度。矩阵 A 是一个互反矩阵，a_{ij} $(i=1,2,\cdots,m;j=1,2,\cdots,n)$ 有如下性质：

$a_{ij}>0$；$a_{ij}=1/a_{ji}$；$a_{ii}=1$

确定矩阵元素 a_{ij} 的数值需要决策者反复回答这样的问题：针对准则 C_i，元素 A_i 与 A_j 哪个重要，重要程度如何？层次分析法中通常采用 9 级标度法给判断矩阵的元素赋值，9 级标度法中 a_{ij} 值与被比较元素的相对重要程度之间的对应关系如下：

A_i 与 A_j 同样重要：$a_{ij}=1,a_{ji}=1$；

A_i 比 A_j 稍微重要：$a_{ij}=3,a_{ji}=1/3$；

A_i 比 A_j 明显重要：$a_{ij}=5,a_{ji}=1/5$；

A_i 比 A_j 非常重要：$a_{ij}=7,a_{ji}=1/7$；

A_i 比 A_j 极端重要：$a_{ij}=9,a_{ji}=1/9$。

如果被比较元素的相对重要程度介于上述判断中相邻两种判断之间，a_{ij} 可取 2,4,6,8，相应地，a_{ji} 可取 1/2,1/4,1/6,1/8。矩阵 A 中的元素不一定具有传递性，即不要求一定满足等式 $a_{ij}\cdot a_{jk}=a_{ik}$。

（三）单准则排序

单准则排序是指根据判断矩阵，计算其元素的相对权重，并进行一致性检验的过程。

设针对某一层各元素的权重向量为：

$$W=(w_1,w_2,w_3,\cdots,w_n)^{\mathrm{T}}$$

可以通过求解下列方程得到 W：

$$AW=\lambda_{\max}W$$

式中：$\lambda_{\max}$是判断矩阵 A 的最大特征根，W 是其相对应的特征向量。

计算判断矩阵的最大特征根和对应特征向量，可以利用一般线性代数的计算方法将它们算出。但是从实用角度看，有些近似方法更为方便，如方根法与和积法。

1. 计算最大特征根和特征向量

(1)方根法

①计算判断矩阵 A 中各行元素的乘积：

$$m_i=\prod_{j=1}^{n}a_{ij} \tag{14-1}$$

②计算 m_i 的 n 次方根：

$$\overline{w_i}=\sqrt[n]{m_i} \tag{14-2}$$

③对向量 $\overline{W}=(\overline{w_1},\overline{w_2},\cdots,\overline{w_n})$进行归一化处理：

$$w_i=\overline{w_i}/\sum_{j=1}^{n}\overline{w_j} \tag{14-3}$$

向量 $W=(w_1,w_2,w_3,\cdots,w_n)^{\mathrm{T}}$ 即为所求权重向量。

④计算判断矩阵 A 的最大特征根 $\lambda_{\max}$：

$$\lambda_{\max}=\frac{1}{n}\sum_{i=1}^{n}\frac{(AW)_i}{w_i} \tag{14-4}$$

对于任意的 $i=1,2,\cdots,n$，式中$(AW)_i$ 为向量 AW 的第 i 个元素。

(2)和积法

①将判断矩阵 A 的元素按列归一化，即：

$$\bar{a}_{ij}=\frac{a_{ij}}{\sum_{i=1}^{n}a_{ij}} \tag{14-5}$$

得矩阵 $\overline{A}=[a_{ij}]$

②求 $\overline{M}$ 各行和得平均值：

$$w_i=\frac{1}{n}\sum_{j=1}^{n}\bar{a}_{ij} \tag{14-6}$$

向量 $W=(w_1,w_2,w_3,\cdots,w_n)^{\mathrm{T}}$ 即为所求权重向量。

③计算判断矩阵 A 的最大特征根 $\lambda_{\max}$：

$$\lambda_{\max}=\frac{1}{n}\sum_{i=1}^{n}\frac{(AW)_i}{w_i} \tag{14-7}$$

$a_{ij}=a_{ik}\cdot a_{kj}$ 这一传递性条件不易完全满足，即由于判断矩阵 A 中的元素是通过主观判断确定的，因此 A 不一定具有规范的一致性。

虽然在构造判断矩阵 A 时并不一定要求判断具有一致性，但判断偏离一致性过大也是不允许的。因此需要对 A 进行一致性检验。步骤如下：

2. 计算一致性指标

由于只有判断矩阵 A 具有完全一致时，才得 $\lambda_{\max}=n$，而一致性不完全时为 $\lambda_{\max}>n$，这就提示我们可以用$(\lambda_{\max}-n)$来检验一致性的程度。但$(\lambda_{\max}-n)$这个差值等于除最大特征根（设 $\lambda_{\max}=\lambda_1$）以外其余 $n-1$ 各特征根的总和，即 $\lambda_{\max}-n=\sum_{i=2}^{n}\lambda_i$，故可以采用这其余 $n-1$ 个特征根的平均值来作为一致性指标 CI，即

$$CI=\frac{\lambda_{\max}-n}{n-1} \tag{14-8}$$

当 $\lambda_{\max}=n$ 时，$CI=0$，而一般 $\lambda_{\max}>n$，故 $CI>0$。当 CI 越小时，说明一致性越好。

3. 计算相对一致性指标

考虑到一致性偏离可能时由于随机原因造成的，因此在检验判断矩阵是否具有满意的一致性时，还得将 CI 与平均随机一致性指标 RI 进行比较，得出相对一致性指标数 CR，即

$$CR=\frac{CI}{RI} \tag{14-9}$$

在上式中，平均随机一致性指标 RI 是足够多个根据随机发生的判断矩阵计算一致性指标的平均值。它同判断矩阵的阶数有关。1～10 阶矩阵的 RI 取值见表 14-2。

表 14-2 平均随机一致性指标一览表

矩阵阶数	1	2	3	4	5	6	7	8	9	10
RI	0	0	0.52	0.89	1.12	1.26	1.36	1.41	1.45	1.49

在层次分析法中，如果判断矩阵是 2 阶的，由于可以保证具有完全的一致性，故不必作一致性检验。对于 3 阶以上的矩阵，就要根据相对一致性指标数 CR 进行检验。一般而言 CR 越小，判断矩阵的一致性越好，通常认为 $CR\leqslant 0.1$ 时，判断矩阵具有满意的一致性。

（四）层次总排序

在单排序的基础上，计算每一层次中各个元素相对于总目标的综合权重，并进行综合判断一致性检验的过程叫做层次总排序。简而言之就是根据层次之间元素的所属或者支配关系，将各因素层的权数按照上下层元素的对应关系，逐层把对应的权重传递下来的过程。

假定递阶层次结构有 h 层：$C_1,C_2,\cdots,C_h$，其中 C_1 为最高层，C_h 为最低层（方案层），根据各判断矩阵可求出各个层次的权重向量：$W_1,W_2,\cdots,W_h$。一般而言，$W_1=1$；W_2 为第二层元素针对最高层的权重向量；对于第三层以下的权重向量 $W_k(k=1,2,\cdots,h)$，若第 $k-1$ 层有 m 个元素，第 k 层有 n 个元素，则：

$$W_k=[W_{ij}]_{n\times m}$$

W_k 中的矩阵元素 W_{ij} 为第 k 层第 i 个元素针对第 $k-1$ 层第 j 个元素的相对权重。

第 k 层元素对于总目标的综合权重向量 $W'k$ 可由下式求得：

$$W'_k=W_k\cdot W_{k-1}\cdots W_2\cdot W_1 \tag{14-10}$$

最低层（第 h 层）元素对于总目标的综合权重向量为：

$$W_k=W_h\cdot W_{h-1}\cdots W_2\cdot W_1 \tag{14-11}$$

对于层次总排序也需要进行一致性检验。若递阶层次结构有 h 层，第 k 层的元素数目为 $n_k(k=1,2,\cdots,n)$，第 k 层元素对于总目标的综合权重向量为 W'_k。W'_k 中的元素 w'_{ik} 为第 k 层第 i 个元素的综合权重。则该递阶层次结构总的一致性指标为：

$$CI_G = \sum_{k=1}^{h}\sum_{i=1}^{n_k} w'_{ik} CI_{i(k+1)} \tag{14-12}$$

式中：$CI_{i(k+1)}$ 为第 $k+1$ 层元素对于第 k 层第 i 个元素作两两比较的判断矩阵的一致性指标。

该递阶层次结构的平均随机一致性指标为：

$$RIG = \sum_{k=1}^{h}\sum_{i=1}^{n_k} w'_{ik} RI_{i(k+1)} \tag{14-13}$$

式中：$RI_{i(k+1)}$ 为 n_{k+1} 阶判断矩阵的平均随机一致性指标。

该递阶层次结构总的相对一致性指标为：

$$CR_G = \frac{CI_G}{RI_G} \tag{14-14}$$

在判断矩阵的一致性满足要求的前提下，就可以对递阶层次结构中的各准则和方案赋权重，进而做出相应的评价和选择。

从上面对 AHP 法的介绍可以看出，评价结果的准确性依赖于权重的合理性，而权重的合理性又取决于判断矩阵，构造判断矩阵主要凭专家个人的知识、经验和判断。为了降低人为因素的干扰，有人研究并提出了模糊层次分析法。

第三节　模糊层次分析法

一、AHP 法的不足之处

(1)检验判断矩阵是否具有一致性比较困难。检验判断矩阵是否具有一致性，需要计算判断矩阵的最大特征根 λ_{max}，并看 λ_{max} 是否同判断矩阵的阶数 n 相等。若 $\lambda_{max}=n$，则具有一致性。当阶数 n 较大时，计算 λ_{max} 的工作量非常大。

(2)当判断矩阵不具有一致性时，需要调整判断矩阵中元素的赋值，使其具有一致性，这不排除要经过若干次调整、检验、再调整、再检验的过程才能使判断矩阵具有一致性。

(3)检验判断矩阵是否具有一致性的标准 $CR<0.1$，缺乏严密的科学依据。

(4)判断矩阵的一致性与人类思维的一致性具有显著的差异。

为了解决上述问题，引入模糊层次分析法。

二、模糊层次分析法(FAHP)

传统的 AHP 法的核心是利用 1～9 标度建立各层次上的判断矩阵，这种判断往往没有考虑人的判断模糊性，而实际中，人们在进行判断时常常自觉不自觉地使用模糊判断。因而用确定的量来描述 AHP 法有一定的片面性，从而降低了 AHP 法的有效性和实用性。因此将 AHP 法与模糊数学相结合，即将 AHP 法在模糊环境中扩展是必要的，这一扩展称为模糊层次分析法。FAHP 具有如下特点：

(1)在解决多层次、多目标的大系统优化问题时具有高度逻辑性、灵活性及简洁性。

(2)充分考虑分析问题的模糊因素,使方法的容错性提高,减少了因为主观判断而引起的各种判断差异。

(3)各指标评分采用模糊概念,更客观、更确切的反映所研究的问题,最后定出的指标权重也更符合实际。

三、FAHP的步骤

(一)各指标两两比较判断

首先采用1～9标度对各指标两两比较打分,打分方法与传统的AHP法一样。可以采用调查表法或专家打分法等,在此基础上对打分进行模糊扩展。模糊扩展采用三角模糊数的形式(如图14-2所示)。如在给定准则下,指标 i 比指标 j 重要,可以用三角模糊数 $a_{ij}=(l, 5, u)$ 表示,其中左右扩展 l、u 表示判断的模糊程度。当 $u-l$ 越大,则比较判断的模糊程度越高;当 $u-l=0$ 时,则判断是非模糊的,与一般意义下的判断标度5相同。指标 j 与指标 i 的重要性比较,利用三角模糊数的倒数运算。

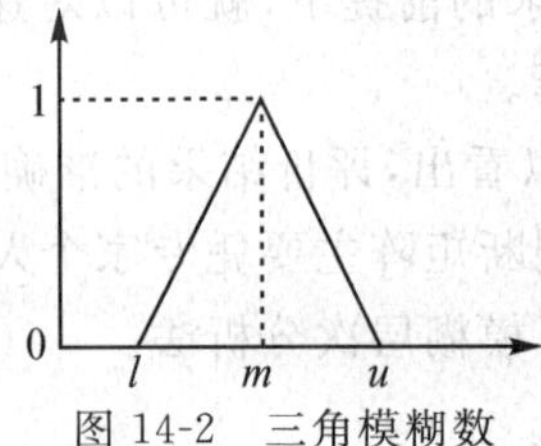

图14-2　三角模糊数

若 $a_{ij}=(l, m, u)$,

则 $a_{ji}=a_{ij}^{-1}=(1/u, 1/m, 1/l)$。

表14-3给出了1～9标度的含义和三角模糊扩展。

表14-3　1～9标度的含义和模糊扩展

标度 a_{ij}	含义	三角模糊扩展
1	i因素与j因素同等重要	(2/3, 1, 3/2)
3	i因素比j因素略重要	(5/2, 3, 7/2)
5	i因素比j因素重要	(9/2, 5, 11/2)
7	i因素比j因素重要得多	(13/2, 7, 15/2)
9	i因素比j因素绝对重要	(17/2, 9, 19/2)
2、4、6、8	介于以上两种判断之间的状态的标度	$(m-0.5, m, m+0.5)$
倒数	若j因素与i因素比较,得到的结果为$1/a_{ij}$	(1/u, 1/m, 1/l)

(二)模糊判断矩阵

汇总调查表,利用三角模糊数的加法运算,并取平均值,来确定模糊判断矩阵 $R=(r_{ij})_{n\times n}$

$$r_{ij}=\frac{1}{t}\cdot\sum_{x=1}^{t}a_{ij}^{(x)}=\left(\frac{1}{t}\cdot\sum_{x=1}^{t}l_{ij}^{(x)}, \frac{1}{t}\cdot\sum_{x=1}^{t}m_{ij}^{(x)}, \frac{1}{t}\cdot\sum_{x=1}^{t}u_{ij}^{(x)}\right) \tag{14-15}$$

式中:t 为参加评分的总人数。

（三）采用最优传递矩阵进行一致性调整

在 FAHP 法中，对于模糊判断矩阵的一致性问题，若还是采用传统 AHP 法中的一致性判断和调整方法，显然计算繁琐。尽管不少文献提出了一些改进 AHP 法的一致性判断和调整方法，但由于 FAHP 法中，模糊判断矩阵实际上已与传统的 AHP 法中的判断矩阵有了很大的区别。因此，这些改进方法并不适用于 FAHP 法，需要寻找其他方法解决。为此，引入最优传递矩阵概念，自动调整模糊判断矩阵，使之满足一致性要求。其方法如下所述。

1. 构造矩阵 $B=[b_{ij}]$

$$B=\lg A \tag{14-16}$$

式中：$A=[a_{ij}]$为模糊判断矩阵。由于 A 为互反矩阵（即 $a_{ij}=\frac{1}{a_{ji}}$），则 B 为反对称矩阵。

2. 构造矩阵 $C=[c_{ij}]$

$$c_{ij}=\frac{1}{n}\sum_{k=1}^{n}(b_{ik}-b_{jk}) \tag{14-17}$$

矩阵 C 称为矩阵 B 的最优传递矩阵。

3. 构造矩阵 A^*

$$A^*=10^{c_{ij}}$$

矩阵 A^* 称为矩阵 A 的拟优传递矩阵，并且它是一致的。所以，采用矩阵 A^* 作为判断矩阵求权值，就不必进行一致性检验。

（四）指标的综合重要程度值 S_i

利用“权重和”型模糊综合程度值计算公式，求得每个指标与其他指标相比较的综合重要程度值。

$$S_i=\sum_{j=1}^{n}r_{ij}\cdot\left[\sum_{i=1}^{n}\sum_{j=1}^{n}r_{ij}\right]^{-1} \tag{14-18}$$

（五）$S_i \geqslant S_k(k=1,2,\cdots,n;k\neq i)$的可能性程度 $V(S_i \geqslant S_k)$

$$V(S_i \geqslant S_k)=\frac{l_1-u_2}{(m_2-u_2)-(m_1-l_1)} \tag{14-19}$$

（六）指标 i 优于其他指标的纯量测度 $d'(A_i)$

$$d'(A_i)=\min_k V(S_i \geqslant S_k) \qquad (k=1,2,\cdots,n;k\neq i)$$

式中：A_i 表示第 i 个指标

由此可得到权重向量：

$$W'=[d'(A_1),d'(A_2),\cdots,d'(A_n)]^T$$

（七）将 W' 进行归一化处理后得到实际的权重向量

$$W=[d(A_1),d(A_2),\cdots,d(A_n)]^T$$

具体算法框图如图 14-3 所示。

[例 14-1] 下面以建筑施工企业综合效益评价为例建立指标体系（见图 14-4），指标含义及计算公式见表 14-4，并分别用 AHP 和 FAHP 进行评价和对比（见表 14-5）。

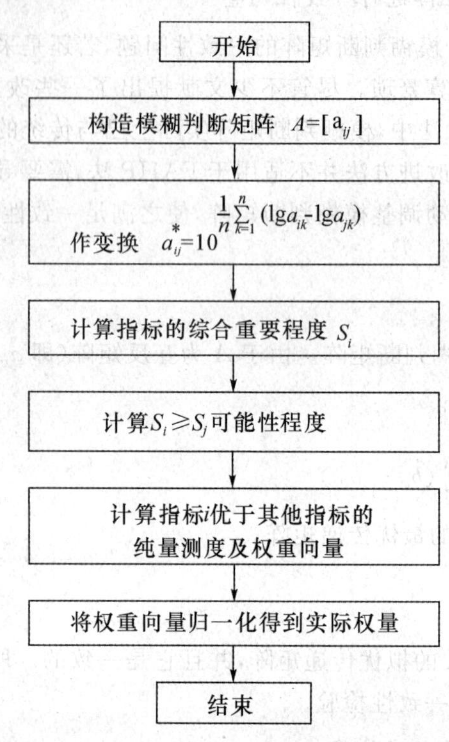

图 14-3　模糊 AHP 法确定指标权重程序框图

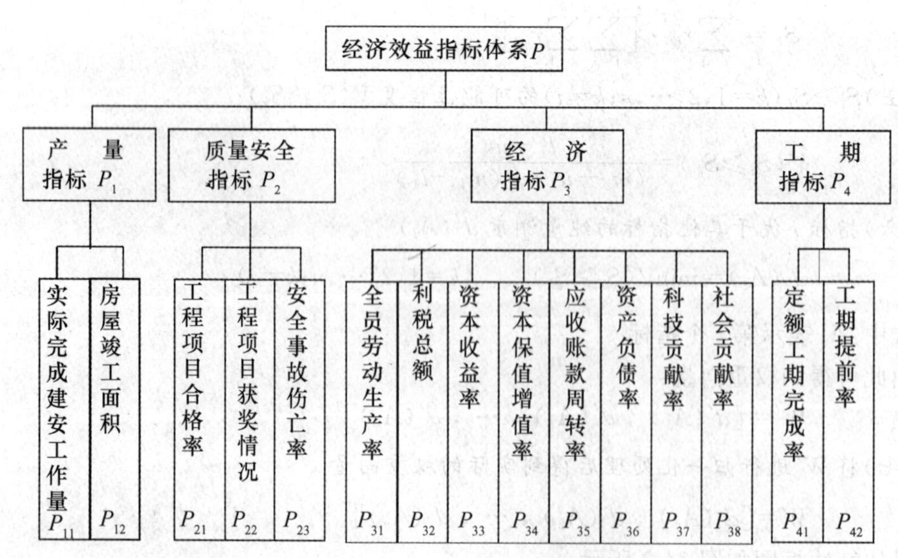

图 14-4　建筑企业经济效益评价指标层次图

表 14-4　建筑施工企业经济效益评价指标含义及计算公式

指标名称	含义或计算公式	备注
实际完成建安工作量	企业在报告期内所完成的建筑安装工程的价值总量(万元)	
房屋竣工面积	企业在报告期内完成了施工图规定的全部任务并可供使用的房屋建筑面积	
工程项目合格率	$\frac{\text{报告期内评为合格品的单位工程竣工面积} \times 100\%}{\text{报告期内完成并进行鉴定验收的单位工程竣工面积}}$	
工程项目获奖情况	报告期内获奖次数×获奖等级系数	注 1
安全事故伤亡率	企业每千名职工重伤、死亡人数	
全员劳动生产率	$\frac{\text{报告期实际完成建筑安装工作量(或竣工面积)} \times 100\%}{\text{报告期实际人士参加工程建设的全部职工的平均人数}}$	
利税总额	企业在一定时期内从事建筑施工经济活动所取得的税后纯收入	
资本收益率	$\frac{\text{净利润} \times 100\%}{\text{实收资本}}$	
资本保值增值率	$\frac{\text{期末所有者权益总额} \times 100\%}{\text{期初所有者权益总额}}$	
应收账款周转率	$\frac{\text{工程结算收入} + \text{其他业务收入}}{\text{应收账款平均余额}}$	注 2
资产负债率	$\frac{\text{负债总额} \times 100\%}{\text{资产总额}}$	注 3
科技贡献率	$\frac{\text{企业技术进步的年平均增长速度} \times 100\%}{\text{产出的年平均增长速度}}$	注 4
社会贡献率	$\frac{\text{企业对社会贡献总额} \times 100\%}{\text{资产平均总额}}$	注 5
定额工期完成率	$\frac{\text{报告期内各个竣工工程实际占用日历天数总和} \times 100\%}{\text{报告期内各个竣工工程定额工期日历天数总和}}$	
工期提前率	$\left(1 - \frac{\sum \text{考核期验收合格的单位工程实际施工日历天数}}{\sum \text{考核期验收合格的单位工程工期定额日历天数}}\right)$	

注 1:获奖等级系数根据所获的部级、省级、市级奖分别赋值;

注 2:应收账款平均余额=(期初应收账款平均余额+期末应收账款平均余额)/ 2;

注 3:资产负债率的评价标准是 0.5,其评分计算公式为:1-(资产负债率-0.5);

注 4:企业技术进步的年平均增长速度$=y-k_1\times m-k_2\times l$

式中:y —产出的年平均增长速度;m—资金的年平均增长速度;

l —劳动力的年平均增长速度;$k_{1,2}$—资金、劳动力产出弹性系数。

注 5:企业对社会贡献总额:指企业为国家或社会创造或支付的价值总额。包括:工资(含奖金津贴等工资性收入),劳保退休统筹及其他社会福利支出,利息支出净额,应交营业税、增值税及附加,应交所得税,应交其他税金,净利润(即税后利润)。

表 14-5　AHP 和模糊 AHP 法指标权重计算结果

	一级指标	AHP 法	FAHP 法	二级指标	AHP 法	模糊 AHP 法
P	P_1	0.204	0.180	P_{11}	0.129	0.111
				P_{12}	0.075	0.069
	P_2	0.305	0.346	P_{21}	0.142	0.144
				P_{22}	0.068	0.090
				P_{23}	0.095	0.118
	P_3	0.457	0.392	P_{31}	0.035	0.062
				P_{32}	0.059	0.063
				P_{33}	0.036	0.049
				P_{34}	0.044	0.041
				P_{35}	0.161	0.067
				P_{36}	0.053	0.054
				P_{37}	0.027	0.029
				P_{38}	0.042	0.028
	P_4	0.034	0.083	P_{41}	0.021	0.047
				P_{42}	0.013	0.036

第四节　功效系数法计算综合评价值

为了能全面评价企业综合经济效益，一般采用多目标规划法来评价。多目标规划法的实质是根据各项指标的实际值和期望值(评价标准)，按特定的综合评价公式，计算各个企业经济效益综合指标值；再根据综合指标值的大小，判断企业全面经济效益的优劣。

目前主要的方法有最小二乘法和功效系数法。对比考察两种方法：最小二乘法中，由于期望值确定的复杂性，在不同部门、地区，不同时期各指标有不同的期望值，导致了其纵向和横向的可比性差。因此，这里仅介绍功效系数法。

1. 计算各指标的功效系数 d_i，其公式为：

$$d_i=\left[\frac{x_i-x_i^{(s)}}{x_i^{(h)}-x_i^{(s)}}\right]$$

2. 计算综合评价值 D，其公式为：

$$D=(d_1\cdot p_1+d_2\cdot p_2+\cdots+d_i\cdot p_i)/(p_1+p_2+\cdots+p_i)$$

式中：d_i 为功效系数；

x_i 为各项指标实际值；

$x_i^{(s)}$、$x_i^{(h)}$ 为各项指标上下限值；

p_i 为各项指标的权重值；

D 为企业经济效益综合值，愈大愈好；

i 为指标体系中的指标项数。

第五节　ART 神经网络分类

在对评价对象的分类方法中，传统的方法是利用聚类分析将待评价的企业总体分成几

类，以每个企业到某类企业总体的距离作为判定标准，构造出判别函数，利用判别函数来判断待评价企业所属的类别。由于经济形势不断变化，企业之间的各种情况也不断变化，而该方法需要显式表示的判别函数，在条件变化时，构造出的判别函数将会失效，因此该方法缺乏自适应性。此外企业综合评价是一个非常复杂的问题，由于企业的经营往往会受到市场机制、价格机制、政策导向等诸多因素的影响，即使由专家来进行评估，有时也感到无法处理。近年来，兴起的人工神经网络为该问题的解决提供了新的途径。由于神经网络模仿了人的思维方式，因此，在涉及认识问题的领域有着显著的优越性。企业的综合评价问题，从本质上讲属于一类模式识别问题，而人脑在这类问题的处理上有很大优势。

ART 模型是无监督学习网络中一种代表性的模型。它是由美国 Boston 大学 S. Grossberg 和 A. Carpenter 提出的。它被广泛应用于对大量模式的分类中。其特点是：①可完成实时学习，且可适应非平稳的环境；②对已学过的对象具有稳定的快速识别能力，同时又能迅速地适应未学习过的对象；③具有自归一能力；④可实行无导师学习；⑤容量不受输入通道数限制，存储对象也不要求是正交的。利用 ART 模型的自适应特性，将它用于企业综合经济效益评价之中，使得本方法对企业的评价具有自适应性，即随环境的改变，企业评估的判别函数—神经网络的权值也随之调整。ART 网络在结构上可分为两个子系统：注意子系统和取向子系统。注意子系统用于处理熟悉的或以前学习过的模型，可对熟悉的事件建立起精确的内部表示；取向子系统用于确定新的模式是否熟悉，同时产生识别代码。具体过程如下：

1. 企业评价经济指标的标准化

设用 n 个指标构成经济效益指标体系来评价 m 个企业的综合经济效益，第 i 个企业的第 j 个指标为 x_{ij}，则对指标进行标准化处理，公式如下：

$$y_{ij}=\frac{x_{ij}-\bar{x}_j}{s_j};\bar{x}_j=\frac{1}{M}\sum_{i=1}^{M}x_{ij};s_j=\sqrt{\frac{1}{M}\sum_{i=1}^{M}(x_{ij}-\bar{x}_j)^2}$$

式中：y_{ij} 为 x_{ij} 的标准化数据。

2. 企业间相似形度量的选取

本书采用了两个企业间的欧氏距离作为企业间相似形的度量。第 i 个企业和第 j 个企业之间的欧氏距离为：

$$d_{ij}=\sum_{k=1}^{n}[x_i(k)-x_j(k)]^2$$

式中：n 为经济指标的个数；

$x_i(k)$ 为第 i 个企业的第 k 个经济指标；

$x_j(k)$ 为第 j 个企业的第 k 个经济指标。

3. 评价模型的训练

评价企业的综合经济效益，要依据企业经济效益的各个特征即经济效益指标来确定，因此本书采用企业的各项经济指标作为企业分类的依据，并以它们作为评价网络的输入模式，输出即是该企业所属的类别。这样，网络中从下至上的过程，用以计算该企业和典型企业之间的贴近度，以确定和哪类企业最相近。找出上层节点中具有最小输出值的节点，则该输入

企业与上层节点中该最小输出节点对应的这类企业最相似。当确定输入企业与某类企业最相似后，并不保证该企业一定属于这类企业，这要通过将输入企业与最相似企业之间的距离 d 与分类值 k 的比较而定。有以下两种情况：

$d<k$，表明该输入企业属于这类企业，这时要对该企业对应的上层节点所属的连接权值进行修正，修正公式为：

$$b'_{ij}=(m\times b_{ij}+x_i)/(m+1)$$

式中：b_{ij}、b'_{ij} 分别为修正前后的权值。

$d>k$，应另分出一类企业。上层节点数亦增加一个，而新增节点所属的连接权应进行赋值，其值等于该输入企业的各项经济指标，即形成了新一类企业。

通过 ART 网络进行分类后，每个类别对应的从下到上的权值，是这类企业的"聚类中心"，即是这类企业的代表值。每个被比较的企业要和这些代表值进行比较，从而决定其属于哪一类企业。当将所有的样本企业的经济指标输入给网络后，训练即告完成。这时，上层节点的数目反映了将企业分成的类别数。

4. 分类值的选取

从前述可知，上层节点的数目即企业分类数与分类值 k 的大小关系密切，k 大则分类数目少，反之则多。因此 k 值决定了分类的精细程度，而 k 值的选取可取决两点：一是人们对企业分类的要求；二是在选择某一分类值后的分类情况吻合程度。

具体的，k 值的选取有两种方法：

(1)定分类值法。该法是把评估网络训练完成后，将 k 值固定于某个值，实际上它相当于专家的评估标准不变。

(2)分类值调整法。该方法是将训练后的网络中的 k 值随情况的改变而改变。情况的改变有：输入新的企业模式后，分类情况发生改变，不满足现实要求；或是现有的分类情况不能满足现实中改变了的形势等。

基于 ART 网络的综合评价模型的程序框图如图 14-5 所示。

模型输入层的主要功能是把各施工企业经济效益评分数据输入系统。模型输出层的主要功能是输出综合评分值、排序结果、分类结果，据以评价各施工企业经济效益状况。

[例 14-2]　本例收集了 20 家建筑施工企业的基本数据(如表 14-6 所示)，评价指标见图 14-4，评价权重采用表 14-5 中 FAHP 法的计算结果，应用"功效系数法"进行综合评分，应用"ART 神经网络"进行分类。评价结果如表 14-7 所示。对照评价结果与企业的实际经营情况，结果较为合理。如编号为 16 的企业，其各项得分均较高，企业综合经济效益状况较好，综合得分为 0.6702，故排在第一位；再如编号为 12 的企业，其各项得分也较高，但其工期完成情况不理想，出现了工期拖延的情况，虽然如此，其综合经济效益状况还是较好，综合得分为 0.6695，排在第二位。分类结果与综合得分结果基本吻合，从分类结果可知，这 20 家企业的经济效益状况大致可以分为 4 类：

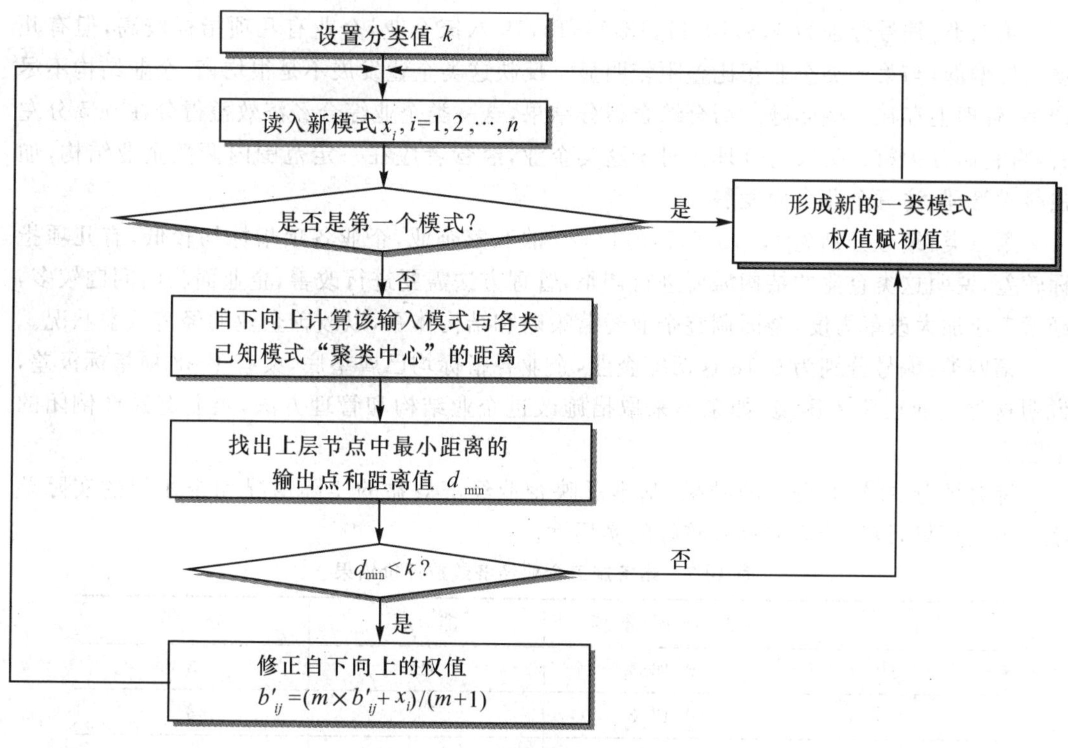

图 14-5　基于 ART 网络的综合评价模型的程序框图

表 14-6　建筑施工企业经济效益评价数据

指标 \ 企业		1	2	3	4	5	…	20
产量指标	p_{11}(百万元)	50.182	121.600	100.020	149.912	8.000	…	296.400
	p_{12}(万 m^2)	7.743	33.389	13.229	3.770	0.500	…	26.432
质量安全指标	p_{21}	1.000	1.000	1.000	1.000	1.000	…	1.000
	p_{22}	0.385	0.480	0.261	0.621	0.000	…	0.741
	p_{23}(%)	0.000	0.000	0.000	0.000	0.000	…	−0.060
经济指标	p_{31}	4.625	5.815	5.320	19.520	8.602	…	6.119
	p_{32}	31.300	14.300	95.300	211.300	18.850	…	1727.940
	p_{33}	19.000	0.500	6.300	1.800	3.600	…	6.000
	p_{34}	1.040	1.020	1.080	1.060	1.561	…	1.021
	p_{35}	3.563	1.451	0.856	2.300	5.940	…	1.370
	p_{36}	0.783	0.623	0.606	0.701	0.980	…	0.714
	p_{37}	0.140	0.140	0.140	0.170	0.140	…	0.301
	p_{38}	0.157	0.101	0.108	0.156	0.140	…	0.125
工期指标	p_{41}	1.000	0.980	1.000	1.000	1.000	…	0.882
	p_{42}	0.000	0.020	0.000	0.000	0.000	…	0.118

第一类:编号为 16、12 的两家企业,各指标相对均较高,或有个别指标略低,但与其他企业的差距并不是很大。表明这类企业结构较为合理,管理较为科学,综合实力较强,总体水平较高。结合综合得分结果,这一类综合经济效益得分在 0.6 分以上,综合经济效益状况较好,将它们分为第一类较为合理。

第二类:编号分别为4,8,10,11,13,14,15,19八家企业,企业有几项指标较高,但有几项指标偏低,与第一类企业相比差距较明显。反映这类企业发展不是很均衡,企业结构不尽合理,管理上存在一些问题。结合综合得分结果,这一类企业综合经济效益得分在0.5分左右,将它们分为第二类较为合理。对于这类企业,经营者应在一定范围内调整企业结构,加强科学管理,注意企业全面发展。

第三类:编号分别为1,2,3,5,7,9,17,20的八家企业,企业各项指标均较低,有几项指标较差,说明这类企业的结构需要进行调整,管理方法需要进行改善,企业面临的问题较多,经营者应加大改革力度,全面调整企业经营策略和结构体系,以改善企业的经济效益状况。

第四类:编号分别为6,18这两家企业,企业各指标均已属垫底,又有1～2项指标极差,说明这类企业已陷入困境,如果不采取措施改进企业结构和管理方法,企业有破产倒闭的危险。

综合评分、排序和分类的结果,基本反映企业经济效益的实际情况和企业间的实际差距。由此可见,该评价模型具有较好的实用性。

表14-7 建筑施工企业经济效益评价结果

企 业	综合评分值	排 序	分 类
1	0.4681	12	3
2	0.4363	14	3
3	0.3989	17	3
4	0.5090	9	2
5	0.4439	13	3
6	0.3251	19	4
7	0.3503	18	3
8	0.5323	7	2
9	0.4275	15	3
10	0.5643	4	2
11	0.5434	6	2
12	0.6695	2	1
13	0.5792	3	2
14	0.5527	5	2
15	0.4796	10	2
16	0.6702	1	1
17	0.4781	11	3
18	0.2847	20	4
19	0.5246	8	2
20	0.4209	16	3

主要参考文献

[1]曹洪.论建筑企业施工现场的安全管理.现代经济信息,2009(15)

[2]曾肇河.建筑公司战略管理.北京:中国建筑工业出版社,2005

[3]仇元福,潘旭伟,顾新建.项目管理中的知识集成方法和系统.科学学与科学技术管理,2002(8)

[4]邓铁军,杨亚频.工程建设环境与安全管理.北京:中国建筑工业出版社,2009

[5]方志耕主编.质量与可靠性管理.北京:科学出版社,2011

[6]何伯森,张水波,查京民.工程建设安全管理中施工合同有关各方的职责.土木工程学报,2004(57)

[7]胡玉明.财务报表分析.哈尔滨:东北财经大学出版社,2008

[8]金国辉.建设工程质量与安全控制.北京:清华大学出版社,北京交通大学出版社,2009

[9]柯洪.工程造价计价与控制(全国造价工程师执业资格考试培训教材).北京:中国计划出版社,2009

[10]李兴森,石勇,张玲玲著.从信息爆炸到智能知识管理.北京:科学出版社,2010

[11]李宣东,傅贵,陆柏.双因素理论与安全事故预防.辽宁工程技术大学学报,2005(24)

[12]刘颖.建筑企业管理.大连:大连理工大学出版社,2008

[13]卢有杰.建设系统工程.北京:清华大学出版社,1997

[14]卢有杰编著.新建筑经济学.北京:中国水利水电出版社,2002

[15]平新乔.微观经济学十人讲.北京:北京大学出版社,2001

[16]任宏主编.建设工程成本计划与控制.北京:高等教育出版社,2004

[17]阮连法,柴林奎.建筑强省评价体系研究.杭州:浙江大学出版社,2006

[18]阮连法,毛义华等.建筑施工企业经济效益的指标体系及评价分析.浙江大学学报(自然科学版),1997(5)

[19]阮连法,温海珍等.建设工程招标评标的模糊方法研究.浙江大学学报(理学版),2002(2)

[20]阮连法,温海珍等.模糊综合评价在工程投标中的应用.建筑经济,2002(2)

[21]阮连法等.计算机模拟辅助投资风险分析.浙江大学学报(工学版),2000(7)

[22]特莱福·威廉姆斯著,陈勇强等译.现代信息技术在工程建设项目管理中的应用.北京:中国建筑工业出版社,2008

[23]王慧,宋法房.建筑企业安全管理的探讨.管理论坛,2011增刊(29)

[24]王孟钧,陈辉华,刘少兵编著.建筑企业战略管理.北京:中国建筑工业出版社,2007

[25]王守清,柯永建编著.特许经营项目融资(B)OT、PFI和PPP.北京:清华大学出版社,2008

[26]王志.SMART原则下建筑企业安全管理评价体系.施工技术,2010(39)

[27]王众托,吴江宁,郭崇慧编著.信息与知识管理.北京:电子工业出版社,2010

[28]韦斌生. 从管理学的视角解读 ISO9001:2008,引自百度文库
[29]魏恒远,孙克清 编著. ISO9001 质量管理体系及认证概论. 北京:化学工业出版社,2011
[30]项闯. 施工企业工程项目协同管理系统研究. 浙江大学硕士学位论文,2009
[31]谢行皓. 建筑工程系统仿真. 北京:科学出版社,2001
[32]许程洁. 基于事故理论的建筑施工项目安全管理研究. 哈尔滨工业大学博士学位论文,2008
[33]尤建新等. 建筑企业管理. 北京:建筑工业出版社,2008
[34]袁海林. 建筑安全的管理和控制研究. 西安建筑科技大学博士学位论文,2006
[35]张立新. 建设工程施工现场安全按技术管理. 北京:中国电力出版社,2009
[36]张凌,阮连法等. 施工成本集成控制方法的研究. 建筑经济,2001(8)
[37]张新民,钱爱民. 企业财务报表分析. 北京:清华大学出版社,2011
[38]张智光. 管理学原理. 南京:东南大学出版社, 2003
[39]赵玉红. 建筑企业质量、环境、安全管理体系一体化研究. 河海大学硕士学位论文,2003
[40]中国(双法)项目管理研究委员会. 中国项目管理知识体系. 北京:电子工业出版社,2006
[41]周才志等著. BT 项目招标模式研究. 武汉:武汉理工大学出版社,2010
[42]Briscoe G. The Economics of the Construction Industry. Mitchell Publishing Company Limited, 1991
[43]Donald W. Fogarty, Thomas R. Hoffmann, et al. Productions Management, Southwestern Publishing Co. ,1989
[44]Fuzzy multiple attribute decision making: A review and new preference elicitation techniques. Fuzzy Sets and Systems, 1996. 78.
[45]Hojjat Adeli & Mingyang Wu. Regularization Neural Network for Construction Cost Estimation, Journal of Construction Engineering and Management, 1998. 1.
[46]John Bank, The Essence of Total Quality Management, Prentice Hall International (UK) Ltd. , 1992
[47]Michale Q. Anderson. Quantitative Management. Kent Publishing Company. 1988.
[48]Mikolajuk. Z Knowledge Management in Development Projects (Working Paper)
[49]Pooch U W, Wall J A. Discrete Event Simulation. CRC Press. Ice, 1993.
[50]RUAN Lian－fa, XIONG Ying. Construction cost integrated control based on computer simulation. Journal of Zhejiang University Science, Vol. 2, No. 1, Jan. －Mar. , 2001
[51]S. L. Tang, S. W. Poon, S. M. Ahmed and Francis K. Wong: Modern Construction Project Management, Dragon Vision Limited, 1998.
[52]Tarek Hegazy & Amr Ayed. Neural Network Model for Parametric Cost Estimation of Highway Projects. Journal of Construction Engineering and Management, 1998. 3.
[53]Utility－Theory Model for Bid Markup Decisions Journal of Construction Engineering and Management. June 1996.
[54]Yao Min, Fuzzy Consistent Relation and Decision Making Journal of System Science & System Engineering 1998. vol. 9. No. 2.